POBLE NOU

POBLE NOU

Proa
COLUMNA

Disseny de Ricard Badia

Primera edició: novembre de 1994
Primera reimpressió: desembre de 1994
Segona reimpressió: desembre de 1994
Tercera reimpressió: desembre de 1994
Quarta reimpressió: desembre de 1994
Cinquena reimpressió: gener de 1995

ISBN: 84-7739-851-8
ISBN: 84-7809-763-5

Dipòsit Legal: B.1225-1995
Impressió: Romanyà/Valls
Verdaguer, 1
Capellades (Barcelona)

1

POBLE NOU, L'ANTIC cor industrial de Barcelona, el barri obrer per excel·lència, el feu de l'anarquisme, del cooperativisme, dels moviments associatius, de la lluita obrera, del sindicalisme, havia anat quedant arraconat, amb una indústria antiquada, una demografia massa densa, unes cases velles i decadents, uns plans urbanístics sempre ajornats, sovint espifiats; Poble Nou, des del Parc de la Ciutadella i la Meridiana fins a la Gran Via, i baixant per la Maresma, acarada al mar, amb una Ribera on anaven a parar els detritus de tota la ciutat. Tot el barri tenia un aire cansat, un tarannà vell: cases sovint esquerdades, carrers bruts, més d'un balcó amb roba estesa, bars antics... I, tanmateix, la gent, la gent que hi viu, que no és ni vella, ni bruta, ni té el cor esquerdat –tantes i tantes ferides amb què el barri ha estat delmat!–, ni és antiga, ni està cansada; la gent hi ha anat component, fil a fil, tot el teixit social que fa d'un conjunt inorganitzat de persones una autèntica comunitat. No: ni un barri no és. És un poble, un poble amb personalitat pròpia dintre de la gran urbs. Hi viuen Antonis i Jordis, i Carmes i Maries, i aquell que sempre ha estat anomenat per un motiu, i aquella altra que és una mica estranya però que sempre està disposada a fer un favor. I la família Tal, el fill de la qual es casa. I aquell avi que ahir vam enterrar, i la senyora aquesta d'aquell carrer de dalt, a qui el fill, que havia emigrat a Alemanya, ha dit que no vol tornar mai més. I en Tal que diuen que s'ha d'operar, pobre home, tantes que n'ha passat. Històries. Històries reals, de les que no surten als diaris, les que tenen, però, el relleu brutal de la més autèntica història de la realitat. Tantes coses comunes: els incendis provocats, les vagues, les pintades subversives. La guerra: aquella guerra que ja era una ombra sinistra esborradissa del passat, que va deixar caure, amb tanta força, la terrible ganiveta de la mort sobre aquell avi, sobre aquell pare, sobre aquell oncle... Un barri, un poble, obrer.

Ara, a Poble Nou, li ha nascut un fill nou de trinca, als seus peus; un fill ric, net, polit, modern; un fill que feia olor de nou, que tenia carrers amplíssims, brolladors, gratacels coberts de vidre, ciclistes rics que feien esport, jardins, espais, i que s'emmirallava tot sencer en les aigües d'un mar ara netíssim. I que encara no tenia gaires habitants, el nounat d'asfalt i disseny. Una mena de cicatriu oberta al sòl de la ciutat, una cicatriu que migpartia la pobresa i la riquesa, la modernitat i l'antigor, la prosperitat i l'amarg escepticisme del vençut. Colze amb colze, el nounat ignorava el poble, el barri vell; i els de sempre, la densa població del barri vell, miraven amb escepticisme, sense enveja, però amb una indiferència un xic menyspreadora, la brillantor ufanosa de la vida nova, rica, desvetllada i feliç que li anava creixent als peus, entre ells i el mar... Colze amb colze, però esquena amb esquena, ignorant-se mútament.

Entre els Jordis i les Carmes, els Antonis i les Maries, hi havia la Rosa. Tenia marit i tres fills, no treballava —almenys, en això que en diuen activitat retribuïda— i era només això que semblava: una mestressa de casa, modesta, de les que passen amb el salari just del seu marit; que havia deixat enrera els quaranta; que no era lletja, però que tampoc era maca; que no era desgraciada, però tampoc feliç.

Els fills se li havien fet grans. L'Antoni, el seu home, era força despòtic, una mica agressiu, no gens delicat. Quan es mirava al mirall, la Rosa, no s'agradava: ja tenia arrugues, i cabells blancs perací i per allà. Els ulls tristos.

Sense voler-ho, ara i adés, la Rosa feia balanç. Abans, només en el moment de ficar-se al llit, d'espolsar-se de sobre el marit, que sempre volia fer-ho —per què són així, els homes?—, quan el llum era apagat i el son trigava una estona a venir. Sí: feia balanç només abans d'abaltir-se. Però als quaranta-cinc anys en feia de dia, quan feinejava, imparable, per la casa, quan seia davant el televisor a veure els programes que volia veure la família, quan rentava els plats o preparava el dinar. Feia balanç tothora. «Veges tu per què naixem: treballar, obeir, patir... No hi ha res més. I la vida passa...».

A la Rosa, però, se li il·luminaven els ulls, se li amorosien les galtes, tota ella inundada de tendresa, quan mirava els fills: «Que macos són, que ben plantats!». Però ja no la necessitaven. No li feien cas. Feien la seva vida. Ella servia només per fregar, per guisar, per planxar, per comprar, per cosir... I els fills se li allunyaven, dia a dia.

«Si només fos això, rai, perquè això és llei de vida. Però les baralles...». Això sí que se le feia insuportable. I no les típiques baralles entre germans, que, això, a tot arreu passa. «Però és que l'Antoni és tan egoista, tan insensible!». Prou que ho veia, la Rosa: en Ferran, el gran, ja no podia més. «Se n'anirà». «No podrien, tots dos, posar-hi una mica de paciència?» «Ferran, fill, no li contestis així al pare». «Antoni, per Déu, no diguis aquestes bestieses». «Ferran, que no saps prou bé com és, el pare? No el burxis, home! Ja li passarà». «Antoni, que en Ferran és tot un home, que té vint-i-un anys, que no és un marrec perquè li puguis alçar la mà i fer-li crits. El perdrem. El perdré».

Llàgrimes: refugi de dones. Cada dia, cada dia. Posant-hi pau.

Ara la migranya la torturava un dia sí l'altre també. La Rosa havia perdut les il·lusions, l'empenta. No era tan forta com la tieta, que, a la seva edat, no s'arronsava de res. «Si almenys no anéssim tan curts de quartos...!». L'únic bri d'esperança: la Loto. Si un dia li tocava, potser l'Antoni ja no seria tan reconsagrat. Potser podrien ajudar el Ferran a posar un negoci. No ho sabia, quin: una botiga, o un despatx. I comprar-li un pis, ben a la vora, perquè vingués a dinar. Seria com no perdre'l. Els diners, els maleïts diners que ho embruten tot. La migranya li martellejava els polsos.

I el Martí, el petit, que no estudiava, que sempre havia de repetir una assignatura o altra. I que als catorze anys se sentia prou gran per rebutjar-li un simple petó de mare. «Quan es dutxa, tanca per dins la porta. No fa ni un any que encara em cridava perquè li ensabonés l'esquena... Sort en tinc de l'Anna, que és més tranquil·la. Disset anys, senyor, senyor, aviat començarà a tenir borinots, i la perdré també...».

En Ferran, en efecte, volia anar-se'n lluny. Li feia pena la mare, això sí, però ell no n'havia de fer res. Ella s'ho havia triat així, i tenia la vida que sabia que tindria quan es va casar. Ara, que, al pare, no l'havia d'aguantar més. ¿No ho podia entendre, que no li agradés estudiar? ¿És que el pare va ser capaç d'estudiar res? Doncs que no demanés als altres el que no havia volgut fer ell. I treballar... Bé, havia tingut mala sort. Les feines que havia anat trobant, les havia perdudes, però és que havia ensopegat amb cada tipus...! Si trobés una feina, no sabia quina, però, així, independent. Un petit negoci. Una cosa seva. A casa s'ofegava. I, al pare, no l'aguantava.

Si no fos per l'Anna, la germana... Perquè el Martí era bon nano, trapella, això sí, però anava a la seva i prou. Ara que l'Anna era... Bé: molt especial. Més sensata que les noies que ell coneixia, més nena i més madura alhora. Ho veus? La família no la tria ningú, i ell havia tingut molt mala sort amb aquell pare, tan insuportable. Però la cosa quedava compensada amb la germana. Una tia molt ferma, sí, senyor. Molt legal, l'Anna. Segur que ho aconseguirà, de ser escriptora. Segur que un bon dia trobarà un home ben diferent del pare. I tot això ho farà tranquil·lament, sense aquestes tensions que sempre tenia ell al seu voltant. A ella sí que l'estimava el pare. Cert que sempre portava bones notes, que ajudava la mare a casa, que estava molt per ell, però és que al vell li queia la bava amb l'Anna. No: aquesta farà una vida reposada, sensata. Sense escarafalls. I en Ferran esperava que no fos tan burra que acabés com la mare, amb un desgraciat al costat fent-li la vida impossible. Pobra mare!

Tard o d'hora ho haurien de saber, que en Ferran havia deixat el taller, que n'estava fart, que ja no podia més. És clar que tenia ganes de treballar, de guanyar-se la vida, però deixar-se trepitjar pels altres... No, això no ho podia fer. Ni ho volia fer, ni ho sabia fer. Si, quan li ho digués, el pare li tornava a dir gandul, agafaria la porta i marxaria! Perquè una cosa era clara: que el pare, mentre fos a casa, li retrauria sempre el plat a taula. I això el feia sentir envilit. Ni que fos una feina d'escarràs, en Ferran havia decidit marxar. Lluny del pare. I no veure'l més.

A la nit, a la cuina, la Rosa rentava els plats i l'Antoni hi rondava com un borinot, fent retrets al Ferran, que havia sortit sense donar explicacions. Fent retrets al Martí, que estava sempre amorrat a la maleïda consola de videojocs, i que contestava malament. Queixant-se de l'ensopiment de la Rosa, que sempre es feia la màrtir. De l'empresa, del malparit del cap de secció, que la hi tenia jurada i a qui tocaria el rebre quan fessin el reajustament de plantilles. De la vida, que era injusta, injusta, injusta!

—I jo què? Eh? Em vols dir què li he tret jo, a la vida? M'ho pots dir? Tot el dia fent-vos de criada. Rebent crits de tots. I fent-me vella.

Ho deia la Rosa, però, només d'esma, cansada, i callava d'altres coses: que estava sola; que l'Anna era molt bona nena, i l'ajudava molt, però que de les seves penes no tenia amb qui parlar-ne —ni amb la tieta, mira si hi ha confiança, però la roba bruta s'ha de rentar a casa; com se sentia de menystinguda com a dona; com li tocava sempre d'accedir a les ganes de l'Antoni, quan ella no en tenia mai. Ja no en tindrà. «Per què no poden estar-se'n, els homes?».

—Si em trobés al carrer, Rosa, no sé què faria. Veges a la meva edat qui m'agafaria a mi. I amb la crisi que hi ha!

La Rosa sabia que l'Antoni, en el fons, tenia por. Per això baladrejava i cridava. Perquè tenia por. Por de la pobresa, por de no sortir-se'n, por de fer-se vell. Por, com ella, de quedar-se sense els fills. I, com li passava sempre, a força de ser bleda, s'estovava amb aquests pensaments i acabava assuaujant l'angoixa del marit.

—Com està la tieta?

La tieta Victòria tenia una bodega. Era l'única família que tenien. Bé, que tenia l'Antoni, que n'era nebot. Feia mig any que era vídua, però a aquella dona no la podia enfonsar res. Estava trista, això sí, però, com sempre feia, alçava el mentó i tirava endavant, sempre endavant. Era d'una altra pasta, la tieta. No com ella, una bleda, tan apocada, tan obedient, tan poc parlaire. Als seixanta anys era una dona més jove que la Rosa. I més valenta.

A la tarda, havent pujat en una escala per abastar la bóta del racó, la tieta havia caigut i s'havia desllorigat el turmell. Però l'Antoni, que hi havia anat de seguida, havia dit que no havia estat res. Que el doctor Llobet li havia embenat la cama i havia dit que fes repòs, i que, si la tieta no fos tossuda, el que hauria de fer seria vendre's la bodega i a viure tocant-se la panxa.

Tot d'una, l'Antoni va abraçar la Rosa per darrera, que ja havia acabat amb els plats i passava la baieta per la pica. Ella volia desfer-se'n, de l'abraçada. Ell la va besar al coll. Tenia les mans fortes, l'Antoni. La Rosa va oblidar la migranya i va riure: «Deixa'm, deixa'm, que ens poden veure els nens!». I, de seguida, amb la docilitat de sempre, va seguir l'home al dormitori, de puntetes, perquè no la sentissin els fills.

L'Anna, que sortia en aquell moment de la seva cambra a queixar-se que la tele estava massa alta, els va veure així, entrant, agafats de la mà, la mare de puntetes, a la habitació. Es va amagar just a temps. Li brillaven els ulls blaus, enormes, i va somriure veient els pares, com si anessin a fer una malifeta. Després, va entrar al menjador i va apagar l'aparell. Havia d'acabar una redacció, perquè l'endemà, diumenge, volia dedicar-lo a escriure un conte que tenia pensat: tractava d'un noi, sense família, que es trobava embolicat en un afer de drogues. El condemnaven tot i ser innocent. I a la presó coneixia una noia, una assistent social, que el visitava cada setmana. Se n'enamorava; però, en sortir de la presó, dos anys després, descobria que era casada i que no sentia res per ell, només llàstima... O, millor: que l'havia enganyat i que tenia parella. O que era ella la que estava embolicada en allò de les drogues. Ja ho pensaria demà.

Just després que l'Anna apagués la tele, el locutor va dir els números de la Loto que havien guanyat aquella setmana: sis, cinc, quatre, tres, dos, un. L'absurda combinació que feia sa mare cada setmana, aguantant les burles del pare, que deia que era una combinació tan poca-solta que mai no la triaria ningú amb dos dits de front...

La tieta Victòria, realment, era un dona de les del morro fort. La bodega era la seva vida: primer amb el pare, després amb en Fidel, el marit. El barri era el seu país, el seu univers. Una dona que havia estat una bellesa, i que encara avui, ja una vella, feia molt de goig, i a qui agradava pentinar-se ben pentinada, pintar-se una ratlleta als ulls, posar-se coloret a les galtes, anar neta i ben planxada, i sempre fent olor d'aigua de colònia de l'antiga, de la bona. Li pesava la soledat, també, però d'una manera diferent a la Rosa. El marit, en Fidel, havia estat més que un marit. Havia estat un company, un amic. Ara ja no patiria més, però havia deixat la casa terriblement buida, la bodega silenciosa, el llit desert. Quantes coses que havien arribat a fer, tots dos junts! La tieta enyorava les coses petites, quotidianes: la partideta de cartes d'havent sopat, anar al cine tots els dissabtes, la tendresa amb què l'abraçava al llit i li deia com tenia la pell de fina i com eren els seus cabells que semblaven fets de seda... I com la feia riure, amb les seves contarelles de la mili, de la fàbrica, de la presó... Vell tossut sindicalista! Com hauria estat de feliç en Ventura, el pare, si l'hagués conegut! «Sembleu pastats», li deia la Victòria al pobre Fidel quan més contenta estava.

«Au, Victòria, no t'ensopeixis, que això no fa per a tu. Alça el cap, dona! La vida és feta per viure-la. I deixar viure els altres. Per sentir-se lliure. Per anar construint, pedaç a pedaç, un territori on viure. Per no acotar mai el cap, perquè ni la vergonya ni la covardia són pròpies de les persones que mereixen ser anomenades com a tals».

La Victòria obria la bodega diumenges i tot. Li agradava enraonar amb les clientes, sentenciar amb el seu sentit comú les enraonies, ajudar aquella que tenia alguna dificultat i parar-li els peus a la tafanera que omplia el seu temps, tan buit, de paraules també buides. «Com la Madrona, Àngela Maria!, quina dona més xafardera i tafanera! I és que només té pardalets al cap, com les criatures. No hi posa malícia: hi posa la seva buidor interior. Mira que no tenir-ne prou amb la pròpia vida per fer safareig de les vides d'altres!».

Per això, quan aquell diumenge la Madrona havia entrat a comprar els tres quarts de vi de sempre, la Victòria hi va posar paciència, però no l'orella. Ja es cansaria de parlar d'aquesta i de l'altra. Una infeliç. «No té malícia».

Entre la xerrameca de la Madrona, a la Victòria li va arribar una notícia que li va fer saltar el cor. Ja li havia explicat com s'havia desllorigat el turmell; ja li havia contat què havia dit el metge, i què havia dit l'Antoni, i li havia repetit que en aquella bodega sempre s'havia obert els diumenges i que un peu embenat no li havia d'impedir de treballar; ja li havia declarat que no li interessava gens allò que li contava de la Roser, la del mecànic, ni si els Balló portarien a l'asil el pare o no el portarien, i ja no se l'escoltava. Però allò que deia ara la Madrona sí que era interessant. Interessant de debò.

—... Ja veus quin número més poca-solta! Sis, cinc, quatre, tres, dos, u! Vols dir que no fan trampa? Perquè una cosa així, no l'haurà posada ningú.

La Victòria va buscar el diari, perquè de la Madrona més valia no refiar-se'n gens. I ella mateixa ho va poder llegir. «Aquesta sí que és bona! La combinació de la Rosa!». ¿Seria possible que els hagués tocat la Loto i no li haguessin dit ni una paraula? Que no era ella l'única família? ¿Que no la buscaven sempre que anaven maldades? ¿Que no havia fet per ells tot el que es podia demanar d'una parenta? Si fins i tot els havia fet de minyona, en cada part de la Rosa! I no com un favor, sinó perquè així havia de ser. I ara, tocaven calés i no li deien res. ¿Que no l'heretarien, quan li arribés l'hora? Si tot serà per a ells! El pis, la bodega, els estalvis. Les quatre coses bones que ja feia tres generacions que guardava —bones de debò, eh? Tot. Això no podia ser cosa de la Rosa, això era cosa del tanoca de l'Antoni, que per diners es vendria l'ànima al dimoni. «Si és que tenim ànima, perquè jo, les coses que no es veuen ni es toquen, me les crec o no me les crec. Ja veuran aquells si la Victòria els en dirà o no quatre de ben fresques!».

Quan va trucar per telèfon, la Rosa i l'Antoni encara eren al llit, mandrejant, en ser diumenge. L'Anna i en Martí dormien, i dormirien fins ben tard, i en Ferran no havia vingut en tota la nit, com havia jurat fer quan va marxar havent sopat fent petar la porta. L'Antoni, en sentir una notícia tan extravagant, va riure, i va dir que no s'ho creia. La tieta es va tranquil·litzar en saber que no li ho havien amagat, sinó que no ho sabien. I aleshores va exultar: com li agradava ser portadora de bones notícies! Ho va dir a crits. Ho va repetir. Els va felicitar. L'Antoni anava quedant-se esbalaït, a mesura que ho païa. El telèfon encara a la mà, mirant ben lluny, respirant feixuc, els ulls esbatanats, com si temés despertar-se d'un bell somni.

La Rosa, mig endormiscada, va comparèixer al menjador i li va preguntar què passava. I ell la va agafar, la va abraçar, la va pujar enlaire, com una nena. Li va fer petons desgavellats, i, tot lliscant-li un llagrimot per les galtes, li va dir, exultant:

—Que som rics! Que ens ha tocat la Loto! Que som milionaris, Rosa! Que ens ha tocat! Aquella combinació tan estúpida! L'hem encertada, Rosa!

Quan la Rosa ho va poder assimilar —en Martí i l'Anna, desperts pels crits, saltaven d'alegria—, va mirar l'Antoni i li va dir, amb veu suau:

—És a mi, a qui ha tocat la Loto.

El germà de la Rosa es deia Xavier, Xavier Miró. La Rosa hi tenia una flaca, d'ençà que, tot i no ser gaire més gran, li va tocar fer-li de mare. Només que l'Antoni no se'l podia empassar, el seu cunyat, de cap manera. Era un bon xicot, una mica bufanúvols, bastant desorientat, però molt bon noi, i l'únic que la comprenia una mica, l'únic que s'adonava que estava sola i trista, que tot ho aguantava sense queixa i que era massa feble.

—Hi ha qui ha nascut per ser mur i qui ha nascut per ser heura. I tu, Rosa, has nascut per ser mur. I tots ens hi repengem.

No tenia feina. De fet, no n'havia tingut mai. Així que feia feinetes, de tota mena. Amb la seva furgoneta. Comprava aquí i venia allà. De vegades fins i tot feia una mica de venda ambulant i tot. I, és clar, sempre anava escurat. La Rosa, d'amagat de l'Antoni, li passava de tant en tant algun bitllet. I sempre se n'adonava, el reconsagrat de l'Antoni, i l'escridassava per ser tan generosa «amb l'espavilat del teu germà». Era el que més la feria, a la Rosa: que insultés el seu germà.

Perquè era l'únic que la volia de debò, per ella mateixa. L'únic que li agafava la mà quan se sentia massa cansada. Qui tenia la paciència de parlar amb en Martí quan aquest feia alguna trapelleria de les seves. L'únic que ajudava en Ferran quan a casa hi havia baralles. El que trobava un estri que feia falta a molt bon preu —«Veges d'on ho treu, el teu germanet!», s'exclamava indefectiblement l'Antoni—; el que deia que seria maca, si s'arreglés una mica i no anés tan deixada anar. Qui li deia, sense ràbia, sense crits, que va fer un mal negoci casant-se amb un home tan malcarat i rondinaire. Qui la va abraçar, ella xopa de llàgrimes, quan va saber que l'Antoni havia anat amb una altra dona. Qui va vetllar en Martí quan va tenir el xarrampió. Qui es va oferir a acompanyar l'Anna a aquella festa que li feia tanta il·lusió i on el pare no la deixava anar sense companyia.

Avui, quan estaven celebrant amb crits i riures la xamba d'encertar la Loto, i havien destapat, abans d'esmorzar i tot, una ampolla de cava per brindar-hi, s'hi va presentar en Xavier. En un dia així, fins i tot l'Antoni li va fer bona cara. I quasi de seguida va comparèixer-hi en Ferran. Oncle i nebot van assabentar-se de la bona notícia gairebé alhora, i es van sumar a l'alegria que regnava a la casa.

L'Antoni, que no sabia que la tieta estava esbombant-ho per tot el barri, de sobte va despertar-se de la borratxera d'alegria i es va posar caut:

—Ni un mot a ningú! M'heu sentit? En casos així, tots els especuladors són a l'aguait...

En Martí parlava per telèfon, però va tranquil·litzar el pare: no estava dient res del premi. Eren coses d'ell, només. Parlava amb el seu millor amic, en Miquel, que li havia promès d'aconseguir-li el telèfon de la Clàudia, la tia més bona de la classe. Va cercar un paper i el va anotar, per no oblidar-lo. Ara sí que se la podria lligar! Ostres, si la Clàudia acceptés de sortir amb ell! Només que les ties són tan rares...

Cap a migdia, la xerinola s'havia acabat. En Xavier havia marxat i en Ferran havia dit que tenia un compromís, així que va fer un mos i també va sortir. L'Antoni estava pensant, rumiant, fent plans. Poder engegar el cap de secció a la merda! Però cal mesurar bé els passos que s'han de fer. «Una combinació així, segur que no l'ha posada ningú, serem els únics guanyadors». Esbandeix del cap les paraules de la Rosa: «La Loto m'ha tocat a mi». «Veges quin acudit! Com si no fos la meva dona!». Estava abstret, pensant, rumiant. Fent plans.

—Demà mateix la ingresso al banc, la butlleta. Rosa, dóna-me-la, que ha d'estar en un lloc ben segur.

Tantes precaucions i el telèfon no havia parat de picar en tot el dia: els diaris i la ràdio, la gent del veïnat. Mira com volen les notícies!

I els plans que es començaven a dibuixar, rutilants, lluminosos, esplèndids. Tanta alegria. Tanta cautela inútil. Perquè la butlleta no era al bufet, ni a la tauleta del telèfon, ni a la taula, ni a la cuina, ni havia caigut a terra. Ni la tenia la Rosa, ni la tenia l'Antoni. Ni la tenia ningú.

¿Com pot un sol dia contenir tanta alegria i, de seguida, tanta ràbia, tant desesper, tanta humiliació —què diria la gent, quan ho sabés, amb tant de rebombori que n'havien fet?—, tanta frustració? La butlleta, però, no apareixia enlloc.

Tot un dia de recerca inútil, desesperada. Tot un dia així. No hi ha dret que hom li acosti un plat exquisit a un famolenc per retirar-l'hi de seguida. No hi ha dret.

—Rosa: aquí només han entrat dues persones. Un, és el teu germà. L'altre...

—En Ferran? Que t'has begut l'enteniment? Com vols que en Ferran...?

Quan en Ferran va arribar a la nit, l'Anna va intentar avisar-lo. El pare el mirava acusador, la mare plorava. I quan va sentir l'acusació, la ira va ser més forta que el seny. «O ha estat el tiet Xavier, que, naturalment, ho nega, o has estat tu».

—Aneu a prendre pel sac!

Ho va dir amb ràbia. I se'n va anar. Ara de debò. Per sempre. Això sí que no. Que l'acusés de gandul, li feia molta ràbia, però que l'acusés de lladre, això no li ho consentiria. Ja n'hi havia prou. La mesura era plena fins a dalt de tot. «Tant de bo es morís, el pare!»; i la maledicció li va brollar de dins.

D'ara endavant, en Ferran ja no seria més amb ells. Ni els plors de la Rosa ni els precs de l'Anna servirien de res. Ni tan sols quan la Rosa va trobar la butlleta a la cartera d'en Martí, amb el telèfon de la Clàudia, la tia més bona de la classe, apuntat al dors. Ni quan el pare, a la seva manera, li va demanar perdó.

En Ferran, ara, tot de sobte, sense ofici ni benefici, sense un sostre, havia esdevingut independent. Per sempre.

2

L'ANDREU MOLINS ERA el millor amic de la Victòria. Era un jubilat d'aquells a qui pesen els anys, d'aparença descurada, modestíssima, que vivia sol en una de les casetes més atrotinades del barri. Amb la salut gastada i el caminar feixuc, gairebé sempre per afaitar, contemplava amb amarg estupor com tot un món s'esfonsava per donar pas a un altre, potser més aparent, però també més poc autèntic.

La seva vida transcorria fent un passeig, a passes curtes, un cafè no gaire carregat al bar de tota la vida i la visita diària a la Victòria. Havia estat inseparable d'en Fidel, el marit de la Victòria, i gairebé l'enyorava més ell que no la mateixa vídua; havia conegut i admirat en Ventura, el pare de la Victòria, un obrer anarquista que va morir el 1942, tot just sortir de la presó que el vencedor imposà, sense pietat, a tanta gent honrada.

Quan en Fidel encara vivia... No, no, molt abans: quan en Fidel encara no estava malalt... No, tampoc: més enrera encara. Quan eren joves. Quan tenien somnis, quan creien de tot cor que treballant, posant-hi el cor, en la gent que un s'estimava, tenint raó, serien els amos de les pròpies vides i podrien dormir sempre tranquils. Eren amics inseparables, ell i en Fidel, i tots dos havien passat la dura postguerra dels vençuts. I encara, quan el franquisme esmussava les ungles per aconseguir profitosos tractats internacionals, tenien la força i la intrepidesa per menar lluites clandestines, per somiar en un barri digne. Però en Fidel havia mort, i cap dels somnis havia arribat a bon port.

La Victòria el convidava a una copeta d'anís, l'única cosa que el metge no li tenia prohibit. I, si s'esqueia, li cosia algun botó balder, o, malgrat les protestes, li rentava una camisa o li planxava un mocador. La bodega de la Victòria estava com sempre havia estat, i en aquell marc, o a dalt, on ella tenia l'habitatge, es trobaven tots dos envoltats dels objectes familiars, de la vida d'abans, la que se'ls escolava de les mans com si fos sorra fugissera de la platja.

Quan xerraven la Victòria i l'Andreu, que havien compartit tantes coses i havien estimat tantes persones comunes, el pensament se'ls n'anava molt enrera. Asseguts a la taula de faldilles, la Victòria fent anar l'agulla i ell xarrupant la copeta d'anís amb què l'obsequiava la seva bona amiga, sempre començaven la conversa dient: «Te'n recordes, Victòria?». «Te'n recordes, Andreu?».

—¿Te'n recordes, Andreu, quan el pare es va disfressar de dona i va sortir a cantar el «Luisa Fernanda»? ¿Te'n recordes que al principi no el vam reconèixer, ni tan sols jo? És clar, érem dues criatures...

—Te'n recordes, Victòria, de la Gavina Azul? Com t'agradava anar amb en Fidel a ballar-hi i lluir-hi el tipus!

I l'Andreu recorda el cos graciós, esvelt, picardiós de la Victòria. Quina sort havia fet en Fidel amb una dona així! Que maca que era, amb els cabells tan rossos deixats anar sobre l'esquena i un mocador blanquíssim lligat sobre les espatlles! Quina bona parella feien!

Ella té una punxada al cor, en cada record que porten, entre els dos, al present de la saleta, de la taula de faldilles, i enyora, amb nostàlgia de dona que encara crema per dins, malgrat l'edat, el seu Fidel. Després alça la barbeta i es diu: «Apa, Victòria, no siguis bleda com ho és la Rosa! La vida s'ha de viure, malgrat tot!».

L'Andreu, però, darrerament dedicava aquestes tertúlies diàries no al passat, sinó al present. Es pensava que ja no li podrien fer res més, que tots els cops que li havia donat la vida els havia entomat amb dignitat i que ara havia de viure amb placidesa i sense cap sotrac. Però els vençuts ho han de ser sempre: per ser lliures o per ser vells. I, sobretot, per ser pobres.

En efecte: darrera mateix de la bodega i el pis de la Victòria començava la filera totèmica de fàbriques i de brutícia que el barri tant havia lluitat per foragitar i així guanyar-se el mar, un mar net i bell. Ara, el Barri Nou els barrava el pas. A frec de casa la Victòria començava la meravella rutilant del disseny modern, de l'urbanisme racional, de la riquesa i la comoditat.

—Tants anys separats del mar per fàbriques, i vies, i porqueria, tants anys somiant que tot això desapareixeria, i el dia que ho aconseguim, vénen uns altres i s'ho emporten tot! —exclamava la Victòria amb un bri de ràbia.

L'Andreu, però, no estava amatent a les lamentacions de la seva amiga. L'enquimerava la proximitat de la seva caseta, tan entranyable, amb el barri nou. S'ensumava que tard o d'hora els especuladors voldrien el seu solar. Si hi havia al món algun ésser humà lligat al seu entorn, aquest era ell. Bé, ell i la

Victòria, que s'estimaven fins i tot la pols de les bótes que s'arrengleraven des de sempre a la bodega.

Havien comentat la fortuna que els havia deixat la Loto —la moderna fada bona— als nebots de la Victòria. I tots dos, sense bri d'enveja, comentaven que ara l'Antoni podria fer pintar la bodega, adobar alguna coseta del pis de la Victòria. Si no fos que els diners fan gasius els més generosos, mira quines paradoxes! Com més en tens, més t'hi arrapes; com menys en tens, més pròdig amb els amics, amb els necessitats, amb els veïns... Cony de vida, i que recomplicada que és!

Si algú preguntés a qualsevol veí del barri vell qui era, com era l'Andreu Molins, tots, unànimement, haurien dit de seguida, sense pensar: «És un bon home». L'única família que li quedava era un nebot, en Manel, un xicot tan bon noi com ell mateix, però tímid, apocat, sense empenta. Perquè ell, l'Andreu, era un tros de pa, de tota la vida, però lluitador, i n'havia fetes algunes de ben grosses. En Manel, igualment un tros de pa, era tanmateix incapaç d'altra cosa que d'ajupir el cap. ¿És que la vigoria es perd una mica a cada generació, com si la sang s'anés aigualint de pares a fills? Ves qui ho pot saber, això!

—Vols que et digui una cosa? Que els meus nebots ja s'ho faran, Andreu. Veges tu perquè vull jo una mà de pintura en una casa que fa llufa pertot arreu. Ara que, això sí, em dol que no se'n recordin de mi. Que no els hagi passat pel cap fer-me un regal... Ni que fos un ram de flors, em farien contenta...

La Mònica —que és com es feia dir— era una noia molt bonica que, de ben joveneta, s'havia hagut d'espavilar tota sola. Era una noia llesta, decidida, i sabia que, a la vida, tot té un preu. Ella volia tenir vestits bonics, una casa còmoda i un compte corrent que li permetés no sols viure bé, sinó gaudir de plaers refinats: el teatre, la pintura i coses així. No és que no tingués escrúpols, és que no li feia res haver d'aconseguir totes les coses que volia per mitjans que alguns haurien considerat indignes. La seva filosofia era que la dignitat la porta un a dintre. Que no hi havia cap mal a fer feliç una estoneta un home qualsevol a canvi de diners. ¿No és això exactament el que fan tots els assalariats? ¿No és això el que fa una secretària, per exemple? Picant a màquina, arxivant, prenent notes de cartes comercials per tal que l'amo estigui content, per tal de solucionar-li problemes. I cobrant per fer-ho. ¿No és això el que fan les honrades mares de família, fer l'amor amb el marit, per tal de tenir qui les mantingui? ¿Quina diferència hi ha?

Era, però, una prostituta per compte propi, no gens barrejada amb els tafurs i la gentussa propis d'un negoci com aquell. Ella rebia a casa, discretament, a través d'un anunci que sortia a la premsa. Quan va tenir clients fixos, que no quedaven mai sadollats dels seus pits alts i de les seves anques càlides, aquests en portaren d' altres, de clients. Així que podia viure força bé, i amb independència. No ho feia per vici, ni per mandra de treballar en una altra cosa, la Mònica; però és que d'aquella manera podia permetre's moltes coses, que no podria aconseguir per altres mitjans: un armari ple de roba ben triada, una filera molt llarga de sabates a la moda, un viatge allà on li vingués de gust, i, fins i tot, un piset, no gaire gran, però preciós. I, sobretot, la seva independència. La seva llibertat. Ser la mestressa de si mateixa. No obeir ningú. Això sí que ho valia tot.

L'únic que la preocupava, del seu negoci, eren les aparences. Perquè ella era una noia fina. No tindria mai, però mai de la vida, aspecte de meuca, ni cometria cap vulgaritat. En aquell ofici les diferències són molt fortes, més i tot que les que separen les diferents classes socials. A més, a casa d'ella no hi hauria mai un escàndol. Vestia a la moda, amb gust i discreció podia saludar tot el barri amb el cap ben alt. Li encantava la llibertat de què gaudia i ésser tractada amb tot respecte. La resta, quina importància podia tenir?

Tanmateix, un dia, la seva vida ordenada, còmoda i un bon tros cínica, havia sofert un fort sotrac. La Mònica, que tenia molt de món i coneixia bé la vida, havia comès el disbarat d'enamorar-se. Una dona com ella, però, que estava de tornada de moltes coses, no era una noieta enamoradissa i bleda. El cas era que mai li havia passat una cosa així: va ser conèixer aquell noi i ja no va poder dormir en pau. Era un xicot sense malícia, molt alt, els cabells negres, la veu forta i dura i alhora tendra i manyaga. I els ulls... els ulls d'infant que ha crescut de sobte i que miren enllaminits la figura esvelta, proporcionada i sensual d'una noia maca.

La Mònica havia aconseguit que l'acompanyés a casa seva, i allà el va convidar a una copa, i allà es van fer un petó. Per a aquell noi, es tractava d'una tia que estava bona i que li donava facilitats, i ell s'apressava a aprofitar-ho. Per a ella, però, que es guanyava la vida fent coses com aquella, era un moment preciós, únic: podia gaudir, gaudir del sexe, i sentir-se dona i feliç, i sospirar sense fingiments, i acariciar sense obligació, sinó per gust.

Com més el tractava, aquell noi, més i més se n'enamorava. Ell li explicava que volia treballar i que no sabia en què. Que no s'entenia amb el pare i que volia marxar de casa. Que volia... I ara deia un negoci, ara en deia un altre; ara esmentava una feina, de seguida una altra de ben diferent. La Mònica, a més d'enamorada, se sentia una mica mare, i la inseguretat i la jovenesa del noi la commovien fins al moll dels ossos.

Es tractava d'en Ferran Aiguader, el fill de la Rosa i de l'Antoni, que n'estava molt, de la Mònica, però com ho hauria estat de qualsevol noia maca que se li oferís amb la liberalitat amb què se li oferia la seva nova amiga. El piset de la Mònica havia viscut aquesta història d'amor, potser vulgar, però, almenys per a ella, molt intensa.

La Mònica havia comentat la seva situació a la seva millor amiga, la Katy, una noia que volia ser actriu i que de moment passava fent de cambrera. La Katy la comprenia, no la condemnava pel seu ofici, i fins i tot manifestava una explícita i sana enveja pel benestar amb què vivia la seva amiga. Si ella no es feia prostituta, li havia dit moltes vegades, era, primer, perquè fer-ho amb un paio que no li agradés li feia venir basques; segon, perquè no tenia la «classe» de la Mònica i tindria de clients gent molt més tirada; tercer, perquè l'única cosa que desitjava de debò no eren les comoditats ni els vestits, sinó la seva passió per interpretar —el que fos: un vodevil o un drama, un anunci de televisió o un serial radiofònic...

Havia observat la seva amiga amb divertida perplexitat, perquè mai no hauria pogut imaginar-se que una dona decidida, sensata i més aviat freda com la Mònica pogués embogir per un xicot. El que més la desconcertava era que el nou amic de la Mònica fos un pelat total, i que tingués preocupacions de marrec, sobre si el pare això, el pare allò, com un adolescent. Estava segura que el dia que aquell noi sabés l'ofici de la Mònica la deixaria plantada. Perquè els homes són molt dignes. No els fa res anar de putes, però la «seva» ha de ser immaculada. Això era així en el segle passat, i quan vivíem a les cavernes... I tota la vida.

Quan en Ferran envià a la merda el seu pare per haver-lo acusat de lladre i va fer petar la porta, no tenia ni idea d'on anar a parar, ni què fer, ni com guanyar-se la vida, ni com tirar endavant. Havia estat tota la nit amb la Mònica i ella li havia dit, molt seriosament, que l'estimava. Així que quan es trobà al carrer, en un diumenge en què tot estava tancat i mort, l'únic lloc on se li acudí anar a explicar que per fi, havia, marxat de casa, va ser als braços de la Mònica.

La Mònica no feia gaire que s'havia llevat. Duia una bata japonesa, de seda, que li esqueia molt, i esmorzava a poc a poc tot fullejant una revista de modes. No esperava en Ferran, i, en obrir-li la porta, va sentir un glop de felicitat a dins del pit. Tot escoltant les malvestats, que ella trobava massa infantils, el seu cervell va començar a treballar, veloçment. La primera cosa que li va dir és que no tenia per què aguantar un pare com aquell, que tenia moltes qualitats i que segur que trobaria la feina més adient. La segona cosa que li va dir és que, de moment, podia quedar-se amb ella. Que no tingués recança, que això era un remei provisional. I afegí que, pel que feia a ella, li donava molt de plaer que poguessin viure junts. Que no fos antic, que això de si el pis era d'ella o era d'ell eren romanços de l'antigor.

No cal dir que en Ferran va veure en aquest oferiment una porta oberta. Aquella xicota li agradava. Vivia sola, i ningú no els havia de fer nosa. I ell estava disposat a trobar alguna mena de feina: ara ja no podia ser més llepafils, i agafaria la primera cosa que trobés, ni que fos com a escombriaire. Ara, tornar a casa, això sí que no ho faria.

El que no s'esperava va ser la confessió final. En efecte: la Mònica estava encantada de conviure amb ell, de tenir-lo a casa, de mimar-lo i fer-lo feliç. Li cantava el cor només de pensar-ho. Però el seu cervell ben oliat que feia treballar a tota velocitat li va indicar de seguida l'únic escull: no podia tenir-lo a casa sense dir-li el seu ofici. Bufff!, això seria una mica difícil tractant-se d'un jovenet gairebé adolescent.

Amb molta mà esquerra, quan el tenia ben enllaminit amb l'oferta del seu pis, quan ell exultava pensant com li seria de fàcil obrir-se camí a partir d'un pis còmode i d'una companya preciosa, li va dir com es guanyava la vida. En Ferran no sabia si aixecar-se de seguida i marxar o dir-li'n quatre de fresques. Una meuca! Una puta! Ha! Veges si ell viuria com un macarra, a les costelles d'una qualsevol! La Mònica, però, va deixar anar unes llàgrimes, li va retreure que, si abans l'havia estimada, ara no podia menysprear-la. Que la vida la hi havia menada. Que si fos ell qui fes un ofici indigne, ella l'estimaria igualment, perquè l'amor està per sobre de foteses. Que els qui estan enamorats no s'han de jutjar. I coses així.

En Ferran acabà accedint-hi, sobretot perquè no tenia altre camí per on tirar. Quan ja s'abraçaven, es juraven amor, feien plans de felicitat i de companyonia gairebé marital, la Mònica li va dir —tot ben dosificat i en el moment precís— que no s'havia de fer la sang calenta quan vinguessin els clients que ella rebia.

En Ferran, però, que havia accedit a tot, fins i tot a viure d'ella i no sols amb ella, no sabia com li resultaria de dur veure homes picant el timbre, sortint del dormitori, ni com l'enervaria la mirada de menyspreu que, de segur, li havien de dirigir els clients de la seva amiga...

La Rosa es trobava desfeta en llàgrimes. L'alegria de la Loto ara s'havia evaporat, se li havia desfet a les mans com un floc de neu. El seu fill havia marxat. No sabia on era. No podia ajudar-lo en res. No volia saber res d'ella. Tot per culpa de l'Antoni. Un home que confiava més en qualsevol desconegut que picava a la porta que en el seu propi fill. Un home que només li havia donat disgustos. Un home que només pensava en ell mateix.

Si estava malament acusar el seu germà Xavier, més ho estava encara acusar el seu propi fill. Si tingués dignitat, buscaria en Ferran i li demanaria perdó. Si almenys ella sabés on parava, què feia, amb qui estava, com vivia!

A mes d'aquesta pena, la Rosa veia estupefacta que l'Antoni estava disposat a manegar els diners que *ella* havia guanyat a la Loto sense tenir-la en compte per a res. Perquè els diners eren d'ella. Ella havia de disposar-ne, o, almenys, participar en la decisió.

Aquella mateixa tarda li havia trucat la tieta Victòria, i li havia dit que l'Antoni era un brètol i que volia fer negoci sense comptar amb ella. Tota la discreció, totes les coses que sempre es guardava al pap, tot el que plorava a soles, li va esclatar, al telèfon, escoltant la tieta. Mira que saber què havia decidit l'Antoni a través de la tieta! Això era massa. Era degradant. Se sentia humiliada. Els diners eren per posar un negoci per al Ferran, per ajudar l'Anna amb els estudis, perquè al Martí no li faltés de res. Si en Ferran ho sabia, que li havien de muntar un negoci, de segur que tornaria a casa. No es podia ficar en la seva vida, però saber què feia, què menjava, en què treballava... Oferir-li tot l'amor i tota la comprensió que se li estaven corsecant a dintre...

La tieta Victòria, quan va rebre la visita inesperada de l'Antoni, va imaginar que venia a portar-li algun obsequi. Mai no s'hauria imaginat que l'Antoni tenia un projecte, i que en aquest projecte, hi entrava de ple la tieta. Millor dit: la seva bodega.

La bodega ocupava un lloc, un espai, que no era reduït, i que adequat a les necessitats del negoci. Ara bé, a l'època d'en Ventura, el pare de la Victòria, el local havia estat molt més gran. L'espai que anomenaven el magatzem, ple de brutícia, de records vells i de diversos malandreços, a part de ser pròpiament un magatzem, era un local molt més gran que la mateixa bodega.

Aquest espai acabava en una porta que hom va tancar feia una pila d'anys i que ningú no havia tornat a obrir. Donava exactament al barri nou, i com que la Victòria considerava injusta, inútil i lesiva l'existència d'aquest barri, no tenia la menor intenció de fer obrir aquella porta de darrera. L'Antoni, però, que esperava una suma molt més gran de diners que els que realment havien guanyat —setanta-sis milions—, va fer dues coses: primer de tot, anar a la seva feina i fer babarotes a l'amo, al cap de secció i fins i tot als companys més molestos o als més envejosos. Aquesta satisfacció li oxigenà les idees. En segon lloc, pensar una inversió ben encertada. Aquells diners s'havien d'usar ben usats. La Rosa no hi entenia i no havia de ficar-se en els seus projectes. Era la seva dona, no? Després de rumiar-s'ho molt, va considerar que ell no tenia destreses per a massa negocis. Una botiga. Potser. Però en fracassen tantes!

Havia sentit a dir, d'ençà que el barri nou era una realitat, que era una llàstima que hi hagués tan pocs serveis comercials. Si la mateixa tieta explicava que molts dels pocs habitants del barri nou havien d'entrar al barri vell i comprar les begudes i les gasoses a la seva bodega...! I això és el que li va donar la idea: un supermercat seria un negoci, sens dubte, pròsper i en expansió. És clar que ara no hi havia gaires habitants, al barri nou, però a la llarga, un súper cobriria les necessitats, i gairebé en exclusiva, de moltes famílies. Famílies amb peles, a més. Ells mateixos aprofitarien un pessic d'aquells diners per comprar un pis al barri nou i fer-se amb els futurs clients.

Quan ho va tenir ben apamat i ben considerat, anà a parlar amb la tieta. El local era d'ella. Podia llogar-l'hi. Estava segur que la podia convèncer, si li explicava els avantatges i li prometia que tota la reforma no la molestaria pas. Ella es resistiria, tan feta a l'antiga com era, però era una dona pràctica i s'adonaria que un súper allà seria un pou de duros.

El que l'Antoni no es podia imaginar era que la tieta, ultra totes les pegues que va posar només d'imaginar la seva bodega destruïda, sc solidaritzaria amb la Rosa i trobaria que ella era la propietària legítima dels quartos. Quan ja la tenia convençuda de totes les altres coses, en aquest punt la Victòria es va mostrar inflexible: o la Rosa entrava en el negoci, o res a fer. L'Antoni maleïa les dones, que tot ho emboliquen i que no entenen res. Però no va tenir altre remei que accedir.

La reunió entre la tieta, la Rosa i l'Antoni es va realitzar no sense alguna tensió. La Rosa estava molt ressentida amb ell. I tot perquè en Ferran se les campava pel seu compte. I perquè estava fent servir els diners d'ella en benefici de tots dos. La Victòria no es moria de ganes de convertir la seva estimada bodega —«Pobres bótes!», va arribar a dir— en un insípid i impersonal supermercat, però era prou intel·ligent per adonar-se que era una bona pensada. Així que si als nebots els havia tocat la Loto, ella en sortiria beneficiada. Però la Rosa...! «És tan insignificant, la pobra!».

De la reunió en va sortir un acord. Consistia en el fet que els diners anirien a nom tant de la Rosa com de l'Antoni, i que el negoci aniria a nom de tots dos. Que de les obres se n'ocuparia l'Antoni i que la tieta cobraria un lloguer superior als beneficis de la bodega. Que tots tres hi treballarien, si era possible, sense llogar cap empleat. I que, si la Rosa ho volia, podien invertir una part dels diners en un pis del barri nou, per viure amb més comoditats i per conviure amb la clientela. A la tieta no li semblava malament la idea que canviessin de pis, però ella no pensava posar els peus al barri nou, tant si ells hi vivien com si no hi vivien.

Val a dir que la Rosa no era gaire partidària de mudar-se, i li feia una mica de mandra i una mica de pena deixar el pis on havia viscut des que s'havia casat. Si a la fi hi va accedir, va ser perquè estava entusiasmada amb la idea d'una casa nova. El mateix Martí, que sempre passava de tot, va rebre la notícia amb entusiasme. I, per acabar d'alegrar-la, la Rosa havia tret un pessic de diners del compte del banc —que ara també estava al seu nom— i va comprar un bon regal per a cadascú, i li va passar a en Xavier un bon feix perquè anés tirant. Aquesta possibilitat de ser generosa la va deixar de tan bon humor que acabà acceptant això d'anar a viure en un lloc en què estava segura de sentir-se forastera.

Pel que fa a en Ferran, sabia que l'Anna l'havia vist, i li havia confiat que vivia bé i que no li mancava res.

El dia que tots quatre —l'Antoni, la Rosa, l'Anna i en Martí—, més la tieta, penetraren en els budells del magatzem, atapeït d'andròmines, va ser un moment solemne. La porta de darrera, que a partir d'ara seria la de davant, estava tan fortament travada que l'Antoni va necessitar totes les seves forces per aconseguir d'obrir-la.

Un cop oberta, els cinc van quedar clavats, estupefactes, meravellats, atònits amb la bellesa que els va colpejar la cara: aquella porta donava de ple al barri nou, completament davant del mar, i la immensa claredat del cel, la profunda alegria i remor del mar, l'harmonia dels jardins, dels edificis, la netedat, tot els explotà davant dels ulls, com si un encanteri hagués transformat la vella i fosca bodega en un prodigi de llum i de bellesa. Allà clavats, tots cinc, bocabadats i muts, es trobaven exactament sobre el túnel que unia el passat i el futur, la pobresa i la riquesa, la foscor i la llum. La mort i la vida. Era un túnel, a més, que ells havien obert amb les seves pròpies mans.

Sense pensar-ho amb paraules, sense ser-ne ben bé conscients, acabaven d'unir dos barris, acabaven de trencar una frontera. No hi havia dubte: el futur era d'ells.

3

AL BARRI NOU, que és ben cert que estava començant a habitar-se, de mica en mica, hi havia un pis encara nu de mobles. Donava a l'avinguda, i era molt assolellat. No es tractava d'un pis gran, però els materials eren bons; l'entrada, fresca i ampla; l'estructura, agradable a la vista. Si el futur habitant o futurs habitants hi posaven una mica de bon gust, amb una planta aquí, unes cortines blanques allà, un sofà en aquest racó i uns bibelots en un prestatge, podia quedar un pis confortable per viure i molt plaent a la vista.

Aquest futur habitant era l'Helena. Millor dit, l'Helena i la seva filla Júlia, una noieta espavilada i bufona de setze o disset anys. L'Helena era una dona francament bonica, d'aquelles que saben vestir amb molt de gust, que tenen cultura, que estan al dia tant dels esdeveniments polítics com de la literatura moderna, que van a concerts i no es perden una bona exposició d'art, que no gasten el temps en insípides revistes del cor sinó en els bons clàssics, en els grans escriptors contemporanis, que han viscut prou, tot i ser dones joves, per posar tolerància a la vida, sentit de la relativitat de les opinions i, tendresa pregona en les coses petites. Tenia els ulls grans, clars, oblics i penetrants.

Tot i la seva aparença, de dona que sap pentinar-se, fer-se les ungles, vestir-se bé, caminar cadenciosament, seure amb elegància, l'Helena no era un dona rica. Tot al contrari, era una modesta professora de literatura d'institut, però era d'aquelles persones de bon gust que saben treure profit d'unes sabates ben combinades amb la roba, d'una faldilla de rebaixes, d'una armilla ben cenyida, i que saben, amb el seu sentit innat de l'harmonia, col·locar un moble, un llum o una catifa de manera que el conjunt sigui l'escaient.

L'Helena era allò que es diu una dona moderna. Mai no havia tingut parella estable, sinó aventures passatgeres, i ella sola havia pujat la filla, que estimava amb una tendresa que, en les dones com ella, és fonda i ampla com el mar. Tot això ho sabia la Júlia i ho acceptava de bon grat. Sempre havien estat totes dues soles, s'avenien, es respectaven mútuament i convivien en molt millors relacions que la majoria de mares i de filles.

No era que l'Helena no hagués tingut pretendents, ni tampoc que hagués planificat viure sempre sola amb la seva filla; era que, realment, des del fons del cor, no s'havia enamorat mai, i menys encara amb la força necessària per ajuntar una vida tan feta a la seva manera i la de la Júlia amb la d'una altra persona. I, tot i que tenia molt bones relacions amb els companys, amb algunes amigues més properes, amb els seus mateixos alumnes –tot i ser rigorosa com a professora, era respectada i estimada per la majoria d'ells–, no tenia una amiga especial, una persona més íntima que d'altres. Ningú a qui confiar les seves coses. Contràriament al que li passava a la Rosa, però, a l'Helena això no li pesava. Li agradava ser independent i sentir-se'n. I, ella, amb la Júlia, en tenia ben bé prou per satisfer les seves necessitats afectives.

No era, però, ben bé cert que no tingués una amiga especial. Perquè, tot i la diferència de cultura, d'estil i de caràcter, estava molt unida a la seva assistenta, l'Emília. Aquesta dona també era mare soltera; el seu fill es deia Marc i era uns anys més gran que la Júlia. Ara bé, el fet de ser totes dues unes dones dedicades als seus fills, sense cap ajut exterior ni possibilitats de repenjar-se en cap espatlla per pujar-los, les havia unides quan la Júlia era molt petita. Havien passat moltes coses juntes, molts problemes, s'ho havien explicat, i una amistat que havia començat, feia molts anys, com un simple contracte de treball, havia esdevingut un lligam sòlid. En Marc havia jugat alguns cops amb la Júlia de petits, després s'havien confiat moltes confidències, com si fossin germans, i, si l'un o l'altra es necessitaven per a alguna cosa, sabien d'antuvi que mai no es fallarien mútuament.

Ara bé, l'Helena era molt més reservada que l'Emília; mentre ella sabia que la pobra Emília havia estat prenyada per un poca-solta que la va abandonar en saber el seu estat, i que havia hagut de deixar el seu poble, Gironella, per defensar-se sola a Barcelona, l'Emília no sabia com ni amb qui s'havia esdevingut la maternitat de l'Helena. Sobre aquest punt, l'Helena era hermètica amb tothom. La mateixa Júlia, tot i les preguntes que li feia sempre, i de la curiositat natural que sentia per saber qui podia ser el seu pare, no n'havia obtingut mai cap informació; en aquest punt, l'Helena, tan sensata i comprensiva, es tancava en un mutisme total o se la treia de sobre amb quatre evasives.

En aquest pis que encara no tenia mobles havien d'anar a viure l'Helena i la Júlia, malgrat les reticències d'aquesta darrera, a qui recava deixar el seu barri, els amics del veïnat, la proximitat de l'institut on estudiava i tot un món a què estava avesada i que li abellia molt. En això, també l'Helena va mostrar-se inflexible. Si s'havien d'estrènyer el cinturó per pagar la hipoteca, se l'estrenyerien; si la Júlia feia morros al nou pis, ja li passaria; si el barri nou estava massa despoblat i semblava una mica fred i solitari, ja vindrien nous veïns.

Cap de les pegues que la Júlia va trobar al nou pis van fer immutar l'Helena. Una tossuderia que no era habitual en ella i que a la Júlia li resultava incomprensible. Si sempre predicava que les coses se solucionen dialogant, ¿per què ara no volia ni sentir-ne a parlar, de les seves objeccions, i havia decidit unilateralment la mudança sense fer cas de cap argument que ella hi oposés?

Més s'hauria estranyat la Júlia si hagués arribat a saber que, no contenta amb la mudança, l'Helena havia sol·licitat a la Telefònica que el nom d'elles no figurés a la guia de telèfons. Una actitud que no tenia cap explicació raonable, perquè, quan la Júlia ho va saber, no va rebre cap altra resposta que: «així no em molestaran més els alumnes». En primer lloc, perquè els alumnes no el sabien, el telèfon d'elles ni el de cap altre professor; i, en segon lloc, perquè a l'Helena li encantava parlar amb ells, i fins i tot rebre'ls a casa per fer-los alguna explicació o alguns comentaris que fossin útils per a aquells que mostraven més disponibilitat envers la literatura.

A l'institut de l'Helena treballava, unes hores a la setmana, un psicòleg, l'Enric, que prou que es veia que estava molt trasbalsat per ella. Com en d'altres ocasions, l'Helena li oferia només amistat i prou, sense encoratjar-lo ni donar-li cap mena d'esperances. En aquest cas, encara més, perquè l'Enric estava casat i tenia un fill petit. Si alguna cosa tenia clara l'Helena era que, en aquells moments, no tenia cap ganes de tenir una aventura. I menys una cosa tan fugissera i inestable com la que es pot tenir amb un home amb família. Les propostes de l'Enric, que tants cops li havia comentat que no s'entenia amb la dona i que se'n volia separar, havien estat educadament i fermament frenades.

Si recordem que hem deixat els nostres amics, la família Aiguader, meravellats en la frontera que hi havia entre el barri nou i el vell en la porta darrera de la bodega de la tieta Victòria, haurem d'afegir que la Júlia, ja instal·lades mare i filla al pis nou, havia estat enviada per la seva mare a cercar en algun lloc unes Coca-Coles i altres refrescos, i que va ser molt fàcil que la noieta descobrís, a tocar mateix de la casa nova, aquella bodega i, allà a la porta de darrera, l'Anna aspirant tot l'aire nou amb tots els pulmons i plena d'alegria. Era, per dir-ho així, la primera clienta del futur supermercat que l'Antoni pensava construir-hi. La Júlia i l'Anna, tot i simpatitzar de seguida —l'Anna la va fer travessar tot el magatzem fins a arribar a la bodega, on li podien vendre les ampolles que volia comprar–, cap de les dues no es podia imaginar que acabava de néixer una amistat ferma i sòlida, que creixeria i arrelaria en el fet que, també sense saber-ho, serien molt aviat veïnes en un barri en què hi havia tan poca gent amb qui tractar.

Un cop comprades les begudes, l'Anna la va ajudar a carrejar-les fins a casa, i allà va conèixer l'Helena i va quedar subjugada per l'estil i la cultura de la mare de la seva nova amiga. Una adulta amb qui es podia parlar de tot, i tranquil·lament! A més, a l'Anna li va agradar moltíssim el pis que amb tanta insistència criticava la Júlia i li hauria plagut tenir-ne un de semblant per a ella i la seva família.

Per això va trobar que era una meravellosa coincidència que el pis que el seu pare havia triat per a ells mateixos fos a la mateixa finca que el de la Júlia, just al pis de sota. Amb quina alegria ho va saber i amb quin entusiasme es va posar a fer plans sobre la distribució d'habitacions, sobre la seva pròpia cambra, sobre el barri nou, que ara li semblava el més magnífic del món!

Val a dir que la Rosa no estava gens contenta que, això del pis, també ho hagués decidit tot sol l'Antoni, i, excepte per l'entusiasme de l'Anna, potser hauria acabat dient que no el volia. Si algú va decantar la balança a acceptar la tria que el seu home havia fet –«Per què són fets així els homes? ¿Es pensen que perden la virilitat per consultar-nos, a les dones?»–, va ser l'Anna, que ja es veia en un ambient tan agradable, tan còmode i espaiós, tan harmònic com el món que acabava d'entreveure a casa la seva amiga Júlia.

I no és que no tingués problemes, l'Anna. No precisament en els estudis, que això ho portava molt bé i estava satisfeta d'ella mateixa. Tant era així, que li acabaven de concedir un premi de narració a l'institut que l'havia animada moltíssim –costa tan ensenyar les primeres coses que s'escriuen a ulls estranys!–, i no havia fet gaire cas de la indiferència de la seva família per aquella proesa, perquè es feia càrrec que ara estaven massa ocupats construint un món millor per a tots cinc; ni tampoc respecte als cèntims, perquè ara bé podien permetre's un caprici i no anar sempre comptant i sempre escatimant d'ací i d'allà. El que la capficava era el seu germà Ferran, molt més del que li confessava a la seva mare, que, sempre angoixada, no parava de parlar-li'n. Per a l'Anna, en Ferran era molt més que un germà: era un amic, i el trobava a faltar a casa amb una intensitat que no deixaria mai traslluir, per no entristir més la mare.

Tanmateix, en Ferran també pensava en la germana molt sovint, perquè n'estava molt cofoi, i per això no va trigar a trucar-li per telèfon. Això sí: pregant-li que no digués res a casa. Volia que li portés la seva roba i les seves coses, i, sobretot, volia veure-la i ensenyar-li com vivia i amb qui vivia.

Per a l'Anna no va ser gens fàcil portar-li la roba i tot el que li havia demanat, perquè això, inevitablement, ho havia de saber la mare. I li va costar tranquil·litzar-la sense trair la confiança d'en Ferran. Es va limitar a dir-li que en Ferran estava bé, que, quan ell volgués, ja tornaria, que posés paciència, i que confiés en ell, que ja es deixaria veure quan li vingués a ell de gust, no quan se'n sentís obligat. La Rosa plorà i pregà, però l'Anna era una roca: si el germà no volia que els pares sabessin on s'estava, no en diria res. Era feta així, l'Anna: d'una fidelitat de pedra picada, d'uns afectes que, quan arrelen, són per sempre més.

La trobada de l'Anna i en Ferran va ser emocionant, una d'aquelles emocions que hom cobreix amb bromes i amb rialles, per dissimular la pròpia torbació. En Ferran, pagat de tenir una germana bufona i assenyada, la va presentar a la Mònica, i, després, li va explicar quina era la seva professió. Estaven tan acostumats a dir-se sempre la veritat, que a ell li va semblar el més natural del món. L'Anna va trobar la Mònica una mica estranya, aliena a l'univers en què estava instal·lada des de sempre; però era molt madura, l'Anna, i era comprensiva amb els qui vivien d'una manera diferent a la seva. Més que estranya, l'Anna va intuir una ombra de possessió gelosa en els ulls de la Mònica; com si ella, l'Anna, fos alguna mena d'obstacle; com si aquella dona tan bonica el volgués tot per ella i no li acceptés ni això que gairebé tothom té: una família. Hi havia, en la mirada educada però dura de la Mònica, una certa i ambigua hostilitat que l'Anna es va afanyar a apartar del pensament...

L'Andreu escoltava amb la paciència i l'afecte habituals els comentaris de la Victòria sobre les futures reformes que el seu nebot volia fer a la bodega. Per una banda, li feia molta mandra tocar res; a més, li feia pena deixar de veure les parets familiars d'aquell negoci ancestral on havia nascut i on havia pensat que moriria —i que sigui tard! Toca ferro, Victòria!—; però per a una dona intel·ligent i valenta com era ella, que vivia la vida tan intensament com podia, allò era un repte. Un repte de futur. I una bona pensada; i això, en una persona intuïtiva, que actuava a cops de geni, era una garantia de les bones. Sí, senyor! S'ha de viure el present, però s'ha de viure per al futur! No, no estava bé aferrar-se a parets encrostonades i a pols vella quan el futur, de la mà del seu nebot Antoni, tocava a la seva porta.

Ara bé, el que sí que planyia és que els nebots s'haguessin encaparrat a anar a viure al barri nou. «Fuig, home, fuig! Un barri que hauria de ser nostre i que ens han robat! El que és jo, no penso posar-hi els peus, al barri nou. Mai de la vida».

L'Andreu, que sabia per experiència com era de tossuda la Victòria, la deixava parlar i feia que sí amb el cap. A més, ¿quin mal hi havia que, per veure els nebots, fossin aquests els que l'anessin a veure a ella? Per a l'Andreu, a més, les decisions de la Victòria eren sempre encertades. Això, també ho sabia per experiència.

Tot enraonant, s'hi va presentar en Xavier, el germà de la Rosa, que, tot i ser tan diferent de la germana i d'ella mateixa, la Victòria, era d'aquelles persones que li tenien el cor robat. Malgrat els seus tripijocs —que això sí, la Victòria no aprovava gens—, hi havia en en Xavier aquella mirada de bondat feta a base d'un cor de ferro. No la bondat fada de les persones que són bones perquè no han tingut oportunitat de ser dolentes, perquè la vida les ha tractades amb guants de seda, sinó la dels que, havent estat posats a prova, n'han sortit victoriosos i més forts que abans. Era una mirada, la d'en Xavier... Bé, d'un home que ha viscut, d'un home que és bondadós perquè està pastat així, d'un home que coneix la gent i es coneix a si mateix i que, per això mateix, és tolerant. D'un home que fa trampes, sí, però sense fer mal a ningú. D'un home que, en tant que independent, és una mica com els gats; però que, en tant que tendre i solidari, és també com els fidels gossos.

En Xavier s'hi havia presentat per portar-li, d'una procedència inimaginable, unes caixes de vodka de la més cara, de la més bona, i a un preu que revelava més de la seva procedència que la cara de trapella d'en Xavier. Un vodka que va ser acceptat, pagat i celebrat, perquè la Victòria no era d'aquelles que rebutgen una ocasió ni de les que es fan les primfilades amb allò tan senzill i complicat alhora que és viure i deixar viure.

Unes hores després s'hi va presentar en Martí, el seu Martí, el més petit. El més nebot de tots, perquè la Victòria n'era la padrina. En Martí, és clar, venia a demanar diners, com feia sempre. Quan el pare i la mare li «fallaven», ja sabia que amb un petonet i quatre moixaines ben fetes a la tieta Victòria, queia pasta. La tieta sabia que les moixaines eren interessades, i ell sabia que la tieta ho sabia, però com que, en el fons, tia i nebot s'estimaven de debò, feien la comèdia. Ell, de dir-li com n'era, de preciosa; ella de fer-se de pregar per acabar accedint-hi, això sí, amb un sermonet perquè fos bon nen.

En Martí, però, no s'esplaiava amb la tieta, perquè un «home» com ell havia de tenir la seva vida pròpia —un parell d'anys enrera, la tieta sabia de cor totes les seves coses, abans i tot que la Rosa o que l'Antoni, però quan un nen es fa home, li agrada captenir-se així, ple de misteris..., però el coneixia prou per saber quina n'hi passava amb una simple llambregada. La Victòria diria que el noi estava... S'entendria, la Victòria, mirant el naixent borrissol, a frec de llavi, del noiet, i imaginava les cabòries d'un enamorament d'adolescent. Mira si era llesta, la Victòria. Perquè allò que ningú no hauria endevinat —bé, l'Anna sí, però era perquè ell li n'havia dit alguna cosa— era que en Martí estava completament penjat per aquella Clàudia que, tothom ho deia, era la tia més bona de la classe. Si tingués deu anys més! Ni que fossin cinc! I, el més inconfessable de tot: quina vergonya li feia dir-li res, a la Clàudia! Quina inseguretat! Quin no saber què fer amb les mans, amb els ulls, amb les paraules! Secretament, però, somiava el tacte de la pell de la Clàudia. Imaginava com seria un petó d'ella. Quina olor faria si l'abraçava. Quina suavitat li trobaria en els cabells. Quina tèbia flonjor hi trobaria entre els seus braços. Tanmateix, es veia, a si mateix, tan desmanyotat, tan curt de talla! —«si és cert això que fas una estirada la nit de l'aniversari, que siguin almenys quatre centímetres!».

Aquella tarda, però, plovia sobre mullat: la tieta li havia passat mil peles només feia dos dies, i no es deixaria engalipar tan fàcilment:

— Si vols peles, te les guanyes...

— Però, tieta, si les necessito avui mateix, dona!

— Doncs ajuda'm. Mira, veus? Hem de netejar el magatzem, que està tot ple d'andròmines, i el teu pare, molt dir que ja ho farà ell, però encara és tot per fer. Ajuda'm a treure tot el que sigui gènere, ho posem a la bodega, i la resta, mira, què sé jo, ho cremem al foc.

Quin remei. En Martí ajudava amb desgana, però, per això mateix, ho feia de pressa: com més aviat acabés, més aviat tocaria pasta.

Entre les andròmines, però, el noi va descobrir una carpeta plena de papers antics. Quan la hi va ensenyar, a la tieta, aquesta sentí un glop de pena: el diari del seu pare! El que ella, de menuda, li havia vist escriure, cada nit, abans de ficar-se al llit! I unes cartes, tacades i velles, amb la tinta que havia esdevingut de color sèpia, amb el pas del temps! També hi havia fotografies, que tenia ja oblidades, que la portaven a aquells temps, aquells temps d'abans, tan feliços —ho són sempre, de feliços, els temps d'abans, quan es recorden...

Entendrida, davant de la indiferència d'en Martí, li va pagar d'esma i es va lliurar a mirar aquells papers, a contemplar aquelles imatges. Un nus a la gola la tenia presonera d'aquells records, perquè si no hagués estat per aquesta emoció que la sotraguejava, hauria vigilat una mica més en Martí i no hauria consentit, de cap de les maneres, que el seu nebot posés les mans d'adolescent que vol sentir-se home a les caixes de vodka que li havia comprat aquell dia mateix a l'eixerit d'en Xavier.

En efecte: mentre la tieta rememorava aquells temps feliços i li queia a sobre la melangia d'estar entre els vençuts, d'haver perdut una guerra terrible, una guerra insana, una guerra cruel, mentre la tieta es lliurava a amargues reflexions sobre la fi d'un home tan bo com va ser el seu pare, en Martí va aprofitar la distracció per entaforar a la motxilla tres ampolles d'aquell vodka tan especial.

El noi confiava que la tieta no se n'adonaria mai; greu insensatesa, perquè poques coses hi ha al món que li passessin desapercebudes a una dona com ella. Però el somiqueig de la dona sobre aquells papers li va donar confiança i va furtar l'alcohol. Només d'imaginar-se com fardaria amb en Miquel per aquella possessió, se li feia la boca aigua.

La tieta pensava, entre la terbolesa de l'enyor i la nostàlgia del passat, que era una llàstima que la història del seu pare —com la de tots els herois anònims, que sí que són herois de debò i no els que surten als llibres d'història o els qui reben les medalles entre aplaudiments del públic i de les autoritats— es perdés amb ella. Una idea que brillava com una foguereta petita en un racó del cervell li va donar un bri d'esperança: «¿I si els donava a l'Anna, que diu que vol ser escriptora? En podria fer una novel·la ben bonica...».

En Martí, havent cobrat, es va escapolir corrents, no fos que, tot i les llàgrimes, la tieta notés que la motxilla era més grossa i més pesant que quan va arribar. Baixava saltironant els esglaons de casa la tieta, sense poder imaginar-se que aquell vodka, i la borratxera que indefugiblement havia d'agafar, tindrien conseqüències profundament pertorbadores...

4

TOT I LES MANYAGUERIES de la Mònica, no era gens fàcil per a en Ferran acceptar una situació tan humiliant. Al principi, li havia fet ràbia saber com es guanyava la vida la seva companya. Després s'ho havia repensat i havia dit que cadascú és cadascú. Però ell continuava sense feina, anava escuradíssim, i, per tant, totes les despeses anaven a càrrec de la Mònica. Això el turmentava, però és que, a més, ella no parava de fer-li obsequis, de portar-li sorpreses, d'afalagar-li la vanitat amb camises de seda, amb jaquetes de preu... I, per si encara no fos poca cosa tot plegat, hi havia l'afer de les «visites» masculines que ella rebia en el seu horari laboral...

D'entrada, havien arribat a un pacte. Per a una dona de món, com la Mònica, la cosa era clara: en Ferran se sentiria ferit si veia els seus clients. Era massa criatura, per més que es fes el dur, massa poc avesat a voltar-la, i, alhora, era bona persona, i compartir-la a ella per diners, i davant dels seus nassos, l'havia de revoltar per força.

Va ser, doncs, ella, qui va proposar de fer uns horaris. Ella tenia pocs clients, perquè no en necessitava més. Era de les dones de la vida que no s'acontenten amb un treball ràpid, perquè el client es desfogui i prou; havia posat especial afany a fer-se un nom «honorable», és a dir, que els seus pocs clients sabessin que no escatimava el temps, ni les carícies més excitants ni els gustos de cada un. Es feia pagar bé, però a canvi d'un tracte molt especial. «Més val —es deia a si mateixa— pocs clients i bons que no molts i dolents». Qüestió de càlcul. Per això, necessitava les tardes lliures, però la resta del dia podia dedicar-lo completament a en Ferran. Ella ho trobava senzill: una parella d'enamorats en què ell surt a les tardes. A la nit, dutxada i fresca com una rosa, ella li obriria de nou els braços, sense cansar-se mai de les manyagueries que li dedicava per amor i no per negoci.

Així que en Ferran, a les tardes, voltava. Sortia amb els amics; però que estigués tan desvagat com ell no n'hi havia cap. Feia una copeta aquí o allà. Llegia el diari. Cercava feina, endebades, cada dia més malhumorat i més incòmode. A la nit, cansat de mirar el rellotge mil vegades, tornava a casa, i, per un moment, oblidava l'amargor que havia experimentat tota la tarda, en veure la Mònica, tan somrient, tan amatent, tan enamorada, que se li oferia sense titubejos, i un sopar preparat amb poca traça però amb molta cura.

La rutina, però, fa abaixar la guàrdia, i tot i la sapiència de la Mònica, va començar a estar més poc amatent al rellotge, i algun cop, només algun cop, en tornar en Ferran encara hi havia algú a casa. La primera vegada que això va passar va ser un autèntic xoc per a en Ferran, tal com ella havia temut. Veure un paio així, jove com ell, que encara es cordava la jaqueta i que li allargava uns bitllets a la Mònica, va ser una experiència més amarga que la pobresa, que la fatiga, que la tristesa. Aquell primer tipus que hi va veure... Déu, com li hauria agradat partir-li la cara! Perquè tenia una cara de xuleta...! Tenia un gest de ser a casa d'ell! I, de seguida, les imatges colpejaren, en els seus pitjors aspectes, la imaginació encesa: el veia amb el cos de la Mònica, completament nu, entre els seus braços; el veia grapejant-la, fent-la tremolar de plaer —fingit o no, això tant se valia—, tocant-la, furgant-la, mossegant-la... Una cortina negra li va caure sobre els ulls; una còlera encesa li va incendiar el cervell. En reaccionar, aquell client ja havia marxat i va abocar tota la seva rabiosa frustració sobre la Mònica.

Naturalment, en Ferran va ser el vençut: ella li havia dit tota la veritat, no li havia amagat res; ja sabia què feia ella quan ell era fora. Si aquell dia un client s'havia entretingut, això no canviava les coses. Era a casa seva, ell sabia el seu ofici, no tenia cap dret sobre ella, i consentia a ser mantingut. No: la Mònica tampoc no es va mossegar la llengua, perquè per més que l'estimés, no li havia de consentir més escenetes. I ell va acabar capcot, amarg com la fel, derrotat i cobert de vexació. A soles, va plorar. Se sentia atrapat en aquella situació. A casa, ni pensar a tornar-hi. Continuar així, tampoc. Si trobava feina, aleshores sí que faria la seva, sí que seria el seu propi amo, sí que podria imposar-hi condicions... La cara d'aquell client el perseguiria sempre.

Tanmateix, la situació es va tornar a repetir, tot i que la Mònica, per por de perdre'l —perquè era evident que estava molt trasbalsat i que no ho aguantaria sempre—, s'havia fet molt més cauta, molt més estricta amb el seu horari professional. Va ser endebades: un dia, algú havia oblidat la corbata; un altre, ella li va regalar un rellotge que va resultar tenir un nom marcat: el d'un client...

—No tenia diners i m'ha pagat amb aquest rellotge, que val deu vegades més que els meus serveis! Què passa?, ¿que si te'l compro amb diners d'aquest client, resulta ser un bon rellotge, i si l'hi compro directament ja és dolent?

—No el vull, Mònica! És que no ho pots entendre?

—Ferran, jo no t'he enganyat en res...

—Collons, sempre la mateixa cançó! I què canvia això, eh?

Es feien crits sovint. Es discutien. Es feien mal mútuament. Quan ella estava més exasperada, més neguitosa per les limitacions que la presència d'en Ferran imposava a la seva llibertat, el mirava, mirava dintre d'ella, i un pessic ardent de desig, de possessió, d'un amor desesperat la feia claudicar. «No el vull perdre! Això sí que no! Ara ja no podria viure sense ell...», es deia, i cedia. Va haver de deixar de fer-li regals, perquè ell ja no els acceptava. Va ser més manyaga i més dolça que mai, però ell va començar a venir tardíssim, i, si ella li demanava explicacions, li contestava bruscament. Fins i tot ella s'ensumava que havia estat amb d'altres dones, i el dimoni de la gelosia l'assaltava i li asprejava el tracte.

La Mònica, una dona tan pràctica, tan de món, comprovava en la pròpia pell que l'amor és un estat d'infelicitat, i que la seva vida tan ben apamada havia esdevingut un infern. I, per acabar-ho d'adobar, quan ell estava més deprimit que mai, recorria a la germana, l'única persona amb qui encara es trobava a gust; la Mònica, que ja d'entrada no li tenia simpatia, va acabar agafant una terrible tírria a la pobra Anna, que no li feia cap nosa ni era cap obstacle als seus propòsits.

La Mònica, però, no volia perdre una partida en què havia posat tot el cor. Tot preguntant-se com podia fer feliç en Ferran i tenir-lo sempre amb ella, va adonar-se que el que ell volia eren diners propis, no dependre d'ella, i, per tant, que el que necessitava era una feina. Havia de ser, però, una feina que no depengués d'ella, i que, a més, fos honorable. O tan honorable com podia ella trobar-li.

Quan la hi va haver trobat i quan li ho va dir, en Ferran va exultar: just el que necessitava! Una feina! Una feina per tornar a sentir-se segur de si mateix, per tal de fer el que li vingués de gust! Ara sí que podria ser lliure!

La feina era poca cosa, però d'aquelles que a ell li agradaven: ser cambrer en un club, el Topkapi, un local una mica sinistre, amb una clientela d'allò més sospitosa, però just l'ambient que a en Ferran no li destorbava gens. Justa la fusta: quan va conèixer l'amo, es van avenir de seguida. Aquella feina, ara sí que no, en Ferran no consentiria a perdre-la...

* * *

La Júlia romania sola al nou pis, encara no ben bé acabat d'endreçar. Ajaguda al sofà, es mossegava les ungles i, també, es mossegava l'ànima. Li havien passat massa coses, i cap no li agradava gens. Per començar, hi havia aquella tossuderia de l'Helena per aquell pis nou que, sí, era maco, però que per a ella, per a la Júlia, representava una mena d'exili, una mena de misteriosa fugida. ¿És que no confiava en ella, l'Helena? És que la veia com una criatura? ¿És que li amagava alguna cosa?

Tan amigues, tan companyes en gairebé totes les coses, excepte en aquella, la que ara li feia més mal que mai: el passat. Interrogar l'Helena era inútil; en aquell punt, el seu mutisme era l'única resposta. O dir-li un parell d'evasives. O, pitjor encara, burlar-se d'ella i tractar-la com una nena. A la Júlia no li feia res ser una mica diferent de les amigues, de les companyes. L'estil de l'Helena era també el seu, i mirava la vida amb llibertat, i amb la convicció que les coses que estan ben fetes, que s'han fet amb el cor, que són decents, tant se val si són criticables o no ho són. No es mereixia, doncs, saber qui era? Qui era el seu pare? Per què l'Helena es negava a parlar-n'hi? No s'ho explicaven tot? Ella no era una bona alumna, ni tenia el cervell de l'Helena, però allò que es diu «estil de vida», manera de pensar, personalitat, en tot allò que és el que més importa a la vida, en allò eren pastades. ¿Per què, doncs, aquella desconfiança?

N'estava segura: hi havia alguna cosa *realment* inconfessable. I, per més voltes que hi donava, més misteriós ho trobava. ¿Quina cosa era aquella que l'Helena no li podia explicar? A ella no l'enganyava: aquell pis nou era per fugir d'alguna cosa. És que la mateixa Helena havia fet alguna cosa dolenta? Però quina? Quina?

Per acabar-ho d'adobar, aquell Enric, tan llefiscós, s'estava ficant cada dia més en la vida de la seva mare. Era tan... tan melós, tan amatent, tan d'aquells que van de bones persones i que no saps mai per on et sortiran... Li faltava nervi, li faltava... Li feia vergonya pensar-ho, tan feta a les idees de l'Helena que els homes i les dones són iguals, però aquell paio era poc masculí. I no sexualment, perquè, si no, no aniria tan de bòlit per la mare, sinó espiritualment, psíquicament... Era... ai, com dir-ho amb paraules? Així, com massa tou, massa... com un noi escolta, com un d'aquells que volen caure bé a tothom, que fan favors sense que els demanin. A més, físicament... No és que fos mal plantat, ni desagradable a la vista. Però, sense saber per què, a la Júlia li feia una mica de repugnància. Mai no s'havia ficat en les aventures de l'Helena. Mai no s'havia posat en res. Però aquell Enric...

A més, hi havia allò de no voler que figurés el nom d'elles a la guia telefònica. Què es pensava l'Helena, que ella es mamava el dit? Hi havia gat amagat, en tot allò. Perquè, a més, li preguntava sovint si algú la seguia pel carrer. Li advertia que no obrís la porta a desconeguts... Hòstia! Ni que tingués vuit anys! És clar que aquell barri tan preciós estava massa despoblat, però la coneixia prou, a l'Helena, per notar que aquelles preguntes, aquells advertiments eren alguna cosa més que por del barri nou. En passava alguna. I l'Helena no li tenia confiança.

De tot plegat, l'única que n'havia sortit una mica bé era l'Anna Aiguader, que segurament vindria a viure a baix, i que semblava molt legal, molt bona tia. Com totes les seves amigues, l'Anna havia flipat amb l'Helena. Això li encantava, a la Júlia: tenir una mare que les altres noies li envejaven. Una mare atípica, havia dit l'Anna.

Quan ja s'havia rosegat totes les ungles de la mà esquerra, i justament quan pensava en l'Anna, picaren a la porta: era precisament l'Anna, que venia a veure-la. La Júlia es va sentir alleugerida, però no ben bé del tot: no es tenien prou confiança per parlar-li dels dubtes que la corsecaven. La mateixa Anna era també molt reservada, i tot i que es feien confidències de moltes altres coses, per un acord tàcit, i a més mutu, cap de les dues no parlava de les respectives famílies.

Tanmateix, aquella tarda en què es van trobar totes dues soles al pis de la Júlia, l'Anna li comentà que el seu germà gran havia marxat de casa. I que vivia amb una noia que es deia Mònica.

—L'he coneguda, saps? És molt, molt maca. Com una model. I resulta que és, no ho diries mai... És una prostituta. Una professional.

—De debò? I t'ho ha dit el teu germà? Sí que et té confiança, noia!

—Estem molt units. Mira, per exemple, ell no vol que els pares sàpiguen on para, ni què fa ni amb qui viu, i a mi m'ha donat el telèfon perquè estigui en contacte amb ell...

—Veus? Això m'agradaria a mi. Tenir algú que confiés així en mi...

Tot i això, i tot i l'aire confidencial de la conversa, a la Júlia se li posà un nus a la gola i no s'atreví a contar-li a l'Anna les idees que la tenien enquimerada, que la feien sentir tan desgraciada. A més, li queia tan bé, l'Helena a l'Anna! Li havia dit tants cops que la seva mare era estupenda! Si fos una cosa així com... Com allò de l'Enric, encara, però dir-li que sospitava que l'Helena amagava una cosa molt greu, tan greu que no la podia confessar ni a la seva mateixa filla...! No, això no ho podia explicar a ningú. El germà de l'Anna, aquest Ferran, devia ser un paio ben ferm, per marxar de casa sense un duro. Que visqués amb aquesta o amb aquesta altra, això era cosa d'ell. Un dia ella també seria lliure. Marxaria. Sempre havia somiat que això es faria entre ella i l'Helena. Que fins i tot triarien casa juntes, o els mobles. Que seria una cosa natural, sense traumes. Ara, en canvi, pensava que no, que si guanyés diners, marxaria. Sense dir-li res, com en Ferran aquest. S'ho mereixia. L'Helena l'enganyava, i, el que era pitjor, l'enganyava en una cosa transcendental, n'estava segura.

Les cabòries de la Júlia, però, es van dissipar en part aquella mateixa tarda. Perquè, estant l'Anna amb ella, va passar un fet que va trobar molt divertit.

El fill de l'Emília, en Marc, que li era com un germà, es dedicava a fer de lampista. Guanyava bastant, però perquè treballava tothora. Si no fos perquè amb en Marc no hi havia manera de criticar l'Helena, era l'única persona amb qui ella parlaria dels dubtes que la rosegaven. En Marc adorava l'Helena, gairebé tant com la seva mateixa mare. Per això, tot i que sempre anava exasperat de tanta feina que volia fer, si l'Helena el necessitava, en Marc ho deixava tot i hi acudia de seguida. Sempre la feia sentir culpable, a la Júlia, perquè tot i que ella apreciava molt l'Emília, no hauria fet per ella tot el que en Marc hauria fet per l'Helena sense piular. Ho tenia, això, l'Helena: la gent, o, almenys, molta gent, estaven disposats a adorar-la.

Doncs bé, en aquell pis nou de trinca, com sol passar, no totes les coses rutllaven com calia. Per exemple, les aixetes de la cambra de bany no tancaven bé. N'hi havia hagut prou que l'Helena ho comentés a l'Emília perquè aquesta li ho digués a en Marc, i, aleshores, el noi havia volat al pis a adobar les aixetes. I després, feines tenien per pagar-li. Era un cas, en Marc. Així que, estant l'Anna i la Júlia fent-se confidències, s'hi va presentar en Marc. Allò que va resultar divertit de debò va ser que, quan la Júlia va presentar en Marc a l'Anna, tots dos, però tots dos alhora, van fer aquella cara indefinible, entre bleda i ensucrada, que fa una parella quan s'agraden. L'Anna tenia guspirejos als ulls, i en Marc, en comptes de posar-se, rabent, com sempre, a la feina, va alentir el ritme, va parlar amb veu de tio, així, molt simpàtic. Si fins i tot va voler una taronjada i va seure amb elles! Un fet impossible!

No és que, ni l'un ni l'altra, diguessin o fessin res d'especial; era aquell aire que es produeix quan un tio mira una tia que li agrada i una tia mira un tio que li agrada. Per a la Júlia, que no havia vist mai en Marc amb aquell posat, va resultar xocant, com si estigués amb una persona nova a qui coneixia de tota la vida. Quan, per fi, en Marc es va posar a la feina i va marxar, la Júlia li va dir a l'Anna:

—Ostres, tu, sí que li agrades, a en Marc!

—Jo? Com ho saps, això?

Veges com explicar-li que ella li coneixia tots els gestos, totes les actituds, i que allò era clar com l'aigua!

—I a tu, Anna? També t'agrada, en Marc?

A l'Anna la coneixia poc, però no calia conèixer-la més per adonar-se de seguida, per la manera de contestar, per la manera de somriure, que també havia quedat ben flipada per en Marc.

—Sigui com sigui, l'única que està ben sola sóc jo —es va dir la Júlia quan l'Anna va marxar. I va tornar a cargolar-se al sofà a continuar rosegant-se les ungles i a continuar compadint-se d'ella mateixa.

L'Anna, en efecte, havia quedat molt impactada per en Marc. Era tan diferent de tos els altres nois que coneixia! Aquella manera d'estrènyer-li la mà. La manera de mirar-la. Era tan maco! Tan ben plantat! I la Júlia havia dit que s'havia captingut diferent de sempre. És clar que la Júlia era tan agradable que era ben capaç de dir-ho només per donar-li gust. ¿Per què li havia d'agradar ella a en Marc, si, vestida, així, amb els texans i una bruseta, se la veia molt criatura? Si ho arriba a saber es posa el jersei de coll alt, que la fa més gran!

L'Anna estava molt contenta d'haver conegut la Júlia, i encara més l'Helena: fins i tot li havia parlat de les coses que escrivia, i era l'única persona, que no fos un *profe* o una *profa*, que hi hauria mostrat interès. A més, li havia demanat que li ensenyés les coses que escrivia! Quan hagués reunit prou valor, li portaria aquell conte de la gitana borratxa, que tothom menysprea i que, tanmateix, salva la vida del fill del guàrdia civil que sempre la persegueix. Primer el repassaria, però en conjunt estava bé. Estava segura que l'Helena sabria apreciar-lo, i que li diria si anava ben encaminada o no. O, potser li hauria d'ensenyar aquell altre conte en què no passava res: només un home i una dona asseguts davant del televisor i cadascú pensant com odia l'altre. L'únic que diuen, al final, és que la pel·lícula ha estat bé i que dóna gust passar un vespre a casa, tots dos junts...

A casa, però, la mare tornava a plorar per en Ferran. O per haver-se barallat, un altre cop, amb el pare. O perquè tenia migranya. I en Martí estava molt estrany:

—Però es pot saber què et passa? No veus que la mare no es troba bé? Ostres, Martí, hauries de ser una mica més solidari!

—Però si no he fet res, jo!

—No, només que fas morros, que en comptes de mirar d'ajudar a casa, fas tots els possibles per causar problemes!

—Ja està! «Donya Perfecta» amb els seus rotllos!

Sort en tenia l'Anna de la literatura, de l'escriptura: un món seu, on refugiar-se; un món on estava bé del tot; un món propi, i lliure, i feliç. Perquè a casa seva tot eren problemes i més problemes. Ara mateix, havia comprovat, per l'esquerperia amb què li contestava, que a en Martí n'hi passava alguna de ben grossa. Havia pensat que eren coses de criatures; coses de la Clàudia, aquella nena que el feia anar de bòlit; o d'en Miquel, que tenia tan poc senderi. Però ara veia que n'hi passava alguna. Tanmateix, i com feia sempre, en Martí no va voler dir-li ni fava.

I la mare, tan irritable com sempre aquells dies, la va tornar a interrogar sobre en Ferran. Ai, senyor, i que complicats que som tots!

Realment, el *profe* de *mates* s'havia passat. Fer repetir l'examen a en Miquel i a en Martí, amb l'excusa que havien copiat, era una cabronada de les grosses. I més encara per a en Miquel, que, si suspenia, li quedava penjada per al setembre. Ell, en Martí, encara tenia una oportunitat, perquè tenia la primera avaluació salvada. Ara, que en Miquel havia estat una mica bèstia, perquè no se li havia ocorregut altra cosa que punxar les rodes del cotxe del *profe*. Les quatre rodes. Quina passada! Perquè, a veure, de qui havien de sospitar? Doncs d'ells dos.

El mal és que el *profe* havia cregut que ho havia fet ell, en Martí. Deia que l'havia vist rondant per l'aparcament. I sí, hi era, però no en sabia res, de la pensada d'en Miquel. Total: que el director l'havia cridat, li havia dit que confessés, i ell no va tenir altre remei que entomar el càstig: expulsat per quatre dies. Qui els ho deia, als vells? Quan l'Anna, que sempre es donava importància i es creia superior en tot, se li va acostar, va tenir la temptació de confessar-li-ho, però, ca, aquella bleda aniria corrents als vells, a dir-los-ho. I una cosa era clara: ell no el delataria mai de la vida. En Miquel era amic seu, oi? Doncs els amics hi són a les dures i a les madures. A més, per a en Miquel volia dir tot l'estiu amb les *mates* penjades. I ell encara podia salvar la situació. Era humà, no?, que en Miquel hagués consentit que li ho encolomessin a ell, «però ja veuràs els vells, quina que n'armen, quan ho sàpiguen. I ho han de saber, és clar...»

La Rosa estava passant moltes amargors plegades. Que en Ferran hagués marxat, era per culpa de l'Antoni. Les discussions entre en Xavier i l'Antoni —«mira que arribar a treure'l de casa i tot! Com si no fos germà meu, i jo la mestressa d'aquesta casa!»—, eren culpa exclusiva de l'Antoni, perquè en Xavier no donava mai cap motiu perquè es mostrés tan ofensiu i tan mal educat. Que ella se sentís insignificant com una puça, i que, tot i la intervenció de la tieta Victòria, l'afer del supermercat el portés l'Antoni al seu aire, i no li donés la gana consultar-li res de res, era culpa exclusiva de l'Antoni. Amb diners d'ella! Perquè eren d'ella! No li sabia greu que ell en disposés, aquesta és la veritat, però que la tingués al marge, això no li ho podia perdonar. Tot, però tot de tot, s'havia de fer a gust d'ell, i ella no comptava per res. Ah, i si ella donava una idea, pel sol fet de venir d'ella, ja la rebutjava l'Antoni. «Ell ho vol controlar tot. Cosa que no passa pel seu control, o l'exaspera o ho rebutja. No sóc res. Res de res...».

Per si no n'hi havia prou, li havia telefonat el director de l'institut del Martí —«Sort que he agafat jo el telèfon, i no l'Antoni»— i es veu que n'havia fet una de grossa, tan grossa que l'havien expulsat per uns dies.

«L'Antoni ha d'assumir la seva responsabilitat de pare. S'ha de preocupar pels seus fills. A ell, que en Ferran hagi marxat de casa, tant li fa. Ni un pas, no farà. I se n'ha anat per culpa d'ell, que és incapaç de demanar perdó. Doncs ara ha de complir. Són fills de tots dos. Ara només està capficat per això del supermercat. Guanyar diners, això vol ell. Res més que els diners. Els fills, la dona, això, tant li fa, a ell. Un egoista, això és. Un insensible.»

La Rosa, que havia tingut tanta alegria de veure com entraven diners a casa, ara veia que això no havia servit de res. No és que no els valorés, els diners, però els considerava un mitjà: un mitjà per fer-los més feliços, perquè hi hagués més estabilitat a casa, perquè es poguessin permetre coses que els fessin il·lusió, per vetllar pel futur, per unir-los. La seva desil·lusió va ser que, per a l'Antoni, els diners volien dir tenir més drets, poder fer babarotes als seus caps d'oficina, poder gallejar, poder sentir-se important. Deixant al marge les úniques coses que compten a la vida.

Aquest cop, però, estava decidida a fer que els afers familiars passessin per davant de les cabòries de l'Antoni: es va confabular amb la tieta Victòria, que, ella, sí, la va comprendre de seguida, i van enganyar l'Antoni, fent-li creure que anaven a ca l'advocat a resoldre els papers del nou negoci, quan, en realitat, anaven a l'institut, a parlar amb el director i saber què havia fet aquesta vegada en Martí i què els corresponia fer a ells com a pares.

No cal dir que l'Antoni es va enfurismar, primer amb la Rosa, per l'engany, després amb el director, per malparlar del seu fill —«Això sí que ho té —rumiava la Rosa—:, l'instint de propietat dels seus fills. A ell no el preocupa si en Martí es comporta bé o no. Però com que és *seu*, ningú no té dret a ficar-s'hi. L'estima perquè és seu. Només per això»—, i, finalment, amb en Martí: el va escridassar tant! Li va prohibir tantes coses! Sempre amb les paraulotes, les amenaces, els càstigs... Que no ho veia, que així no es feia reflexionar un nen? No ho veia que en Martí necessitava sentir-se responsable? ¿Que si només trobava bastó no canviaria mai?

La Clàudia, però, sabia exactament tot el que havia passat. No aguantava en Miquel, que, li semblava a ella, era una mala influència per a en Martí, que era molt més bona persona. Tot i que fes cara d'estar sempre de broma, en Martí era un tio sensible, i en Miquel en canvi era un poca-solta. Estava indignada que en Martí pagués per una cosa que havia fet en Miquel. I, més encara, estava indignada que en Miquel ho consentís. Tant fer-se el milhomes, i feia una porcada així! Mira que en Martí s'havia comportat: ni a l'institut ni als pares havia dit res de res. Ho havia aguantat tot; ell sí que era un home, i no en Miquel, que s'escapolia de les culpes per la noblesa d'en Martí.

La Clàudia estava tan revoltada per aquesta situació —ni tan sols li havien deixat parlar amb en Martí, quan li va telefonar a casa— que va decidir que, si en Miquel no confessava, ho faria ella. La injustícia de la situació li feia basques. Primer, va provar de raonar-ho amb en Miquel, tot i com el trobava d'antipàtic. Aquest ni s'immutà, ni manifestà sentir-se culpable del que li passava a en Martí, i encara es vantava de tan bé com havia pogut sortir-se'n. «Si n'es de porc!». Però quan la Clàudia li va fer l'ultimàtum —«O cantes tu o canto jo»—, va voler fugir d'estudi, i encara va tenir la barra de dir que per a en Martí allò no era res, que ell es jugava l'assignatura!

—Però, consentiràs que el teu amic, perquè dius que és amic teu, no, consentiràs que ell pagui pel que tu has fet? Tu, Miquel, no ets un home.

Quin remei! En Miquel va confessar. El director de l'institut va aixecar el càstig a en Martí i va demanar excuses al pare. I la Rosa es va emocionar de tenir un fill tan maco, tan valent, tan bon amic, encara que el va renyar per pagar ell coses que no havia fet.

Però l'Antoni... ai, l'Antoni! Li va aixecar els càstigs, això sí, però quina bronca li va armar per babau. Era incapaç d'entendre que en l'actitud del Martí hi havia el coratge d'un home fet. I una honestedat a prova de ferro.

Però és que l'Antoni no comprenia res. Ni comprenia els seus fills, ni comprenia la Rosa, ni comprenia ningú. Segurament perquè no es comprenia a si mateix. I per això estava sempre tan iracund, tan frenètic: per tapar tota la immensa ignorància en què estava sumit fent pagar als altres les pròpies frustracions.

5

EREN DUES DONES completament diferents, la Victòria i l'Helena, gairebé oposades: l'una, tan intuïtiva, tan honrada, tan filla de la classe obrera, tan lligada a la família i al barri; l'altra, tan refinada, tan culta, tan lliure i independent. I, tanmateix, hi havia entre les dues alguna cosa molt subtil i molt profunda que les feia, fonamentalment, idèntiques. Eren, ambdues, dones capaces de fer cara a la vida, valentes, fortes, amb una capacitat de comprensió, amb una tolerància i amb una honradesa tals que es podria dir que eren dones d'una sola peça. La condició social, l'educació, els hàbits i els gustos, gairebé antagònics; la condició humana, però, era del mateix calibre.

Com que no les unia altra cosa que el veïnatge, no hi havia cap motiu per apropar-les. L'Helena, això sí, comprava begudes a la bodega de la tieta, quan no hi enviava la Júlia. I aleshores, en les brevíssimes i utilitàries frases que es bescanviaven, es produïa el fil subtilíssim i inextricable de la simpatia mútua. No sabien res l'una de l'altra, ni tenien res a dir-se, però en la manera de mirar-se, en la manera de saludar-se hi havia la grata sensació d'estar parlant entre iguals.

—És molt especial, la seva neboda —li va dir un dia l'Helena a la Victòria.

—La Rosa?

—No, em referia a l'Anna. Què n'és? Filla del seu nebot, oi?

—Ah, sí, i tant que és especial! L'Anna val molt. Té molt de cervell. No és com la majoria de les noies...

—Té, no sé com dir-ho, com molta vida interior.

—Miri, no sé a qui ha sortit, perquè no s'assembla ni al seu pare ni a la seva mare. Molt bona gent, això sí, però d'una altra pasta. L'Anna és... No es burli de mi, eh?, però a mi m'agrada pensar en ella com si fos una princesa. Una princesa per dins, no sé si m'entén...

I és clar, que l'Helena l'entenia. Havia llegit alguns dels relats que escrivia l'Anna, amarats de sensibilitat i de tendresa, però amb força, amb un esperit de no admetre concessions. No és que estiguessin ben resolts, com a contes, perquè l'Helena, amb el seu ull avesat a la crítica dels escrits dels seus alumnes, hi havia trobat molts defectes, els típics dels escriptors novells. Però hi havia captat una certa duresa barrejada amb un sentit de l'observació molt agut. Altrament, les vegades que hi havia parlat l'havia trobada una persona molt més madura del que li corresponia per l'edat, i havia endevinat unes secretes ambicions i unes autoexigències no gens usuals. L'Helena estava molt contenta de l'amistat de l'Anna amb la Júlia, que, tot i ser una noia plena de qualitats, era un bon tros més superficial. Era així, l'Helena: jutjava, quan ho havia de fer, sense permetre que l'afecte li posés una bena als ulls.

Per a l'Anna conèixer l'Helena havia estat molt important. Havia aconseguit obrir-se, amb ella. El fet d'haver-li mostrat les coses que escrivia, en una noia tan reservada, ja revelava una confiança, a primer cop d'ull, que només persones com l'Helena eren capaces de desvetllar en els adolescents, tant noies com nois.

Les crítiques que l'Helena li havia fet dels seus escrits eren absolutament franques, però fetes de tal manera que l'Anna ni se n'avergonyia ni se sentia humiliada. A més, els seus consells li estaven resultant molt útils. Allò que li havia dit del ritme, per exemple, no ho hauria descobert per si sola, i li va suposar tota una revelació. Ara, seguint els consells de l'Helena, s'estava acostumant a llegir en veu alta les coses que escrivia, i així notava les baixades de ritme o els trencaments en el fil narratiu.

Tot plegat volia dir que l'Anna es dedicava més a escriure, i, malgrat que sempre posava bona disposició en les coses de la família, se sentia una mica indiferent respecte al nou negoci que tan enfebrits i adelerats tenia els seus pares. Perquè les obres de la bodega de la tieta havien avançat força, i aviat podrien inaugurar el supermercat. L'únic que sí que l'engrescava dels canvis que s'havien produït en l'entorn familiar era el nou pis. Ser veïna de l'Helena i la Júlia la feia molt contenta, i, especialment, d'ençà que havia conegut aquell noi, en Marc, que l'havia mirada d'una manera tan especial... En el pis nou sí que no escatimava gens del seu temps. Per sort, hi havia també un munt de coses a reparar, i la Rosa trobava molt escaient que aquell lampista que servia l'Helena els donés un cop de mà. Quan això s'esdevenia, l'Anna hi romancejava. I en Marc també s'hi entretenia, per a diversió de la Júlia, que no parava de dir que feien molt bona parella.

Abstreta en tots aquests fets, als quals cal sumar les «escapatòries» que feia per trobar-se amb el germà, no va fer gens de cas de la tieta Victòria, quan aquesta, molt ufana, li va mostrar els papers que en Martí havia trobat al magatzem. Papers importantíssims, insistia la Victòria, perquè hi havia una història molt certa i molt en primera línea: la història que, a través del seu diari, havia reflectit el seu pare, un anarquista que havia viscut una vida curulla d'aventures, amb un final ben dissortat. Tanmateix, l'Anna no hi va donar la importància que els atribuïa la tieta, i aquesta es va sentir incompresa. Que l'Anna no s'adonés que allò era història viva i real, que allò reflectia les dissorts de la pàtria, la va colpir. Perquè, si no era l'Anna, qui podria fer-ne cas, d'aquells papers?

—Ai, senyor! Va tothom tan atabalat avui en dia! Ningú no té temps de res. El temps! Veges de què els servirà beure-se'l a glops! No li trobaran cap sabor, a la vida —es deia, els papers entre les mans, amb un bri de tristesa.

Tanmateix, i tot i el trasbals que suposava tenir tot el gènere agombolat al pis per fer possibles les obres del súper, i tot i els sorolls que hi feien els paletes —«Si tinc mal decap i tot! Com la Rosa, veges, tu, quin cas!»—, i el desordre que hi regnava, la tieta havia notat que li mancaven tres ampolles del vodka que li havia proporcionat en Xavier.

Ampolles que a en Martí li havien servit per fardar amb en Miquel, i, el que és pitjor, per fer-se l'home i beure'n més del compte. Si li va costar dissimular la borratxera i la consegüent ressaca perquè no ho sabessin a casa! Si fins i tot s'havia refugiat en el pis nou en els moments pitjors, i s'havia trobat tan i tan malament que s'havia jurat a si mateix que mai més, però mai de la vida, tornaria a tastar l'alcohol. El mateix jurament que fan els adults quan senten les conseqüències d'un excés, i igualment inútil, és clar. La memòria humana és així d'inconstant i fugissera...

El pis nou finalment havia fet forat en la Rosa, que l'havia acceptat més com una concessió que no com una necessitat. Perquè l'Antoni estava tan i tan ocupat en les obres del súper, que li va deixar les mans lliures. Això sí, tot advertint-li que no tenien líquid, és a dir, diners, que tot estava invertit, i que anés molt amb compte amb les despeses. Però, ¿es pot resistir voler decorar bé un pis tan assolellat, tan alegre, tan ben orientat i tan bonic? La Rosa comprovava que els mobles vells, que a casa, la casa de sempre, li resultaven d'allò més adients i ben conservats, entre aquelles parets noves li ferien la vista.

Afortunadament, l'Antoni no l'escoltava més que amb una sola orella, i encara li sentia la veu barrejada amb les pròpies cabòries, i la Rosa va comprar mobles nous. Dels vells, només va conservar-ne una preciosa calaixera, germana bessona d'una altra que tenia la tieta, i que sabia —si li ho havien dit vegades!— que no era un moble «vell», sinó un moble «antic». El seu mateix germà, que hi entenia, sempre deia que per aquell moble un antiquari pagaria una fortuna.

L'Antoni, quan va veure els mobles i va saber la despesa que representaven, es va enfurir, com sempre, i van tenir batussa.

—Si almenys m'ho haguessis consultat! O és que ja no pinto res a casa meva! —escridassava.

—Consultat? Consultat? Em consultes tu res a mi? ¿I no tinc dret a saber com gastes els *meus* diners? A més, t'ho vaig dir, i el senyor no em va fer ni cas. Tu sempre a la teva... Estic més que tipa, Antoni!

I tanmateix, a la Rosa li va quedar un rau-rau. Perquè el pis, tal com l'havia decorat, s'assemblava massa a ella mateixa: modest, malgrat la ufanor dels mobles nous; endreçat, malgrat que havia volgut que fos ben acollidor; convencional, quan havia volgut fer una decoració més informal, més desimbolta. Era una decoració ben diferent de la del pis de l'Helena. I segurament havia gastat ella tant com la seva nova veïna o més. «És curiós, com s'assemblen a nosaltres mateixos les coses de què ens envoltem», pensava la Rosa. En fi: que al seu pis ella trobava que li faltava gràcia, que li faltava personalitat. Era, tal com es confessava a si mateixa, el reflex de la seva pròpia manera de ser.

Així que va consultar en Xavier, que tot i estar barallat més que mai amb l'Antoni, no li havia de fallar. En Xavier, però, només va aportar una idea nova: que calia un televisor nou, d'aquells moderns. I que estava disposat a trobar-ne un a un preu millor que el del mercat. Si l'Antoni es disgustava, pitjor per a ell, que tindria dos mals: enfadar-se i desenfadar-se. Com que la reacció dels tímids quan suposen que un altre s'ha d'enfadar és enfadar-se primer, la Rosa va treure el geni, i el televisor —que, veges si era bona la idea d'en Xavier, li donava un altre aire al menjador— es va quedar a casa. I, a sobre, la Rosa va aconseguir que el marit i el germà fessin les paus. Gràcies a la paciència d'en Xavier, tot s'ha de dir, i gràcies al preu tan i tan bo del televisor que fins i tot l'animalot de l'Antoni havia d'adonar-se que en Xavier els havia fet un bon favor.

En moments així, la Rosa era feliç. Només aquells instants, en què els «seus» somreien, en què tothom al seu voltant es trobava a gust, en què hi regnava la pau i l'harmonia. La Rosa, en definitiva, vivia la seva vida segons la dels altres. Si ho hagués sabut, que aquesta era la base real de la majoria dels seus patiments, potser no s'hauria sentit tan sovint una nul·litat com a persona.

En Ferran, al Topkapi, es trobava com peix a l'aigua. De mica en mica s'havia anat guanyant la confiança de l'amo, i ara ja era com un encarregat. Fins a l'extrem que s'ocupava fins i tot de comprar begudes, els estris que calien —com ara els gots, que es trencaven a una velocitat...!— i, encara, uns tamborets nous que ell havia suggerit que hi farien més patxoca. El salari migrat del començament ara era una mica més generós, i, com que no tenia despeses al pis de la Mònica, podia estalviar. I estalviava tant com podia, perquè tenia el ferm propòsit de tenir pis propi.

I això, que les relacions de la parella havien millorat força amb l'estabilitat econòmica d'en Ferran. Estava de més bon humor. Ja no tenia aquells atacs de gelosia quan, per casualitat, ullava algun client, ni escarnia la Mònica com feia abans per un ofici que, per més que l'hagués acceptat, no parava de mortificar-lo. La Mònica, és clar, havia aprofitat aquell nou estat d'ànim per fer-lo més seu, per sentir-lo més a prop, per fer-se la il·lusió que eren una parella com totes les altres. I estava, per això mateix, més encantadora que mai, si això era possible. Passaven algunes nits romàntiques, amb un sopar íntim regat amb vi del car; passejaven agafats del braç; s'estimaven ferotgement, lliurat del tot un cos a l'altre; es gastaven bromes pròpies de casats, com espiar-se a la dutxa, perseguir-se per la casa i coses així, i acabaven cargolats de riure, abraçats i feliços.

En Ferran volia molt la Mònica, li agradava més que cap altra noia que hagués conegut abans. Però no creia estar-ne enamorat. Per a ell, aquell era un estat transitori, que un dia o altre s'acabaria, i esperava de bona fe que la ruptura es fes de manera plàcida, que acabessin sent amics. Un dia o altre, hi hauria una altra noia, aquesta sí, per sempre. Una que fos única entre totes. Seva. Si la Mònica hagués sospitat que en aquella relació ara tan preciosa hi havia una fissura irreparable –la manca d'amor d'en Ferran per ella–, s'hauria desesperat. Perquè com més el tractava, com més el tenia, més l'estimava.

La seva amiga Kati sempre li prenia el pèl, per aquell enamorament que abans no hauria cregut que fos possible. De fet, la Kati li envejava el Ferran. I, com la versió que ella tenia era que l'amor era plenament compartit per ell, es deia que la Mònica era d'aquelles persones que han nascut amb la flor al cul: totes li ponien. En canvi ella, la Kati, fent de cambrera al Topkapi, aparellada amb en Raül, que la tenia esporuguida –quin mal cap haver-lo acceptat al començament! Ara es creia el seu amo!–, i sense cap possibilitat de trobar ni una escletxa en el món de l'espectacle on pogués posar a prova les seves qualitats d'actriu. Però l'enveja de la Kati no era una enveja retorçada i tortuosa, sinó una enveja que no amagava i que afalagava la vanitat de la Mònica, que s'hi sentia força superior.

No l'hauria envejada tant la Kati si hagués pogut llegir en el seu interior tot el que va representar per ella l'afer del pis d'en Ferran. Perquè un bon dia, i fet sense malícia, en Ferran li va dir que havia trobat pis, que era molt poca cosa i que hi havia invertit els estalvis per pagar el dipòsit. A la Mònica li recava deixar el seu piset, però va voler compartir l'alegria de mudar-se com si res.

La bufetada, la terrible bufetada que li va caure a sobre com una galleda d'aigua freda va ser la resposta d'en Ferran:

—Què dius, Mònica? He trobat pis. Jo. Per a mi. Tu ja en tens...

A ell ni li havia passat pel cap que la Mònica tingués cap pensament d'interferir-se en la seva somniada independència. No s'imaginava la terrible tempesta que aquestes paraules van desencadenar en l'interior de la Mònica. No es que es queixés, ni que cridés, ni tan sols es va enfadar. És que va quedar aclaparada, que la bena que tenia als ulls li va caure de sobte, i va veure amb una claredat meridiana que en Ferran no sentia res d'especial per ella. Una mica d'afecte, sí; molt de plaer físic amb ella, això també; una companyonia agradable. I res més. Va necessitar, la Mònica, tota la seva força de voluntat per no ensorrar-se, per no manifestar el seu desengany, el desencís, la desil·lusió tan pregons que l'assaltaven.

Fent ús de tota la seva força de voluntat i tot el seu aguant, la Mònica va acompanyar en Ferran perquè aquest li volia mostrar el seu pis, amb una infantil alegria encara més mortificant, però més reveladora de la superficialitat dels seus sentiments, que si ho hagués fet d'amagat i amb traïdoria.

El pis era, de fet, una simple habitació, sense lavabo ni res, i, com a cuina, un fogonet de butà sobre una taula. No tenia altre parament que un catre atrotinat i un armari una mica corcat i amb una pota trencada. A les parets, que necessitaven urgentment una mà de pintura, un calendari vell, groc i cargolat per les puntes, i res més. En Ferran, però, l'hi va mostrar amb un posat tan satisfet i rialler, que la Mònica va haver de mossegar-se la llengua per no escopir-li que per aquella merda deixava la seva companyia i el seu confort. En Ferran li mostrava una claraboia que a ell li semblava sensacional, i li anava explicant els plans que tenia per millorar aquell catau.

A la fi, capcota i humiliada, la Mònica tornà a casa seva i es va prendre un parell de *whiskies* d'un glop, sentint la roentor del licor barrejada amb la roentor de l'ànima. A en Ferran, l'havia perdut, per més que aquest insistís a dir que continuarien sent la parella de sempre, només que cadascú l'havia de campar pel seu compte.

Com que l'Helena havia fet tan bones relacions amb la família Aiguader, i, a través de l'Anna, havia tractat una mica la tieta, i d'aquestes havia passat a fer amistat amb la Rosa —li feia tanta pena, la tristesa eterna de la Rosa!—, i fins i tot havia parlat una mica amb l'Antoni i amb en Martí, va voler ajudar-los a acabar de muntar la casa. Sabia per en Marc que allò que l'Antoni anomenava, pomposament, infraestructura de la casa estava enllestit. S'estranyava que en Marc s'hi interessés tant per quedar bé amb els nous veïns, però va ser la Júlia qui li va insinuar que, més que aixetes, comptadors o prestatges a en Marc l'atreien a aquella casa els ulls blavíssims i serens de l'Anna. Li va alegrar saber-ho, perquè apreciava en Marc des que era un nap-buf, i l'Anna li queia d'allò més bé. El temps diria si aquells acabarien entenent-se o no, perquè el cor de les persones és un pou insondable de contradiccions i de sorpreses, més estrany i tot que el pou de l'Alícia a terra de meravelles.

Va pensar, que per tal d'ajudar-los, ara que els mobles ja eren col·locats i que la Rosa s'afanyava tot el dia amb paquets amunt i avall, amb la roba, la vaixella, els mil estris d'una casa, calia que algú li donés un cop de mà i va pensar dir-li-ho a l'Emília.

L'Emília, tot i fer feines per les cases, estava ara en millor situació que mai, perquè en Marc guanyava força i era un fill d'aquells que en queden pocs i no escatimava res per la comoditat de la seva mare. Era ella, l'Emília, la qui s'entestava a continuar fent feines, especialment a casa de l'Helena. L'Emília no tenia altre món ni altre tresor que el Marc. Era d'aquelles mares que besen per on trepitja el fill, i no li trobava altra cosa que bones qualitats. Així que quan l'Helena li va preguntar si li abellia ajudar la mestressa del pis de sota, i li va dir, somrient, que en Marc feia l'aleta a la filla d'aquella família, va estar tot dit: una gent que apreciava l'Helena i que li feia el pes a en Marc era, sense cap dubte, una gent excel·lent.

Per a la Rosa, que mai havia tingut ni pensat a tenir una dona de fer feines, la presència de l'Emília era una mica incòmoda i, al principi, no sabia ni com tractar-la; en el fons s'avergonyia que l'Emília veiés algunes peces de la cuina no gens noves, i estovalles i tovalloles que no eren precisament d'última moda, però li venia tan bé tenir unes mans destres que feien en una hora més que ella en dues! I la família, inclosa l'Anna, «passaven» de tota la feinassa que hi ha en una mudança. Sort d'en Xavier, que tant l'havia ajudada amb el trasllat; però les mil i una cosa que constitueixen la base de les necessitats diàries d'una família, això tothom ho havia deixat a càrrec d'ella sense oferir-se per a res.

A més, aquella Emília era una dona força agradable. Fins i tot aportava idees, i deia que els llençols estarien més a mans en aquell armari que al sostremort, o que les cassoles de cada dia eren més pràctiques com més a la mà eren. Les dues dones feren en poques tardes veritables miracles. La Rosa, quan li va agafar confiança, li consultava coses, perquè li feia una gran il·lusió fer allò que en deia «inauguració del pis». Sobretot perquè imaginava que podria convèncer en Ferran, a través de l'Anna, que almenys aquell dia havia de ser amb ells. Si fins i tot li havia reservat l'habitació més maca! Tant de bo el pogués convèncer de tornar a casa, ara que estaven en una situació millor i amb aquella casa tan magnífica!

Parlaven, doncs, les dues dones, sobre la mena de festa que calia fer. Les begudes, les tapes, uns pastissos que feia la Rosa com ningú, entreteniments per picar. Ah!, i cava. Molt de cava, que és la beguda més adient per a una celebració.

—No cal que li digui, Emília, que vostè no hi pot faltar. I el seu Marc, que té tan bones mans i ens ha estat tan útil, no hi pot mancar tampoc. Hi compto, eh? No em falli...

L'Emília, que era dona de poques paraules i feina dura, es mirava la Rosa amb molta simpatia. No sols perquè sabia que la filla d'aquesta dona agradava al seu Marc, sinó perquè era una mica com ella mateixa: amatent a la família, patidora, sensible... Semblava una mica de poble, com ella mateixa. Anava vestida i pentinada com la gent amb qui havia tractat sempre l'Emília, tret, és clar, de l'Helena. Era el reflex del que hauria estat la seva vida si no arriba a ser per la desgràcia que li va passar, tan joveneta. Si la Rosa, rumiava ella, s'hagués trobat en la seva situació, també s'hauria crescut, no estaria tan encongida i com atemorida de la vida. «A aquesta —pensava l'Emília— tot li ha estat planer en la vida. La seva vida és la que hauria tingut jo si no arriba a ser per aquell poca-vergonya que em va deixar prenyada i va fugir».

Hi pensava sovint, en aquell malànima. Imaginava quina mena de cor cal tenir per fer una cosa així, i tot mirant en Marc es deia quina mena de persona podia fugir de la seva condició de pare, qui tenia fetge per fugir d'un noi com el seu noi. Ara que era tot un home, a l'Emília l'enquimerava el dia fatídic i inevitable en què, per llei de vida, en Marc la deixaria. Quan hi pensava, se li tornava a encendre la sang recordant el bandarra aquell que no mereixia viure. Aquell qui, a dreta llei, hauria tingut l'obligació de compartir amb ella no sols els moments difícils de la infància sinó la soledat d'una vellesa ja no tan llunyana. A ella, en canvi, no li esperava altre avenir que la soledat. Ho sabia prou, què volia dir casar un fill, i de quina manera les mares queden arraconades, fins i tot en aquells fills tan bons fills com el seu Marc.

No en parlava mai. Ni tan sols a l'Helena, excepte quan aquesta li endevinava, amb un sol cop d'ull, les cabòries que traginava. Si hagués estat més oberta, li n'hauria parlat a la Rosa, perquè el seu marit es deia Aiguader, com el podrit aquell a qui en mala hora va cedir tota la seva intimitat de dona intacta. Mira que si eren família! El va conèixer quan feia el soldat a Gironella, el poble de l'Emília, i li va dir unes coses tan precioses! Li va jurar un amor tan fort! Li va prometre tantes coses! Quan ella li va dir que tenia un retard de dues setmanes i que estava segura d'estar prenyada, el molt porc li va dir que es casarien de seguida que acabés el servei. I no el va veure més.

Encaboriada amb aquest punyal que tenia clavat des dels divuit anys, el cor li va fer un bot al pit quan va sentir la Rosa, a la cambra del costat, que li deia:

—Emília, faci el favor, vegi si troba entre les caixes la roba interior del meu marit. És una que diu «Antoni» en un costat...

Antoni Aiguader! Exactament com es deia l'home que l'havia enfonsada! Massa coincidències! El pressentiment que arrossegava aquells dies que alguna cosa anava a passar —tenia aquests pressentiments de tota la vida, i mai no fallaven— es va fer clar i nítid. Ni havia oblidat el nom d'aquell bacó ni se li esborraria mai de la memòria la seva cara, per més anys que hagués de viure.

Tot fent veure que buscava la caixa entre una pila que tenien al passadís, va buscar en quina hi podia haver algun retrat. Una dona com la Rosa, de segur que tenia la foto de la seva boda en un marc de plata. O la foto del pare amb els seus fills. O de tots dos en algun viatge o en alguna excursió. Sens dubte, seria la foto que presidiria el bufet en el menjador d'una família senzilla com aquella. En va obrir tres, de caixes. A la primera, hi havia tot de coberts i estris menuts de cuina. A la segona hi va trobar unes flassades. A la tercera hi havia un gerro per posar-hi flors embolicat en paper de diari, uns llibres d'estudiant, una figureta que representava una girafa, també embolicada en fulls de diari, un joier buit que havia estat una caixa de música, i, per fi, gairebé al fons, un embolcall quadrat com d'un marc de foto. Li tremolaven les mans, a l'Emília, quan el va desembolicar. Allà va veure el rostre, envellit, però inequívoc, d'aquell Antoni Aiguader que la va seduir a Gironella. Anava endiumenjat, i somreia al costat de la Rosa, també alegre. Tenien els caps junts, gairebé repenjats l'un en l'altre. Aquell rostre sobre el record del qual havia maleït totes les nits de la seva vida abans d'agafar el son, ara era a davant seu, somrient. Gras. Mig calb. La cara de l'home que l'havia desgraciada, que l'havia llançada a la vida més dura que havia imaginat. La cara de qui havia transformat la seva vida en una creu. La cara de qui havia tingut la poca vergonya de negar el seu Marc. Aquell mal home. L'Antoni Aiguader.

La foto li va lliscar de les mans i el vidre es va trencar. La Rosa hi acudí de seguida. L'Emília amagà la seva confusió tot ajupint-se a collir els vidres i mormorant que li sabia greu haver-lo trencat. La Rosa la va tranquil·litzar de seguida, una mica estranyada que aquella dona, que es veia tan segura d'ella mateixa, se sentís tan torbada per haver trencat un simple vidre d'un simple marc d'una foto tan simple.

6

LA JÚLIA, QUE VEIA amb disgust com l'Enric era cada cop més amic de la seva mare, i temia que un dia o altre acabaria instal·lant-se al pis, que no entenia que l'Helena esquivés les moltes preguntes que tenia necessitat de veure respondre, que es trobava sola, desconcertada i infeliç, havia abocat en l'amistat de l'Anna la seva necessitat d'afecte. S'havia alegrat del sobtat enamorament entre l'Anna i en Marc, però ara es deia a si mateixa que potser aquells dos anaven massa de pressa. Sabia que s'havien trobat alguns cops sols al pis nou de l'Anna mentre ell reparava —o feia que reparava— coses, sabia per l'Anna que ja havien sortit algun cop junts, fent veure que tots dos portaven el mateix camí. Però li va sobtar, un dia que sabia que eren sols al pis nou d'ella, veure que en Marc en sortia sense camisa. Li semblava que l'Anna era massa jove per llançar-se així als braços d'algú, i, encara que no la jutjava, li feia por que, havent anat massa lluny, la relació no funcionés i l'Anna s'emportés una desil·lusió que li podia fer molt de mal. Perquè en Marc era un home de moltes dones, i, que ella sabés, no tenia cap intenció de formalitzar una relació.

Va intentar endebades posar en guàrdia l'Anna, i, amb delicadesa, va voler que aquesta li confirmés, tal com semblava, que ja havien fet l'amor i tot. Endebades, perquè l'Anna es va tancar com una ostra, es va negar a comentar res amb la Júlia, perquè de la seva intimitat no estava gens avesada a parlarne amb ningú. Bé que veia que la Júlia i l'Helena parlaven de sexe amb desimboltura, però ella, que tenia una mare molt tradicional, mai no hauria gosat fer-li'n cap confidència, i, educada en la reserva, la practicava sempre. No la van molestar les preguntes de la Júlia, però no estava gens disposada a compartir amb ningú els seus sentiments.

L'Anna s'adonava que l'atracció que sentia per en Marc era molt intensa, i es confessava a si mateixa que això era molt més del que mai havia sentit per ningú. Sí: creia estar enamorada. Les quimeres de la Júlia la feien riure: ja sabia, per ell mateix, que en Marc no tenia cap intenció de tenir un compromís, però amb una sapiència de dona assaonada, malgrat els seus disset anys, sabia que en Marc també estava molt torbat per ella. L'acceptava com era: que no volgués cap compromís, perquè volia, primer que tot, obrir-se camí a la vida, li semblava bé. Tampoc ella no tenia pressa. De moment, l'únic que volia era veure en Marc, sentir la seva mà sobre la d'ella, tremolar amb els seus petons, saber que la mirava com ella el mirava a ell.

La Júlia, a causa d'aquesta reserva de l'Anna, es va sentir exclosa i encara més dissortada que abans de conèixer-la. El seu sentit de la fidelitat que s'ha de guardar a una amiga li impedia comentar-li-ho a l'Helena, que tenia tant de predicament als ulls de l'Anna. Però és que, a més, l'Helena estava massa pendent de l'Enric, i parlaven poc. I, quan parlaven, només veia temor en l'Helena. A què venia tota aquella por? Per si no era prou, el telèfon sonava algunes vegades i, en contestar, no hi parlava ningú, i això enquimerava encara més l'Helena, que mai no havia mostrat totes aquestes basardes que a la Júlia li resultaven ben neuròtiques.

Un dia, a la Júlia li va semblar que un paio la seguia pel carrer. Com que era una noia ben bonica, més d'un tio s'havia fixat en ella i havia hagut d'aguantar algunes insolències. Però aquest d'ara la seguia sense deixar-se veure. O bé li ho semblava a ella. Sense pensar-hi, li ho va explicar a l'Helena, i aquesta va fer mostra d'estar molt preocupada i li va fer prometre que no s'entretindria pel carrer, i que aniria amb molt de compte. Segurament, es deia ella, aquell Enric estava com una olla de grills, com tots els psicòlegs, i li havia encomanat a l'Helena les seves neurosis.

La veritat era que l'Enric era sempre a casa. Venia a recollir l'Helena per anar al cinema, es quedava a sopar, passava tardes senceres escarxofat al sofà, i, finalment, la Júlia el va veure un matí que sortia del dormitori de la seva mare en pijama... Temia molt que acabaria instal·lant-s'hi. La pitjor cosa de totes, però, era que l'Enric volia guanyar-se el seu afecte, el de la Júlia, i ella no l'aguantava per cap banda.

Tan bé que estaven abans, ella i l'Helena! Eren com dues amigues, com dues germanes, i vivien en un veïnat acollidor on tothom les coneixia. Ara aquí, excepte l'Anna, no veia mai ningú. L'Helena s'estava guillant de por a aquell barri tan solitari, i l'Enric les havia allunyades l'una de l'altra.

L'Enric estava ben disposat a separar-se de la seva dona, la Montse, amb qui les relacions s'havien deteriorat moltíssim, i adorava l'Helena, com a dona i com a persona. Tot i que veia prou clar que l'Helena li tenia simpatia però no sentia res d'especial per ell, s'esforçava a ser-li agradable i útil i esperava poder aconseguir el seu amor. Tanmateix, la Júlia era un obstacle, perquè no el suportava. Així, que va posar paciència i va intentar, amb l'experiència que tenia com a psicòleg d'adolescents, guanyar-se-la. Amb tan poca fortuna que empitjorava les coses en comptes d'arreglar-les.

No s'adonava que a la Júlia no l'havian pujada com a la majoria de les noies. Que les manyagueries, el paternalisme ensucrat i l'aire de comprensió amorosa eren foranes per a la mentalitat de la Júlia. Si s'hagués mostrat natural, sense comèdies, si li hagués dit: «Júlia, estimo la teva mare», sense embuts, sense misteris, sense vergonyes ni eufemismes que a ella li resultaven tan artificials i falsos, la Júlia l'hauria acceptat. Però en el que havia estat més maldestre era a voler fer-li el paper de pare. La Júlia era massa complicada, massa complexa per tractar-la com una criatura! El resultat va ser una antipatia sòlida i un allunyament de la seva mare que enraria l'atmosfera de la casa. Tant, que, per un acord tàcit, quan hi era l'Enric la Júlia marxava, i quan la Júlia hi era, l'Enric escurçava la visita.

Entre elles ara hi havia un ressentiment mutu: la Júlia, pel mutisme de l'Helena quan li preguntava pel seu pare; l'Helena, pel rebuig de la Júlia per l'Enric, un rebuig que trobava infantil per radical i ostensible.

L'Anna, que només tenia ulls per a en Marc, per al pis nou, per a la seva literatura i per com trobava d'estupenda l'Helena i la simpatia que sentia per la Júlia, s'hauria sorprès molt si hagués endevinat la tempesta que sacsejava aquelles dues dones. «Si són una mare i una filla perfectes»!, s'hauria dit.

En Marc li havia contat que la seva mare, l'Emília, i l'Helena eren amigues perquè ambdues s'havien ajudat molt com a mares solteres. El fet que ni en Marc ni la Júlia tinguessin pare i que ni tan sols sabessin qui podia ser, la sorprenia. Mimada pel seu pare, l'Anna no podia entendre la infància sense un pare. És clar que l'Antoni era brusc i cridaire i es barallava massa amb la mare, però per l'Anna tenia sempre una paraula amable, i ella el podia manejar com volia. El tenia, com sol dir-se, a la butxaca. Recordava tantes coses que havia fet a la infància amb l'Antoni, el seu pare! Li semblava impossible que aquelles persones a qui estimava tant no haguessin tingut la seva sort, i, en el fons del cor, els planyia tots dos. Més encara la Júlia, de la seva mateixa edat, perquè en Marc feia anys que no necessitava un pare.

Per això, un dia que la Júlia no es va poder aguantar les llàgrimes davant d'ella i li va dir que un tal Enric rondava l'Helena i que segurament s'instal·laria al pis, la va comprendre perfectament. Haver d'acceptar un desconegut com si fos el seu pare! Haver somniat tota la vida com seria el seu pare de debò i ara veure's forçada a acceptar un qualsevol que volia fer aquest paper! No la va animar a continuar rebutjant l'Enric, però en dir-li com l'entenia de bé, la Júlia, per primer cop en aquells dies, es va sentir alleugerida i acompanyada de debò.

A mesura que la Júlia anava coneixent el món de l'Anna, tan diferent al seu, anava valorant més aquelles persones que eren com un reflex de la personalitat de la mateixa Anna. Per exemple, la tieta Victòria, una dona tan franca, tan sentenciosa, tan segura d'ella mateixa. I fins i tot l'Andreu Molins, que l'Anna li va presentar amb una certa timidesa perquè era, respecte a la Júlia, com la nit i el dia: un obrer jubilat, fet a l'antiga, carregat de prejudicis i de romanços, però tan tendre i bona persona.! Malgrat la timidesa de l'Anna, a la Júlia li va caure bé de seguida.

—Em volen enderrocar la caseta, Anna! Tu creus que hi ha dret? Des de la guerra que hi visc. És meva i ben meva. Tot per culpa d'aquest maleït barri nou que ens està xuclant la sang! No sé com voleu anar-hi a viure, perquè tots els que hi viuen són especuladors, fatxendes i creguts!

La Júlia es moria de riure i es va mossegar els llavis per no esclatar. Si aquell homenàs deia exactament el que ella pensava! I l'Anna, patint perquè, com que ella vivia al barri nou, podia sentir-se ofesa per les paraules de l'Andreu. Sí, senyor: especuladors, fatxendes i creguts. Tot, tot en aquell barri era façana.

Fins i tot la Rosa, una dona tradicional, una mare patidora, de les antigues, li queia d'allò més bé, sempre pendent dels fills, sempre movent-se amunt i avall, sempre ocupada. Li semblava, a la Júlia, que a la falda de la Rosa hi havia tot el recer del món, tota l'escalfor biològica que dóna forces per viure. Més i tot que l'educat, racional i respectuós amor de la seva pròpia mare, ara tan llunyana i tan incomprensible.

En Martí, el germà de l'Anna, també li va ser simpàtic, i va dir que quina sort tenir germans! Es va cargolar de riure quan l'Anna li va contar l'última gesta del seu germà: es veu que era l'aniversari de la Clàudia, l'amor secret del noi, i va voler fer-li un regal ben especial. El seu amic, en Miquel, li havia dit que sabia que la Clàudia havia tingut una tortuga i que se li havia mort, així que li havia proporcionat una tortuga. Quina planxa! Perquè en Miquel l'havia pispada del laboratori de l'institut i era la mateixa tortuga de la Clàudia, que l'hi havia deixada uns dies perquè l'estudiessin!

—Però, no creguis, és un pesat. Sempre es posa contra meu. No creguis, Júlia, un germà petit és un autèntic plom. —I ho deia, l'Anna, riallera, perquè és veritat que en Martí de vegades era insuportable, però era un bon noi. Només que així li semblava que li treia importància al fet de tenir un germà.

Quan la Júlia va saber, per l'Anna, el que havia fet en Martí, d'aguantar un càstig per no delatar un amic, li va dir que era un xicot de primera i que n'havia d'estar ben orgullosa.

—Què vols que et digui. Si coneguessis en Ferran, aquest sí que és un tio ben legal...

L'Andreu Molins, en efecte, estava més que neguitós amb les notícies que corrien sobre les expropiacions forçoses en la zona on ell tenia la seva ancestral caseta. Si es quedava sense la seva casa, aquell home es moriria. No podia entendre que les autoritats poguessin cometre una barbaritat tan gran. No podia entendre que els drets adquirits a força de suor fossin paper mullat per a un govern que es deia democràtic. Només de pensar-ho, se li ennuvolava la vista.

—A mi —solia dir— de ma casa no em treuen. Jo hi sortiré dins d'una caixa. No em fan gens de por, aquests bandarres!

Sí que n'hi feien, de por. Ho confessava a la seva amiga Victòria, asseguts a la taula de faldilles, i li deia, a ella sí, capcot i sincer, que ja no tenia forces per lluitar, que havia nascut entre els vençuts, havia viscut entre els vençuts i de segur que moriria com un vençut.

—Romanços! —li deia la Victòria, expeditiva, i li abocava un rajolí més d'anís per animar-lo.

L'Andreu havia estimat tota la vida la Victòria. Si s'hagués atrevit, li ho hauria dit mil vegades. Ara que era vídua no tenia per què callar més temps, però li feia un no sé què, a la seva edat i amb la seva lletjor d'home gras i vell, posar-se romàntic, i les paraules li morien a la gola. Amb ella al costat, ja ho crec que s'hauria atrevit a tot!

No sabia, el pobre Andreu, que per a les seves secretes esperances s'acostaven temps difícils. Un obstacle insalvable estava a punt d'interposar-se entre ell i la Victòria. L'amarga derrota que s'ensumava que esdevindria amb la seva casa no tenia cap importància al costat d'una altra desgràcia molt més aterridora.

Aquesta desgràcia es deia Ricard.

En Ricard havia estat un amic d'en Fidel, l'home de la Victòria, i d'ell mateix. Feia anys, des de la postguerra, que havia emigrat a Alemanya, on treballava com a músic i des d'aleshores no se n'havia tornat a saber mai més res.

Un dia, però, va venir a visitar la Victòria. Era un home imponent, apersonat, de cabells llargs i barba, que parlava amb un deix estranger, més avesat a l'alemany que al seu català nadiu.

Com és natural, la Victòria no el va reconèixer de seguida, però quan en Ricard li va dir quatre coses de les d'abans, se li va encendre un llum i va preguntar:

—Ricard?

El recordava entre boires, però sabia que era un dels seus. Els amics d'abans són sempre els bons. És clar que en Ricard es captenia molt diferent que les persones del seu món. Era extraordinàriament educat, molt amable i cordial i va manifestar el més gran interès per ella.

Li va contar, sumàriament, la vida de músic a Alemanya. Que ja li havia tocat l'hora de retirar-se i que la terra crida molt, sobretot quan un es fa vell. I que havia tornat a casa. Que tenia un capitalet i que pensava invertir-lo en alguna cosa de profit i viure tranquil en el barri que l'havia vist néixer. Que recordava amb enyorança aquella època gairebé mítica de la seva joventut, que havia estimat tant en Fidel i lamentat tant la seva mort. Que s'havia casat i després divorciat perquè no s'avenia amb la dona. Que Alemanya estava bé, però que cap indret del món es com a casa d'un. Que, de moment, vivia en una pensió, però que esperava establir-s'hi definitivament. I que estava enormement content d'haver-la retrobada a ella, la Victòria, «la noia més bonica de tot el barri»...

La Victòria va quedar immediatament captivada per aquell Ricard, que, de jovenet, si no recordava malament, havia estat un tarambana, i que ara retornava fet un senyor, amb unes maneres i unes gentileses que estovaven el cor. Però és que en Ricard no parava de fer-li compliments, i qui pot resistir-se a l'admiració dels altres? Quina dona estaria insensible davant els afalacs que, ai, senyor!, feia tans anys que no li deia ningú?

Un dia li va portar un ram de flors preciós. Si en feia, d'anys, que a la Victòria ningú no li regalava flors! Quan les va ensenyar, tota cofoia, a l'Andreu, aquest va haver de reconèixer, íntimament avergonyit, que a ell una cosa així no se li hauria ocorregut mai de la vida... Un altre dia la va convidar al cine, i, amb amable manyagueria, la va reptar a posar-se tan maca que enlluernés tothom.

—Ets la de sempre, Victòria: una dona maquíssima!

Afalagada, la Victòria va mirar-se inquisitivament al mirall. Ella no s'havia deixat anar mai, i tenia molta cura de la seva aparença, perquè no era com la Rosa, però als seus seixanta anys ja no pensava presumir. En tenia prou de creure's jove perquè se sentia jove. Les paraules d'en Ricard, però, despertaren la seva vanitat i adobà unes arracades que feia anys que no es posava i que dormien al fons del seu modest joier, es comprà sabates de taló alt, que, si bé li feien nosa, li donaven més aparença —en Fidel sempre li ho deia: «Ni punt de comparació, Victòria: una dona amb talons és tota una dona!»—, va posar cura en el pentinat i el discret maquillatge. I sortia amb en Ricard, ufana i orgullosa, acceptant sense incredulitat les seves adulacions. Sentia, la Victòria, el pessigolleig del desig, a dins del cor, a dins del ventre. En Ricard la feia sentir la femella que sempre havia estat.

Només saber l'Andreu que en Ricard li feia tant la peça a la «seva» Victòria, es va afanyar a fer-se amic d'ell. El recordava també borrosament, i, amics amics, no ho havien estat mai. Però si ho era de la Victòria, ja ho era d'ell també. Així que se l'emportava a fer un tomb pel barri, li ensenyava les novetats, malparlava dels bandarres del barri nou, i li mostrava, ben cofoi, com si en fos el propietari, tot allò que havia romàs idèntic als temps que hi vivia en Ricard.

Per exemple, el «bar vell», com li deien al casinet del barri, que havia viscut tantes pàgines de la història. No havia canviat gens. Aquell aire antic, fatigat, una mica descolorit, aquell ambient de casino de poble, la familiaritat amb què eren tractats tots els clients, la comoditat de saber que el cambrer et serviria el que tu volguessis sense necessitat d'obrir la boca. En fi, un lloc confortable, familiar, com fet a la pell dels habitants del barri vell. Si de cas, havia canviat en la clientela. Ara hi solien anar els escolars, i, per mor d'ells, l'amo hi havia instal·lat unes màquines del milió, amb el consegüent soroll. Els empleats dels negocis de la vora també hi eren assidus. Però, tot i això, encara era d'aquells llocs on pots fer la partideta de dòmino —i de coses més fortes cap al tard!— i trobar-hi sempre algun company de partida.

A en Ricard li va encantar el bar vell, i encara que tenia poca traça amb les fitxes del dòmino, s'hi va acostumar a anar-hi amb l'Andreu a fer la partideta i fer unes copetes. A l'Andreu li agradava més la rutina d'abans, la tertúlia entranyable a la taula de faldilles de ca la Victòria, però ella estava tan entusiasmada amb el Ricard i li agraïa a l'Andreu que li fes de cicerone...!

—Els homes, de vegades, estan més a gust sols que en companyia de dones. I la que això no ho sàpiga o no ho vulgui comprendre, ja ha begut oli —li deia a l'Andreu.

El nou cambrer del bar vell, en Quim, ensinistrat a saber de cor les comandes dels clients, fossin els vailets de l'escola o fossin aquells dos vells, de seguida els va «prendre el perfil», com ell deia, i els servia el conyac i l'anís i portava les fitxes del dòmino només comparèixer a la porta.

En Ricard, però, era partidari de jocs més forts, i, passats uns dies, li va proposar a l'Andreu de fer una botifarra, o, almenys, una brisca, però, això sí, amb diners sobre la taula. L'Andreu, que ara prenia més d'una copeta al dia, que és el que li permetia el metge, també va començar a jugar, un vici que no havia tingut mai. I tot per complaure la Victòria. Ara bé, a l'hora de sortir a passejar, d'anar al cinema, o al teatre o a un concert, aleshores ni la Victòria ni en Ricard el convidaven i l'anaven deixant arraconat. Tanmateix, quan el necessitaven, cap dels dos no deixava d'apel·lar a la seva bondat i al seu capteniment servicial.

—Andreu, tu que coneixes el taquiller del Palau, ¿em podries aconseguir dues bones entrades per diumenge? Volia donar-li una sorpresa al Ricard, saps? Com que li agrada tant la música...

Ves, quin remei. Trist i preocupat pels rumors cada cop més insistents sobre el futur de la seva caseta, l'Andreu complaïa la Victòria, complaïa en Ricard. I, tanmateix, tenia un rau-rau a dintre. Aquell Ricard, no sabia per què, però li semblava que era massa amable. Que festejava massa ostensiblement la Victòria. Que, en canvi, era massa misteriós sobre els propis afers. En una paraula: fos per gelosia fos per intuïció, a l'Andreu no li agradava gens aquell Ricard...

Per fi el pis nou dels Aiguader va estar acabat del tot. La Rosa, rejovenida amb la il·lusió de la festa d'inauguració, s'havia passat tot el matí a la cuina fent coses i més coses. Tenia tan bona mà per a la cuina! Canapès, pastissets, dàtils embolicats de *bacon* i farcits d'ametlla, minúscules torradetes untades amb una gran varietat de coses, truites de patates a daus, safates, plats i platets curulls de patates, d'ametlles torrades, d'avellanes... Copes de totes les mides. La Rosa volia quedar bé, volia fer una estrena digna d'aquell pis. Demostrar que «sabia estar» en aquell ambient. Fer una cosa senzilla i distingida.

La sala-menjador estava tan neta i tan lluent i feia tant de goig amb la catifa nova! Havia portat cadires de les altres habitacions, havia deixat plats en tots els racons imaginables. Ella mateixa s'havia vestit amb molta cura. Tot mirant-se al mirall, estirant la faldilla estreta i arranjant-se la brusa nova, la Rosa es va dir que tenia raó en Xavier: si tenias més cura d'ella mateixa, encara podia fer molt de goig.

Estava nerviosíssima. Es va ocupar del vestuari de l'Antoni, va recomanar a l'Anna i en Martí que es comportessin i fossin puntualíssims. I, sobretot, havia pràcticament suplicat a en Ferran, a través de l'Anna, que no hi faltés si no li volia donar un gran disgust. En Ferran, gràcies a l'Anna, s'havia dignat trucar-li per telèfon algun cop. Això sí: amb el pare no hi volia parlar. Però quan l'Anna li va comunicar que per a la mare la seva presència a la festa era «qüestió de vida o mort», com que estava de bon humor amb el seu recambró propi, va decidir no fer patir la pobra mare i aguantar les impertinències que, de ben segur, li engegaria el pare. «Tot sigui per la mare», es va dir. I no sols hi va anar sinó que hi va portar un petit present i tot, i va palesar una gran admiració per com havia quedat tot.

Molt més complicat havia resultat convèncer la tieta Victòria. Tossuda com sempre, havia dit que ella al barri nou no hi posaria mai els peus. I van ser inútils els precs, tant de l'Anna i en Martí com de la mateixa Rosa, va ser inútil que el mateix Antoni li insistís perquè hi anés.

—Haver-vos mudat a una casa decent d'un barri decent! Jo, allà, no hi vaig!

Ara que eren no sols família, sinó col·legues! L'Antoni se'n feia creus. I la Rosa suplicava, inútilment, per telèfon. Quan ja havien desistit, però, la tieta sí que va comparèixer a la festa. La solució havia estat tan fàcil, i tan fora de l'abast de la seva família, que semblava cosa de màgia.

En efecte: la Victòria havia comentat a en Ricard la dèria dels seus nebots perquè anés a la maleïda inauguració del pis, i en Ricard, tot rialler, li va dir que no estava bé que els defraudés. Un sol mot, i la tieta es va decidir de sobte. Imaginava que l'acompanyaria en Ricard, i volia comparèixer-hi ufanosa del seu braç, però aquest va dir que no, que no podia acompanyar-la, però que ella sí que ho havia de fer. Paraula d'en Ricard, paraula feta.

També hi van acudir la Júlia i l'Helena, que tan directament havien participat en el muntatge del pis. Així la Júlia va conèixer aquell germà formidable de l'Anna, del qual aquesta li havia parlat cent vegades. El que l'Anna no li havia dit és que fos tan ben plantat, que tingués un somriure tan encantador, com entre cínic i infantil, i que es captingués amb ella, com a amiga de la seva germana, amb una franquesa i una senzillesa vertaderament encisadores.

—Caram, Anna, sí que és maco el teu germà! —li va xiuxiuejar a l'orella. L'Anna, sorpresa, perquè no podia veure en el seu germà l'admiració que algunes de les seves amigues li havien expressat, se'n va sentir cofoia i li va replicar, també a l'orella, que era un tio d'aquells que sempre tenen admiradores...

Per a perplexitat de l'Helena, que no sabia que l'Emília havia identificat l'Antoni Aiguader, aquesta va manifestar que no pensava anar a la festa dels veïns. Insistia a dir que, a ella, aquelles coses de festes i reunions no li agradaven, i que «l'Helena sabia que sempre que anava a un lloc d'aquests ho feia arrossegada per la mateixa Helena».

—Però, dona, que la Rosa ha insistit molt. Va quedar tan contenta de la teva ajuda! La defraudaràs, saps? Per a ella és molt importan, aquesta festa.

Tanmateix, hi havia una altra persona convidada: en Marc. I aquest tenia molt clar que sí que hi volia anar. No hi havia l'Anna? Doncs s'hi estaria bé. També ell es va sorprendre en saber que la mare, sense més explicacions, es negava a anar-hi. Així que la va agafar pel braç, la va obligar a pentinar-se, a posar-se una mica de pintura als llavis i la va portar de bracet tot el tram d'escala.

—Però, es pot saber què et passa, mare? ¿És que t'han fet alguna cosa, aquestes persones? Va, dona, fes-ho per mi!

Així, gairebé arrossegada pel seu fill, l'Emília també hi va acudir. Si algú hagués estat més amatent al seu posat, hauria comprès de seguida que a aquella dona n'hi passava alguna. El gest encongit, la vista baixa, les paraules que deia tot mormorant... Pero l'Helena estava més atenta a la Victòria, que li explicava coses del barri; la Júlia bromejava amb en Ferran, i en Marc seia al costat de l'Anna tot conversant-hi com si fossin sols.

Va ser el mateix Antoni el qui es va acostar a aquella desconeguda a servir-li una mica de cava, i qui li va dir quatre frases de benvinguda. Tenir-lo davant mateix, aquell home que havia causat la seva desgràcia, però, va revoltar l'Emília. Així que, indiferent per si la sentien o no, va sortir del seu encongiment i li va dir, mirant-lo als ulls, fitant-lo amb duresa i arrogància:

—Que no em coneixes, Antoni?

L'Antoni la va mirar i mirar, perquè això li ho deien en un to que no admetia negativa. I va denegar amb el cap.

—Ah, no? Sóc l'Emília. Dc Gironella. Fes memòria, home.

La paraula «Emília» no havia dit res a l'Antoni. Però la paraula «Gironella», sí. La mili. Aquella aventura estúpida. Aquella noieta histèrica que li cridava que no li venia la regla, i ell compromès a Barcelona amb la Rosa. I és clar que no ho havia oblidat! Tot al contrari, molts cops li venia al cap una amarga onada de remordiments. Es disculpava a si mateix dient-se que qualsevol hauria fet el mateix, en el seu cas. Però el record romania, i feia mal. Era tan joveneta, tan càndida, aquella mossa de poble! S'havia lliurat a ell amb tanta facilitat! Havien calgut tan poques paraules! Quatre amoretes, un parell de promeses fetes amb la urgència del desig, i se li va rendir als braços. I és clar que recordava aquella mosseta, quasi una nena, cridant i cridant: «No m'abandonis ara! No m'abandonis ara!». Sí: ho recordava molt bé. I li feia una immensa vergonya recordar-ho.

Aquella dona que tenia al davant li deia que era ella. I sí que ho era. Els ulls, la forma de la mandíbula, el color dels cabells... Aquell fantasma del passat ara s'havia encarnat davant d'ell, cobrava vida i el record es feia material. D'entrada, l'Antoni no va saber reaccionar i es va limitar a quedar-se palplantat, mirant-la atònit, fet un garbuix, sense arribar a pensar, encara, les immenses conseqüències que tindria per a ell el retrobament amb una dona que amb els ulls furiosos li estava dient: «Mira'm bé: sóc la teva víctima»...

D'aquella situació d'estupefacció el van treure els crits d'una batussa. Perquè després de conversar una mica amb la Júlia, en Ferran havia cercat amb la mirada l'Anna i la va veure tota encaramel·lada amb un xicot la cara del qual li era familiar. En aquell moment, en Marc, que era aquest xicot, va alçar el cap per agafar un canapè d'una safata que, amatent, passava contínuament la

Rosa. I aleshores el va reconèixer: era aquell primer client de la Mònica amb qui havia ensopegat. Aquell fanfarró que el va saludar amb una mirada de menyspreu. Un fill de puta la cara del qual no se li havia esborrat des del dia que el va trobar marxant del pis, i allargant uns diners a la Mònica. Aquell gest cínic, aquell somriure fatxenda, no l'havien deixat dormir dies i dies, a causa dels quals s'havia afanyat a buscar-se un cau propi i s'havia jurat marxar del pis de la Mònica! I ara era allà —un altre fantasma, però aquest més proper, més real que el que en aquells mateixos moments estava veient el seu pare—, amb el braç al voltant de les espatlles de la seva germana Anna!

En Ferran no es va poder reprimir. Volia que tinguessin la festa en pau. Havia vingut conciliador, havia aguantat les bromes despectives del pare quan li va dir que feia de bàrman, havia estat tendre amb la mare quan li va dir que, tot i que el pis era preciós, no pensava venir a viure-hi, però que comptés que vindria sovint a fer-li una visita; havia vingut amb tot de bones intencions. No hauria pensat mai que a la seva germana la podia grapejar precisament aquell perdonavides, aquell pinxo de merda, que era client de la Mònica.

—Treu-li les mans de sobre a la meva germana!

Li van sortir les paraules de la gola com una escopinada. En Marc, que no l'havia reconegut, va quedar primer sorprès, després enfurismat, i es va aixecar a dir-li que qui es pensava que era per donar ordres. En Ferran, incontenible, li va donar una empenta, i en Marc li va pegar un cop de puny.

L'Emília, en veure-ho, va tenir una reacció de dona ressentida i amargada: fent una rialla burleta, li va dir a l'Antoni:

—Mira com es barallen *els teus dos fills*...!

Quan els van separar, en Marc i l'Emília se n'anaren. L'Anna plorava silenciosament. I l'Antoni seia, aclaparat, en una butaca, indiferent als gemecs de la Rosa que deia que li havien espatllat la festa, i, a més, no l'ajudava ningú a recollir els plats...

7

SI LA VICTÒRIA NO HAGUÉS estat tan engrescada amb en Ricard, ni hauria posat tanta paciència a les eternes obres del súper —que havia deixat enterament en mans de l'Antoni— que li feien trontollar la casa, ni tampoc li hauria passat desapercebut tot el que havia passat a la festa de la Rosa. Hauria ensumat la conversa a mitja veu, però tensa per a un observador amatent, que s'havia produït entre l'Emília i l'Antoni, i hauria observat el comportament estrany que, a partir d'aquell moment, va manifestar l'Antoni. I, un cop ensumat tot plegat, hauria fet els seus directes i indefugibles interrogatoris i hauria cercat el possible remei als mals que afeixugaven els seus.

Però la Victòria era una altra. S'empolainava, sortia, fins i tot feia criaturades amb en Ricard, com si fossin una parella de jovenets. Se sentia tan feliç! Tan plena de vida! Tan amarada de la seva força de dona, del seu sentir-se dona i estimada! La cosa que li feia més il·lusió de totes era precisament poder exhibir aquest amor madur que l'havia fet glatir quan ja no esperava res de nou de la vida. Hauria volgut anar amb en Ricard arreu, mostrar-lo, aixecar la barbeta davant les tafaneres, presumir d'home...

Perquè en Ricard no va trigar a acariciar-la, de bo de bo, i, sense recança, la Victòria havia acceptat, amb un immens plaer, de fer l'amor. Aquella experiència la va il·luminar per dins, la va omplir de vida, li va fer beure les aigües de l'eterna joventut, que rau precisament en els obscurs viaranys del sentiment íntim de la felicitat.

Era natural, doncs, que, en aquella situació, la Victòria no observés, no veiés res més que el propi goig. Amb una excepció, és clar: el seu afillat, el seu preferit, en Martí.

Malgrat tota la felicitat que li dansava per tot el cos i que li ennuvolava el discerniment, aquelles ampolles de vodka que li havien desaparegut l'enquimeraven perquè prou veia que el pispa no podia ser cap altre que el seu Martí. I com que en Xavier també n'estava molt, del seu nebot, i havia vist en ell els clars símptomes de la ressaca —en Xavier, com abans la Victòria, també era d'aquelles persones capaces de fixar-se en els altres, capaces d'oferir ajuda allà on veia una mirada d'infelicitat—, van lligar caps i el culpable va haver de confessar.

La Victòria va voler «cobrar» el preu de les ampolles amb feina, i obligà en Martí a anar al pis a fer-hi l'enèsima neteja, ja que, amb les obres del súper, allò semblaria can seixanta si no cuitava. El veia orgullosa recollir papers i més papers i posar ordre sense cansar-se. Perquè en Martí no era d'aquells a qui agrada ajupir l'esquena, però, a més de sentir-se culpable per haver pispat el vodka, mai no havia pogut resistir-se a la tieta, i si ella li manava que netegés, ho feia sense protestar. Hi havia, entre ell i la Victòria, un lligam d'afectes expressats més amb fets que amb paraules que, des del seu naixement, els tenia més units del que es pensaven la resta de la família.

El vailet va treballar tan i tan bé al pis de la tieta, que aquesta va acabar pagant-li un salari, com si la feina no fos en nom d'un deute. I, a més, li va regalar una pila de revistes que ara, ordenades i lligades, només servien per portar al drapaire.

Amb aquesta única excepció, la Victòria no feia cabal de cap de les cabòries de la família. Ni tan sols sabia que l'Anna i aquell Marc sortien junts —una cosa que, en d'altres circumstàncies, li hauria importat moltíssim—; i ni s'havia adonat que l'Andreu feia cara de gos apallissat cada cop que ella, incontenible, li parlava d'en Ricard.

El cert és que el pobre Andreu, que passava amb una pensió molt justa, per donar gust a en Ricard havia començat a jugar a cartes, i amb diners, gairebé a diari. Mentre va ser el dòmino, i jocs innocents per passar l'estona, en Ricard es va mostrar maldestre, però de seguida que els quartos dringaren sobre la taula, li va canviar la cara, va esmolar l'atenció i, ara i adés, deixava escurat el pobre Andreu. Aquest, pensant que això era només un cop de sort, i per rescabalar-se, va començar a pujar les apostes, i aviat va poder comprovar que en Ricard o era un jugador magnífic o era d'aquells que fan trampes en el joc. I el deute va començar a pujar i pujar. I les relacions entre els dos homes ara eren dures. En Ricard, amb el seu sarcasme, la seva superioritat i una innoble insolència, l'escarnia. I l'Andreu es veia impotent de dir-li a la Victòria quina era la cara real d'aquell home que ella posava pels núvols, com si fos un sant. Ni la seva fidelitat pogué trencar l'encongiment que li causava l'alegria enamorada de la seva amiga.

De tot això, tampoc no en va fer cabal la Victòria. No veia res. No pensava en res. Tot el seu univers ara es deia Ricard. Segurament la cautela de l'Andreu era justificada, perquè si li arriba a anar amb crítiques contra en Ricard, la Victòria s'hi hauria barallat...

Però qui estava vivint un infern pitjor que el de l'Andreu era l'Antoni. El seu entusiasme pel nou negoci, l'afany que hi havia posat, i l'orgull de sentir-se ara, per primer cop a la vida, tot un empresari, el poder que li donava ser ara un inversor, ser tractat com un senyor al banc, prendre decisions sobre els altres —els paletes, els distribuïdors i representants de gènere amb qui va haver de tractar, els instal·ladors de prestatgeries...—, tot això ara se li feia fel a la boca. Perquè, també per primera vegada, l'Antoni, en rememorar si vols per força aquell passat que creia enterrat per sempre, va recapitular sobre la seva vida, i, especialment, sobre la seva dona. No havia estat un marit exemplar, ho reconeixia. Li havia fet el salt algunes vegades, la tractava sense consideració, la tenia molt abandonada, no li havia consultat res de res en tots els canvis econòmics que vivien. Però una cosa sabia del cert: que l'estimava. Que l'havia estimada sempre, que, quan s'hi va casar, va saber immediatament que aquella era la «seva», la dona amb qui volia fer-se vell, la dona amb qui volia viure per sempre. Les altres —i li agradaven tant, les dones!— eren aventures, plaers passatgers. Res de res, una volva de neu, el fum d'un cigarret que s'espolsa amb la mà. Res de res.

Era tan bona, la seva Rosa! Ja no en quedaven, de dones així. Unes mans de plata per a la cuina, una abnegació total amb la família, un lliurament complet als seus fills, una mansuetud de santa. I li havia donat uns fills tan estupends! En Ferran, que tenia el cap verd i que tenia el seu mateix caràcter —per això xocaven tan sovint—; en Martí, entremaliat, però tan ple de vida, amb tantes ganes de gresca!; i, sobretot, l'Anna, dolça i dura alhora, tan maca, tan serena, tan forta...

Amb aquella Emília, cony, es deia, qualsevol hauria fet el mateix ¿Podia renunciar ell a la seva Rosa, que l'esperava a Barcelona, per unir-se a aquella noieta que no li representava res? Sí: havia fet una porcada, ho reconeixia. Però, qui hauria fet altrament? Si en aquella època hagués tingut diners, segur, seguríssim, que l'hauria ajudada. Però el poc que tenia era per casar-se.

Es retorçava l'ànima buscant justificacions, tothora, i, en trobar-les prou que veia que no eren prou sòlides. Que ni tan sols no ho eren, de justificacions. Perquè una cosa com aquella no la podia esborrar mirant a una altra banda i fent-se el distret. Aquella dona havia reaparegut, carregada de ressentiment i de retrets. Això, si tan sols fos això, podia oblidar-ho, podia fer-se l'orni. Però és que aquella dona tenia un fill, aquell tal Marc que feia de lampista. I aquest Marc era, per irrefutable raonament, el seu propi fill.

El terror el paralitzava només de pensar que la Rosa pogués saber-ho. La coneixia prou. Sabia que la Rosa era dona capaç de perdonar-ho tot. Capaç d'aguantar-ho tot. Però un fill... No: això la Rosa no li ho perdonaria. Era massa mare, tenia massa entranyes de dona per passar per alt l'existència d'un fill.

L'Antoni va cercar l'Emília per parlar-li. Volia oferir-li diners. Ara en tenia. El passat ja no tenia adobador, però el present era el present. Si pogués pagar-li, sobretot, pel seu silenci... Era evident, però, que l'Emília el defugia. Va anar al pis de l'Helena més d'un cop preguntant per la minyona, i l'Helena li deia que feia dies que l'Emília no hi venia, que es veu que no es trobava bé. Va espiar el carrer, va esperar que, tard o d'hora, l'Emília anés a ca l'Helena. Per fi, un dia la va veure. Quan la va agafar, l'Emília, en comptes de reptar-lo o insultar-lo —per això sí que estava preparat—, va mostrar-se estranyament esporuguida, i li va suplicar que no li fes cap mal.

—Jo, mal? Només vull parlar amb tu. Voldria que acceptessis la meva ajuda... Voldria, Emília, que parléssim...

L'altra, com si no l'hagués sentit, però, intentava només fugir, i donava mostra de tenir por d'ell, tot repetint que l'Antoni, com abans havia fet, només volia fer-li mal. Completament alterada, molt nerviosa, l'Emília va fugir esperitada, sense escoltar, ni parlar, només presa d'un pànic que semblava irracional.

Amb aquest estat de nervis va arribar al pis de l'Helena, i aquesta, espantada, va poder esbrinar quina n'hi passava. Amb tota la seva habilitat i amb tota l'amistat que sentia per l'Emília, amb prou feines sí la va poder tranquil·litzar. Comprenia, l'Helena, que retrobar aquell home que tant mal li havia fet quan era una noieta l'havia de trasbalsar per força. Però no comprenia el terror que manifestava l'Emília. Era evident que l'Antoni no tenia cap intenció de perjudicar-la. No tenia sentit fugir d'ell: tot el mal que li podia fer ja li havia fet. De què tenia tanta por, ara, l'Emília?

—Això són nervis. T'has de tranquil·litzar. Vés-te'n a casa, Emília. Descansa. I pren-t'ho amb calma. No sols l'Antoni, n'estic segura, no et vol fer cap mal, sinó que aquí estem nosaltres per impedir-ho...

L'Helena estava enquimerada per l'estat morbós de l'Emília, i esperava que, amb el temps, aquesta es limitaria o a ignorar l'Antoni, o, si així ho volia, a insultar-lo i menysprear-lo. Però és que, ultra això, hi havia una altra cosa que deixà l'Helena molt i molt preocupada. Si el que deia l'Emília era cert —i no tenia cap motiu per dubtar-ho—, allò volia dir que en Marc era fill de l'Antoni. I en Marc estava sortint amb l'Anna!

Un cop hagué convençut l'Emília que anés a casa a descansar, l'Helena va voler parlar amb la Júlia. Si hi havia alguna cosa entre en Marc i l'Anna, era necessari tallar-ho radicalment. Les relacions de l'Helena amb la Júlia estaven deteriorades d'ençà que l'Enric, finalment, s'havia instal·lat al pis. Era un bon noi i la Júlia tard o d'hora l'acceptaria. A més, així es trobava més acompanyada. Ella tenia els seus motius per preferir que hi hagués un home a casa en aquells moments.

Però allò de l'Anna i en Marc era massa important perquè fos interferit pels malentesos que travessaven ella i la Júlia. Així que li va parlar amb la seva forma especial de fer-ho: amb la franquesa clara i suau amb què parlava quan havia d'afrontar algun problema.

La Júlia, d'entrada, no estava massa disposada a col·laborar, i de seguida que va començar a sentir la història, li va passar pel cap que la confiança de la seva amiga Anna no anava a trair-la, es tractés del que es tractés. Però quan va saber la història completa es va espantar, i va veure com era de gran la seva responsabilitat si callava. Si aquells dos eren germans...! Així que, amb el sentit de la justícia que li havia inculcat l'Helena, segons el qual hom ha de fer les coses més desagradables si té l'íntima convicció que cal que les faci, li va explicar a la mare que pensava que en Marc i l'Anna ja havien fet l'amor, i li va contar, sense exageracions però sense amagar-hi res, que havia vist en Marc sense camisa un dia que ell i l'Anna eren sols al pis fent reparacions. I que no n'estava segura, però que per l'actitud de l'Anna s'ensumava que, en efecte, havia passat molt entre aquells dos.

Lluny estaven en Marc i l'Anna d'ensumar-se tot el secret que els envoltava, i absolutament innocents, passaven, precisament, uns mals moments. Perquè l'Anna, sorpresa i mortificada per l'actitud d'en Ferran a la festa, havia interrogat el seu germà, i aquest, amb la franquesa habitual que regnava entre els dos, li va dir com l'havia conegut i quin era el motiu de l'antipatia que li tenia. L'Anna sabia que hi havia homes que pagaven per anar amb dones, però es tractava d'homes que no tenien res a veure amb ella, com si fossin homes d'una altra galàxia. Els trobava menyspreables, i, si de cas, comprenia que les necessitats sexuals bé s'han de satisfer així quan s'és vell o quan s'és incapaç d'estimar ningú. Però que un home tan especial per a ella com en Marc fos d'aquells qui freqüenten putes, li resultava repugnant. I, sobretot, incomprensible. ¿Quina necessitat tenia un xicot jove i ben plantat de pagar per unes hores d'amor? És clar que ell li havia dit i li havia repetit que, ara per ara, no tenia cap intenció de tenir una relació estable, i, per tant, essent honrat com ella creia que era, tampoc no podia enganyar cap amiga. Però, ¿és que no coneixia ningú que volgués fer l'amor amb ell només per gust, pel plaer de fer-lo?

Tard o d'hora, però, s'havien de trobar, i van firmar les paus. Serien només amics. I es miraven com dos enamorats. ¿Que ella trobava malament la mena de vida que ell portava? I què? No hi havia entre els dos cap mena de compromís, ni ell li havia fet mai cap promesa. L'Anna, defraudada i entristida, però, el mirava i hi veia un ulls color de mel que, volgués ell o no, parlaven més que les seves mateixes paraules. La pau que van firmar volia dir que s'havien acabat els petons i les carícies. Però també volia dir que podien sortir junts, que ell la podia portar amb moto, de paquet, que podien parlar. El sol brillava al carrer netíssim i asfaltat del barri nou, i, com un coet, corria la moto d'en Marc amb l'Anna tendrament abraçada a la seva cintura...

Tot i el tacte que tenia l'Helena, tot i el seu caràcter, li va costar molt franquejar-se amb l'Antoni, que coneixia poc. L'Anna, però, era massa important per a ella. I en Marc, gairebé com un fill propi. Humiliat i desficiós, l'Antoni va haver de suportar les paraules d'aquella dona tan maca, tot preguntant-se per què hi havia de posar el nas, en les seves coses. Però quan va sentir els temors de l'Helena, que justificaven sobrerament que tinguessin aquella desagradable conversa, se li va glaçar el cor. Que l'Anna i en Marc sortien? Que potser havien fet l'amor i tot? L'horror, la repugnància que li causava aquella notícia, el sentiment adolorit de ser víctima dels seus propis actes, de la seva irresponsabilitat, el van deixar, de moment, profundament ensorrat, però, de seguida, va reaccionar amb fúria: la seva Anna, no! Això sí que no! Havia d'impedir-ho a tot preu! Que ell hagués comès un mal acte i que en rebés les conseqüències, bé, però que les conseqüències fossin per a l'Anna, això no ho consentiria!

L'Antoni, com aquell que va a ofegar-se i, pres de terror, enfonsa el seu propi salvador, va començar a actuar irreflexivament, va fer passes no sols inútils sinó contraproduents. La primera cosa va ser anar a casa de l'Emília per parlar-li del perill que travessaven i que calia que, entre tots dos, impedissin el que potser ja era inevitable. Endebades. L'Emília, acorralada a casa seva, impedida de fugir-hi, es va comportar, primer, com si ell fos un salvatge i volgués fer-li alguna mena de mal; després, quan va saber el motiu de la visita, amb una alegria boja, incontrolable: ella que no trobava la manera de venjar-se d'ell, i vet aquí que el destí preparava els pitjors turments per a l'Antoni! Que fes l'amor amb la seva nena! I tant! I, si no, ¿per què no ho confessava, per què no li ho deia a la seva dona, que es veia ben clar que era molt bona persona per haver-lo aguantat a ell tants anys? Per què no ho deia a la seva filla? Covard de merda!

L'Antoni, doncs, es va trobar sol. I va fer un següent pas, també equivocat: impedir, a crits, amb exigències, que l'Anna continués veient en Marc. No cal dir l'adolorit estupor de l'Anna quan va veure el seu pare furiós, gesticulant, vermell d'ira, exigint-li que a en Marc no l'havia de veure mai més. Si li hagués parlat a en Marc, d'home a home; si hagués confiat més en la seva filla, i, tot i la vexació que suposava, li hagués dit la veritat; si s'hagués deixat de comèdies i hagués parlat amb la seva dona, segurament hauria perdut l'afecte d'una i altra, però hauria fet el que calia fer. Anar a una noia de quasi divuit anys amb prohibicions era precisament el que no servia absolutament de res.

La mateixa Rosa estava admirada de la manera de procedir de l'Antoni. Li havia vist fer moltes arbitrarietats a la vida, l'havia trobat injust contínuament, no aprovava gairebé cap aspecte del seu comportament egoista, però mai no l'havia vist així. A ella li queia bé en Marc, i trobava que feia per l'Anna, i estava segura que a l'Anna li agradava més del que manifestava. El mateix Martí ho havia notat i no parava de burxar la germana parlant del seu *nòvio* i fent-ne befa. Què li agafava a l'Antoni per comportar-se així? Comprenia la indignació de l'Anna, li recomanava que no fes gens de cas del seu pare i li deia que ja li passaria. «Això és que es fa vell –pensava– i no pot suportar la idea que la nena, tard o d'hora, se n'anirà». Ella havia sentit a dir, moltes vegades, que hi ha pares que es posen així amb els xicots de les seves filles, i que a tots els troben pegues. «Pobra Anna! Ara sabrà el pa que s'hi dóna, amb el seu pare, ella que sempre el defensa!».

I, a tot això, les obres del súper estaven pràcticament acabades, i els prestatges s'arrengleraven curulls de gènere. L'Antoni havia ideat un racó on es reproduïa, en petit, la «bodega» de la tieta Victòria, per donar-li una alegria, i ara, tot net i endreçat, feia patxoca. A mesura que el barri s'anava habitant, l'Antoni havia exultat pensant que cada família que s'hi instal·lava era un client potencial més, i, tot i ser novell en el negoci de l'alimentació, estava segur que sabria menar el súper amb mà ferma. Tot això, ara, però, havia deixat de tenir importància. Pensava en l'Anna tot el dia, febrilment. Se sentia acorralat, injustament ferit per un mal fat. O justament, rectificava. Però l'Anna!: «Ah, l'Anna no pagarà per mi!».

Llàstima que la tieta estigués tan encaterinada amb aquell Ricard. Com la necessitava ara! Com li hauria agradat parlar amb ella, cercar en el seu criteri indestructible i sempre enraonat la solució que no veia enlloc! L'Antoni mirava al seu voltant, al seu súper, tan lluent, tan a punt de ser inaugurat, amb la caixa registradora delerosa d'omplir-se de bitllets, tot això que tant l'havia il·lusionat, i ara veia, rera la cortina amarga del seu problema, que res no tenia importància, que les coses materials no són les úniques, que tot, tot era secundari. I prescindible.

En aquestes cabòries va entrar l'Andreu acompanyat d'un xicot jove: el seu nebot Manel. L'Andreu anava a demanar feina per al nebot, i imaginava com seria difícil de tractar amb el carallot de l'Antoni. Si la Victòria fos la d'abans i intercedís per ell! Però la Victòria ni se l'escoltava, i només deia que, del súper, se n'ocupava l'Antoni. Imcomprensible.

Astorat va quedar l'Andreu quan va veure que, a la seva humil demanda de feina per al Manel –perquè aquest no va gosar ni badar boca– l'Antoni no responia baladrejant, i que ni tan sols va mostrar-se inquisitiu amb el seu nebot, que era tan poca cosa que si l'Antoni li feia una repassada era ben capaç de posar-se a plorar com un vailet. Res d'això: l'Antoni va dir que molt bé. Sense més.

–Així que l'acceptes?

L'Andreu tenia tot un parlament preparat: en primer lloc, sobre les qualitats del nebot, el xicot més honrat de Barcelona, pensava dir. En segon lloc, sobre la necessitat que tindrien d'unes mans fortes, perquè per despatxar bé estaven la Victòria i la Rosa, però que carrejar caixes, ho hauria de fer l'Antoni tot sol, i que li calia l'ajuda d'un altre home. Pensava afegir, en tercer lloc, que en Manel havia buscat feina endebades, i que li urgia trobar-ne perquè es volia casar, i que, tot i això, estava disposat a cobrar un salari modest. I fins i tot, comprenia que primer l'havia de tenir a prova, per si li esqueia o no com a ajudant. Tanmateix, tot aquest discurs no va caldre: l'Antoni va dir «sí», i va marxar cap a una altra banda.

Gairebé se sentia frustrat, el pobre Andreu, d'haver obtingut la col·locació tan fàcilment...

Hauria comprès que alguna n'hi passava a l'Antoni si l'hagués vist, aquell mateix dia, comportant-se d'una manera estranyíssima. Perquè quan aquest pujava a casa, des del súper, va veure arribar una moto. Era, indubtablement, en Marc, i darrere hi havia una noia cofada amb un casc. Aquesta noia va baixar i, en treure's el casc, va veure alarmadíssim que es tractava de l'Anna. Tot i el pacte que havien fet, en Marc i l'Anna, de ser només amics, quan en Marc va veure els cabells voleiant de l'Anna, a contrallum, la gràcia amb què aixecava els braços per arrencar-se el casc de motorista, el gest coquet i el somriure entremaliat, no es va poder resistir i la va atreure cap a ell per la cintura, i ella li va oferir els llavis, que ell va besar golafrement. Això, a pocs metres de l'Antoni.

Sense meditar gens el que feia, en dues gambades es va acostar a la parella, els va separar d'una estrebada, va donar una empenta a l'Anna escridassant-la que anés a casa com si l'haguessin enxampada en una malifeta, i agafant en Marc per les solapes de la caçadora, li va cridar:

–No tornis a tocar l'Anna! No la toquis! No t'acostis més a ella!

Ho va dir com un pinxo, com un perdonavides. Com un foll. En Marc, que ja havia tastat la ira d'en Ferran, en veure el pare de l'Anna tractant-lo com si fos un malfactor, es va enravenar i li va plantar cara. I després, va arrencar la moto i va marxar, convençut que en aquella família, excepte l'Anna, tots estaven tocats del bolet. I que a veure què tenien contra ell per tractar-lo d'aquella manera. Si no arriba a ser un vell, tot i ser el pare de l'Anna, allà mateix li hauria donat un parell d'hòsties que l'haurien escarmentat per sempre.

L'Anna, feta un mar de llàgrimes, incapaç de comprendre què li havia agafat al seu pare, el va reptar quan aquest va ser a casa.Si no hi hagués intervingut la Rosa, de segur que ell hauria acabat pegant-li, a una noia com l'Anna que mai no havia donat motius de renys i a qui mai havia posat la mà sobre. Però la fúria de l'Antoni era ara irrefrenable.

Quan el matrimoni estigueren sols, inútil va ser que la Rosa li recriminés amb gran duresa la seva actitud. «L'Antoni s'ha trastocat –va concloure ella–. Si perdo l'Anna com he perdut en Ferran, sabrà qui sóc jo!».

Perquè, per més que endevinava que darrere de tot plegat hi devia haver alguna explicació, estava molt lluny d'ensumar-se una cosa de l'envergadura de la paternitat vergonyant de l'Antoni. Tan lluny, que, l'endemà, en obrir el correu, li va mostrar, estranyadíssima, un anònim que havia rebut, amb lletres retallades de periòdics i revistes, que deia:

«El teu marit t'amaga coses que tu hauries de conèixer».

És clar, l'Antoni va dissimular, perquè se li feia evident que l'Emília havia passat a l'atac, i tal com li havia dit, no rumiava altra cosa que la manera de venjar-se d'ell.

–És una broma, dona!

Però a la Rosa aquell escrit li va fer forat. «Què m'amaga l'Antoni? Que ha anat amb altres dones? Això, prou que ho sé. Coses de diners? Ca! No s'atreviria, havent-hi la tieta pel mig en el negoci. A la tieta li té massa respecte. Potser que juga? Perquè si fos que beu, ja ho hauria notat jo...».

Li va donar voltes i voltes, i, finalment, va resoldre, com feia sempre que estava perplexa, d'anar a consultar-ho a la tieta. Només que la tieta estava enamorada i no hi era tota. Perquè, en veure aquell anònim, aquella dona que feia diana de cada deu cops nou, va riure i va dir que ella mateixa li havia regalat una pila de revistes al Martí, i que aquella era la trapelleria d'una criatura. I que no en fes cas.

Tanmateix, en Martí, quan la mare li va ensenyar aquell paper, li va jurar que no era cosa d'ell. I ho va fer tan seriós i formal que la Rosa, que li coneixia tots els racons de la cara, totes les mirades, tots els gestos, va saber de seguida que el seu fill li estava dient la veritat. Per tant, «algú» l'estava avisant que l'Antoni amagava alguna cosa. I aquest «algú» per algun motiu devia saber-ho i devia voler que ella ho sabés també...

8

EL FESTEIG OSTENSIBLE, gairebé descarat, entre en Ricard i la Victòria va aixecar, a la família, algunes suspicàcies. Especialment per part de la Rosa, tan tradicional; però aquella dona, que semblava que no s'arronsava per res, defensava la seva llibertat amb la mateixa tossuderia que defensava el seu estil de vida, i es relacionava amb en Ricard amb alegre desimboltura.

Altres membres de la família, i altres amics, però, que no li criticaven el seu dret a fer el que volgués amb la seva vida, es malfiaven d'en Ricard. Especialment l'Andreu, que li veia el costat de milhomes i no l'altre, el que mostrava a la Victòria, un aspecte melós d'home ple de delicadeses. Però el més amoïnat de tots era en Xavier.

Perquè en saber en Ricard que en Xavier traginava tota mena d'objectes i d'estris, que no es feia el llepafils sobre l'origen de les mercaderies que venia i que comprava, li va encarregar un obsequi per a la Victòria: una càmera fotogràfica Zeiss-Ikon que li havia de recordar, sens dubte, aquella època de joventut en què ja eren amics; amics remots, però, això sí, amb una època, un temps, un món comú. Va resultar que en Xavier li va demanar trenta mil peles per aconseguir-li una màquina com aquella, i, havent obtingut la càmera, va tenir la mala sort que uns pinxos, amb navalles, la hi furtessin. Per a un home com en Xavier, això eren daltabaixos de l'ofici i no s'hi va fer massa mala sang, però va quedar sobtat de la reacció d'en Ricard en saber-ho: no se'l va creure i li va etzibar que aquella història era una invenció per robar-li les trenta mil de l'ala. I, tot seguit, el va amenaçar, amb un posat fatxenda i unes paraules agressives que no deixaven lloc a dubtes que en Ricard no era aigua neta i que es movia, i s'havia mogut, en ambients delictius, si no mafiosos.

El pobre Xavier, que no tenia un clau, va restar espantat de debò. Al barri tothom hi confiava, i ara aquest mig estranger el tractava com una rata de claveguera i les seves amenaces era claríssim que no eren simples paraules. Tanmateix, en Xavier el que volia era aconseguir les trenta mil i treure's el perill de sobre; ni li va passar pel cap posar en guàrdia la tieta Victòria, que prou veia que estava d'allò més engrescada. «Ja li prendrà les mesures, tard o d'hora —es deia—. La tieta no és dona que necessiti crosses per caminar per la vida. Si ara està distreta amb aquest Ricard dels collons, que li aprofiti. La vida són quatre dies i s'hi ha de treure tot el suc que es pugui...».

Tot i aquestes preocupacions —i l'amenaça d'en Ricard que li faria la pell si no amotllava no era per prendre-se-la a broma—, en Xavier tenia esma per continuar preocupant-se pels altres, especialment per la seva germana Rosa, que estava tan amoïnada, tan decandida, que feia pena. I va voler fer-li una visita per saber què li passava i donar-li el seu suport.

Les angoixes de la Rosa no eren fantasmades ni aprensions de les seves. Quan li va haver contat tots els problemes que l'afeixugaven, en Xavier va tenir feina a donar-li consol i donar-li ànims. La seva filosofia, malgrat els canguelis que ara mateix estava passant ella, era que no hi ha grans mals a la vida si un para la cara, si un aixeca el cap, si un no s'arronsa i està segur d'haver obrat correctament. Però va haver de reconèixer que, en efecte, ara la Rosa en passava una de debò, i no es tractava només de carallotades d'aquell desgraciat de l'Antoni, sinó de coses més serioses.

En efecte: la Rosa havia rebut un segon anònim —de fet, el va trobar a la paperera, perquè qui el va descobrir entre el correu va ser l'Antoni, i precisament això va despertar més suspicàcies en la Rosa. Aquest segon anònim deia, només: «Recordes l'estiu del 68?». Interrogat l'Antoni, va repetir que això era una broma, i tot i que ella va dir que bromes així no les gastava ningú, es va limitar a replicar que ja ho arranjaria ell, que hi tingués confiança. Confiança? No: la Rosa no tenia gaires motius per confiar en l'Antoni, i li coneixia massa les girades per creure-se'l a ulls clucs. Estava convençuda que hi havia alguna cosa, ben desagradable, rera aquells anònims, i que havia d'estar relacionada amb tripijocs de l'Antoni. S'escalfava el cap, fent mil suposicions i no podent treure l'entrellat ni travessar, amb les seves preguntes insistents, la barrera que aixecava el mateix Antoni, que prou que es veia que fugia d'estudi.

La gota que va fer vessar el vas de la seva paciència va ser el tercer anònim: en aquest, només una frase: «Te'n recordes?», acompanyada d'una fotografia que mostrava l'Antoni i l'Emília abraçadets. Malgrat els més de vint-i-cinc anys transcorreguts, la Rosa va reconèixer de seguida l'Emília, i quan la hi va plantar davant dels nassos a l'Antoni, pàl·lida i dura i decidida a tot, l'Antoni es va ensorrar i li va contar tota la història.

Per a la Rosa, tal com ell havia temut, allò era gravíssim. Per a la Rosa l'existència d'un fill donava un tomb fonamental a les altres bestieses de l'Antoni. Imaginar que, mentre ella brodava l'aixovar a Barcelona, i li escrivia cartes tendríssimes d'amor, ell deixava prenyada una pobra noia de poble! Imaginar que, en saber que estava embarassada, ell s'havia fet escàpol! La seva dignitat de dona es revoltava fins a la nàusea.

I, encara més, quan, en la breu i tensa confessió de l'Antoni, va adonar-se d'un perill addicional: l'Anna i en Marc eren germans! Se li feien ara clars els escarafalls que l'Antoni feia a aquell noi, i es va espantar de les conseqüències que un fet com aquell tindria per a la seva filla.

El posat humil de l'Antoni, arraulit com un cuc mentre confessava, li va repugnar. Tan homenàs, tan cridaire, tan amic de fer anar les mans i la veuassa, i ara tremolava com un flam davant la dona, confessant accions indignes! I que a més s'atrevís a demanar-li la seva solidaritat d'esposa! Que apel·lés a la seva compassió i als seus deures de muller! Revoltada, fastiguejada, esporuguida i arborada per la indignació, el va apartar d'una empenta, li va alçar la veu amb energia i li va dir que, ja que el supermercat era cosa de tots dos —de tots tres, comptant la Victòria—, ella hi treballaria. I portaria la casa, com sempre. Però que la vida íntima entre ells dos s'havia acabat per sempre. I quan li va dir «per sempre» ho va fer amb un to que era diferent del de les anteriors enrabiades, de disgustos ja passats: era la veu d'una dona que, aquest cop no, no anava a perdonar ni a transigir.

Tot això li ho contava a en Xavier desfeta en llàgrimes, i es retorcia les mans, i cercava, en el generós aixopluc que mai li havia escatimat el seu germà, l'alleujament que no podia trobar enlloc més. El seu instint li deia que havia de protegir els seus fills, especialment l'Anna, i que havia de salvaguardar la seva dignitat de dona. Se sentia, malgrat ella mateixa, enormement solidària amb aquella pobra Emília, víctima d'un home sense entranyes...

I sí, en Xavier li va donar consol i encara més coses: algun bon consell. Per començar, que la idea de l'Antoni d'enviar l'Anna un any a Estats Units, amb l'excusa que així aprendria bé l'anglès, era una bona idea. A ell també li semblava massa arriscat contar-li-ho a la noia. Era valenta i molt madura, però això seria un xoc. Altrament, li va aconsellar que se separés de l'Antoni.

—Ets una dona forta, Rosa. Molt més del que tu mateixa t'imagines. El teu home t'ha fet la vida impossible. Jo no dic que sigui una mala persona, però un inconscient, un egoista i un dèspota, això, amb aquesta feta o sense, és una cosa evident. Separeu-vos. Res de fer comèdia i de limitar-te a castigar-lo expulsant-lo del teu llit. Què t'importa si això es comenta o no es comenta? Deixa en pau els altres, que no n'han de fotre res. I tu, viu. Viu tan bé com puguis. Encara ets jove, Rosa. Tens unes mans d'or, i podries treballar en milers de coses. I, si ho vols, perquè hi tens els teus interessos, treballa al súper. Però sola. Que es busqui la vida aquest home amb qui en mala hora et vas casar!

Per a la Rosa, que el germà li assegurés que era una dona forta, va ser com un bàlsam. Però una campana així! Separar-se! Ella en tenia prou de tenir-lo lluny, menysprear-lo amb la mirada, girar-se d'esquena als seus maldestres senyals de penediment.

Però la inauguració del súper s'acostava i la Rosa estava massa afectada per aguantar una festa, i va decidir d'ajornar l'obertura del nou negoci. I aquí és on va intervenir la tieta Victòria, que, tot i el seu estovament per l'aparició del Ricard, no anava a consentir-ho.

Així que, tots tres, tingueren una sessió, amb el posat greu i consirós. La tieta, és clar, pensava que es tractava d'alguna aventura de l'Antoni, i, com a dona, volia que la Rosa entengués que els homes faldillers se'ls havia d'agafar com són, i que tota la vida les dones n'han suportades, en aquest sentit, de tots colors. Si hagués d'explicar els disgustos que el seu Fidel li havia donat quan eren joves i alguna perduda el posava calent! Pit i fora! Però, malgrat les reticències, va acabar sabent la gravetat dels fets. Va captar de seguida que la Rosa, aquest cop, no sols tenia la raó sinó que no es doblegaria. Va aprovar que enviessin lluny l'Anna, i va dir que, malgrat tot això, el negoci és el negoci, i que el súper s'havia d'inaugurar, que ella havia viscut la fam de la postguerra, i amb les coses del diners, tant si ve de gust com si no, s'ha de fer el cor fort.

I, és clar, inauguraren. Va ser una festa una mica fada, perquè la Rosa posava una cara de set jutges. Però hi va acudir en Martí amb la seva Clàudia i el seu amic Miquel, i això va animar una mica les coses. També hi va acudir en Ricard, que es va comportar com tot un cavaller. La Rosa, que no estava per orgues, va notar que aquell estrangerot, que es ficava al llit amb la tieta, la mirava d'una forma molt especial, i, entre ofensa i afalagada, va reconèixer, íntimament, que en Xavier tenia raó: que encara era jove, que encara podia agradar als homes, que encara podia viure. Una agradable escalforeta s'escampà entre el glaç del ressentiment que la dominava. La Victòria, en canvi, sempre tan alerta a tot, no va captar que en Ricard mirava la Rosa amb la mirada amb què un home mira una dona, i ni tan sols que s'havia entretingut massa estrenyent-li la mà per saludar-la.

També hi havia el flamant empleat que els havia encolomat, en un moment de feblesa, l'Andreu Molins. I no sols en Manel, sinó la seva promesa, una noieta d'uns vint-i-cinc anys que semblava l'antítesi del seu xicot. Si ell era tímid, reservat i tenia aquell posat esporuguit, ella era com una daina, tota vitalitat, plena de gràcia i amb un pèl d'atreviment. Es deia Mercè, i prou que es veia que estava boja pel seu Manel; era menudeta, bufona, amb un somriure picaresc que li formava uns clotets a les galtes; la cara, també menuda, era com la d'un ratolinet, i es veia de seguida que portaria en Manel per on ella volgués, i no perquè fos manaire, sinó perquè era llesta i tenia caràcter i sabia treure partit del seu somriure i del seu esperit pràctic i expeditiu. Estava contenta, és clar, que per fi en Manel hagués trobat feina, però considerava que el salari era d'escanyapobres i que hi havia uns drets que el senyor Antoni no estava disposat a complir. Ai, si el seu Manel tingués una mica més de caràcter i no es deixés trepitjar per tothom!

Qui va arribar en l'últim moment a la inauguració del súper va ser en Ferran. Però és que ho havia sabut a darrera hora.

El cas és que, d'ençà que vivia separat de la Mònica, les relacions amb ella s'havien refredat. La Rosa, que tot i els disgustos sempre pensava en el seu fill escàpol i es moria per tenir-lo al costat ni que fos uns minutets, havia aconseguit, furgant, en la motxilla de l'Anna, el telèfon d'en Ferran. Ni ho sabia, ella, que ara ja no hi vivia, en aquella adreça, ni tampoc que hi hagués cap dona pel mig. Es va sorprendre que li contestés una veu de dona. Va deixar l'encàrrec i va penjar. Ella que el veia com un adolescent encara! I, en canvi, vet aquí que devia compartir pis amb una dona... És que tots els homes són iguals? És que no saben estar-se'n? Només pensen en el sexe?

La Mònica va rebre la trucada amb una indiferència glacial. La torturava veure que en Ferran se li allunyava, i tenia les ungles preparades per esgarrapar tots els obstacles i guanyar-se'l. Perquè com menys el tenia, més l'estimava. En comptes de refredar-se aquell enamorament tan boig, amb el temps s'havia consolidat i ara l'omplia tota. Pensava sempre en en Ferran: li sentia la veu quan estava sola; trobava el seu llit desert, per més acompanyants que hi jaguessin; li pesava la soledat, que abans li havia estat la millor amiga; es neguitejava pensant totes les estratègies que havia de planificar per atreure'l, per atansar-se'l, per enamorar-lo. En aquests moments sospitava una amarga veritat: li agradava, a en Ferran, però ell no l'estimava. Això li feria la vanitat, la mortificava; però, sobretot, li encenia encara més el seu amor no compartit.

Precisament quan va trucar la Rosa, havia preparat un sopar molt especial. Havia convidat en Ferran perquè aquell dia feia sis mesos que s'havien conegut, i estava segura que ell ho recordava amb la mateixa intensitat que ella. Que no l'estimés no volia dir que no estigués ben engrescat pels seus encants. Així que hi va posar moltes ànsies, en aquell sopar. Volia que fos una vetllada inoblidable; volia fer-li recordar els instants més dolços, la fúria i la passió amb què s'havien abraçat per primer cop, la companyeria primerenca amb què s'havien parlat. Tot. I, tanmateix, en Ferran havia oblidat no ja que fos el seu aniversari —o semianiversari, per ser més exactes—, sinó el mateix sopar i tot.

Hi va comparèixer tard, entrada la nit, una mica begut, i va trobar la Mònica, ben abillada, adormida en el sofà; el sopar, fred i intacte, sobre la taula. Els retrets de la Mònica el van deixar perplex. Per a la seva lògica de mascle jove, entre ells hi havia atracció i res més —o així li ho semblava—; perquè, essent això el que ell creia sentir, donava per fet que així era per a ella. Quan va veure aquella ira, aquell despit, va ensumar aquella dona, que, sí, l'havia ajudat en recollir-lo a casa, però que el volia lligar, i lligar curt, i es va desfer de les engelosides preguntes, de la fúria possessiva de la Mònica, amb un simple cop de porta. Per a ell, aquella història s'havia acabat. Apreciava la Mònica, li agradava, però no es deixaria dominar, ni per aquella ni per cap altra dona...

No va rebre, doncs, l'encàrrec de l'angoixada Rosa i no sabia que, l'endemà d'aquesta escena, els seus pares inauguraven el seu supermercat. Va ser l'Anna qui el va cercar per parlar-li. Ella sí que sabia la nova adreça, i sabia on treballava. El va cercar no precisament per dir-li la notícia de la inauguració, que això no la preocupava gens. Del que volia parlar-li era de l'estrany comportament del seu pare, evitant, si podia, esmentar en Marc, que tan malament li queia al seu germà; i, sobretot, esmentar-li el que havia comprovat amb una tristesa creixent: que els seus pares no dormien junts. Que s'havien barallat, però no com sempre, amb crits i trifulgues, sinó que els en passava alguna que havia de ser greu, pel posat circumspecte del pare i la cara endurida com el marbre de la mare.

Hi van especular els dos germans, i van voler tranquil·litzar-se mútuament dient-se que ja farien les paus, com en d'altres baralles que havien tingut i que, segons en quines èpoques, sovintejaven. En Ferran culpava sempre el pare, però en aquella ocasió, en què ell mateix es trobava en fals per haver defraudat la Mònica, va insinuar que la mare de vegades es passava un xic, que no havia de ser tan intransigent i tan antiga; curiosament, l'Anna, que sempre defensava el pare quan en Ferran l'acusava, aquell cop digué que el pare era un insensible, que feia patir perquè sí la mare. I li va dir, arran d'això, que ara tothom s'havia confabulat per fer-la marxar als Estats Units. Estava segura que en Ferran diria que «quina bestiesa!», o que, si a ella no li venia de gust, no tenia per què fer cas dels altres. En Ferran, però, que encara tenia clavat al cap l'abraçada d'en Marc el dia de la festa, va dir que era una bona pensada i que l'anglès fa tanta falta per anar pel món, i que quina sort de tenir uns pares ara rics que se'ls volien gastar en ella...

—Sembla una confabulació —va esclatar l'Anna—. La tieta Victòria diu que és una bona pensada; el tiet Xavier, també. I el pare i la mare no paren de repetir-ho tot el dia! I ara tu! Doncs jo no vull anar-hi i no hi aniré!

I, si no arriba a ser per la cautela amb què tractava el tema d'en Marc —«S'han tornat tots bojos? Què tenen tots contra en Marc?», pensava—, li hauria dit al seu germà que només pensar en un any sencer sense veure'l li afeixugava les cames i li estremia el cor...

En Marc, però, altres coses tenia al cap en aquells moments. D'una banda hi havia la seva mare, l'Emília, que el tenia molt amoïnat. Perquè, a instàncies de l'Helena, que, si ho dictaminava així, els seus motius havia de tenir, l'Emília romania a casa, tot el dia amb camisa de dormir i bata, avorrint-se i dient només que no es trobava bé i que no volia anar a treballar. Es captenia d'una manera estranya. Tancava la porta amb clau i a sobre hi passava la cadena; mirava per l'espiell abans d'obrir la porta a ningú, i li preguntava a ell, a en Marc, si havia vist un home rondant per la casa... No és que ell volgués que anés a treballar, tot al contrari, sempre li insistia que ell guanyava prou perquè ella no hagués de ser l'escarràs de ningú, amb excepció, és clar, de ca l'Helena, que per mutu acord, era un lloc on no es podia dir que era la dona de fer feines sinó que era la casa d'una amiga. Però aquest decandiment, aquesta inusitada mandra...

El seu comportament nerviós i atrabiliari el va inquietar prou per tenir una xerrada calmada i llarga amb l'Emília, que a la fi li va dir que havia retrobat el seu pare. I que era la persona que menys es podia imaginar en Marc. Si ho sabés l'Emília, que poc li interessava la identitat del seu pare! Un bacó que havia abandonat la mare no tenia dret a dir-se pare de ningú. Així que, si un dia el coneixia, el consideraria el seu pitjor enemic, i no havia d'atansar-s'hi ni que estigués en greu necessitat. El menyspreava. I ni l'estat de la seva mare ni els seus nervis alterats li van proporcionar el menor bri de curiositat. Va fer-li un sermó a la mare, dient que a un home així el millor que podia fer era treure-se'l del cap. Esborrar-lo de la memòria, com si no existís, i que no esperés que ell fes ni un sol pas per saber qui era. I que, si un dia ho sabia, o bé l'ignoraria o bé es limitaria a escopir-li a la cara.

L'altra preocupació que tenia en Marc en aquells moments era donar cos a les secretes ambicions que havia covat des de la infància: volia prosperar, volia ser algú, no un pelat com la seva mare. I, sobretot, volia no dependre de ningú, ser el seu propi amo. De moment, fent de lampista, es defensava prou bé, perquè la feina no l'espantava gens i tenia unes bons mans, perfectament entrenades i feia les coses amb rigor i eficàcia.

I ara havia tingut una idea que li va semblar genial: tenia un amic, lampista com ell, en David, que també era treballador i emprenedor com ell. En David estava fart de cobrar un sou miserable en una empresa de reparacions on es quedaven la part del lleó de tota la feina que pagaven molt bé els clients. Així que en Marc li havia proposat de muntar, entre els dos, empresa pròpia. Un simple talleret, molt modest, que podien portar a mitges. Amb la novetat –i aquí raïa la genialitat de la idea– que l'«empresa» havia de funcionar les vint-i-quatre hores del dia. Farien torns. Quan un dormís o mengés, l'altre treballaria, i després canviarien els papers. A més, entre la clientela, que estaven satisfets d'ells, cercarien abonats, de manera que qualsevol, pagant una suma mensual ben enraonada, tenia assegurada l'assistència de servei de lampisteria, i, a cada reparació, només havien de pagar el material que s'hi gastés. Això volia dir disposar d'un capitalet estable, amb un coixí que els permetés prosperar; vés a saber si un dia haurien d'agafar empleats i tot! De moment, tots dos serien socis.

L'Helena, que havia estat la primera a ser consultada, tot i que estava preocupadíssima per l'Emília i va considerar que en Marc, en aquest negoci, disposaria de molt poc temps per atendre la seva mare, va dir que era una bona pensada, però li va fer prometre que faria venir l'Emília a casa d'ella, i no per treballar, sinó per estar acompanyada, si el seu estat nerviós no millorava i en Marc l'havia de deixar massa estona sola.

La tercera preocupació d'en Marc era d'una índole molt diversa: havia decidit, de totes passades, treure's l'Anna del cap. Perquè no es volia comprometre, i desitjava tenir les mans lliures per poder progressar treballant com un lleó, i perquè estava summament ofès pel comportament de la família de la noia. Què s'havien pensat aquells? Ni que fossin de la noblesa i ell un trinxeraire! Aquest propòsit, però, no era fàcil portar-lo a terme, per més que, amb la seva força de voluntat, s'ho proposés una i mil vegades. Els ulls blaus d'aquella noia tan especial, els seus cabells deixats anar, els pits rodons i plens, la manera com caminava, la greu seriositat amb què el fitava, la dolça aridesa d'una veu entre càndida i decidida... Tot, tot en ella, li feia accelerar els batecs del cor. Anava a visitar la Mònica més que abans, perquè era una de les noies més maques que coneixia, i provava de desfogar-s'hi, de treure's del cap l'Anna a força de trobar-se assadollat com a home. Endebades. Poques hores després, aquells ulls blaus i penetrants el fitaven des de dins del seu mateix cap, l'esguardaven amb retret, o amb llaminera joia, o amb dolçor incomparable...

La tieta Victòria, que s'havia vist decebuda pel desinterès de l'Anna pel diari i els papers del seu pare, va intentar treure'n ella sola l'entrellat. Però li costava molt, perquè la tinta estava gairebé descolorida i a ella li fallava més la vista del que volia reconèixer. Precisament amb aquells papers entre els dits la va trobar un dia en Ricard, invitat assidu de casa seva —ara meravellosament silenciosa, acabades les obres del súper— i, també, del seu llit.

La Victòria li va explicar que eren un tresor, aquells papers, que explicaven més i millor la història recent que tots els llibres de la Biblioteca de Catalunya, i que la vida del seu pare, curulla d'aventures i d'ideals polítics, bé valia la pena que fos llegida i recordada. En Ricard, més per la seva mel·líflua gentilesa que per ganes de llegir aquella llauna de l'any de la picor, es va oferir a anar llegint-li-ho en veu alta. Un d'aquells gestos d'en Ricard que emocionaven la Victòria...

Tanmateix, havent començat a llegir aquell diari, en arribar a la quarta pàgina de la llibreta, la veu d'en Ricard va emmudir de sobte. Va al·legar que tampoc ell no podia entendre què hi deia, i li va proposar que els hi deixés, que esmerçaria tot el seu temps per llegir-ho amb calma, i amb lupa i tot si calia, però que les lletres estaven tan esborrades, i, a més, alguns d'aquells papers estaven escrits en una llengua estranya, i no podia llegir-li-ho de bursada.

La veritat, però, no era aquesta. En Ricard, en aquella quarta pàgina, havia trobat unes enigmàtiques frases molt i molt interessants: «El meu amic Magí —escrivia el pare de la Victòria— m'ha enviat una carta en què em diu que li guardi unes coses que només algú de confiança com jo li pot guardar fins que ell torni».

Com que el nom d'en Magí no era la primera vegada que hi apareixia, la Victòria li havia explicat que es tractava del millor amic del seu pare, anarquista com ell, i que el pobre havia mort a l'exili, en unes condicions penoses.

El cervell d'en Ricard s'havia posat en marxa, perquè era home que ensumava cèntims com un gos perdiguer ensuma el rastre d'una llebre. Sense fer escarafalls, va buscar entre els papers quina podia ser la carta a què feia referència l'anotació del diari; va trobar-ne una que estava signada per aquest Magí, però que estava escrita en una llengua que no podia identificar. El seu raonament era el següent: aquest Magí havia hagut de fugir de Catalunya a causa de la guerra. Devia tenir alguna cosa de valor que no podia passar la severa barrera de les fronteres, així que la va deixar al seu millor amic, el pare de la Victòria. Aquest la hi havia de guardar fins que tornés a casa, però va morir a l'exili i no va tornar-hi mai.

Així que... El cap li rodava, a en Ricard, fent aquestes deduccions. Una pregunta directa a la Victòria seria un senyal d'alerta, així que, amb molta cautela, va iniciar una investigació. Per començar, indagà amb molt de tacte si la Victòria disposava de coses de valor. La pobra, però, fora d'unes polseretes, unes arracades i un joc de coberts de plata, no era propietària de cap tresor com el que s'insinuava al diari. Tampoc no havia tingut mai diners ni propietats, ni recordava que el seu pare hagués disposat mai de cap mena de capital.

Simultàniament, estudià la carta escrita en aquella llengua, que li recordava, remotament, alguna forma d'eslau. Una llumeta, però, se li encengué al cervell: ¿no havia dit la Victòria mil i mil vegades que tan el seu pare com aquest Magí eren anarquistes? Anarquistes volia dir també vegetarians, i ateus, i enemics de qualsevol forma d'Estat. I, també, esperantistes...

No li va costar gaire trobar un vell professor de llengües que formava part de la societat internacional d'esperantistes, i la seva intuïció va fer diana: aquella carta estava en esperanto, i aquell vell la hi va traduir sense dificultats. El que en Magí havia confiat com a custòdia al pare de la Victòria eren un grapat de joies, descrites amb detall, que, ultra les muntures d'or, estaven formades per diverses pedres precioses. La llista era llarga. «Si, a més, hi afegim —pensava en Ricard amb els ulls lluents de cobejança— el fet que es tracta de joies antigues, això és un autèntic tresor...».

Es va traçar, doncs, un pla d'acció: en primer lloc, havia de viure en aquell pis de la Victòria, per poder remenar de gust tots els racons possibles; en segon lloc, havia de continuar interrogant la Victòria, sense alertar-la, perquè tot i que era evident que aquella dona no sabia res d'un tresor amagat, havia viscut allà tota la vida i podia donar-li pistes.

Li agradava la Victòria. El tractava a cos de rei, i a ell li agradava fer-se estimar, i, sobretot, que una dona amatent tingués cura d'ell. Però ara ja no es tractava d'un passatemps, sinó de cercar fortuna. Si ja havia comentat amb l'Andreu que acabaria vivint amb la Victòria i tot! Ho tenia fàcil. Molt fàcil.

Perquè la Victòria, emocionada i il·lusionada amb la proposta, va acceptar de seguida que es quedés a viure amb ella. I, com que n'estava cofoia, en ensenyar-li el pis, li va assenyalar la calaixera que era germana bessona de la de l'Antoni i la Rosa, i que era el millor moble de la casa. Amb una candidesa impròpia d'ella, va afegir:

—Aquests mobles diuen que tenen un calaix secret. I, saps què et dic? Que jo no l'he trobat mai i que em penso que són falòrnies.

9

ELS PLANS D'EN RICARD, però, s'havien hagut d'ajornar uns dies, perquè la Victòria, tot de sobte, es va trobar un convidat a casa de molt de compromís. Les coses van anar així:

La Kati, l'amiga de la Mònica, havia servit de consol al disgust d'en Ferran. Estava empipat amb les maniobres possesives de la Mònica, i, alhora, trobava a faltar la seva companyia. Així que a l'empipament s'afegia una enyorança que no volia reconèixer. Va decidir, doncs, anar amb d'altres dones com feia sempre que discutia amb la Mònica, una mena de càstig que li infligia de manera simbòlica, perquè mai no li ho va dir; el que passa és que ella ho notava, i en Ferran, que no era tan cínic com volia aparentar, aleshores se'n sentia avergonyit, i, com solen fer les persones orgulloses quan estan avergonyides, treia el geni. O sigui que el simbòlic càstig per a la Mònica en el fons esdevenia càstig per a ell mateix.

Al Topkapi hi treballava la Kati, i en veure'l emmurriat, li va parlar com una amiga. Es va quedar sorpresa en saber que en Ferran havia trencat amb la Mònica, i, com que el noi li havia agradat sempre i si no se li insinuava era per lleialtat a la Mònica, va fer més que consolar-lo: el va acariciar i després el va besar. «Una dona n'esborra un altra!», pensava sempre en Ferran, sense recordar que cada cop que seguia aquest procediment acabava més escaldat ell mateix que ningú altre. Les persones som així: esclaus del propi temperament. Cometem sovint bestieses reiterades i acabem ensopegant, tota la vida, si no amb la mateixa pedra, amb pedres molt semblants...

Les carícies i els petons van portar més coses. I van acabar «enrotllats», com sol dir-se, i van anar a parar, a altes hores de la nit, al cau d'en Ferran a fer l'amor.

Mentrestant, però, la Mònica anava apaivagant-se i es recriminava haver-se deixat emportar pel despit. Havia perdut en Ferran. I una mena de cortina fosca li va caure a sobre: cada dia sense ell, cada vespre sense tenir-lo, imaginar-lo amb d'altres dones, veure'l, potser, un dia i saludar-se indiferents... Dona de temperament com era, de les recriminacions va passar a l'acció. Va decidir anar a veure en Ferran i parlar-li amb la veu més dolça. Potser havia estirat massa la corda. Si ell la veia comprensiva, si s'adonava que el volia de debò, si li deixava la llibertat que per a ell era com l'aire que respirava... Amb tan bons propòsits, de fer les paus i avenir-se a no ser tan possessiva, va anar, de bon matí, a casa d'en Ferran. Tenia clau, tal com ell en tenia del pis d'ella, i se l'imaginava adormit com un infant, perquè plegava tard del Topkapi, arraulit al llit, respirant tranquil, i l'agradable sorpresa que tindria en despertar-se i trobar-se-la al costat. Ella sabia tan bé com estimular-li el desig!

La sorpresa, però, va ser per a la Mònica. En obrir la porta, un somriure als llavis i una pila de paraules tendres preparades, es va quedar literalment glaçada: al llit d'en Ferran hi havia algú acompanyant-lo. Presa d'una amarga ira, va encendre el llum i va reconèixer de seguida la seva millor amiga! La Kati! Que a una dona com ella li passés això! Deixar-se prendre el xicot per una tia que no valia gens al costat d'ella! Enganyar-la amb la millor amiga! Cridant, insultant, plorant i tot, la Mònica va escopir tot el verí que portava a dintre.

A en Ferran, ser enxampat, el feia sentir insegur, i, com sempre feia, rera el tro del rebot de la porta que havia donat la Mònica en marxar furiosa, va menysprear-la, i va insistir que, a ell, la Mònica no li feia cap falta. Que la bombessin.

Tanmateix, la Kati estava molt amoïnada. Ella tenia com a parella un individu de baixa estofa, un tal Raül, que li feia més por que una punyalada al ventre. Si en Raül sabia que l'havia enganyat, era capaç de fer-los, a ella i a en Ferran, una cara nova. En Ferran, però, tot i que coneixia el tal Raül del Topkapi i que sabia que era perillós, no va fer-li cas: ¿com podia el Raül saber-ho, que havien estat junts?

—Els homes sou tots uns babaus! —esclatà la Kati—. Que no ho veus? No has vist com s'ha posat la Mònica? No has sentit com ens amenaçava? Tu no la coneixes com jo, Ferran. T'asseguro que voldrà venjar-se. I que avui mateix corre a dir-li a en Raül que ens ha vist junts. Si pogués alliberar-me d'aquest home! Mira que és mala sort que la Mònica hagi vingut precisament avui! No sé com ets, Ferran... No hauries d'haver consentit que es quedés la teva clau...

En Ferran, però, va prendre aquestes pors de la Kati com histèries femenines i al vespre va anar a treballar com si res. No estava content d'ell mateix, i el furor de la Mònica li havia deixat un desagradable rau-rau a dintre, però la feina la necessitava massa per fer cas de la Kati i córrer a amagar-se com un conill.

En plegar del Topkapi, però, va veure que el seguien. Si hagués estat només un, ni que fos aquest Raül, s'hauria defensat prou bé; era alt i fort i no s'espantava d'una baralla a cops de puny. Però és que eren quatre. Quatre goril·les amb unes pintes execrables. No va tenir ocasió de defensar-se. L'allisada va ser de les valentes. I va quedar a terra, mig inconscient, tot el cos bramant de dolor —la cama sobretot— amb les orelles plenes de les úniques paraules que li van etzibar, com una escopinada, els quatre pinxos: «De part d'en Raül!».

La primera cosa que necessitava era ajuda. I no de casa seva, precisament. El dolor de la cama se li feia insuportable, i li rajava sang del nas i d'un trau prou fons al pòmul esquerre. Com va poder, aguantant-se a les parets, panteixant i caminant amb un sol peu, va aconseguir d'arribar a casa la tieta Victòria, que, com és natural, dormia ben tranquil·la a les tres de la matinada. No cal dir l'ensurt que va tenir la dona, i com es va afanyar a auxiliar el seu nebot. Ell es negava a anar a un hospital, i ella veia que aquella cama estava, potser, trencada, i que amb una bena no n'hi hauria prou. De moment, el va deixar dormir, un cop les ferides netes, i a primera hora del matí va avisar el vell doctor Llobet, que era amic de sempre i que no en donaria part, ja que això era el que espantava més en Ferran.

—Ai, senyor! Aquest jovent! A veure amb quins perdularis es fa ara, aquest! Els homes no tenen senderi! Pensen amb la bragueta, no amb el cervell!

En Ferran, abans de res, havia volgut fer una trucada, i la tieta la va escoltar sense embuts. Telefonava a una tal Kati i l'avisava del que havia passat i li recomanava que s'amagués, que anaven per ella...

L'endemà, el doctor Llobet, naturalment, no es va creure que aquelles contusions, aquelles esgarranxinades i aquell turmell torçat —afortunadament, l'os estava intacte— fossin a causa d'una caiguda per una escala, però, per afecte a la tieta, va fer-se l'orni i va curar en Ferran, ordenant-li, això sí, alguns dies de repòs.

Així, que la tieta va haver de posposar la vinguda d'en Ricard al seu pis. La reacció d'aquest, quan va saber que era a causa d'un nebot acollit en un mal pas, va ser donar grans mostres d'impaciència, cosa que a la Victòria li sonava a les orelles com a música celestial, convençuda que aquell home glatia per ella i no podia esperar més a ser la seva parella estable.

Per a la Victòria va ser una bona murga, perquè, obeint el neguit d'en Ferran, no va poder dir res als seus pares. A l'Anna, sí, perquè en Ferran necessitava roba i ella era l'única capaç d'anar al seu cau a portar-n'hi. L'Anna va quedar molt impressionada en veure l'estat del seu germà, però, lleial com sempre, tampoc no va dir res a casa, tranquil·litzada en saber que un metge l'havia visitat i amb l'absolut convenciment que la tieta en sabria tenir molta cura. Ara bé, com que no sabia res de la baralla entre en Ferran i la Mònica, va creure que aquesta sí que ho havia de saber, i li va telefonar per informar-la.

Quan la Mònica va saber que havien apallissat el seu Ferran, deixà de banda l'orgull de dona ferida, l'enrabiada i la gelosia, i es va presentar a l'acte a visitar-lo. Podem imaginar amb quin despectiu menyspreu, amb quina rancúnia la va veure comparèixer en Ferran, al pis de la tieta! Li va dir de tot. La va acusar d'haver fet una acció indigna, en denunciar-los, a ell i la Kati, al bèstia d'en Raül, li va escopir que era una puta i que d'una puta només es poden esperar putades. La Mònica, lívida de sentir-se tractar així, es va limitar, primer a negar que ella hi tingués res a veure, després a plorar amb tot el desconsol que rajava del fons d'ella mateixa, de ser víctima d'una espantosa injustícia. Cada mot d'en Ferran se li va clavar al pit com una agulla, una agulla que li burxava endins, que li roïa com un verí. Presa de la desesperació, va marxar corrents, ensorrada, humiliada i desfeta en llàgrimes.

Cada mot que va dir en Ferran li havia de pesar d'aleshores endavant. Se'n penediria milers de cops; es retrauria la seva insensibilitat, el fet d'haver-la condemnada sense ni tan sols haver volgut escoltar-la. Li havia de coure molt, a en Ferran, aquella escena. Perquè a la tarda d'aquell mateix dia, va venir la Kati a veure'l i li va explicar que en Raül era detingut per algun dels seus molts delictes i que no havien de témer res d'ell. I, de passada, va afegir, que era el mateix Raül qui els havia vist sortir del Topkapi encaramel·lats i els havia seguit fins a casa d'en Ferran. Que la Mònica no hi havia tingut res a veure.

Ple de remordiments, delerós de demanar humilment perdó a la Mònica pels seus insults, de seguida que va poder en Ferran va anar a casa d'ella. El pis era buit. Ningú no sabia on parava. La Mònica s'havia fos com si mai no hagués existit.

Eren dies amargs per a d'altres, a més d'en Ferran. L'Anna estava desesperada per l'actitud dels seus pares amb ella; estaven, ella i la Júlia, preparant la Selectivitat, i, ultra els nervis d'un examen així, hi havia el decandiment de la Júlia i la impossibilitat de parlar amb ningú. Si la mateixa Júlia li deia que deixés córrer la seva relació amb en Marc!

I els pares fustigant-la, interrogant-la contínuament. Se'ls havia ficat al cap que havia fet l'amor amb en Marc. I això, ho comprenia, no feia gràcia a cap mena de pares. Però que li tinguessin aquesta tírria! A un noi com aquell! I que la tractessin com si no fos ja una major d'edat!

A més a més, el seu germà es feia en uns ambients molt sospitosos, i ara estava baldat al llit per una pallisa. No: per a l'Anna les coses no rutllaven gens. Però és que, ultra tot plegat, i això segurament és el que li coïa més, el mateix Marc havia esdevingut, tot de sobte, un altre. L'esquivava, i, si ella l'empaitava, estava fred, li deia que tenia pressa, i la deixava terriblement confusa i avergonyida pel rebuig. La Júlia, però, no gosà dir-li la veritat. La mateixa Helena li havia dit que això, si de cas, ho havien de fer els seus propis pares, i no una estranya, per més amigues que fossin.

En canvi en Marc sí que ho sabia tot. Perquè l'Antoni, que no vivia ni dormia ni feia res ben fet d'ençà que sospitava que l'Anna i en Marc havient fet l'amor —les negatives de l'Anna no el convencien gens—, havia anat a veure l'Emília, per suplicar-li que li fes, en això, costat, per fer-li comprendre que una cosa així era massa seriosa per no ficar-s'hi. L'Emília el va rebre amb el posat atemorit de sempre, i es va burlar d'ell. Per a l'Antoni, l'Emília no hi era tota: no ho veia, que aquells dos eren germans? Quan ja marxava l'Antoni, hi va arribar en Marc. En veure'l davant, tota la fúria que sentia, tot el desesper d'imaginar que la seva nena hagués fet alguna cosa irreparable, li va ofuscar l'enteniment, i es va abraonar sobre en Marc, i, agafant-lo de les solapes, com la vegada anterior, li va exigir que li contestés de seguida si havia fet l'amor amb l'Anna. En Marc se'l va espolsar de sobre i es va posar gallet, així que l'Antoni li va dir, forassenyat, que ell i l'Anna eren germans.

La reacció d'en Marc va ser doble: per una banda, va mirar amb odi l'Antoni, aquell pare que no es mereixia altra cosa que el menyspreu; per una altra, va decidir, aquest cop sí que de debò, de no tornar a veure l'Anna. A dintre d'ell hi havia un interrogant que l'inquietava: «¿Com estan fetes les coses de la natura que ni ella ni jo no hàgim sentit cap barrera? I, encara més, ¿com és possible que tots dos ens hàgim sentit immediatament atrets l'un per l'altre?». Amb dolor i decepció, va foragitar l'Anna del seu cap, i va ser més dolç i afectuós que mai amb la seva pobra mare, ben trasbalsada amb aquella escena que havia muntat l'Antoni.

Una altra persona trasbalsada, si bé en un grau molt menor i amb preocupacions molt diferents, era en Manel, el flamant empleat del supermercat. De seguida que l'havien inaugurat, sia per la novetat sia per la manca de serveis al barri nou, el súper va ser tot un èxit, i treballaven de valent, tant l'Antoni com la Rosa, la Victòria i en Manel. Amb els tràngols que passava l'Antoni, l'èxit comercial no el va satisfer tant com l'hauria satisfet sense l'aparició sobtada de l'Emília —«I encara sort! —es deia a si mateix— Si no arriba a aparèixer no sabríem res d'en Marc i estaria festejant amb l'Anna!». Tot al contrari, el seu mal caràcter es va accentuar, i com que ara la Rosa era inaccessible als seus malshumors i la tieta tenia més caràcter i tot que ell, el descarregava a les espatlles del pobre Manel. Aquest, que s'ajupia al primer crit, treballava tant i tan bé com podia i com sabia, però s'atabalava amb els crits i rendia menys del que hauria rendit amb un tracte no tan aspre. Per acabar-ho d'adobar, un dia se li va presentar al súper la Mercè, que li va dir, nerviosa com una fulla d'arbre colpejada pel vent, que acabava de deixar la confiteria on era dependenta, perquè l'amo l'havia grapejada.

No era la primera feina que perdia, la Mercè, i a en Manel se li encenia la sang en comprovar com estava fet el món que algú, per ser propietari d'un negoci, es podia permetre la persecució sexual. Va aprovar immediatament que ella hagués deixat plantat aquell bandarra, però la Mercè, molt més pràctica, li va replicar que ara tenien un salari menys, que ell guanyava una misèria i que era clar que haurien d'ajornar el casament.

—A menys que... Escolta, Manel, per què no li dius al senyor Antoni que em llogui també a mi? Dius que teniu tanta feina que no us la podeu acabar. Jo podria netejar. Endreçar coses. Saps que no em canso mai... Li ho has de dir.

Per al Manel, tot i la insistència de la Mercè i la raó que tenia respecte als magres ingressos de què disposaven ara, era una autèntica tortura adreçar-se al malcarat senyor Antoni i fer-li aquesta proposta que, n'estava segur, rebutjaria a l'acte.

Va haver de reunir tot el seu valor, i l'Antoni, com era d'esperar, li va donar carabasses, amb un sec i contundent «no». Tanmateix, la Mercè va encreuar la mirada amb la tieta Victòria, i aquesta li va picar l'ullet. La Mercè va estar segura, en aquell instant mateix, que la feina al supermercat ja era d'ella.

Una altra persona que passava un mal moment era en Martí. Li havien suspès les llengües —català, castellà i anglès— i estava segur que el seu pare el mataria. Però és que a més es va trobar en un autèntic mal pas a causa precisament de l'Anna.

En efecte: cansada d'interrogatoris sobre la seva relació amb en Marc, impossibilitada de comprendre què els havia agafat als seus pares i indignada que tot i dir-los que no havia passat res, ells insistissin en el fet que algú havia vist en Marc sense camisa sortint de casa en un moment que eren tots dos sols, va cridar en Martí i va dir, davant dels pares:

—Martí, explica ara mateix què va passar aquell dia al pis.

El noi va mirar d'escapolir-se'n, però l'Anna va ser inflexible.

—Jo no he dit res. Però ara ja no puc aguantar-ho més i ho has d'explicar tot.

Total, que en Martí va haver de confessar: aquell dia que s'havia engatat de valent amb el vodka que havia pispat a la tieta es va trobar tan malament que en comptes d'anar corrents a casa, per tal que no el veiessin en aquell estat, es va refugiar en el pis nou, que encara no havien inaugurat. Allà va trobar l'Anna i en Marc, que xerraven mentre ell col·locava uns prestatges a la cuina. L'Anna el va atendre i el va voler acompanyar al lavabo a vomitar, però el noi va esclatar allà mateix, a terra, i a sobre de la camisa d'en Marc, que intentava subjectar-lo perquè no ensopegués. Així que en Marc es va treure la camisa i l'Anna la hi va rentar. Quan sortia, amb la camisa molla a la mà, va ser el moment en què la Júlia obria el seu pis per baixar les escombraries i va interpretar el que no havia passat.

Tot i el tràngol d'en Martí, va veure perplex i feliç que el pare sospirava d'alleujament i que li deia que una borratxera no ha matat mai ningú... «Els grans —pensava— estan tots torrats!».

També li havia anat bé una altra cosa: resulta que a la casa del costat hi havia veïns nous. I ella era una tia boníssima que li resultava vagament familiar. Quan la va ullar per segona vegada va descobrir que es tractava de la Marta Jardí, una presentadora de televisió de molta anomenada, i el fet li va permetre presumir amb els amics. I no sols això, sinó que aquella «tiarra» es despullava sense cuitar si la persiana era abaixada o no, i l'habitació d'ell, d'en Martí, donava just a davant, a través del celobert. Com va fardar amb en Miquel i amb quina ufanor el va convidar a gaudir de l'espectacle, que, per mala sort, no concordava amb les visites del seu amic!

Però tot això eren ximpleries. En Martí havia sabut una cosa que, aquesta sí, li va deixar un mal sabor de boca i una decepció tan grans que no se la podia treure del cap.

A part de la tieta Victòria, a qui, com que era dona, no es podia parlar de moltes coses, el seu confident adult, d'ençà que no alçava ni dos pams de terra, era el seu tiet Xavier. Li trobava tant de sentit comú, i era tan discret i tan de fiar que sabia que no el trairia mai, que, si tenia algun problema, de seguida acudia a ell.

El que va descobrir, per casualitat, en Martí, va ser el següent: en Xavier era homosexual. La Rosa no ho sabia, perquè ell no li ho havia confessat mai: sabia que, això, una dona tan tradicional no ho aprovaria de cap de les maneres —la quantitat de cops que li deia que es casés! Com li insistia a dir-li que seria un marit excel·lent i que així posaria seny! Precisament ara tenia com a parella un conegut de la família: el doctor Eugeni Comes, el dentista de la Rosa, un home refinat, culte, un excel·lent dentista i una bellíssima persona. Aquest Eugeni estava casat i tenia un fill petit, però fins i tot la Rosa havia sentit a dir que era marica, i li semblava impossible que un home casat i emmainadat fos tan estranyot.

Doncs bé, quan va conèixer en Xavier, l'Eugeni se'n va enamorar profundament, i va decidir fer el que no havia gosat: separar-se de la dona, agafar un pis i viure sol. I poder rebre en Xavier sempre que volgués. Aspirava, fins i tot, a convèncer en Xavier que vingués a viure amb ell. Havia agafat un pis allà, al barri nou, bastant a la vora d'on vivia la família Aiguader, i en Xavier, amb la seva furgoneta, l'ajudava a traslladar-hi mobles. En Martí, en veure la furgoneta del seu tiet tan a la vora, es va acostar a saludar-lo. A dins, però, va veure en Xavier fent-se un petó amb un altre home.

Per a en Martí, saber que un home tan legal com el tiet era un «monyes», va ser una tortura. Es va sentir estafat, va renegar de tots els consells que el tiet li havia donat, es va maleir per totes les confidències que li havia fet, el va fer fora del seu afecte i s'avergonyia de ser-ne nebot. A partir d'aquella casual revelació, en Martí no va voler tornar a saber res del seu tiet...

En Xavier, en desfer-se del petó amb el seu amic Eugeni, content de saber-lo alliberat d'una dona que no el comprenia i que li feia la vida impossible, entristit també perquè sabia com estimava l'Eugeni el seu marrec, va accedir a anar a viure amb ell. No ho havia fet mai, això de viure en parella, i temia que el tracte massa quotidià pogués enterbolir una relació que tant els abellia als dos. Però estimava l'Eugeni i es va dir que ara el necessitava, ara que es trobaria tan sol després del pas, sempre amarg, de desfer el seu matrimoni.

Precisament van anar al bar vell a celebrar la decisió presa, quan van ensopegar amb en Ricard, que, com que estava eufòric d'anar a viure amb la Victòria perquè en Ferran era fora del seu pis, es va limitar a fer-li una mirada de retret: les trenta mil peles que li devia encara no les hi havia tornades, i el termini que en Ricard li havia donat per satisfer el deute ja s'havia exhaurit. L'Eugeni, en veure la mirada d'en Ricard i en veure l'actitud defensiva d'en Xavier, va ensumar de seguida que entre aquells dos hi havia alguna enemistat. Coneixent en Xavier, es va imaginar que segur que aquest li devia diners a aquell paio que tenia una mica pinta de gàngster. Estava tan content de saber que en Xavier accedia a viure amb ell! Però en Xavier era orgullós, i molt reservat en les seves coses. Va necessitar tota la seva habilitat per fer-li acceptar diners. En Xavier, els va acceptar com un préstec, i es va permetre el gust de posar els bitllets sota els nassos d'en Ricard.

—Ah, molt bé, Xavier —va fer en Ricard, mofeta—, ja veig que t'has adonat que amb mi no es pot jugar.

En Xavier va saber en aquell moment, calibrant l'expressió i el to de veu, que aquell Ricard era, sense cap mena de dubte, una mala persona.

10

ACLAPARADA PER LES seves fosques reflexions —haver perdut la confiança de l'Helena, el mur de mutisme que aquesta aixecava entre elles dues quan, ja major d'edat, la Júlia va exigir-li que li expliqués qui era el seu pare, el cas de l'Anna, que la feia sentir culpable per no poder dir-li la veritat, els exàmens de Selectivitat, que tot i haver-los aprovat va ser amb una nota molt justeta, la presència del fastigós de l'Enric a la casa, el fet de no agradar-se a si mateixa, perquè ara no sabia què fer amb el seu futur, i un sentiment inaferrable de trobar-se perduda i sola—, la Júlia jeia, cargolada al sofà, intentant de fullejar una revista tan insípida com, en aquells moments, trobava la mateixa vida. Estava sola a casa, perquè l'Helena havia sortit amb l'Enric. Van trucar a la porta. La mare li havia dit que no obrís, si veia per l'espiell que era un desconegut. «Que la bombin! Si està d'un neurastènic que no hi ha qui l'aguanti!». I, sense mirar ni res, va obrir la porta de bursada.

Era un desconegut. Un home entre quaranta i cinquanta anys, ben vestit. Tenia alguna mena d'indescriptible mirada furtiva.

—Ets la Júlia?

De sobte, la Júlia va tenir por. I si la mare temia realment alguna cosa? A què venien tants advertiments? Qui era aquell que li sabia el nom? Va estar temptada de tancar la porta sense contestar, però el desconegut li va endevinar les intencions i va avançar la mà per detenir la porta.

—Espera! Em dic Ramon Barrios...

I va esperar, com si el seu nom hagués de significar alguna cosa aclaridora per la Júlia. Tenia un accent estranger, com de sud-americà. La pell del rostre, ben rasurada, la tenia colrada. Era ample d'espatlles i de bona talla. Els ulls, però, eren inquisitius. I com si també ell tingués por. Es va fer un nou silenci, breu però suficient per atiar la por de la Júlia, que, ara sense dissimular, va voler tancar la porta. El desconegut aquest cop no va fer res per impedir-ho. Però just abans que la fulla toqués el marc, va afegir-hi:

—Sóc el teu pare.

No cal dir la tempesta que es va aixecar dins de la Júlia, l'onada de sorpresa barrejada amb indignació, amb curiositat, amb incredulitat.

Quan, tard al vespre, va tornar l'Helena —que, per sort, venia sola—, la va trobar desfeta en llàgrimes, amb una racúnia tan fonda que li feia tremolar la veu. Va parlar-li a crits, acusant-la, dient-li mentidera. Amb la breu conversa que havia tingut amb el seu pare va saber dues coses: que sempre l'havia estimada i que era l'Helena qui havia impedit que es retrobessin. Havia viscut molts anys a l'Argentina, i ara havia tornat a Barcelona amb l'ànsia de recuperar-la. Però l'Helena, primer, va canviar de pis, després va anul·lar el seu nom de la guia de telèfons. El seu pare havia hagut de posar molta paciència per trobar-la. Per què l'Helena mai no n'hi havia parlat? Per què l'Helena havia intentat d'impedir que la trobés?

—Pregunta-li-ho a ella mateixa —va fer ell. I li va donar la targeta de l'hotel on parava—. Ara que t'he trobat, no deixaré que l'Helena es torni a posar entre nosaltres —va afegir quan ja marxava.

L'Helena, en sentir tot el que havia passat, que tot el món que amb tanta cura havia contruït per a la Júlia s'ensorrava amb aquella simple visita, va caure a la cadira sense forces. L'hora de la veritat, malgrat tots el esforços per retardar-la, havia arribat, inexorable. I ara tenia allí la Júlia, dreçada contra ella, indignada, apressant-la a donar-li respostes que mai li havia volgut donar... Li semblava, a l'Helena, que per més cura i delicadesa que tingués per dir-li la veritat a la seva filla, ella la rebutjaria. Quan es va refer una mica, va fer el cor fort, i li va dir, amb la seva veu suau i els ulls lluents, que segués, que li ho explicaria tot. La Júlia panteixava com si hagués estat corrent. Els ulls, endurits per la desconfiança, la fitaven malagradosament.

—No sóc la teva mare, Júlia.

La resta, tot el que hi va afegir, tot l'amor que li tenia, va veure de seguida que no feia forat en la que sempre havia anomenat filla. Li va dir tota la veritat, plenament. Que la seva germana, Gemma, havia marxat a l'Argentina amb aquell home, aquell desgraciat d'en Ramon Barrios, que es dedicava a la lluita lliure. Que estaven molt unides, i que va rebre una carta d'ella, des de Buenos Aires, on li deia que havia tingut una nena i que estava malalta, i on li demanava que anés a ajudar-la. L'Helena no s'ho va pensar dos cops, i va acudir a aquella estranya cita, amb terribles pressentiments, tan de pressa com va poder. La seva germana Gemma s'havia tornat alcohòlica i el seu home, aquell mal home, l'havia abandonada amb el nadó, perquè la seva gira de lluita lliure era primer que res. Que la Gemma estava molt greu quan l'Helena va arribar, i tot i les atencions que li va prodigar per mirar de curar-li la cirrosi que patia, al cap d'un dies era morta. L'Helena va tornar a Barcelona amb aquella nebodeta preciosa, que va considerar des d'aleshores com filla seva. I que feia uns mesos havia sabut que el tal Ramon Barrios era a Barcelona, i que temia que reclamés la Júlia.

—No és bona persona, Júlia.

Que no era filla de l'Helena! Quin engany monstruós era aquell? ¿Com podia creure aquella història d'una dona que l'havia enganyada sempre? Aquell pare que de sobte li queia del cel, havia dit que l'estimava. Que l'Helena s'hi havia interposat. Per què li havia de mentir? ¿Què guanyava reclamant-la ara, després de tants anys, si no era l'afecte? ¿Quin dret tenia l'Helena a posseir-la, si tenia un pare de debò? ¿En què es basava per dir que era mala persona?

Va ser endebades que l'Helena li repetí que la volia, que cap mare havia volgut tant una filla com ella la volia a ella. Que ella era la columna vertebral on prenia sentit la seva vida. Per a la Júlia, l'Helena ja no existia. Era la seva tia, i res més! L'havia raptada! L'havia separada del seu pare!

Aquella nit va ser per a la Júlia la més amarga que havia mai passat. Tota la seva vida bastida sobre una mentida! Tot el temps intentant imitar l'Helena, a qui trobava que no s'assemblava prou! L'engany, la mentida, l'ocultació... Tot, tot indicava que era l'Helena la que no era bona persona. Amb els seus aires d'intel·lectual, de comprensiva, d'escoltar-se els altres! Mentidera!

Al matí, l'Helena va trobar, morta d'angoixa, una carta dura i taxativa de la Júlia: marxava del seu costat, i li demanava que no intentés trobar-la.

Tot el que havia temut des que va tornar a Barcelona amb aquell preciós farcellet que contenia una nena de qui de seguida s'havia enamorat, tot el que havia intentat d'evitar amb totes les seves forces, ara era una dura realitat. Plorant desesperada, l'Helena es va dedicar, en exclusiva, a cercar la Júlia, a impedir, si encara podia fer-ho, que aquell mal home se l'emportés amb ell a l'Argentina, perquè això voldria dir que ja mai més la tornaria a veure. Per resistir la tensió que dia rera dia traginava, l'Helena va començar a beure.

L'Enric va ser un bon aliat, i va estar al seu costat sense defallir, fent indagacions, buscant, trucant a tots els amics i amigues de la Júlia, donant-li ànims i esperances. I intentant, sense aconseguir-ho, que no begués tant, que l'alcohol l'estava destrossant més i tot que la pena.

En aquest tràngol, més amarg que la fel, l'Helena va constatar que estava sola. Sí, tenia amics. Sí, tenia companys de feina que mostraven, la majoria, una gran simpatia per ella. Sí, tenia l'Enric, que era segur que l'estimava. Sí, tenia deixebles, alguns dels quals era manifest que l'admiraven. I, en general, hi havia tot de persones al seu voltant amb qui mantenia boníssimes relacions. Però davant la seva maternitat truncada –perquè, per a ella, la Júlia era tan filla com si l'hagués parida ella mateixa, o més–, davant l'angoixa que se li ficava pell endins com un estilet verinós, l'Helena estava sola. Sola amb la seva petita i personalíssima aventura humana; sola com ho estan, en el fons del fons, tots els éssers humans. Potser si hagués estat realment enamorada de l'Enric, o si aquest hagués estat un home no tan feble i vulnerable, s'hi hauria arrimat. Ara ella maldava per estintolar-se a ella mateixa, i li fallaven les forces. I aleshores bevia, bevia fins a sentir-se rodar el cap, i veure com l'angoixa li retrocedia fins a amagar-se, com un cuc arraulit, en algun racó del cervell on no feia tanta nosa. Quan es despertava, l'endemà, la ressaca li recordava que beure no soluciona res. Però de nou el fantasma de la soledat, el forat immens que sentia al ventre per l'absència de la Júlia.

–Senyor, Senyor! –exclamava, tot i no ser una dona religiosa– Que no se'n vagi! Que el Ramon no me la robi! Que no m'odiï! Que me l'arrenqui de mica en mica la vida, i no així, com si fos una brutal amputació quirúrgica!–

Se li feia tan insuportable respirar, pensar, viure en definitiva, que tornava a beure. L'Enric veia impotent que aquella dona tan forta, tan segura, tan ferma, s'ensorrava. Havia volgut donar-li el que li feia falta: esperança. Però l'Enric no en tenia. I no sabia on rau la font de l'esperança, que és font de vida.

Quan l'Anna, que no sabia res, va anar a veure-la per parlar-li de literatura i per contar-li que tot i els bons resultats que havia tret a la Selectivitat –un Excel·lent, que la va alegrar, però no prou per treure's de sobre les cabòries que l'afeixugaven–, estava amargada per l'actitud de la seva família i d'en Marc mateix, és a dir, quan l'Anna hi va anar per tenir el seu suport, com feien tots els qui coneixien l'Helena, va quedar sorpresa de veure-la plorar. No sabia què dir-li, l'Anna, no sabia com consolar-la. Si bé l'Helena li va contat que estava molt apesarada per l'estat de l'Emília, aviat li va confessar que la Júlia l'havia abandonada. I sense més explicacions li va demanar que se n'anés.

«Ja veus –pensava l'Anna passejant davant aquell mar tan blau i tan alegre del port olímpic– que embolicada que és la vida. Ja veus com som de complicades les persones». Tot i la pena que sentia, l'Anna analitzava les reaccions dels altres. No es podia estar de transformar-ho en literatura, i reflexionava que només mirant al seu voltant hi havia matèria sobrera per a una bona novel·la...

Va resultar, però, que el bar vell feia una petita celebració i en Martí hi estava molt engrescat, perquè la Clàudia havia accedit a acompanyar-lo. La Rosa va dir, però, que si en Martí volia anar a aquella festa l'havia d'acompanyar l'Anna. I ella no estava per a festes! Només quan va saber que un dels invitats —perquè no endebades els havia fet mil reparacions en aquelles instal·lacions velles i atrotinades— era en Marc, va decidir-se a acompanyar en Martí. «Què caram! Si ell no vol parlar amb mi, jo parlaré amb ell! M'he de deixar ensorrar jo pel comportament dels altres?». L'Anna de sempre: tan tímida, tan introvertida, però tan valenta.

En Marc la va defugir a la festa, però l'Anna no s'hi va conformar, ni ho va deixar córrer. Sabia que li agradava, a en Marc, com estava segura que ella n'estava molt enamorada. No es deixaria apartar així, com si hagués procedit malament, com si fos una puça que hom pot escombrar d'una manotada. I va insistir.

Eren a fora, passejant, tots dos. En Marc, sorrudament silenciós. Ella, amb els ulls fits en ell, estirant-li la màniga perquè la mirés, preguntant-li per què havia canviat tant d'actitud, i per què l'ofenia amb una indiferència que, n'estava segura, era fingida.

Feia una lluna rodona i lluenta, i el vent gairebé no se sentia. Els arribava la remor del mar i l'aire feia olor d'estiu. En Marc va aturar els passos i la mirà al fons dels ulls. En aquells immensos ulls blaus de l'Anna hi va trobar un mar tan gran com el que remorejava als seus peus, un mar de feminitat, com si es volgués engolir la vida sencera, i la va veure ferida i dolguda, amb un interrogant tan net, tan ingenu, tan autèntic, que el feia sentir persona, que el feia sentir home, que el feia sentir germà i tot. En aquells moments, en Marc, malgrat ell mateix, estimava apassionadament aquella mosseta que el guaitava.

I li ho va dir tot. Va dir-li que ho havien de deixar córrer. Que era un crim que el seu pare no hagués tingut ni aquest bri de decència per dir-li la veritat i no fer-la patir més. I que li ho havia de dir ell: que eren germans. I que com un germà, actuava ara mateix. I, sense poder-ho evitar, li va agafar la cara amb les dues mans, i per uns instants es va perdre en aquells ullassos blaus i es va sentir noble i generós, i, alhora, tan dissortat com ella mateixa per aquell mal fat que els feia intocables mútuament.

L'Anna, aquella nit, desfeta per una revelació que la va deixar estabornida, no va tornar a casa. Naturalment, la Rosa i l'Antoni van patir per ella, van interrogar mil vegades en Martí, es preguntaven on seria i per què feia una cosa tan impròpia de la seva manera habitual de comportar-se. Quan va tornar a casa, al matí següent, tenia els ulls durs i tristos alhora. I va acusar el seu pare. I li va dir mal home.

L'Antoni, que era capaç de fugir d'estudi quan el reptava la Rosa, ni va saber reaccionar davant de la despietada acusació de la seva filla. Per primera vegada d'ençà que l'Emília havia reaparegut, l'Antoni se sentia no inquiet ni espantat, sinó vexat. I això el va enfurir. Entre les paraules de l'Anna hi havia un interrogant especialment colpidor, un interrogant que tot i no ser formulat coïa més que tots els altres: «Per què m'has fet això, pare?». L'Antoni hauria volgut, més que cap altra cosa al món, més que el perdó de la Rosa —amb el qual, tard o d'hora, pensava que podia comptar—, el perdó de la seva filla.

Quan ella li va dir que, estant les coses com estaven, sí que volia anar un any als Estats Units, l'Antoni va assentir, va dir que ell faria tot el que ella li demanés, gairebé amb humilitat. I, a soles, l'Antoni Aiguader es va posar a plorar, amb uns llagrimots com pèsols que li lliscaven per les galtes deixant-li un regalim de sal coenta.

Com l'Helena, l'Anna també va passar la seva pena a soles. Ni tan sols es va confiar al Ferran, que, ja refet del tot, es va trobar acomiadat del Topkapi perquè l'amo, el senyor Pujades, tenia por de la colla del Raül.

En l'estat emocional de l'Antoni, li van voler parlar la Rosa i la Victòria. Si quan estaven aliades eren implacables amb ell i tot i els seus baladrejos sempre guanyaven, ara, que l'Antoni estava estovat per l'actitud de l'Anna, les va escoltar amb les defenses abaixades.

—Hem pensat, la tieta i jo, que en Ferran hauria de tenir un negoci propi... —va començar la Rosa, i es va aturar esperant les protestes de l'Antoni. Desconcertada pel seu silenci una mica caní, va prosseguir—. Aquí darrere, al magatzem, tenim un espai inútil. Hem pensat, la tieta i jo...

La Rosa es va interrompre novament, perquè no entenia que l'Antoni s'ho prengués amb tanta calma. Havien sabut, tots dos, la pallissa que havia rebut en Ferran, perquè la tieta pensava que una cosa així l'havien de saber els pares, i ella havia sentit autèntic pànic pel seu fill. I més encara quan l'Antoni, abans d'estar ensorrat per l'acusació de l'Anna, havia anat a fer un cop d'ull a aquell Topkapi i va dir-li que era un cau de putes i macarres. I, amb la Victòria, havia planejat fer alguna cosa pel seu fill. Imaginava, però, que hauria de bregar amb l'Antoni. I ara veia desconcertada que l'Antoni es limitava a anar assentint. No s'ho podia creure. Així que el projecte el va acabar d'explicar la Victòria:

—Mira, és molt fàcil: aquell espai de darrere és mort. I amb quatre duros, en Ferran pot posar-hi un bar propi. No és això el que li agrada?

Sí que rondinà, l'Antoni, i més quan es va adonar que si no li avalava un crèdit al Ferran, aquest estava massa pelat per muntar-hi un *pub*, però quan va veure l'alegria d'en Ferran, les idees que de seguida se li acudiren, l'energia amb què emprenia aquell nou negoci, i la mà que tenia per transformar un racó polsós en un lloc acollidor i simpàtic, quan ho va veure, tot i rondinar, va quedar pagat del seu fill. «Som tots dos iguals, en Ferran i jo!», es va dir l'Antoni, i aquest pensament el va gratificar tant com un got d'aigua fresca gratifica un assedegat en el desert...

En Ferran, amb el crèdit que li havia concedit el banc, es va posar a la feina amb un entusiasme radiant. El que sempre havia desitjat! Un negoci propi! I a més, un *pub*, l'ambient on es trobava més a gust. Qui li va donar un cop de mà més que cap altre va ser en Xavier. També es trobava en el seu element, aconseguint-li una cafetera a meitat de preu, regatejant als Encants per uns tamborets nous de trinca, pintant, rascant parets, tornant a pintar allà on la humitat els desfeia la feina, aportant-hi idees... Aquell oncle i aquell nebot, tot treballant, mai no havien estat tan units, mai no s'havien entès tant, gairebé sense paraules. Era molt curiós, reflexionava la Rosa secretament orgullosa de l'Antoni: en Ferran era tossut, faldiller i de caràcter fort com l'Antoni, i, alhora, s'assemblava molt a la persona més oposada a l'Antoni: el seu germà Xavier. Era com la demostració viva que aquell fill havia sortit meitat a la branca del pare, meitat a la branca de la mare. I aquestes dues meitats, tan antagòniques, s'unien harmoniosament i sense fer-se nosa en una sola persona...

I encara va trobar una tercera ajuda, en Ferran, com si aquella pallissa hagués estat la fi d'una etapa de mala sort i ara comencés una època de vaques grasses; es tractava d'en Quim, el cambrer jove del bar vell, que, quan va saber que en Ferran posava un *pub*, va anar a veure'l i va resultar que aquell racó li va fer el pes de seguida. Aquí sí que treballaria a gust, amb tot de jovent, sense criatures ni vells jubilats! Ja es veia a si mateix preparant còctels rera la barra, fent un horari nocturn i no de tot el dia... Ell i en Ferran es coneixien poc, però prou per caure's bé l'un a l'altre. En Ferran, és clar, no estava en condicions de pagar cap salari, però si en Quim acceptava anar a comissió, i, a més a més, acceptava ajudar-lo a muntar el negoci... En Quim, a l'entusiasme del qual s'havia encomanat el d'en Ferran, no s'ho va pensar gaire i va acceptar. El pacte, fet amb una encaixada de mans vigorosa i entusiasta, va significar una injecció d'oxigen en el projecte. Ara, en un tres i no res, van enllestir els preparatius i van mirar, satisfets, que el resultat era molt millor del que pensaven. I que, si posaven seny i voluntat en el treball, aquell *pub* seria una mina, si no d'or, almenys de duros. Tot i ser amo i empleat, aquell parell feien tota la pinta de ser uns socis tan sòlidament units que res no els separaria. O gairebé res...

Un altre parell de socis feien plans ambiciosos i estaven segurs que la voluntat en el treball mou més muntanyes que la fe. Es tractava d'en Marc i el seu amic David. Havien arribat a un acord per muntar una lampisteria que tingués servei les vint-i-quatre hores, i havien llogat un petit local amb catre i tot per pencar-hi de valent. Tots dos tenien compromisos familiars; en David, perquè estava casat i amb un nen petit, però la seva dona, la Neus, no li va posar cap pega i esperava que, amb el temps, les millores econòmiques suplirien el sacrifici que ara havien de fer tots dos. En Marc havia trobat el millor aliat que podia imaginar-se: un home treballador, complidor, seriós, que no escatimava esforços ni posava morros si havia de fer més feina de la prevista. En David era una bellíssima persona, potser no tan ambiciós com en Marc mateix, però decidit a fer l'esforç que calgués perquè, el dia de demà, al seu nano no li faltés res. En David era una d'aquelles persones en qui pots posar tota la confiança del món, perquè saps que mai no et fallarà.

En Marc també tenia els seus compromisos familiars. Perquè l'Emília, lluny de millorar, cada dia estava pitjor, fins a un extrem que en Marc estava ja no preocupat sinó espantat. El fet d'haver d'estar gairebé tot el dia fora de casa l'amoïnava, perquè l'Emília es captenia d'una manera estranya i no era aventurat imaginar que algun cop podia fer-se mal a ella mateixa o a altres persones.

Tanmateix, en Marc no es decidia a anar al psiquiatre. Li semblava humiliant portar la mare a un metge de bojos, i es deia a si mateix, una i mil vegades, que el xoc d'haver trobat el fill de puta que la va desgraciar havia estat molt fort, i confiava —cada dia menys, això sí— que de mica en mica tornaria a ser l'Emília d'abans... Bé, l'Emília d'abans sempre havia estat una dona estranya. Molt solitària, sense altra amistat que la de l'Helena, amb una rancúnia contra els homes i unes mostres exagerades d'amor maternal... Però això d'ara era diferent. Deia que l'Antoni la perseguia, implorava a en Marc que no marxés, que no la deixés sola, li deia que l'Antoni vindria a fer-li mal. Mirava recelosament tothom, no volia sortir de casa... En fi, una situació preocupant. Endebades ell li explicava els seus plans, i l'esforç que havia de fer per intentar tirar endavant el negoci. Ella deia que sí, l'animava, i un segon després li suplicava que no la deixés sola. Ell sempre havia admirat el coratge que va necessitar per fugir del poble embarassada i per defensar-se sola a Barcelona, amb una criatura acabada de néixer. Imaginava la terrible soledat, les dificultats per trobar feina, els sacrificis gairebé heroics que havia hagut de portar a cap per ell. I se li regiraven els budells quan pensava en la mala persona que l'havia abandonada com si en comptes d'una persona fos una bèstia, en comptes d'una dona fos una mula prenyada. L'hauria escanyat, aquell mal home.

I ara que tot s'havia superat, que ell estava disposat a donar-li una vida alegre i sense preocupacions, la pobra dona es trastornava pel mateix home. Ara que ell necessitava tota la seva concentració en la feina, ara que tot ell tremolava d'amor per una noia que havia de foragitar del pensament, ara que havia esborrat qualsevol diversió i només pensava a fer progressar un negoci, ara la seva pobra mare es trastornava! «Això no és just», es deia a si mateix.

I, quan ho deia, premia els llavis i, sense adonar-se'n, tancava els punys. En Marc acabava d'aprendre com és de dur, de fort i de profund el sentiment de l'odi.

11

EN RICARD, un cop instal·lat a casa la Victòria, aprofitava tots els moments per escorcollar la calaixera, amb l'esperança de trobar-hi l'amagatall secret que pogués contenir aquell «tresor» de què parlava la carta d'en Magí, i del qual, naturalment, no havia dit res a la tieta. Quan ella li deia si ja havia tret l'entrellat dels papers del seu pare, deia que encara no, però que confiès en ell, que ja ho faria, i li donava allargs.

Havia parlat amb l'Andreu, que se sentia humiliat perquè tenia un deute de joc i el seguia on li manava en Ricard; havien parlat, entaulats al bar vell d'aquell Magí. L'Andreu sabia que el Banc d'Espanya havia facilitat fons a diverses organitzacions de la República, entre les quals hi havia la Confederació Nacional de Treballadors, a què pertanyien en Magí i en Ventura, el pare de la Victòria. És així com s'entenia que un pobre treballador hagués pogut disposar d'aquelles joies, amb el pensament de les quals s'enllaminia en Ricard.

Tanmateix, en Ricard no trobava cap amagatall a la calaixera, i anava tornant-se més i més imprudent, perquè si l'enxampava la Victòria potser la seva aurèola d'enamorat s'enterboliria.

De fet, la Victòria ja no tenia el Ricard en un altar. Se sentia molt afalagada com a dona que li mostressin, a la seva edat, un amor tan encès, però, mentalment, no podia deixar de comparar aquell alemany tan gentil amb el seu amic de tota la vida, l'Andreu. Prou clar que veia que les qualitats d'aquest no les tenia en Ricard. I es deia que l'un, en Ricard, era l'amant, la parella, amb qui havia de compartir els seus ardors mai no apagats, després de la llarga malaltia i la mort del seu marit Fidel; l'altre, l'Andreu, era l'amic, amb qui es comparteixen les idees, la visió de la vida, les creences i les opinions. Però en

Ricard era una parella tan estupenda! La tractava amb uns miraments tan tendres! La feia sentir tan jove!

Li dolia que en Ricard fos tan insensible que no perdonés els deutes del joc a l'Andreu i no parava de recriminar-li-ho mentalment, perquè estava segura que si hagués estat a l'inrevés, l'Andreu no hauria dubtat ni un moment de renunciar al deute amb un simple gest de la mà i una rialla amistosa. «En Ricard és com un estranger, després de tants anys de viure fora; pensa diferent que nosaltres», es deia.

La distància entre el dos homes encara es va fer més remarcable quan van anar mal dades. Perquè els temors de l'Andreu que ensorrarien les cases de l'illa que llindava amb el barri nou aviat es van veure confirmats. Tots els afectats per la confiscació decretada pel Departament d'Urbanisme van rebre una carta de l'Ajuntament en què se'ls comminava a abandonar les seves cases, a canvi d'unes compensaciones ambigües que no es concretaven enlloc.

Tot l'esperit de lluita obrera amb què havia viscut tota la vida l'Andreu va sortir a la superfície. Els afectats eren nombrosos, prou perquè ell considerés la possibilitat d'una resistència, que, segons les seves idees polítiques, sempre havia donat fruits, a condició, també, de no emprar la violència i d'esgotar tots els camins legals i totes les possibilitats de diàleg.

Uns altres afectats eren en Manel i la Mercè. En Manel vivia sol en una de les poques cases que volien ensorrar, i, per poder-se casar, ell i la Mercè havien treballat de valent pintant, netejant i col·locant els pocs mobles que podien comprar-se. Quan ja tenien el pis quasi enllestit, i quan ja tenien la data de la boda triada i esperaven expectants, tan enamorats i tan feliços de pensar que tenien per davant una vida comuna per més privacions que haguessin de patir, els va arribar la notificació. És clar que en Manel no tenia el caràcter de l'Andreu, ni estava ensinistrat en lluites obreres ni de cap mena, però, tot i la seva timidesa, es va veure empès per la Mercè i el seu oncle a participar en les mesures que els veïns, reunits en assemblea, havien decidit. Fins i tot li va tocar a ell, suant mil angoixes, parlar amb un tal Balcells, tècnic d'urbanisme, amb un resultat molt descoratjador. En Balcells els havia promès, als representants dels veïns, una indemnització de sis milions de pessetes per tal que poguessin comprar-se un pis al barri nou, a un preu polític. I així, xerrotejava el tal Balcells, no s'haurien de moure del barri, ja que l'argument base dels veïns eren els drets adquirits en un veïnatge que, en la majoria de casos, es remuntava a abans de la guerra i tot. Per a la Mercè aquella va ser una notícia estupenda, i es va engrescar de seguida, en imaginar que ella i en Manel tindrien un pis tan bonic com el del senyor Antoni i la senyora Rosa, i, si hagués estat per ella, s'hi haurien avingut de seguida. La gent més experimentada, entre el quals destacava l'Andreu, que havia esdevingut l'autèntic líder de la revolta dels veïns, sabia que els ensarronaven, i va explicar als joves que la indemnització era una enganyifa:—

¿Com voleu, beneits —exclamava l'Andreu—, que ens donin a cadascú un pis de tant de preu? No veieu que perdrien els quartos? Mireu, amb sis milions no n'hi ha prou per comprar un pis del barri nou. Per més polític que sigui el preu. Ens enviaran a les zones de xabolisme vertical. Se'n riuran de les promeses que han fet que continuarem al nostre entorn de sempre! Prou que ho sé!.

Precisament aquest Balcells vivia al barri nou, molt a prop del Supermercat Aiguader, i la seva dona, la Cristina, n'era client habitual. Se li encenia la sang, a la Victòria, quan, amatent al racó del súper anomenat la «bodega» que l'Antoni havia fet construir, sentia les clientes «noves» comentar aquells desnonaments, que aplaudien perquè, deien, anaven a favor del progrés, mentre, en plegar, ella mateixa, que no estava afectada per aquelles mesures municipals, es reunia amb els altres per participar activament en el que considerava, sens dubte, un dret cívic i una defensa de la justícia. El contrast entre dones com la Cristina, o aquella Marta Jardí i el seu marit Joan Grau, i les clientes que abans ho havien estat de la seva vella i entranyable bodega, era tota una lliçó del significat de «lluita de classes», i la tieta Victòria no vacil·lava a considerar, els primers, uns creguts i uns egoistes; els segons, la seva gent, modesta i sana, amb qui es trobava tan a gust.

Exceptuant en Ricard, és clar, que pel seu tarannà pertanyia molt clarament al primer grup. Quan l'assaltaven aquests pensaments, la Victòria els foragitava i pensava en una altra cosa. O recordava, amb la urgència de «tapar» amb uns pensaments alegres aquells altres més ombrívols: la cavallerositat d'en Ricard, la passió amb què l'abraçava al llit, la tendresa que posava en els mil detalls amb què l'obsequiava... Tot i aquests pensaments, a la Victòria li queia l'ànima als peus quan veia que en Ricard no sols no participava de cap de les maneres en el moviment de veïns, sinó que, a més, se'n reia ostensiblement. A ella, que se li humitejaven els ulls, d'admiració i de companyonia, quan veia l'Andreu lluitant tan ardidament com ho hauria fet el seu Fidel! Ella recollia signatures al supermercat, per tal que les peticions veïnals fossin al més nombroses possibles, i va agafar tírria a aquella presumida de la Cristina i a aquella presentadora de televisió que es donava aires de grandesa. Li sabia molt greu que l'Antoni i la Rosa fossin tan amables amb aquella mena de clientes, perquè, malgrat que aquest era l'ofici d'un bon venedor, s'adonava que els seus parents, que no estaven afectats pels desnonaments, se'n desentenien. La mateixa Rosa semblava que fins i tot s'havia fet amiga de la Cristina! I tot perquè tenia un fill, en Jaume, que era a Nova York fent un màster d'arquitectura, i la bleda de la Rosa considerava que per a l'Anna, sola en aquella gran ciutat, seria molt bona companyia un xicot de la seva edat i del mateix origen...!

Un dia, la Victòria va pujar al pis a cercar alguna cosa i va veure en Ricard amb la calaixera desmuntada tot donant copets aquí i allà. Si arriba a ser la Victòria de sempre, s'hauria malfiat de seguida i hauria interpretat molt malament aquella estranya escena. Però estava encegada pel Ricard i va voler veure-hi el que aquest es va apressar a fer-li veure: que estava encuriosit per l'amagatall secret d'aquell moble, del qual la mateixa Victòria li havia parlat. Sense poder dissimular la tristesa que li causava veure en Ricard jugant a detectius mentre els veïns lluitaven, ella mateixa es va sumar a la recerca. No van trigar, entre els dos, a trobar un petit compartiment situat rera d'un calaix, tan ben dissimulat que sense una inspecció acurada no l'haurien trobat mai. Tanmateix, a dins no hi havia un munt de joies —en Ricard no va poder trobar cap excusa que li permetés foragitar la Victòria, la propietària d'aquell moble, i va haver de consentir d'escorcollar-lo entre els dos—, sinó un grapat de fotografies velles. Mentre la Victòria les repassava entusiasmada, en Ricard l'hauria escanyada per la seva alegria, que li va semblar senil. Mira que alegrar-se d'una merda de fotos quan ell esperava unes refulgents joies! Però ell estava avesat a posar molta prudència en els seus negocis, i va fermar el disgust i li va anar preguntant, amb suavitat, com havia fet amb l'Andreu per saber d'on li podia venir a Magí una tal fortuna, més coses sobre aquell moble. Aviat va saber que aquell moble tenia un germà bessó, i que, per una extraordinària bona sort, la Rosa en posseïa l'altre.

La Rosa. Una presa fàcil. Molt més fàcil que la Victòria. La Victòria era una dona astuta, i desimbolta. Només perquè estava encegada per ell la podia torejar. Però la Rosa era una pàmfila. Quatre amoretes i menjaria en la seva mà. A més, aquella pobra Rosa estava tan visiblement assedegada d'amor, que només caldria dir-li que era bonica i jove perquè es desfés a les seves mans com un terròs de sucre...

Mentre la Victòria defensava en Ricard en els seus pensaments per no sentir la decepció que li ocasionava amb la seva insolidaritat, aquest anava planificant l'assalt a la feble fortalesa de la Rosa.

La Rosa s'estava eixorivint, després de totes les malvestats que li havien caigut a sobre. Saber que la seva filla estava a recer de tot perill a Nova York, que en Ferran ja tenia negoci propi, que l'Antoni s'havia conformat, si vols per força, a l'abstinència matrimonial que ella li havia imposat, i, sobretot, la vigoria que li havia donat en Xavier dient-li que era una dona forta, encara jove i amb unes qualitats que la possibilitaven a estintolar-se en ella mateixa, tot plegat, li havia donat coratge. Aquells balanços que feia, obsessivament, sobre ella mateixa i la seva pròpia vida, ja no tenien els tints negres, sinó que començava a aixecar-se el sol en la seva ànima i ara la vida la veia, si no de color de rosa, almenys d'un color clar i lluminós. De seure a plorar, de sentir-se aclaparada per la migranya, la Rosa va començar a sentir-se plena de vida i energia, i s'adonava que tenia ganes de fer coses. Moltes coses. Si s'arreglés una mica... Perquè aviat en Ricard va començar a dir-li, a la menor ocasió que se li presentava, paraules tan dolces que li donaven aquella mica de vanitat sense la qual la vida esdevé ensopida. I més encara perquè, atenta al seu fill Martí, havia advertit que aquest havia cobrat una antipatia sobtada a en Xavier, i així va saber que el seu germà era homosexual. Com que en Xavier li ho havia amagat fins aleshores només per no escandalitzar-la, quan el va interrogar ho va acceptar a l'acte, i fins i tot li va parlar que tenia com a parella l'Eugeni, el seu dentista. Tot i els convencionalismes amb què sempre havia viscut la Rosa, vivia aquell moment d'eufòria i va ser capaç d'assimilar-ho. Però, de moment, preferia anar-ho paint i va deixar de cercar el seu germà cada cop que necessitava ajuda. Sobretot, ajuda moral. Li hauria agradat tant parlar amb ell d'aquest nou estat d'ànim que li bullia endins i que li feia desitjar fer coses, moltes coses, per ella mateixa!

La primera idea que va tenir, amb aquest afany de fer coses, de viure la seva pròpia vida i no estar sempre aferrada a la vida dels altres, va ser explotar el seu talent culinari. ¿No li deia tothom que les seves croquetes eren les millors del món? ¿No estava cansada de sentir com les hi elogiaven, fins i tot el gamarús de l'Antoni? Doncs bé: en faria amb mires comercials. Així que va fer una bona plata de croquetes i les va posar a la venda al súper. Com sempre, l'Antoni se'n va fotre. És que no fallava: bastava que fos idea d'ella, perquè l'Antoni la menyspreés. Com si els homes com l'Antoni, reflexionava ella, necessitessin com el pa que es mengen afirmar la seva superioritat amb el convenciment que les dones, *totes* les dones, eren inferiors. Quan ell s'equivocava, era culpa de la mala sort; però ella, la Rosa, a parer d'ell, no podia estar encertada mai. Haver-ho acceptat era com acceptar que ell no era superior a la seva dona en res...

Però la Rosa, aquest cop, no es va deixar desmoralitzar per les befes de l'Antoni. Va posar a la venda les croquetes i va ser tot un èxit. Animada, va ampliar l'experiment, i va fer uns peus de porc que també van desaparèixer de seguida. I, ja convençuda que l'havia encertada, va anar fent plats i plats, tots casolans, amb matèries primeres de qualitat i amb el seu toc per cuinar que no li fallava mai. L'Antoni va haver de reconèixer que la seva dona, si s'ho proposava, era capaç de prescindir d'ell, i no sols al llit, que això ja ho havia demostrat, sinó en totes les coses de la vida.

El mateix Ricard li va facilitar un receptari de postres alemanyes, per aproximar-se a ella. Era un cop de mestre, perquè en aquells moments la Rosa necessitava més que cap altra cosa al món que li diguessin que estava fent-ho bé, que l'havia encertada i que era digna d'aplaudiment.

Les aproximacions d'en Ricard, que havien passat inadvertides a la Victòria, engrescada en tot aquell afer dels pisos, van ser en canvi molt evidents per a l'Antoni, que enyorava el cos de la Rosa amb una passió que creia aigualida pels anys de convivència. Somiava en els pits, menuts i durs, de la Rosa, en les seves anques mòbils i flexibles, en el seu sexe, que s'humitejava de seguida que ell la tocava, en els sospirs que feia fent l'amor, en la suavitat de les cuixes... Ara a l'Antoni li tocava només mirar-la i ho feia com un enamorat gelós, com un festejador a qui s'ha privat tota aproximació. Com més la mirava, més la desitjava. I la mirava tan sovint com podia. Així que les paraules, els secrets d'en Ricard, l'ofenien mortalment, i hauria volgut veure mort aquell desgraciat que, no content d'haver fet perdre el seny a la tieta, ara assetjava la seva pròpia dona!

El moment en què en Ricard es va comportar amb més atreviment —i, si la Rosa rebutjava ofesa els seus afalacs, era molt més per respecte a la tieta que perquè la disgustés l'estil d'en Ricard— va ser en la boda d'en Manel i la Mercè.

Perquè a la fi, aquella parella, tan rics d'amor com pobres de butxaca, es van casar. Quan se'ls va fer evident, que amb indemnització o no, la casa d'en Manel l'havien de tirar a terra, i enormement desil·lusionats de pensar que haurien d'esperar eternament, tanta feina que havien fet en aquell pis, i quan les excavadores ja havien ensorrat tots els habitatges del solar cobejat excepte el de l'Andreu, que, per a admiració de la Victòria, es va tancar a dintre i es va negar a sortir-ne per més que la guàrdia municipal l'amenacés, en Manel i la Mercè van decidir que tanmateix es casarien.

Es casarien amb un sacrifici important: havien d'anar a viure amb la família d'ella, que eren porters d'una finca del barri, amb un habitacle molt justet. Però no els quedava altre remei, si volien casar-se. Els pares de la Mercè els van cedir la cambra de matrimoni, però així i tot haurien de viure-hi encongits i fent-se nosa els uns als altres. Qui ho diu, que l'amor no fa miracles? Unes condicions que pocs haurien suportat, ells les van acceptar perquè no volien diferir més temps el plaer d'estar units.

Precisament la festa del seu casament, una festa modestíssima, no cal dirho, va ser la inauguració del *pub* d'en Ferran, que es va oferir a fer-los el millor preu com a contribució a la boda. I és que aquella parella, tan ingènua, tan unida, amb la bondat evident d'ell i la vivacitat simpatiquíssima d'ella, eren capaços de robar el cor a qualsevol. Excepte a l'Antoni, és clar, que, com a amo, era un autèntic tirà, perquè li agradava molt manar i no n'havia tingut mai ocasió, i, com passa en aquests casos, ara n'abusava.

En Ferran no sols va oferir més cava i més platets d'ametlles i formatge dels que havien pagat els nuvis, sinó que va rebre amb alegria la proposta d'en Xavier d'afegir encara una mica més de begudes i una mica més de coses de picar. Entre els convidats, com és natural, hi havia la Rosa i l'Antoni, la Victòria i en Ricard.

Va ser en aquella ocasió que en Ricard va estar afalagant especialment la Rosa, a qui va estimular la somorta vanitat dient-li com n'estava de maca amb un vestit tan bonic, alabant-li les creacions culinàries com si fossin les d'un *chef* d'alta escola... I, també, per a escarni de l'Antoni, que veia sulfurat com li festejaven la seva pròpia dona, li va oferir aquell llibre de receptes alemanyes, que, naturalment, ell li havia d'anar traduint. En Ricard acabava d'aconseguir ser admès a casa de la Rosa. I no deixaria d'aprofitar l'ocasió. El mal era que una calaixera com aquella, el més normal és que fos al dormitori. Necessitaria molta persuasió, usar les seves màximes arts de seducció, per entrar en aquell recinte. I per poder escorcollar la calaixera.

La Júlia, per fi, s'havia dignat a posar-se en contacte amb l'Helena, que ja no resistia més aquella situació angoixant. Però va ser un contacte que va fer més mal encara: la Júlia havia decidit marxar amb el seu pare a l'Argentina. No cal dir com va ser d'immensa la desesperació de l'Helena: va embogir de dolor, va estremir-se de ràbia, va plorar inconteniblement, i finalment, quan va reunir totes les poques forces que li quedaven, es va veure amb cor d'entrevistar-se amb en Ramon Barrios. Volia fer-li comprendre com era de roí el seu procedir, i, si calia, li suplicaria i tot.

En Ramon, amb l'Helena, va mostrar tor el cinisme que tan acuradament havia amagat a la Júlia:

—Però, per què la vols, la Júlia? ¿Per què, de sobte, se t'ha despertat aquest instint paternal?

—Perquè em fot que et surtis amb la teva! Perquè no em dóna la gana que tu, que sempre m'has odiat, tinguis una cosa que em pertany!

Una «cosa»! Li disputava una propietat! Volia només ferir-la! I això sí que no: perquè si ella hagués sabut que s'havia de comportar com un bon pare, fins i tot havia estat capaç de resignar-se. Però estava segura que es cansaria d'aquella «joguina» als quatre dies, com li havia passat amb la Gemma!

I, en canvi, amb la Júlia, en Ramon es va mostrar molt diferent: que ell no volia que la Gemma anés a l'Argentina fins que hagués acabat la seva gira, que aquella no era vida per a una dona, la de la lliuta lliure, que va ser la Gemma la que es va entestar a estar amb ell, que va començar a beure, a esquena d'ell, i fins i tot a prendre drogues, que quan va tenir la nena, ell estava de gira i no ho va saber. I que, en tornar a casa, boig d'alegria per tornar a veure la Gemma, es va assabentar de dues cruels notícies: que la Gemma era morta i que la seva germana, atorgant-se uns drets que no tenia, havia raptat la seva filla. Li va dir també que tots aquells anys va ser profundament desgraciat per aquesta doble pèrdua, i que va treballar per fer possible la recuperació d'una filla a qui les lleis no li donaven cap dret, perquè no s'havia arribat a casar amb la Gemma. Que ara tenia diners i una bona posició i que per fi havia arribat el moment anhelat que ella fos major d'edat i pogués decidir per si mateixa, sense interferències de l'Helena. Que li havia explicat les seves intencions a l'Helena, la qual, covardament, va canviar de domicili, va fer esborrar el seu nom de la guia telefònica, va amagar-se d'ell...

—Què es pot esperar d'una dona que t'ha mentit tota la vida? Com creure una persona que ha muntat tota la seva vida sobre un engany?

Aquestes paraules, més que totes les altres, van revoltar tant la Júlia en contra de l'Helena, que en aquell precís moment, tot i que estava confosa i atordida, va decidir seguir el seu pare.

—Tinc una casa preciosa a Mar del Plata. Aniràs a la universitat, si vols. Muntaràs a cavall, si t'agrada; faràs el que vulguis. Serem molt feliços, Júlia.

Aquell era un home estrany, cavil·lava la Júlia. Tenia una mena de mirada que l'espantava. Tenia alguns cops de geni que la deixaven estamordida. Però la rancúnia contra l'Helena era massa forta. Tant que li havia predicat la noblesa, actuar sense dobles intenciones, saber donar la cara! Se sentia estafada. Mirava el seu pare i es deia que devia ser veritat tot el que li deia, perquè, què hi podia guanyar, en tot allò? I , alhora, li veia una inquietant llum estranya en els seus ulls.

La Júlia va decidir marxar no sense dubtes ni vacil·lacions. Però creia de bona fe que aquell home tenia uns drets que li havien arravassat. I creia que a ella li pertocava actuar amb justícia, restituir-li la seva paternitat. Volia, més que cap altra cosa, ser justa. I ella mateixa no s'adonava que actuava també amb el mòbil del despit contra l'Helena.

L'Enric va ser un bon aliat per a l'Helena. Sense ell, o hauria acabat alcohòlica o hauria acabat boja com l'Emília. Com l'Emília! I, en pensar-hi, el seu alt sentit de l'amistat va aflorar enmig del malson en què vivia submergida. Perquè un dia es va presentar a casa en Marc i li va dir que estava tan amoïnat per l'Emília que ja no podia més. Li va dir que la seva mare amagava sempre un ganivet, perquè temia un perill imaginari i estava convençuda que l'Antoni volia matar-la. Li va dir que havia estat endebades que ell amagués tots els ganivets sota clau, perquè ella sempre trobava la manera d'aconseguir-los. I que estava mort de preocupació per si feia alguna bestiesa. Però que això d'anar a un metge de bojos...! I l'Enric, desitjós de ser útil, es va oferir a anar a visitar l'Emília amb l'Helena i poder així, com a psicòleg, calibrar el seu estat. L'Enric, a més, tenia així l'esperança que l'Helena, sempre amatent a preocupar-se pels altres, sortiria d'aquell pou profund on l'havia llançada l'aparició d'en Ramon Barrios.

A més, en Marc estava realment necessitat d'ajuda: capficat en la feina, havia de deixar moltes hores sola l'Emília. Ara el seu negoci havia progressat tant que ell i en David havien llogat un aprenent perquè els permetés abastar totes les comandes. I, a més, amb una habilitat que en David no hauria tingut mai, en Marc havia convençut l'Hotel Marítim, i, amb ell, tota la cadena d'hotels que representava, d'agafar la seva petita empresa com a manteniment dels seus locals. Això significava molts diners, molta feina i molta concentració, perquè no es podien permetre fallar a uns clients tan esplendorosos.

La visita de l'Helena i l'Enric va representar una gran alegria per a l'Emília. Sense sospitar que l'Enric l'estava estudiant, es va comportar amb tota naturalitat. Però aviat es va fer evident que els temors d'en Marc no eren infundats: l'Emília estava segura que la perseguien i va esmentar detalls tan acurats que, si no arriba a ser que la mateixa Helena havia estat a l'aguait de l'horari de l'Antoni al supermercat, se l'haurien creguda. Quan va veure o va ensumar la incredulitat en les cares dels seus amics, l'Emília va declarar que l'Antoni la volia matar. Però que no ho faria perquè ella el mataria a ell...

Esgarrifada, l'Helena va apressiar l'Enric a fer un diagnòstic. Un diagnòstic que era evident fins i tot per a en Marc: era urgent que l'Emília fos tractada per un psiquiatre. La paranoia, va afegir l'Enric, no es cura amb paraules tendres ni amb l'afecte dels altres. Era imprescindible un tractament mèdic. L'alternativa era que l'Emília acabaria fent-se mal a ella mateixa o fent mal a algú.

L'Helena, aquell dia, pensant en la Júlia i pensant en l'Emília, va beure més que mai, fins a perdre els sentits i tot.

12

LES NOVES ENERGIES que animaven la Rosa eren més profundes del que ella mateixa imaginava. No sols perquè el seu negociet de plats cuinats, gràcies a un viatjant, en Bernat, que els col·locava en diferents comerços d'alimentació, anava molt i molt bé i això la feia sentir-se créixer; ni tampoc pels afalacs que en Ricard li proporcionava, amb el seu estil cavallerós i les seves arts per seduir. És clar que eren dos motius per sentir-se nova, per sentir-se transformar. Però un incident dolorós va marcar el nou tarannà de la Rosa més que aquells altres tan gratificants.

Perquè una nit, quan la Rosa es despullava abans de ficar-se al llit, l'Antoni, que, com més privat n'estava més la desitjava, la va empaitar. I, fent valer uns drets que ell creia que tenia, la va forçar. La Rosa ho va viure com un malson terrible. Fer l'amor per força! Es va sentir bruta i profundament dissortada, i si no hagués estat per la presència d'en Martí a la casa, hauria xisclat i hauria demanat ajut. L'Antoni, una mica begut i perdut el seny, sense fer cas de les seves negatives i les seves llàgrimes, li va imposar aquella tortura. Si bé la Rosa feia anys que no estava gens engrescada en els jocs matrimonials, sempre havia cedit, no ja com una obligació, però sí per fer content l'Antoni. Quan ell anava calent, la Rosa sabia com apaivagar-lo, i fins i tot era capaç de trobar, entre les cendres de la rutina matrimonial, alguns residus de l'ànsia que ella mateixa havia experimentat anys enrera. I la veritat és que aquelles ràpides incursions de l'Antoni li provaven i l'endemà estava de bon humor i les seves famoses migranyes despareixien per uns dies.

Però si algun cop la Rosa havia refusat, perquè realment no li venia gens de gust, l'Antoni la respectava, i insistia diversos cops amb manyagueries i parauletes que sempre l'estovaven. El que mai no havia fet l'Antoni era forçar-la, ni ella imaginava que això fos possible, de la mateixa manera que mai li havia posat la mà a sobre, per més mal geni i més mal caràcter que tingués. Era un animalot, l'Antoni, però també era bona persona. Però ara feia mesos que desitjava la Rosa i havia begut en excés. No cal dir que l'Antoni, un cop satisfet, es va penedir molts cops d'haver procedit d'aquesta manera. Però la Rosa, brutalment vexada, horroritzada del turment que significa el sexe imposat, humiliada per no poder lluitar amb la força de l'Antoni i esgarrifada com a dona per haver experimentat el pes terrible d'una violació, va quedar fortament colpida.

L'endemà, la Rosa estava enfurida; no ensorrada, sinó tot al contrari: rabiosa, encesa d'ira. En aquells moments, detestava l'Antoni, més i tot que quan havia sabut que tenia un full espuri. Allò era horrible, però això d'ara era més vil encara, era propi de gentussa, de gent sense honor, sense ànima ni cor. El fàstic que li va arribar a fer no l'oblidaria mai!

Però no tenia amb qui parlar. Amigues de prou confiança per parlar de coses íntimes ni les havia tingudes ni les tenia. Podia haver parlat amb la Victòria, que, com a dona, l'hauria compresa de seguida. Però la Rosa, tot i els melindres i els rebuigs que feia de les amoretes que en Ricard li deixava anar, se sentia íntimament complaguda d'agradar-li, i només aquest fet la feia sentir culpable respecte a la tieta.

La Rosa, després de dutxar-se amb ràbia, per treure's de la pell les olors que hi havia deixat l'Antoni, després de fregar-se amb colònia, els ulls encesos de ràbia i de despit, va afrontar la seva pròpia imatge al mirall. Entre el vapor que entelava el mirall, la Rosa va veure el seu cos, i va estar contemplant-se alguns minuts. I és clar que era bonica, encara! Li sabia mal pensar-ho, però tot i la bellesa que havia tingut la Victòria de jove, no hi havia punt de comparació entre elles dues. A soles, amb els pensaments alterats per l'amarga experiència de la nit anterior, la Rosa no podia evitar de pensar que, als ulls d'un home galant com en Ricard, ella estava molt per sobre de la tieta, i s'adonava que aquest devia estar a hores d'ara ben penedit d'haver-se ajuntat amb una vella, quan ella era allà, en aquella edat incerta en què sí hi que ha les primeres arrugues i els primers cabells blancs, però la carn és ferma, la pell, tersa, els ulls, sense l'aigualiment de la vellesa...

De foragitar la figura d'en Ricard dels seus pensaments, va passar, en aquells moments d'autocontemplació i de ràbia, a sadollar-se'n, i aquell estrany formigueig que tan a fons havia sentit els primers anys de casada, se li feia present amb una força que li semblava inusitada. Sí: allà nua, davant el mirall, la Rosa va saber que desitjava en Ricard. I també s'adonava que aquest sentiment l'havia estimulat la ràbia, però que no era causat per la ràbia. Les ganes de girar-se contra l'Antoni, de fer-li mal, incrementaven el desig; però aquest era allà abans, encastat en un amagatall de les seves fibres sensibles. El porc de l'Antoni! Si ho hagués sabut, que a les dones se les conquista amb paraules i manyagues! Que, per més abjecta que hagués estat la seva conducta amb aquella pobra Emília, la tendresa i la devoció haurien obrat miracles! I vet aquí que el molt bèstia no havia sabut fer altra cosa que forçar-la!

Aquell dia, la Rosa no va baixar al súper, ni tan sols es va tancar a la cuina a fer els plats cuinats que en Bernat venia tan bé i tan de pressa. No: va decidir que es dedicaria el matí a ella mateixa. I que necessitava desesperadament parlar amb una altra dona.

No li va costar gaire trobar quina dona seria capaç d'escoltar-la, capaç de comprendre-la: l'Helena. És clar que sabia que aquesta passava el terrible tràngol de la fugida de la Júlia, però alguna cosa li deia a la Rosa que l'Helena, tot i això, l'escoltaria, que li faria d'amiga, que la comprendria. Ho tenia això, l'Helena: tothom, tard o d'hora, la necessitava, i tothom endevinava que rera els seus bells ulls verds hi havia una persona de molta talla i de molta humanitat.

Ella i l'Helena havien parlat poques vegades, i, al principi, presentar-se a casa de la seva veïna va ser una dura prova per a la reserva i la timidesa de la Rosa. Però l'Helena, tot i tenir els ulls botits de tant plorar i d'haver begut la nit anterior més del compte, era l'Helena de sempre, i la va tractar amb aquell dolç tacte que la feia tan i tan especial, i va escoltar la Rosa com si fossin amigues de sempre i estiguessin avesades a contar-se els detalls més íntims.

No li va dir que l'Antoni l'havia violada perquè la capacitat de sobreprotecció que la Rosa portava amarada a l'ànima pel que feia a la família li'n privava. Però sí que va ser completament franca pel que fa a l'atracció que sentia pel Ricard.

—El teu matrimoni no funciona, oi?

—No. De fet, estem separats, encara que visquem al mateix pis...

—Doncs tens tot el dret a viure, Rosa. I a viure al teu aire. No ets propietat de ningú.

«No ets propietat de ningú»!, havia dit l'Helena, i la Rosa sentí que aquelles brevíssimes paraules condensaven tot el que sentia en aquells moments, i condemnaven l'agressió de l'Antoni més que cap d'altres. Només tenim una vida, i tenim l'obligació i el dret de viure-la, de ser el subjecte de la pròpia vida i no l'objecte de la vida dels altres. Ni d'un home, ni tampoc dels fills... Com li sonava a les orelles, tot plegat, a la Rosa! Era com si s'anés alliberant, de mica en mica, d'una pell antiga per estrenar-ne una de nova! Era com si li creixessin ales, ales fortes, que tenia forces sobreres per bategar i que la fessin volar a un país nou, a un regne on se sentiria lliure!

El que més la va sobtar en aquell instantani aprenentage de la vida va ser el consell final:

—Arregla't, Rosa! No et preocupes de tu mateixa. Jo, quan estic molt malament, em canvio el pentinat, o em compro un vestit nou. Això m'ajuda, saps?

Li va donar l'adreça del seu perruquer i de la botiga on es vestia, i la Rosa, decidida, s'hi va encaminar aquell mateix dia. Si algú li hagués pogut llegir els pensaments, els pensaments d'aquella dona que d'ençà que era mare no havia estat ni un instant de la vida sense pensar en els fills, hauria vist que el pensament més fort, més lluminós, més destacat de tots era el següent: «Vull ser bonica!».

Quan va aparèixer al supermercat a la tarda, tothom, especialment la tieta Victòria, van quedar astorats de la seva transformació. La imatge pobletana havia desaparegut completament: ara hi havia una dona realment jove, amb un pentinat modern i una roba que, tot i ser senzilla, no sols li esqueia sinó que aconseguia donar-li allò que es diu «estil». Va mirar amb una rialla satisfeta tots els qui elogiaven el canvi, i, especialment, va mirar l'Antoni, amb una duresa que mai no havia tingut abans, i en la seva mirada hi havia un repte: «Atreveix-te! Repeteix-ho, si ets home! Ara no em podràs!». I l'Antoni que, per conveniència pròpia, volia no recordar la nit anterior, va llegir tan clarament aquest repte que va saber que acabava de perdre, irremissiblement, la Rosa.

La Victòria va aplaudir entusiàsticament aquesta transformació, i la va mirar sense ombra d'enveja i sense sospitar cap dels pensaments que agitaven la Rosa. Tot al contrari, va estar xerrant amb ella amb la franquesa i l'amistat de sempre. Li va contar que l'Andreu, tot i la seva resistència, havia vist com ensorraven la seva casa, i que si no arriba a ser per ella i altres veïns, hauria pres mal i tot perquè es negava a obeir la guàrdia municipal i no volia abandonar. Tanmateix, la llei, de vegades, és —«mecagondena»!, no va poder evitar d'exclamar la Victòria— només força i no raó, i ara el pobre home s'havia quedat sense casa, i sense on anar a parar. Sort n'havia tingut de la Mercè, que, encara que estaven ella i en Manel engabiats a la porteria dels seus pares, amb la simpatia i el respecte que sentia per l'únic familiar del seu marit, es va apressar a fer-li un racó i a rebre'l com si fos el seu pare mateix.

—Ja veus, Rosa, si la gent més modesta és la més bona gent o no. Una cosa així, poques noies l'haurien fet. Si estaven ja com en una llauna de sardines! I són acabats de casar!

I encara va afegir que se sentia culpable, ella que tenia tant de lloc, però que, havent-hi en Ricard al seu pis... I d'aquí va passar a explicar-li que notava estranyot en Ricard. Que era el de sempre, tan cavaller i tan enamorat, però que ella s'ensumava alguna cosa que no podia definir. La Rosa va haver d'apartar la mirada i fer veure que buscava uns papers de tan confusa i atabalada que aquestes paraules la feien sentir. I va prosseguir, la bona dona, dient que el seu Ricard el que necessitava era un canvi d'aires, i que havia comprat, sense dir-li res, uns passatges per anar a Venècia.

—Ja veuràs quina sorpresa que tindrà! Jo crec que tot el que li passa és que és un cul d'en Jaumet. Que està massa acostumat a voltar, per passar-se ara tantes hores a casa, per més que li agradi la meva companyia...

I la Victòria somreia, il·luminada per la màgica llum de l'amor, assaborint el moment que li posaria a davant aquells passatges i l'alegria que ell tindria, i la felicitat que compartirien tots dos en aquella fabulosa ciutat dels enamorats...

La Victòria, que estava massa ocupada al súper i no volia deixar sol l'Antoni, ara que el negoci rutllava tan bé, va rebutjar acompanyar en Ricard a una mostra gastronòmica que ell volia visitar. I ella mateixa havia suggerit que l'acompanyés la Rosa, que, d'ençà que es dedicava als menjars preparats, tenia un horari més flexible. I en aquella conversa entre les dues, la Victòria li va agrair i tot que acompanyés en Ricard en el seu lloc.

—M'heu fet tants morros tota la família per viure junts, que em meravella que almenys tu siguis tan comprensiva!

La pobra Rosa es va sentir morir, i es va dir a ella mateixa que aquell mateix dia o aturava definitivament en Ricard o l'obligava a franquejar-se amb la tieta. Que aquell doble joc no estava fet per a ella. I li sagnava el cor, veient aquella llum als ulls de la Victòria, i hauria volgut dir-li a crits el que sentia, i demanar-li perdó. Qualsevol cosa abans que el sentiment feridor de la culpabilitat i l'engany.

No cal dir que en Ricard va estar especialment afalagador en veure la transformació de la Rosa. I si li havia dit paraules atrevides en més d'una ocasió, ara va anar més enllà, i ho va fer amb tant d'art que tots els bons propòsits de la Rosa es van ensorrar més de pressa que la casa de l'Andreu sota les pales excavadores...

—Com et brillen els ulls! —va començar a dir-li. I després afegí que li agradava més que cap altra dona. Que era tan maca, tan dolça, i, sobretot, tan femella.

Encesa de rubor i de complaença, la Rosa encara va trobar forces per exigir-li que s'expliqués amb la Victòria, que ella no podia carrejar tanta mala consciència, i li va dir allò del viatge a Venècia i tot. A la mostra gastronòmica, en Ricard li va fer beure, i la va fer riure, i li va contar històries d'Alemanya i li va prémer la mà. Ella, enrojolada i feliç, no va apartar la cara quan, en acompanyar-la a casa, i en la soledat de l'escala, li va fer un magnífic petó als llavis...

***

Quan la Júlia va decidir, finalment, anar-se'n amb el seu pare a l'Argentina, ho va fer no sense dubtes. La ràbia i la decepció que niava contra l'Helena, s'havien assuaujat després de tants dies de no veure-la. Però en Ramon Barrios va estar molt convincent, i ella se sentia obligada a restituir a aquell home tot el mal que creia que li havia fet l'Helena. Altrament, aquells dies havia viscut amb unes companyes en un pis d'estudiants, i, tot i el desordre que hi regnava i l'escassetat de recursos que patien, havia tastat una independència que ara se li feia imprescindible. L'aventura en si mateixa l'atreia, i aquest va ser un altre dels ingredients que la van decidir a marxar amb el pare.

Tanmateix, quan el dia de la partida va arribar, un lleuger rau-rau li coïa a dintre, i va voler, almenys, acomiadar-se de l'Helena. Així que, estant a l'aeroport, va disculpar-se amb el pare i va anar al telèfon. «Almenys, li he de dir adéu. Això, li ho dec». Dissortadament, l'Helena no hi era i va agafar l'aparell aquell llefiscós de l'Enric. Va dir l'encàrrec i va penjar, contrariada.

Però l'Enric, que havia viscut dia a dia el desesper de l'Helena, que sabia que ocupava tot el seu temps cercant la Júlia, va deixar una nota per quan ella tornés i va córrer a l'aeroport. Ell sabia tota la història, i els escrúpols de l'Helena per contar-li tota la veritat a la Júlia. Ell ara intentaria d'impedir que marxés, i li diria tota la veritat, per més que la seva pròpia mare, la Gemma, hi quedés molt mal parada.

Quan va arribar a l'aeroport i va trobar la Júlia, li va dir, amb la urgència i la premura del cas, que la Gemma, quan la va tenir i trobant-se mortalment malalta per una cirrosi terminal, va escriure a la germana i li va dir que donaria la nena en adopció perquè el seu pare no la volia i ella no podia atendre-la.

—M'has de creure, Júlia! Si l'Helena t'ha fet de mare és perquè els teus propis pares havien renunciat a tu! I si l'Helena no t'ha dit res és per respecte a la Gemma! La teva mare no sabia que estava tan greu, i l'únic que volia era córrer al costat d'en Ramon, i aquest no et va voler ni veure! Li ho va escriure a l'Helena! M'has de creure!

Inútilment. L'antipatia que sentia la Júlia per l'Enric i la gentilesa amb què l'havia tractada el seu pare li feien completament inversemblant aquesta història. Quan en Ramon va veure que un desconegut parlava amb la Júlia, i va saber que era el company de l'Helena que volia evitar que la seva filla marxés amb ell, se li va abraonar i, si no haguessin estat en un lloc públic, li hauria donat una bona allisada.

Tanmateix, l'Helena va tornar a casa i va llegir la nota de l'Enric. Va intuir de seguida que l'Enric no era la persona que podia convèncer la Júlia. Que ni ella mateixa podia fer-ho. Mig histèrica, va buscar amb els nervis a flor de pell aquella carta on la seva germana Gemma li explicava totes aquestes coses que l'Enric li estava dient a la Júlia, i va córrer a l'aeroport, les mans tremoloses sobre el volant, el peu pitjant a fons el pedal del gas. L'aeroport estava tan lluny! Si no arribava a temps, preferiria morir-se! Si hagués arribat mitja hora abans a casa! Si hagués parlat a temps amb la Júlia! Sort va tenir de no sofrir un accident, perquè tot el seu cos semblava una fletxa tensada per l'arquer, un manoll de nervis, un garbuix de fils elèctrics retrunyint.

Ja passaven el control de passatgers la Júlia i en Ramon quan va arribar l'Helena. Sense un mot, va allargar-li a la seva filla —«I ben filla meva que és!»—, esperitada, aquella carta, i va aturar-se, tota ella tremolosa, panteixant, regat tot el cos de descàrregues brutals d'adrenalina. La Júlia, en veure-la tan descomposta i alterada, va tenir un instant el desig de llançar-se-li als braços, però, maquinalment, va agafar la carta. Era breu. Obstaculitzant uns instants el flux de passatgers, i deixant anar el braç de la mà d'en Ramon que l'arrossegava, la noia va llegir la carta. Va mirar l'Helena, que plorava sense embuts, allà palplantada a l'aeroport, i va mirar en Ramon. La seva mirada, tan jove, tan ingènua, tan carregada d'interrogants, va rebotar en la cara de l'Helena amb un raig de tendresa, i amb la d'en Ramon amb una astorada condemna. Sense ni un sol mot, ni per part d'ella ni d'en Ramon, se'n va separar i va llançar els braços al coll de l'Helena. En Ramon, encara, va mirar l'Helena, segur de trobar-hi algun gest mofeta de victòria, però l'Helena tenia la cara sepultada entre els cabells de la Júlia, i no se sentia victoriosa: estava massa plena de delit, massa alleugerida, massa feliç. En Ramon va marxar com havia vingut: amb les mans buides i sense haver conegut, ni abans ni ara, quina cosa vol dir «amor»...

Però la relació entre les dues dones havia canviat per sempre. Sí, van tenir una conversa llarga, aquest cop sense amagar-se res. Van dir-se com s'estimaven l'una a l'altra, i que eren més mare i filla que ningú. Van explicar-se els mals pensaments i tot —la Júlia va ser implacable i li va confessar que l'havia arribat a odiar... Però ja no eren les mateixes.

Per començar, la Júlia ja no era aquella nena a qui calia renyar per deixar-se les sabates o el jersei tirats pel mig. Ara era una dona. Havia crescut de sobte. I l'Helena ja no era aquella mare comprensiva, que renyava quan calia i que li amagava la veritat. Ara eren dues amigues. Dues dones adultes que saben que s'estimen i es necessiten, però cadascuna d'elles amb la seva pròpia vida.

Pocs dies després, la Júlia li anunciava a l'Helena tot el bé que li havia fet viure en aquell pis d'estudiants i que volia marxar, que vindria sovint a veure-la, que estudiaria, sí, però que sobretot volia treballar, guanyar-se la vida: ser independent.

—Si sabessis com em recordes la Gemma! T'hi assembles tant!

I l'Helena, amb tristesa però acceptant que la Júlia ja no era una criatura, va estimar-la més i tot que abans. Ara i adés li sortiria el reny, o les ganes de controlar-la. Però, això sí, sempre amb respecte.

La Júlia havia pensat fer de cangur. O fer companyia a malalts, o alguna cosa que ella sabés fer, tot reconeixent que no estava preparada per res més que per fer de filla, però decidida a provar les seves, encara tendres, ales. Al primer lloc on se li va ocórrer anar va ser al *pub* d'en Ferran —que li havien posat el nom de Blanc i Negre, i que, de mica en mica, anava rutllant. Volia posar un anunci a la paret, amb el seu telèfon, tal com es fa en molts bars i comerços on hi ha clients que puguin llegir-los. Li abellia tornar a veure en Ferran. Les poques vegades que l'havia vist eren suficients per saber, cor endins, que li agradava aquell xicot, però volia comprovar si ara ell la veia més adulta. Perquè en Ferran sempre l'havia tractada com una nena, en qualitat d'amiga de la seva germana Anna. La Júlia, però, després de l'experiència que havia viscut se sentia gran i adulta i com a tal volia que la veiés en Ferran.

Endebades. En Ferran la va tractar amb la simpatia amb què la tractava sempre, i amb aquella condescendència amb què els adults tracten les criatures. En canvi, en Quim, que no la coneixia, va quedar literalment aclaparat per aquella mossa. Si era un bombó! I, tot fent bromes, la Júlia es va trobar al Blanc i Negre en un ambient acollidor i simpàtic. Va clavar amb xinxetes l'anunci i va recomanar als dos homes que no badessin si algú preguntava per ella, que tenia necessitat de treballar i que miressin d'ajudar-la. En Quim s'ho va prendre tan al peu de la lletra que fins i tot empipava els clients per aconseguir ser ell qui li donés la bona nova d'alguna feina.

Fins i tot en Xavier va ser comminat per en Quim a trobar una feina per a aquella noieta tan preciosa. Perquè en Xavier venia sovint al *pub*, de vegades sol, de vegades amb l'Eugeni. Ara li portava una remesa de tabac, ara li aconseguia unes ampolles de ginebra a bon preu, i tots els tripijocs que l'incorregible Xavier anomenava «el seu negoci»... I és que estava de bon humor, en Xavier. La vida conjunta amb l'Eugeni havia resultat francament positiva. I, a més, la Rosa, que era segurament la persona que més estimava al món, després d'uns dies de fer-li morros quan va saber que era homosexual, havia canviat prou per no sols acceptar-ho sinó lloar-li un home com l'Eugeni que sempre estava disposat a fer un favor i que era tot un cavaller.

—Veus, Xavier? Amb l'Eugeni vas per bon camí...

Qui ho hauria dit abans, que l'aturada de la Rosa s'hauria fet tan «moderna»! I és que la Rosa tenia en molta estima l'Eugeni. Tot va venir d'una nit, abans d'aquella nit fatídica, en què l'Antoni es retorçava de mal de queixal.

Tant patia, que la Rosa es va atrevir a telefonar a les tres de la matinada al seu dentista, l'Eugeni Comes, i aquest va calmar el mal de l'Antoni amb una gentilesa no gens corrent. De resultes d'això, la Rosa havia convidat a sopar el seu germà i l'Eugeni, una mena de sopar d'«admissió en societat», com va dir, tot content, en Xavier. La mala cara que en Martí feia al seu tiet, o les grolleries de l'Antoni, que ja no recordava el favor que l'Eugeni li havia fet, no van poder aigualir aquell sopar. I va ser en aquest sopar on la Rosa va poder comprovar totes les qualitats de l'Eugeni i el va posar en un altar. Ara estava en bones mans, aquell tarambana d'en Xavier!

El bon humor que traginava en Xavier era, doncs, ben explicable. No sabia el pobre que l'Eugeni i la Rosa s'havien caigut bé mútuament perquè tots dos eren patidors de mena, i, estimant-lo a ell com l'estimaven, tenien tots dos al cap la idea de treure'l dels seus «negocis» una mica delictius i que posés seny... Pobre Xavier! La seva vida bohèmia havia de caure aviat sota la dalla de l'Eugeni! Perquè aquest li havia trobat una feina: xofer d'un tal Bigues, un paio de pela llarga, client de l'Eugeni... Les riallades que hi va haver, al *pub*, el primer dia que hi va comparèixer en Xavier vestit amb uniforme de xofer! Sense la seva inalterable bonhomia, s'hauria enfadat i tot. Perquè, digués el que digués l'Eugeni, no hi havia res més poc escaient a aquella ànima lliure que una feina a les ordres d'algú i tot el dia fent reverències i obeint...

L'últim «afer» que havia portat a terme en Xavier era ben insòlit: resulta que l'Antoni estava amoïnat perquè es parlava de molts atracadors al barri. Ja sabia d'alguns comerços afectats per uns robatoris que, a ell, li encenien la sang. Així que, tot i la tírria que li tenia, va voler parlar amb en Xavier i li va demanar una pistola! Bufa!

—Només per intimidar, eh? És que calen papers per tenir armes, i jo no els tinc. Si tu me'n poguessis aconseguir una...

L'Eugeni, malgrat les precaucions d'en Xavier, la hi va veure, la pistola, i es va alarmar. Es va decidir a encarrilar en Xavier, i la primera cosa era trobar-li una feina respectable...

En realitat, la pistola sí que va ser usada, i més aviat del que creia l'Antoni, però no precisament a causa dels atracadors. Va ser a causa de l'Emília.

Els fets van anar així: en Marc, capficat cada cop més en el seu negoci, prodigava tantes atencions com podia a l'Emília, però era clar que ella no millorava. En Marc, a més de la feina en el taller, estava engrescat en un aparell que estava inventant: el Robolec, una mena d'estalviador d'energia elèctrica que podia ser revolucionari en el mercat. Quan el va tenir enllestit, el va provar a casa, amb el resultat que estalviava fins al cinquanta per cent d'energia elèctrica! Entusiasmat, el va provar a l'Hotel Marítim, on feien, ell i en David, el servei de manteniment. I el resultat va ser el mateix. Exultant de joia, en Marc es va afanyar a patentar l'invent i, mancat de capital per explotar-lo industrialment, va començar a iniciar una sèrie de contactes amb empreses alemanyes del ram, tot donant-los detalls del Robolec.

Tot plegat, volia dir que podia estar molt poques estones a casa. Vigilava, això sí, que l'Emília es prengués les pastilles que li havien receptat, la comminava a no treballar, però alhora la renyava d'estar tot el dia voltant per la casa com un fantasma amb camisa de dormir. I el cert era que l'Emília estava molt malalta. Tant, que sofria autèntiques al·lucinacions de persecucions imaginàries, el protagonista de les quals era sempre l'Antoni.

Un dia, en què en Marc no hi era, l'Emília va aconseguir un dels ganivets més afilats, perquè en Marc els tancava amb clau i ella se les enginyava per aconseguir-los. Si fins i tot dormia abraçada a un ganivet! I si en Marc l'enxampava, deia que era per defensar-se. Però aquell dia en Marc no hi era. L'Emília es va vestir, va amagar el ganivet i tranquil·lament, com qui va a fer un passeig, es va dirigir al supermercat Aiguader. Tan bon punt va veure l'Antoni, va treure el ganivet i se li va abraonar amb una força i un deliri tals que l'Antoni va restar aterrit uns instants. En reaccionar, va obrir el calaix on amagava la pistola i va apuntar l'Emília.

Aquesta, en veure l'arma, va començar a xisclar, absolutament fora de control, tot cridant el que ja era la cançó de l'enfadós en ella:

—L'Antoni em vol matar! L'Antoni em vol matar!

Ni en Manel va ser capaç de contenir-la: es va llançar contra l'Antoni brandant el perillós ganivet, i sort que l'Antoni va tenir el seny de no prémer el gallet. La Victòria va córrer a avisar en Ferran, i entre aquest i en Quim van reduir la dona. La Rosa va demanar una ambulància. L'Emília, però, un cop reduïda, va quedar immòbil, amb els ulls esbatanats, absent de tot i de tots, amb l'aspecte evident d'haver perdut el cap.

La Rosa, mirant aquella explosió de por i d'ira i aquelles ganes de venjança i la profunda dissort d'aquella pobra boja, va girar el cap per amagar les llàgrimes, i quan ja se l'emportaven amb l'ambulància, com que en Marc encara no havia arribat, va voler acompanyar l'Emília a l'hospital. Tot el camí va anar acariciant els cabells de l'Emília, el cor encongit per una dona que quasi era una desconeguda per a ella, però amb qui se sentia solidària com a dona, i davant la qual se sentia culpable pel simple fet d'estar casada amb l'Antoni, que tant de mal li havia fet.

Quan va arribar en Marc, avisat per la Victòria, i va saber tot el que havia passat, va rebutjar qualsevol temptativa de l'Antoni d'ajudar-lo. Com l'odiava, aquell home, que era l'únic culpable de l'estat de la mare! Fins i tot va voler pagar els desperfectes del supermercat, perquè, amb la baralla, hi havia hagut un terrabastall. En tot moment, va parlar amb afecte a la Victòria i amb desdeny a l'Antoni. Per dins, però, en Marc estava angoixat per la seva mare. Ara, malgrat els seus esforços, hauria de buscar ajuda per a la mare. Orgullós de mena, va voler que ella tornés a casa de seguida que li van donar l'alta. Però la sentència havia estat molt clara: aquella dona patia de neurosi obsessiva, i tard o d'hora, hauria de rebre un tractament molt seriós...

Com es va indignar la Victòria quan, tot comentant aquests fets, va sentir a en Ferrar parlar amb menyspreu d'en Marc! En Ferran li tenia tanta antipatia a aquell Marc! Trobava que no havia sabut cuidar la seva mare, i va dir que el pare que l'havia posat al món s'havia quedat descansat. La Victòria, entre ofesa per un cas que considerava tan digne de compassió i trobant que en Marc era una persona estupenda, li va dir, entre irritada i disgustada per la insensibilitat d'en Ferran:

—Doncs sàpigues que el pare d'en Marc és el teu pare!

Així va saber en Ferran que ell i en Marc eren germans. I la notícia li va resultar absolutament repulsiva.

13

LA RELACIÓ DE LA ROSA i en Ricard era cada cop més intensa, per més que la Rosa es mortifiqués dient-se que li estava fent una jugada a la tieta, i, per això, insistia al Ricard que aclarís les coses. Ni els remordiments per la Victòria, ni els escrúpols de l'«antiga» Rosa podien, però, minvar la passió que, com una flama, havia encès en Ricard en ella.

Però la Victòria no era dona per ser enganyada. Almenys a la llarga, perquè era massa perceptiva, massa intuïtiva per deixar passar per alt alguns detalls que totes les parelles clandestines, tard o d'hora, manifesten. D'entrada, en Ricard havia refusat d'anar a Venècia, cosa que va ser una amarga decepció per a la Victòria. Va al·legar que tenia feina, i per donar versemblança a les seves paraules, ja que la Victòria sabia perfectament que estava tot el dia desvagat, es va inventar un amic que el volia ficar en un negoci.

Per acabar de complicar les coses, en Ricard va voler portar la Rosa al teatre, i va encarregar a l'Andreu, que tractava com si fos el seu criat a causa del deute que aquest no podia pagar-li, unes bones entrades. La mala sort va ser que l'Andreu, en no trobar en Ricard ni al bar vell ni al *pub*, va encarregar a en Ferran que li donés un sobre a aquest quan aparegués. El sobre contenia dues entrades. I va resultar que qui es va acostar al *pub* va ser la Victòria; res més natural que donar-li a ella el sobre. I, com que la Victòria era tafanera, però sobretot, perquè notava una incerta olor de socarrim pel que feia a en Ricard, va escorcollar el sobre.

La pobra dona va creure que en Ricard volia reparar la renúncia al viatge amb un convit al teatre, i, oblidant les sospites, es va empolainar, va anar a la perruqueria, es va fer la manicura, va triar el millor vestit, segura que, la nit que marcaven les entrades, en Ricard li donaria una «sorpresa». La sorpresa era que en Ricard va anar al teatre, sí, però amb la Rosa.

Va ser una vetllada molt especial. La Rosa mai no havia trobat un espectacle tan esplèndid, un acompanyant més galant, una joia més gran de viure. I, acabada la representació, encara en Ricard va voler anar a fer unes copes i la va portar a un local elegant. Aquella mestressa de casa que feia tan poc temps només estava enquimerada per la família, que no tenia vida pròpia, que mai ningú havia pensat que, com tothom, també necessitava divertir-se, aquella nit va ser plenament feliç. I quan en Ricard li va dir d'anar a un lloc discret, tots els prejudicis, les prevencions, les fidelitats, tota la vida anterior va deixar pas a una Rosa encesa de passió que volia gaudir d'un home. Que volia l'amor d'en Ricard. Si aquell home havia enganyat una dona tan sagaç com la Victòria, com podia no engalipar aquella ingènua?

Per a la Rosa fer l'amor amb un home que no fos l'Antoni era una experiència nova i arriscada. Però meravellosa. Es va lliurar amb tota l'ànima de dona, es va sentir surar entre núvols tendríssims, va conèixer la profunditat del plaer en mans d'un home delicat, avesat a tractar dones. Va restar tan esplèndidament sadollada, tan extraordinàriament èbria de sensacions, que no va dubtar ni un instant a dir-li que l'estimava amb tota l'ànima.

En Ricard estava més que satisfet de si mateix. Havia acomplert tots els objectius. Tenia la calaixera de la Rosa a l'abast de la mà. I, a més a més, li agradava aquella dona! Anava xiulant, pel carrer, orgullós del seu encant amb les dones, pagat de la seva perícia, i considerant-se subtil i savi.

No prou per a la Victòria, però, que l'esperava llevada amb el rostre envellit per les llàgrimes que havia vessat aquella nit. Quan va veure que en Ricard no apareixia i que ja havia començat la funció, es va treure la roba, es va posar la bata, i, asseguda a la taula de faldilles, on abans solia conversar amb l'Andreu, es va lliurar a amargues reflexions. Mil excuses va inventar en Ricard, en arribar, ja que ignorava que ella estava assabentada de l'existència d'aquelles entrades. Però no li va parlar de la Rosa. I la Victòria va fer veure que se'l creia, però alguna cosa li deia endins que aquell home no era sincer amb ella.

Després d'una nit d'insomni, barrejant mil conjectures, aquella dona tan brava, tan lleona, tan decidida, era ara la imatge del fracàs. I li coïa. Sospitava que hi havia una altra dona. Detestava tant les mentides! I, sobretot, detestava que la prenguessin per idiota. Per més boja que estigués per en Ricard, la Victòria no podia deixar de ser ella mateixa.

Però el que no sospitava ni de lluny la Victòria era que la Rosa fos aquella «altra» que li havia robat el seu Ricard. I ho va saber per pura casualitat. En un moment en què parlava per telèfon al despatxet del súper, va veure un programa de teatre a la butxaca de la jaqueta de la Rosa. El va estirar una mica, sobresaltada que correspongués a la funció que ella s'havia perdut quan estava segura que hi aniria. I no sols això: hi havia una frase amorosa firmada per en Ricard en persona!

Sentir-se idiota, per a la Victòria, era un cop molt fort. Sentir-se traïda per en Ricard, era encara més fort; però que fos la bleda de la Rosa qui li pispava l'home, això ultrapassava tot el que estava disposada a suportar. I la Victòria, en aquella situació, no podia fer res més que una cosa: cantar-li les quaranta a aquella gata maula!

I tant que ho va fer! Amb paraules duríssimes, la va tractar de tot, la va insultar, s'hi va rabejar com poques vegades ho havia fet. La Rosa plorava desconsoladament, jurant que ella i en Ricard s'estimaven i que no volien fer-li mal. La Victòria havia sabut la crua realitat: que en Ricard era una mala persona, que havia jugat amb ella i que ara estava jugant amb la Rosa. El menyspreava i s'odiava per haver-lo estimat, per haver-se deixat engalipar. Però el que li encenia la sang era que la Rosa hagués estat tan traïdora, tan baixa, tan falsa...

—Prendre l'home d'una altra! Què t'has cregut tu, gata maula? Sembles una mosqueta morta i ets un putot sense escrúpols!

Temps després, la Victòria seria prou equànime per adonar-se que aquella beneita havia estat tan càndida com ella mateixa, i que per a en Ricard havia estat una presa fàcil. Però en aquells moments ni la perdonava ni volia considerar res de res. La mentida, l'engany, el doble joc, tot plegat la fastiguejava, i, sobretot, la humiliava.

I no sols va insultar la Rosa, sinó que, ferida en l'amor propi, li va contar la història d'aquells dos al mateix Antoni.

La reacció de l'Antoni era d'esperar: va tenir una escena violentíssima amb la Rosa, i si no va arribar a pegar-li i tot va ser perquè en Martí era, esveradíssim, a casa. La Rosa, però, que el detestava per causa d'aquella nit fatídica, no es va deixar intimidar, i a cada amenaça de l'Antoni, ella en proferia una altra; a cada insult de l'Antoni, ella en deixava anar un altre. No: la Rosa no era la mateixa. Li havia perdut no sols la por, també el respecte al seu home. I trobava legítim enganyar-lo amb en Ricard: hi tenia tot el dret, a fer la seva vida! l'únic que l'avergonyia era haver enganyat la tieta. Però tenia la consciència perfectament tranquil·la pel que feia a l'Antoni.

S'havien barallat moltes vegades, però així, amb aquestes paraules, amb aquests crits, amb aquesta ràbia, no, mai de la vida. I en Martí veia impotent una escena que mai no havia sospitat que podia donar-se a casa seva mateix. Sense saber si ficar-se pel mig o implorar seny, veia esmaperdut que els seus pares estaven forassenyats i se li va fer un nus a la gola. Li va passar pel cap anar a cercar en Ferran, perquè estava espantat de debò i creia que acabarien fent-se mal l'un a l'altre, però no gosava marxar, intuint que la seva presència acabaria per fer-los posar seny. Si se n'anava i havent tornat havia passat alguna cosa d'irreparable, no s'ho podria perdonar.

Angoixat, amb unes ganes fortíssimes d'abraçar-los i de posar-se a plorar perquè paressin, les galtes blanques, el pobre Martí assistia a una escena que no oblidaria mai. I aleshores va sonar el telèfon. Sonava com sempre, és clar, però el timbre, en aquells moments, li va semblar un aliat. Com si algú hagués decidit tocar la campana en aquell ring domèstic i fer parar els combatents. Com si una interrupció tingués la força màgica de fer callar els seus pares. «Potser és en Ferran!», es va dir i va córrer a despenjar l'aparell, en una reacció completament irracional perquè era raríssim que en Ferran telefonés.

Tanmateix, la seva palpitació, les seves ganes que fos algú que obligués els pares a deixar aquella terrible batalla, van resultar encertats: perquè qui trucava era l'Anna, des dels Estats Units. Amb la veu trencada, va girar-se als pares, que havien callat un moment per la força del costum d'atendre qui truqués, i va dir, ja incapaç d'aguantar-se més les llàgrimes:

—És l'Anna, des d'un hospital de Nova York...

I va córrer a la seva cambra a plorar esbatanat al llit. Tot plegat, ell no es veia amb cor de suportar-ho.

En Martí era un bon noi, però tan ple de vida, i tan rebec a prendre's res seriosament, que voltava amunt i avall sense concentrar-se en res. Els estudis li agradaven tan poc i anava tan endarrerit, i tenia tantes ganes de divertir-se, de viure, de ser gran, de sentir-se lliure! Estimava cada cop més la Clàudia, i era evident que la noieta li corresponia. Molt més assenyada que ell, molt més madura, molt més estudiosa, veia, però, en aquell noiet, la imatge de la tendresa i la sensibilitat embolicades amb el deseiximent de les seves entremaliadures. Ella sabia que rera aquelles ganes de gresca i de fer broma hi havia un noi sensible. Més o menys com en Ferran. Perquè hi ha persones que es passen la vida fugint de la seva pròpia sensibilitat i que prenen la tendresa per feblesa, la dolçor per covardia, i acaben fent de cínics. A menys que coneguin la persona capaç de treure'ls la carota i de fer-los sortir de dintre totes les belleses amagades. La Clàudia això no ho sabia ni s'ho deia amb aquestes paraules, però aquell noi que li agradava tant li deia el cor que era molt més persona que tots els altres amics i companys amb qui feia el tabalot.

Precisament, per ajudar-lo, havia començat a impartir-li classes de llengua, amb una paciència exemplar, perquè en Martí volia les classes només per estar amb ella, i no parava atenció a cap de les seves explicacions. I tanta paciència que hi posava! Perquè estava tan peix de llengua que ni una eminència l'hauria pogut rescatar de les males notes que treia contínuament.

Ni tenint la Clàudia per estudiar deixava en Martí de voler fer el milhomes. Amb en Miquel, havia estat espiant la finestra de la Marta Jardí, i tots dos l'havien vista despullada i es trobaven a si mateixos molt i molt homes per contemplar aquelles escenes de la intimitat de la veïna. Tan homes es trobaven que li van fer unes fotografies i tot. Quan les van veure revelades, van fer tots el comentaris que se suposa que dos homes com ells havien de fer, però a en Miquel aviat se li va encendre una llumeneta al cap:

—Tu, tio, però si aquesta és una tia famosa! Una revista pagaria molts papers per tenir les fotos!

Qui podia resistir-s'hi? Si tinguessin diners... En Martí es compraria una moto, perquè a casa la hi havien negada molts cops, i no podia esperar cap miracle que els reblanís el cor. I és clar, d'una cosa van passar a una altra, tot rumiant com s'ho farien per entrar en contacte amb una revista d'aquelles que publiquen famoses despullades. Fins que en Martí va recordar que, per més «monyes» que fos, el tiet Xavier havia de saber com es tractava aquell cas...

En Xavier es moria de ganes de fer la vida d'abans. Tan collat se sentia fent de xofer, i tan ingrat li semblava l'uniforme, abstenir-se de fumar, obrir la portella, estar sempre a l'aguait i tot el que significa treballar per a un altre, que havia avorrit la feina. Un dia es va decidir a plantar-li cara al seu amo, el senyor Bigues, i malgrat la mala cara que li faria l'Eugeni, un cop sense feina, ho va celebrar amb una bona borratxera.

Quan el seu nebot i l'amic d'aquest li van mostrar les fotos, en Xavier es va sentir rejovenir: precisament era d'aquells encàrrecs que més li agradaven! Trobar el periodista adequat, regatejar el preu, treure'n una comissió i fer feliços aquells dos nanos, prou espavilats per haver espiat la creguda de la Marta Jardí...

La influència de la Clàudia, doncs, no era suficient per fermar aquell cavall desbocat d'en Martí. Perquè, a més, havia conegut una colla d'aquelles que, tot i la curta edat, passen per ser una d'aquelles «tribus urbanes» tan sonades. La colla que ell havia ensopegat era una de pintadors de *grafittis*, una idea que a en Martí li va semblar genial. S'hi passava hores, esprais en mà, i s'entestava a tenir la seva «signatura» i ser capaç de «marcar territori» com sempre havia sentit explicar.

No cal dir que aquesta colla no era precisament recomanable, i la Clàudia mirava de fer-lo raonar i d'advertir-li que aquelles companyies no eren les adequades. Com si fos sa mare, ves!; i ell encara s'encaparrava més a fer pintades i a embrutar parets.

En realitat, en tota aquella nova situació de la família, en Martí estava sol, massa sol. De tenir una mare pendent d'ell i un pare ple d'amenaces i de renys, havia passat a ser una mena d'home invisible, perquè d'un quant temps ençà ningú no li feia cas, en aquella casa. Potser l'absència de l'Anna hi havia contribuït, però el cert és que se sentia desconcertat de la molta llibertat de què gaudia, i, alhora, li pesava que ningú no estigués per ell. És clar que aquestes són coses que es fan inconscientment, però totes aquelles trapelleries eren la seva manera de voler cridar l'antenció d'uns adults que, això sí, havien deixat de «donar-li la pallissa», però que semblava que es volien desentendre d'ell. Si almenys hagués tingut l'amistat d'en Xavier, com abans! Però en Martí li semblava vexant que fos homosexual, i no volia saber res d'ell. També hi havia la Victòria, però darrerament aquesta gastava un humor molt estranyot. I en Ferran, sempre ocupat al *pub*. És a dir, que els problemes dels adults havien repercutit sobre ell, i se sentia una mica abandonat per tots. I, per això, i sense saber-ho, volia cridar-los l'atenció. Fer alguna cosa prou sonada perquè per fi s'adonessin que ell era allí. I, malgrat que no s'ho confessava, li agradaven més aquells pares que l'obligaven a estudiar i que el controlaven sempre.

Per això, quan va ser testimoni d'aquella baralla, el món sencer se li va enfonsar, i li va fer més mal del que els seus pares podien imaginar, enfurits, ell de gelosia, ella de ràbia, i no gens amatents al calvari que passava en aquells moments el seu menut. I quan, en la terrible soledat que el va fer sentir insignificant i gairebé inexistent, va escoltar la veu de l'Anna al telèfon dient-li que era en un hospital, es va ensorrar. Ajagut al llit, en Martí plorava amb tota l'ànsia, desitjant que el món fes un tomb enorme i que algú li posés, a l'espatlla, una mà amiga.

L'Anna, però, malgrat l'ensurt que els havia donat, no havia patit cap accident. Només estava malalta d'hepatitis, i els metges americans li havien recomanat tonar a casa i fer molt de repòs. Així que el curs d'anglès s'havia acabat, i l'endemà mateix arribava a Barcelona. Davant la notícia, la Rosa i l'Antoni, que acabaven de comportar-se com el gat i el gos, es van mirar amb una mirada que només poden intercanviar-se els matrimonis amb fills, els matrimonis que, passi el que passi, saben que tenen una causa comuna. Si no haguessin reaccionat, d'aquella manera, cadascú per orgull, tots dos s'haurien abraçat allà mateix i s'haurien donat forces davant una notícia com aquella.

No: no va bastar que l'Anna, en aquella trucada, vingués a dir, sense saberho: «Us necessito, pares». Tanmateix, la seva arribada va canviar moltes coses.

D'entrada van fer un armistici: fingirien, pel bé de la nena, que no passava res entre ells. La Rosa foragitaria en Ricard, i no sols físicament, sinó que se'l trauria del cap, almenys temporalment. I l'Antoni s'empassaria la gelosia i es comportaria com un pare amatent i prou.

En Martí es va sentir alleugerit en aquella situació, però, com un llamp, li va passar pel cap que la seva presència no havia apaivagat els pares, i la veu de l'Anna sí. I va tornar a plorar, però ara amb calma, sense tant de desesper.

L'arribada de l'Anna va ser un esdeveniment. Fins i tot l'ocupadíssim Ferran feia el que podia per fer-li companyia, ja que havia d'estar tot el dia estirada al llit. I la tieta deixava el que fos per estar amb la neboda. I en Xavier, i el mateix Eugeni, venien tot sovint. En Martí també estava content: aquella casa tornava a semblar una família.

L'Antoni, a més de la gelosia, estava preocupat pel negoci. Rutllava bé, però no tant com hauria calgut. I, a més a més, l'aval que li havia fet al seu fill Ferran el va obligar a pagar la primera lletra, que aquest no va poder pagar. Havien tingut unes paraules, però en Ferran, a la defensiva, li va tirar en cara l'afer de la paternitat d'en Marc, i l'Antoni va pagar, humiliat i dient-se que totes les coses se li giraven en contra.

La Rosa, amb el seu nou aspecte que va encantar l'Anna, es va negar en rodó a continuar veient en Ricard per poder concentrar-se en l'Anna, sense abandonar, però, la feina dels plats cuinats, que anava cada cop millor, per a escarni de l'Antoni.

Per a la mateixa Júlia va ser magnífic tornar a tenir l'amiga, i totes dues passaven hores fent-se confidències. La Júlia la va posar al corrent de totes les novetats que s'havien produït al barri, començant per ella mateixa i la seva aventura amb aquell pare que li havia aparegut de sobte. I l'Anna li parlava d'en Jaume. Perquè el fill de la Cristina i de l'Eudald Balcells havia anat a veure-la i s'havien fet amics. Molt amics. L'Anna li contava, entre xiuxiuejos i rubors, que aquell noi li agradava moltíssim, i que ella també li agradava a ell.

—Mira que haver hagut d'anar a Nova York per conèixer un veí del mateix barri!

I es cargolaven de riure, totes dues. Fins que la Júlia va esmentar en Marc, i com li anaven de bé els negocis i l'aparell que havia inventat, i, alhora, la desgràcia que havia passat amb la seva mare, la pobra Emília.

—A la fi, en Marc ha comprès que el que té la seva mare és molt greu i que el tractament és molt llarg. L'Helena i l'Enric el van acabar de convèncer que la internés. Però no és un manicomi ni res d'això. És un xalet amb molt pocs pacients i una assistència molt bona, i la pot veure sempre que vulgui. Ara, que el dia que se la van emportar, l'Helena va tornar blanca com el paper. És tan horrible veure que se t'emporten algú que t'importa molt! Entre dos infermers vestits de blanc... En Marc va abraçar l'Helena i es va posar a plorar. Pobre...

I, de sobte, la Júlia va deixar de parlar. Les faccions de l'Anna s'havien endurit. Tot el seu cos estava tens i tenia els llavis premuts i una llum estranya als ulls. En aquell precís instant, la Júlia va saber que, per més que xerrotegés d'aquell Jaume, l'Anna no s'havia tret del cap en Marc i continuava important-li molt.

En Joan Grau, el marit de la Marta Jardí, treballava en una empresa publicitària. Li havien encarregat la promoció d'una immobiliària i, malgrat els molts càstings que havia fet, al client no li agradava cap de les actrius i les models. Volien una noia més natural, més real, més autèntica. Un dia, en Grau es va fixar en la Mercè al supermercat, i va quedar entusiasmat: era exactament la noia que estaven buscant!

En Manel i la Mercè estaven decebuts amb l'afer dels pisos. L'Andreu ja havia cobrat la indemnització, però es negava a tocar-la, perquè sabia que els estaven prenent el pèl i volia que es fes justícia. I la Mercè, que tant s'havia entusiasmat amb la idea de tenir un d'aquells pisos tan bonics, aviat va saber que el més barat valia vint-i-cinc milions, que els sis de la indemnització no servien de res, i que, malgrat les promeses que havia fet als veïns aquell Balcells, no pensaven donar-los cap pis al barri nou, sinó, tal com havia presagiat l'Andreu, uns de molt dolents als barris suburbials de Barcelona. Així que el matrimoni estaven decaiguts i incomodíssims a la porteria dels pares de la noia. Així doncs, quan aquest Grau li va proposar a la Mercè de fer un anunci, tota ella va resplendir de joia. Els feien tanta falta els quartos! I, dit sigui de passada, a ella li feia tanta il·lusió que s'hi haguessin fixat! Que la consideressin la «noia ideal» per a un anunci!

En Manel, però, no hi estava gens d'acord, i va fer els possibles per treure-li la idea del cap. Temia que ella es fes massa il·lusions, que els enganyessin. Temia que a la Mercè li pugés al cap. Temia que guanyés, en un tres i no res, molt més que ell en tot un mes. I, sobretot, temia, que si es feia una mica creguda, a la Mercè ja no li agradés un home tan poca cosa com ell.

Va ser una època de malshumors i de baralles en el jove matrimoni. I tot i les picardies que ella sabia fer per ablanir-lo, en Manel estava molt entestat a privar-la de fer l'anunci. Al capdavall va guanyar ella: els diners que li pagaven en la situació en què estaven eren un argument incontestable, però en Manel les va passar magres, engelosit, despitós, i més en els moments de rodatge, en què a ella la tractaven com una actriu. Perquè el rodatge es va fer allà davant mateix, al barri nou.

El que no sabia la Mercè és que els pisos de la promoció publicitària, que tan ardidament havia aconseguit de fer, i que tants esforços per convèncer en

Manel li havia costat, eren precisament els pisos que els havien estafat a ells: un cop el solar lliure, aquells desaprensius de la immobiliària, amb el concurs del tècnic de l'Ajuntament senyor Balcells, els venien com a pisos de luxe, i als pobres desnonats els engegaven a parir panteres.

Quan els afectats van veure aquesta promoció, el daltabaix va ser considerable. Sobretot l'Andreu, que havia donat manta vegades l'alarma i que s'havia esgargamellat per explicar a tothom que els estaven ensarronant i que aquells sis milions de la indemnització eren una estafa, se sentia bullir la sang i volia fer totes les accions ciutadanes possibles per denunciar l'Ajuntament per haver incomplert una promesa. Promesa que havia estat només verbal, i que per tant no podien demostrar.

Però el que va indignar més els veïns fou que la noia de la promoció fos precisament la Mercè, una de les persones afectades!

El disgust de la noia quan va saber que, innocentment, havia fet el joc als estafadors del seu marit i de tot el barri, va ser immens. En Manel li va cantar les quaranta i ella es va sentir mortalment deprimida, perquè ara tothom li girava la cara pel carrer, i el mateix Andreu, tot i que li estava tan agraït per recollir-lo, es va negar a parlar-li.

Només dues persones van fer costat a la pobra Mercè: la tieta Victòria, que tornava a ser ella mateixa, i que havia reprès l'amistat d'abans amb l'Andreu, després de fer fora de sa casa el malparit d'en Ricard, i que estava ficada en la lluita veïnal per solidaritat amb la causa i amb les persones, tanmateix, prou que s'adonava que la noia havia actuat sense malícia i va parlar en favor d'ella. I l'altra va ser l'estupenda Helena, que sempre que veia una causa justa s'hi apuntava. En tot aquell enrenou dels pisos, l'Helena tenia molt clar qui era l'enemic. I l'enemic no era precisament aquella noieta tan simpàtica...

14

AQUELL ESPERIT de ser un poble, plurals però units, aquell antic caliu del barri vell que formava l'essència de la seva manera de ser, aquella història comuna que o bé havien viscut o bé havien sentit contar mil vegades als més grans, tot allò que li donava la seva forta personalitat al barri, es va revelar amb l'afer dels pisos. No va ser solament l'Andreu, per bé que s'havia destacat des del principi en la lluita reivindicativa de tot el barri; va ser alguna cosa més: l'ordit d'un teixit social espès i fort que ningú no podria rompre. Perquè tothom, o gairebé tothom, va aixecar el crit. Els interessos col·lectius havien estat lesionats, hom els atacava en tant que comunitat, en tant que barri. I el barri vell va funcionar solidàriament, estretament units. I, tot i la decepció i la ràbia que sentien per haver estat estafats, en aquella lluita hi havia també molt de gaudi. Calia només mirar-los, reunits en assemblea: dels més vells als més joves, dels més atrevits als més tímids, tots hi trobaven el foc de la unitat, tots trobaven que uns llaços invisibles i fortíssims els apropaven els uns als altres. Les baralles, les enemistats, les discussions típiques de qualsevol comunitat van ser omeses. Ara es comprenien els uns als altres gairebé sense paraules. Si haguessin tingut un himne, aquelles persones l'haurien cantat a cor!

A les assemblees, dirigides per un jove advocat que havien contractat els veïns, hi havia, naturalment, l'Andreu. I, malgrat pertànyer al barri nou —perquè ara les fronteres ja no eren tan arquitectòniques, car els límits s'anaven difuminant en la proximitat física de les dues bandes—, hi havia l'Helena i la Júlia, ben decidides totes dues a donar suport a la part que tenia raó, la part dels febles, la part dels perdedors. Hi havia també en Xavier, i en Ferran i en Quim. Hi eren en David i la Victòria, i, entre els més joves, en Martí, en

Miquel i la Clàudia. Fins i tot la vella tafanera de la Madrona hi era. I també en Manel, tot sol, perquè la Mercè no hi era benvinguda.

L'advocat els havia explicat que les promeses verbals no tenen força legal, i que l'única sortida que tenien era mobilitzar-se, fer accions que cridessin l'atenció, que alertessin l'opinió pública –l'única cosa que tem el poder!–, i que tot ho havien de fer pacíficament i ordenada. Un proposava d'escriure cartes als diaris, massivament; un altre deia de posar pancartes a tot el barri. Un tercer afegia que calia fer pintades –¿cal dir que va ser en Martí, l'autor d'aquesta idea? Una altra veu parlava de manifestacions. La idea millor, però, la que va provocar un silenci, per la novetat i el risc, va ser fer una ocupació simbòlica dels pisos de luxe que haurien hagut de ser per a ells. Passar-hi una nit. No fer malbé res. Un símbol. El silenci dels presents sospesava la proposta i algunes cares van començar a il·luminar-se i alguns caps van començar a assentir. Almenys era una idea més nova que les altres!

En aquest punt, hi va comparèixer la Mercè. Tremolava de por, i va demanar humilment si la deixarien parlar. Home! Dir-li a un vell anarquista com l'Andreu si algú podia parlar en plena assemblea! Negar-li-ho hauria estat la més innoble traïció a tots els principis, i l'Andreu, estigués enfadat amb ella o no, la va autorizar d'immediat. Amb la veu insegura, aquella noieta menuda, filla d'obrers i obrera ella mateixa, va deixar anar tot el que la turmentava aquells dies: que no tenien cèntims, ella i en Manel, que li van proposar de fer un anunci, i que sabia que es tractava de pisos però que ignorava que fossin els «seus» pisos. Que se sentia avergonyida d'ella mateixa. Que estava amb ells i que l'havien de creure... I aquí se li va trencar la veu i es va posar a plorar com una nena.

Bona gent, gent del poble, gent sana, increïblement predisposada a creure en l'ésser humà, gent neta com aquella! El breu parlament de la Mercè va ser contestat amb una salva d'aplaudiments i els presents li obriren els braços, la retornaren al conjunt on pertanyia i d'on, per uns dies, havia estat foragitada. «Vull estar amb vosaltres! Estic amb vosaltres!», deia, emocionada, la Mercè. I, de seguida, li van trobar una ocupació: la mateixa cara que havia fet la promoció d'aquells pisos seria la cara que encapçalaria la manifestació! La Mercè, agraïda i orgullosa dels seus veïns, i d'ella mateixa, va acceptar amb entusiasme.

A la família Aiguader també hi havia solidaritat amb els veïns; l'Anna, que no podia moure's del llit, seguia les accions i els esdeveniments àvidament, per boca de la Júlia; la Rosa contribuïa amb queviures per a l'ocupació simbòlica d'un pis; en Martí feia pintades; l'Antoni, no: estava massa amargat, i es limitava a rondinar, però consentia les absències freqüents dels seus empleats, la

Mercè i en Manel. Però, tanmateix, era un dels seus. Tots ho sabien: era rondinaire i no gens generós, i a més ara era un propietari, un empresari. Però era un dels seus.

Qui no n'era, ni n'havia estat mai ni en seria mai, era en Ricard. Ja no tenia la protecció de la Victòria, la Rosa es negava a veure'l, i ell, amb la seva actitud de superioritat, es feia malveure. Hi havia qui li tenia molta tírria: la Victòria en primer lloc. Però no menys que ella l'Andreu, que l'havia suportat, que l'havia envejat per ser company de la Victòria, i que no li podia perdonar la porcada que li havia fet a la seva amiga. I també hi havia en Xavier, que li havia vist, a aquell estrany semiestranger, la cara fatxenda, el to de pinxo. L'Antoni l'odiava, d'ençà que sabia que havia enamorat la Rosa. Sense dir-s'ho els uns als altres, hi havia al seu voltant una atmosfera enrarida, i quan ell era present, les veus callaven. No és que desconfiessin; és que aquella persona era no sols diferent sinó oposada. I ningú no el veia clar.

És clar que la persona més mal mirada de totes era un veí del barri nou i el responsable de l'estafa dels pisos: l'Eudald Balcells. La gent li girava la cara pel carrer; la seva dona, la Cristina, s'alarmava perquè en determinades botigues ni tan sols volien atendre-la, i clamava per una força pública amb mà dura... Precisament havia tornat dels Estats Units el seu fill Jaume, i aquesta avinentesa va servir perquè aquella dona frívola i superficial, però mare amantíssima, oblidés l'actitud hostil del barri.

Sí, aquell Jaume Balcells que l'Anna havia conegut a Nova York havia tornat a casa, i era tal com ella l'havia descrit a la Júlia: molt ben plantat, amb uns ulls dolços, intel·ligent i amb un somriure que el feia simpàtic de seguida. La primera cosa que va fer va ser visitar l'Anna i portar-li flors. Per a l'Anna aquella visita va ser molt important, i era evident per a qualsevol que mirés la parella que el xicot estava boig per ella.

Des del llit, malgrat l'obligatòria immobilitat, l'Anna s'assabentava de moltes coses. Els pares no l'havien poguda enganyar: una frase d'en Martí, una paraula de la tieta Victòria, i va saber que els pares estaven en pèssimes relacions, i que la mare flirtejava amb en Ricard. Però encara més: va saber pel mateix Jaume el mal humor i els tràngols que passava la família Balcells amb l'hostilitat del barri. I, per a sorpresa seva, va saber que en Jaume era absolutament solidari amb els veïns. Hi havia, sens dubte, mala maror entre en Jaume i el seu pare. De fet, el noi no l'havia pogut veure mai. Com a arquitecte, havia vist i comprès molts tripijocs del pare, i feia anys que el considerava un estafador. Que per fi una comunitat no pogués ser silenciada, que la força del nombre i de la unitat pogués més que les sibil·lines maniobres del seu pare, el feien completament feliç. I si no ho manifestava en públic era perquè no el creurien i, també, per respecte a la seva mare. Si fos per ell, la lluita entre Balcells i els veïns acabaria amb el triomf d'aquests.

En tot aquell enrenou, la Victòria havia ressuscitat, havia emergit d'un pou de tristesa, i ara només li quedava la ràbia per la seva pròpia candidesa —«A la meva edat! —s'exclamava— Deixar-me engalipar així per un qualsevol!»— i una sorda rancúnia contra la Rosa. Una dona tan diferent però amb qui sempre s'havia avingut, una dona sense malícia. Ella, la Victòria, havia admirat sempre la simplicitat i la resignació de la Rosa, precisament perquè aquests eren els trets més llunyans als del seu caràcter. I sempre li havia fet llàstima. Així doncs, que ella fos tan ximpleta perquè un home l'enredés li feia ràbia, però que l'«altra» en qüestió fos aquella «santa», la indignava més que res del món. Ara la menyspreava, la trobava insípida i fins i tot poc agraciada —«Si sembla una post de planxar!», deia despitada. Però tot aquell moviment veïnal li havia tornat la flama de sempre als ulls, li aixecava el cor i li feia cantar l'ànima. Colze amb colze amb l'Andreu —el seu amic, el seu germà, el seu igual—, encapçalava manifestacions, aplaudia el coratge d'aquell home tan pacífic, transformat en la lluita en un autèntic líder, sermonejava els flonjos que, atemorits, volien abandonar, esperonava la gent a solidaritzar-se, a mobilitzar-se... Ni l'escalfor que en Ricard li donava al llit era tan càlida com aquest esperit de lluita que era l'essència de la seva personalitat.

La seva profunda rancúnia contra la Rosa la va portar, també, a enverinar el seu nebot, l'Antoni, contra ella. I necessitava molt poc estímul, l'Antoni —«Jo, un banyut!», es deia, atònit que això pogués passar-li a ell—, perquè la seva escassa tolerància li impedia de jutjar amb equanimitat; l'únic que ell sabia és que, digués el que digués, la Rosa era la seva dona, és a dir, la seva propietat; l'obligació de la seva dona era, sí, esbroncar-lo quan no es comportava, però a continuació perdonar-lo. Sempre havia estat així, i ell ho considerava una llei de vida inexorable. I ara vet aquí que la Rosa s'enravenava, que quan deia que el volia fora del seu llit ho deia de debò, que quan deia que volia fer la seva pròpia vida, ho deia de debò, que quan deia que el seu matrimoni s'havia acabat, ho deia de debò. En el fons, a més de dolgut, l'Antoni estava estupefacte. No li entraven al cap que coses com aquella poguessin passar. I el seu mal caràcter, el seu autoritarisme, els seus crits manaires, van resultar febles com un rajolí d'aigua i no com unes cataractes rugents i immenses. El mortificava haver de reconèixer, això sí, només per a ell mateix, que ni era tan fort ni tan dur com feia veure, i que una doneta feble com una canyeta crescuda vora el riu, que hom podria doblegar amb dos dits de la mà, li plantava cara, li posava banyes i, en definitiva, el guanyava...

L'enrabiava aquesta suposada força que es veia que tenia només en préstec; com si diguéssim que els del seu voltant el temien només perquè el deixaven manar, només perquè fingien una por que era sols una convenció en la comèdia de la vida. Tant l'emprenyava això, que el fet de les banyes, en comparació, li coïa menys. I aleshores s'encenia i tenia una batussa amb la seva dona, que a sobre li aixecava el gall! Convençut de la seva superioritat, la insultava dient que ella sense ell no sabria ni podria viure, i, incapaç de retirar les seves paraules, va haver d'ajupir-se quan la Rosa va acceptar a l'acte que marxés de casa. El món estava capgirat! Això era inacceptable! El pobre Antoni, en comptes d'anar en una pensió, va col·locar un catre al despatxet del súper, i allà, mal dormit, mal menjat, amargat i humiliat, anava fent.

La Rosa, mentrestant, anava progressant en el seu negoci de plats preparats, que, ella i en Bernat, havien iniciat amb tant d'èxit. Els guanys setmanals eren cada cop més crescuts, i això li donava ales a la Rosa. Els fets demostraven que ella podia passar perfectament sense l'Antoni, i ell, en canvi, no podia passar sense ella... Fins que el va rescatar la tieta, que, amatent a perjudicar la Rosa, havia trobat inhumà que consentís que el seu home visqués quasi com un gos. Va portar, doncs, l'Antoni al seu pis, i en va tenir una cura gairebé maternal, tot dient-li que es desenganyés, que un home sense una dona no val ni un ral.

Coses curioses que té la vida: la separació de l'Antoni i la Rosa va aproximar aquell al seu fill Ferran. Tota la vida que la Rosa havia estat mediadora d'uns conflictes que, des de la infància, havien enfrontat els dos homes, i ara que ella no era pel mig, s'entenien més bé que mai. A en Ferran, el *pub* li anava bé, passats els primers tràngols econòmics, i hi havia una vida molt animada gairebé cada dia de la setmana. Cap al vespre, l'Antoni feia un descanset de la feina al súper —unes parets que veia les vint-i-quatre hores del dia!—, i anava al *pub* a fer una copeta. El mal és que bevia massa, i en Ferran, que abans no l'havia pogut ni veure, en tenir-lo a davant, begut, cansat i feble, l'ajudava, el portava al llit, el renyava per beure, l'escoltava. No és que no estimés la seva mare, tot al contrari, però ara era un home independent, amb negoci propi, i el seu pare, en comptes de punxar-lo, venia a refugiar-se en ell, i això el feia sentir superior, i, som tan condescendents, els humans, quan ens sentim superiors als altres!

Al *pub* hi havia una novetat: un dia s'hi havia presentat la Kati, l'antiga amiga d'en Ferran i d'aquella Mònica que havia desaparegut sense deixar cap rastre. La Kati, fracassats tots els projectes com a actriu, estava molt deprimida; ara el Topkapi, on havia treballat els darrers mesos, era tancat per un afer de drogues, i la colla d'aquell Raül eren gairebé tots a la presó. Retrobar en

Ferran va ser una molt bona pensada: sempre li havia agradat. Només que en Ferran no volia que «treballés» al *pub*: volia un negoci net. Ara, que això sí, si volia estar-s'hi, i si, sense escàndol, algú li feia proposicions i ella marxava discretament, bé... La Kati, en reveure en Ferran, va sentir que l'antiga passió per ell no sols no havia desaparegut, sinó que s'havia incrementat, i s'hi va trobar la mar de bé, en aquell *pub*.

L'Antoni, client ara habitual del Blanc i Negre, calent per l'abstinència obligatoria, es va fixar i molt en la Kati, i si no hagués estat perquè en Quim li va aclarir que era la xicota del seu fill, potser hauria atacat a fons. Com si fos cosa de família: un altre «enamorat» de la Kati va ser en Martí, que la va conèixer al *pub* i ell i en Miquel es deien que ja eren prou homes per tastar una dona i que aquella tia feia pinta de ser una mica fàcil. Si tinguessin diners per convidar-la, per fer-li algun regal...! I és que estava boníssima. Els dos noiets, doncs, la rondaven, per a divertiment de la noia, que era prou persona per escoltar-los com una amiga i rebutjar-los com una germana. Perquè, és clar, amb la venda de les fotos, els dos nois van aconseguir una bona picossada de calés, i tot i que la il·lusió comuna era la moto, aquella altra oferta era més temptadora encara. Quan feia molt pocs dies que la Kati solia seure al *pub*, en Ferran per l'antiga amistat, l'Antoni per l'abstinència i en Martí per estrenar-se, tnia tres galants que la tractaven com el que era: una dona maca, i no com al Topkapi on l'havien tractada com una meuca.

Una altra persona assídua del *pub* era la Júlia. A en Quim li queia la bava amb aquella mossa, i la contemplava amb una devoció canina que podia observar tothom. La Júlia, amb el seu afany d'independència, no havia aconseguit marxar de casa, perquè no es podia permetre pagar un pis, però, tot i que deia que continuava estudiant, volia tenir diners propis. Les seves confidències i els seus problemes els ventilava al *pub*. A ella li agradava estar amb en Ferran, però les atencions i l'embadocament d'en Quim també l'afalagaven. Primer va trobar feina per cuidar un home malalt; després havia de treure a passejar un enorme dòberman els amos del qual treballaven tots dos. En Quim l'escoltava, l'aconsellava, li donava ànims, la convidava a una Coca-cola, li feia companyia quan la feina al *pub* afluixava, i a en Ferran li feia gràcia aquella mocosa tan simpàtica i tan bufona. Si hagués estat pel Quim, l'haurien col·locada allà, al *pub*. Imaginar-se la Júlia tot el dia amb ell! I en Ferran es burlava de com era de maldestre per conquistar aquella mosseta, i li deia que, de feina, al *pub*, no n'hi podia donar, que s'ho tragués del cap.

—Que passegi el dòberman, home! No m'ho puc permetre, ni té l'edat de treballar en un *pub*! Massa nena encara! I tu, si vols festejar, espavila i fes-te-la teva. I no la convidis tant a Coca-cola, que pago jo!

Clients habituals del *pub* n'hi havia més. Principalment en Xavier. I l'Eugeni, és clar. Només que les seves relacions passaven un mal moment. I no a causa de la feina de xofer, perquè l'Eugeni tenia una paciència de sant, i després d'aquesta, li havia buscat una altra professió: dependent d'una *boutique* d'homes, on estava segur que en Xavier es trobaria a gust. I és clar que s'hi trobava a gust, en Xavier! Ell tenia una capacitat d'adaptació tal que es trobava bé a tot arreu. El que detestava, i sembla mentida que això no ho sapigués de cor l'Eugeni, era sentir-se collat. A tot arreu on es trobava lligat, s'hi sentia com a l'infern. Infern que passava per amor a l'Eugeni, però que, si hagués estat per ell, hauria engegat a dida qualsevol feina estable. No: la mala maror que passava la parella era deguda a una altra causa: l'Eugeni, com a metge, sabia més bé que ningú la terrible mortaldat que causava la sida, i, responsable com era, es va fer la prova anual per detectar si tenia anticossos o no; tanmateix, en Xavier havia pensat sempre que allò que l'ull no veu no fa patir, i era refractari a deixar-se examinar per metges. Però és que la sida li causava un autèntic pànic. Inútil era que l'Eugeni li expliqués que pertanyien a un grup d'alt risc, i que una relació sana es fomentava en la seguretat comuna. A en Xavier, només pensar que podia estar-ne afectat se li segaven les cames, i no va cedir ni als arguments ni a les súpliques de l'Eugeni. Aquest va recórrer a tot: li va dir que, mentre no es fes la prova, no tindrien relacions sexuals, i en Xavier s'ho va empassar; el va renyar, el va comminar, i en Xavier no va cedir. Fins que se li va ocórrer provocar-li una gelosia: va començar a sortir amb una amiga, que es deia Isabel, i va insinuar que eren molt més que amics. Presa de pànic quan en Xavier va veure que perdia l'Eugeni, va estar emmurriat i entristit unes semanes. I, com que l'Eugeni feia veure que passava d'ell, va acabar claudicant. Es va fer la prova. El mal era que no s'atrevia a recollir el resultat. Va necessitar una bona borratxera i el suport d'en Ferran, que volia saber per què bevia tant, i es va adonar que aquell home que s'arriscava en tantes coses, que ajudava qualsevol que en tingués necessitat, que era bondadós i atent amb tots, ara estava cagat de por.

Quan l'Eugeni, que no en sabia res, va veure comparèixer al pub en Ferran i en Xavier plegats, i va veure que aquell tenia una ampolla de cava per celebrar no sabia què, va restar sobtat. L'alegria que va tenir en saber que no sols en Xavier havia cedit a les seves súpliques sinó que el resultat havia estat negatiu! L'estimava tant, a en Xavier! Es va sentir tan feliç, tan alliberat, que aquell mateix vespre li va explicar que aquella Isabel era una simple companya i que mai hi havia hagut res entre tots dos...

També anava al *pub*, algun cop, en Ricard. Ningú no l'estimava i tothom el trobava desagradable. Però encara els va agradar menys una altra persona: en

Walter. Aquest home, un goril·làs enorme, que parlava amb prou feines el català, perquè era alemany, i que havia aparegut de sobte al barri, va tenir la virtut d'atemorir, només posar els peus al *pub*, el fanfarró d'en Ricard. Ningú no sabia què hi havia entre aquells dos homes, però si l'un era desagradable l'altre era repulsiu. La pinta de gàngsters, de gent capaç d'estar ficada en negocis bruts, desentonava en un ambient normal com el que havia aconseguit formar el Blanc i Negre.

Quan en Ricard va veure davant seu aquell homenàs, va semblar que se li enfonsava la terra i va quedar pàl·lid i atemorit. En Walter, que era molt més gros i que tenia molta més força, va subratllar la intimidació amb les seves paraules. Perquè en Ricard havia fugit d'Alemanya amb els diners negres de tota l'orquestra, un total de 150.000 marcs, i en Walter havia localitzat el seu amagatall a Barcelona i havia vingut a recuperar els quartos.

No va titubejar a amenaçar-lo: o pagava o li feia la pell. I en Ricard sabia perfectament que en Walter no estava parlant de broma. Li va demanar, gairebé tremolós, que li donés un termini, i en Walter va accedir. Però, això sí, es va dedicar a seguir-lo per saber què portava entre mans i també perquè no se li escapés l'ocell... Al *pub* els cridava l'atenció aquella estranya parella, però no deixaven de sentir-se reconfortats en veure algú que era capaç de cantar-li les quaranta a en Ricard i de veure aquest arraulit. Si no hagués estat perquè en Walter feia por de debò, li haurien tingut simpatia i tot...

És clar, en Ricard s'havia gastat ja gairebé tots els diners que ara li reclamaven. I n'havia de tenir un bon grapat per poder pagar. Febrós i atarantat, va arribar a la conclusió que havia de precipitar el seu afer amb la Rosa. Per més enquimerada que aquesta estigués per l'Anna, o ell no es deia Ricard o hauria d'entrar al seu dormitori. Aquella calaixera era urgent que fos escorcollada.

L'Anna cada dia estava millor de l'hepatitis, i, ultra les visites de la Júlia, ara tenia les visites diàries d'en Jaume. La conversa d'en Jaume, les seves gentileses, la seva maduresa i el seu enamorament, la tenien embadalida. Va ser aquesta amistat la que la va ajudar a suportar tot el que passava a la família. Quan va saber que el pare havia marxat de casa, i que s'estava al súper, va tenir un gran disgust. Trobava ara la seva mare com si fos una desconeguda; la veia feinejar tot el dia a la cuina preparant les comandes que li portava en Bernat, estava amatent a ella, però era una altra. Ara bé, quan va saber-ne la causa, li va caure el món a sobre. No és que trobés malament que la seva mare tingués un company sentimental, per més que això li dolgués al pare, és que, quan el va conèixer, el va odiar a l'acte. En efecte, delerós per continuar el festeig amb la Rosa, en Ricard, en saber que l'Antoni no era a casa i que no hi havia altre obstacle que l'Anna, va començar a visitar-la i a portar-li regalets.

Potser per intuïció, potser perquè l'Anna tenia alguna capacitat estranya per jutjar la gent, ella va filar en Ricard de seguida: el va veure hipòcrita, fals, perillós... I quan va saber que havia estat primer company de la tieta i que la Rosa li havia pispat i que ara les dues dones no es parlaven, va deduir que aquell home era capaç d'aquell tripijoc i de molts de pitjors.

Potser per fugir de moltes atencions d'en Ricard, el qual provocava amb la seva sola presència l'estovament de la Rosa, o potser perquè el seu jove organisme era molt sa i molt vital, el cas és que l'Anna va millorar ràpidament i va voler deixar el llit molt abans del que li havien pronosticat els metges. La primera cosa que va fer va ser visitar el seu pare. Li va fer tanta pena veure'l encauat en el despatxet, i amb roba bruta arreu i desmillorat i amb una veu cansada i trista! En sortir d'aquesta primera visita, l'Anna tenia els ulls lluents de llàgrimes contingudes, i, impotent per fer res pel seu pare, i impotent també per treure aquell odiós Ricard del cap de la mare, va desitjar, per primer cop a la vida, marxar de casa. Tenia tants projectes! La carrera de Filologia, que tant li agradava, la podria començar aviat: però, sobretot, volia escriure. Escriure una novel·la. Una gran novel·la. A les llargues hores que havia passat al llit, el projecte li havia fet més companyia que la mare, més que la Júlia, més que en Jaume i tot. Passava a Nova York. La protagonista era una dona jove que hi arriba carregada d'il·lusions, i, de mica en mica, la ciutat va aclaparant-la, fent-li sentir la seva insignificància. S'enamora i la parella acaba malament. Fracassa com a fotògrafa, que és el seu ofici. I un dia, al portal de casa d'ella mateixa, la violen... El final no el tenia encara. Volia expressar la soledat, la duresa de la vida en una gran ciutat, la inutilitat de la decència, de les bones intencions... Potser faria que se suïcidés, al final. O que marxés a viure al camp, i fes feines manuals i prou. O que la matessin en una baralla al carrer i, un cop morta, les seves fotos tinguessin èxit... Ho havia de rumiar molt encara. Però l'atmosfera opressiva que sentia a casa, la pena que li feia el seu pare, el desig de protegir la seva mare d'ella mateixa, perquè prou que veia que estava encegada per aquell milhomes i que acabaria rebent mal, tot plegat la feia sentir malalta i no precisament del fetge.

En aquest sentit d'ànim, en Jaume li va proposar de passar amb ell uns dies en una caseta que tenia la família a Planoles i que gairebé no feien servir. Això volia dir estar junts. Volia dir fer l'amor. Volia dir, en certa manera, comprometre's amb en Jaume. Però volia dir també alliberar-se per uns dies d'una situació que se li feia intolerable. Així que va acceptar. I la Rosa es va sentir confusa com mai no s'havia sentit: il·lusionada amb l'enamorament insistent d'en Ricard, feliç pels progressos del seu negoci, s'adonava que la filla ocupava una part petita dels seus pensaments, i que, gairebé sense adonar-se'n, se li havia fet una dona i ara li deia que anava a passar uns dies amb un noi, tots dos ben sols... «He oblidat les meves obligacions? —es preguntava la Rosa— Estic tan ocupada en mi mateixa que he negligit les meves responsabilitats?». I, pansida i preocupada, va veure que l'Anna se n'hi anava. Ni a ella ni a l'Antoni els havia demanat permís. Per què? Era una adulta. Era una major d'edat. I era la seva «nena»! Sempre la veuria com una nena, i això la Rosa, com la majoria de les mares, no podia evitar-ho. Va voler parlar-li de dona a dona —com li hauria agradat ser l'Helena, en aquells moments!—, i, astorada, en dir-li a l'Anna que anés amb compte, va sentir aquesta resposta:

—Vés amb compte tu, mare.

L'Anna no ho va dir en to ofensiu, ni amb duresa. El que la va astorar és que li ho deia com una dona madura, i com si la nena fos ella mateixa. I, en el fons del fons, la Rosa va saber que ella estava molt més perduda i confusa que la seva filla, tan jove encara.

Sota el setge amorós d'en Ricard, la Rosa va acceptar, però, de rebre'l a casa i sopar junts. L'Anna era fora, l'Antoni no hi vivia i en Martí havia anat a passar la nit amb en Miquel. La casa era d'ells dos. L'ocasió perfecta. La Rosa va esbandir les preocupacionsi, rejovenida i enamorada, va preparar un sopar exquisit i va desitjar que fos una nit memorable.

En Ricard, en canvi, tenia uns plans molt diferents. La presència d'en Walter l'acuitava. Havia d'aconseguir diners, molts diners. I en aquella calaixera, hi podia haver una fortuna. Així que, en no tenir tot el temps que hauria volgut per fer les coses més ben fetes, es va dir que havia d'adormir la Rosa per poder escorcollar aquell moble tranquil·lament. Va aconseguir un narcòtic, i amb un parell d'ampolles de vi com a regal, es va presentar a casa de la Rosa més atent i enamorat que mai.

Tot i que la Rosa no estava acostumada a beure, amb veu dolça i mirades amoroses li va anar servint més i més vi, sota el pretext que volia ensenyar-li a assaborir un vi de marca. En ser ella a la cuina a portar el segon plat, en Ricard va posar el narcòtic a la copa de la Rosa. No sentia cap escrúpol, en aquesta acció. Fredament, havia planificat usurpar una fortuna que no li pertanyia, i estava decidit a tirar endavant el seu pla. Sense la presència d'en Walter a Barcelona, en Ricard hauria posat més paciència, no hauria necessitat drogues ni res d'això: s'hauria limitat a anar enamorant-la fins a poder instal·lar-se a casa d'ella, com havia fet amb la Victòria, i aleshores li haurien sobrat ocasions d'escorcollar la calaixera. Però ara era urgent tenir les joies. I en Ricard era un home sense escrúpols.

En efecte, la Rosa va sentir un mareig, es va intentar disculpar al·legant que no estava acostumada a beure tanti, abans que pogués continuar parlant, va caure abaltida en el sofà. Com que en Ricard ja havia regirat l'altra calaixera, la de la Victòria, no va necessitar tant de temps: sabia com trobar l'amagatall, i, en pocs minuts, va aixecar una fusta, fent alçaprem amb un tornavís, i hi va veure una bossa de tela. A dins hi havia un grapat de joies. Eren antigues, de molt pes i de mida considerable, amb muntures valuoses i ben treballades. Valien, com deia en Magí a la carta, una autèntica fortuna. Somrient, victoriós, en Ricard se les va embutxacar en el moment que petava la porta i se sentia la veueta d'en Martí dient que no es quedava a dormir a casa d'en Miquel, que havia tornat a casa. En Ricard va tenir dos intensos sentiments alhora: en primer lloc, el pànic a ser descobert per aquell marrec; en segon lloc, una boja cobejança. Era un tresor! I l'havia aconseguit ell! ¿Quin dret tenia en Walter a robar-les-hi? Ah, no! No ho consentiria mai! Les vendria amb urgència —perquè amb allò no podria passar cap frontera, com feia tants anys li havia passat a en Magí—, i, abans que en Walter s'adonés de res, fugiria. Els dos sentiments eren tan intensos, i es contrarestaven tant entre si, que va quedar en silenci total, esperant els esdeveniments. En Martí, però, que ja havia sopat a casa d'en Miquel, va anar de cap a la seva habitació, i, com que sabia que la seva mare tenia visita, no va ni llambregar el menjador. Si ho hagués fet, l'hauria vista inconscient al sofà.

Alleugerit, en Ricard va decidir passar la nit allà, per tal que la Rosa no sospités de res. L'endemà, es faria el decebut per la dormida de la Rosa. I, després, la Rosa hauria de passar sense ell. Aquell afer ja li havia donat tots els sucs que pretenia...

La Marta Jardí era una noia ben espavilada. El seu programa de televisió tenia una bona audiència, i ella procurava tocar temes ben candents. L'aparició de les seves fotos despullada en una revista li va plaure d'allò més, perquè així augmentava la seva popularitat —tothom parlaria d'ella! Si ho sabia portar bé, la seva cara es faria familiar a tot el país...—, i, a més a més, en podria treure una bona picossada si guanyava un plet contra la revista. El que no li agradava gaire era que les fotos eren molt dolentes i no li feien la justícia que es mereixia. El seu home, en Joan Grau, en canvi, estava emmurriat, perquè amb tot aquell afer de la revolta dels veïns, la immobiliària que li havia encarregat la publicitat, volia fer-se enrera en la campanya i no exasperar els veïns. Tant i tant en parlava, que a la fi la Marta Jardí va acabar per fer-li cas. I, com que, en efecte, era molt llesta, de seguida va veure que allà també hi podia sucar: podia fer un debat entre l'Ajuntament i els veïns! Un cara a cara que no es perdria ningú del barri, i, com que els diaris n'anaven plens, tothom el voldria veure. Hauria de saber enfrontar dos personatges, els més antagònics de tots.

Va rumiar i aviat va trobar que els dos personatges els tenia allà mateix, al barri i ben a l'abast de la mà. Tan complicat que era haver d'anar a cercar algú a l'estranger! I ara ho tenia tot aquí: només calia estirar la mà i tenia el programa en safata. I tots contents. Els dos personatges eren, per una banda, el «dolent de la pel·lícula», aquell tècnic municipal de nom Eudald Balcells; l'altre, aquell home senzillot i pobletà, un autèntic ingenu que s'havia cregut líder de masses. Només de pensar-ho, a la Marta li saltaven les llàgrimes d'alegria: seria un èxit!

Naturalment, en Balcells va acceptar de seguida: tenia tots els trumfos a la mà, i en un debat cara al públic, aquell desgraciat de l'Andreu Molins quedaria en calçotets. I l'Andreu també va acceptar de seguida, però amb més recança: li feia una por terrible aparèixer per càmera, li resultava un suplici haver de rebatre els arguments d'aquella guineu d'en Balcells, temia fer el ridícul i li fluixejaven les cames només de pensar-ho. Però la idea va ser aclamada pels veïns i tots li tustaven l'esquena dient-li que era la persona més indicada, que ningú no havia lluitat com ell, que quan el públic veiés que tenia tota la raó del món enfonsaria en Balcells. Sobretot, va resultar decisiva la Victòria: amb els ulls humits, li va dir que ho faria molt bé. I que, d'antuvi, estava orgullosa d'ell. Davant de la mirada afectuosa i emocionada de la Victòria, l'Andreu va saber que no podria negar-s'hi. I es va posar a treballar com un desesperat per fer un discurs preciós, per tenir els arguments més convincents, per parlar sense entrebancar-se, i amb un rau-rau interior que no va mostrar a ningú, i encara menys a la Victòria. En el fons, sabia que al costat d'en Balcells ell era un no-ningú, i que aquell la sabia molt més llarga que ell.

Tanmateix, dos dies abans del debat televisiu, l'Andreu va canviar. En comptes de contestar amb evasives als veïns, ara parlava amb arrogància. En comptes de suar-la interiorment, ara caminava confiat i segur de si mateix. Fins i tot la Victòria va considerar que el pobre Andreu es confiava massa i que amb aquell Balcells calia anar amb molt de compte.

El debat, que va aixecar una expectativa enorme al barri, va anar tal com era de preveure: en Balcells va insistir que la indemnització l'havien cobrada tots, que havien estat generosos amb els veïns, perquè els seus habitacles no valien ni la meitat, que les cases noves no eren al mateix barri, però que no era raonable voler canviar un pis miserable i atrotinat per un de luxe, i també va dir que molts veïns ja s'hi havien avingut. Al seu costat, l'Andreu resultava patètic. Qualsevol cosa que digués sonava com si els veïns fossin una colla d'especuladors que es volien aprofitar de les circumstàncies. Per a tot el barri, veure l'Andreu barbotejant arguments que l'altre desmuntava en un tres i no res, va ser una amarga decepció. La Victòria es maleïa a ella mateixa per no haver-li tret del cap aquella idea del debat al pobre Andreu, que ara les passava tan negres. Però l'Andreu va aguantar sense desorientar-se: la fi del debat s'acostava i ell era el vençut, i, tanmateix –com el va admirar la Victòria en aquells moments!–, ni perdia el cap ni el somriure. La Marta Jardí ja anava a donar per acabat el programa, quan l'Andreu va dir que volia afegir una cosa.

Amb tota parsimònia, es va treure un paper de la butxaca, i fitant en Balcells que somreia amb superioritat, li va etzibar, suaument i contundent, que tenia proves que el tècnic municipal havia cobrat vint milions de pessetes de la Immobiliària Exidesa, la constructora d'aquells pisos de luxe. I que això, va afegir, era corrupció.

El cop d'efecte va ser brutal. En Balcells, perduda la compostura, cridava sulfurat; la Marta Jardí mantenia el programa llepant-se els llavis, perquè el que havia estat un programa ensopit s'havia transformat en un escàndol; i la gent del barri saltaven, cridaven, s'abraçaven i aclamaven l'Andreu. La Victòria, que no sabia res d'aquell paper que ara ensenyava a càmera l'Andreu, es va tapar la boca amb les mans, regalimant-li dels ulls rius de llàgrimes. Acabava d'adonar-se que aquell home, que coneixia de tota la vida i que era com un germà, era tot un home. Acabava d'adonar-se que estimava l'Andreu.

15

EN MARC HAVIA TRIOMFAT. El seu Robolec, un aparell enginyosíssim i alhora tan senzill com tots el grans invents, havia agradat molt a una firma alemanya, de Hannover. Per a alegria d'ell i del seu bon amic i soci, en David, els alemanys volien fer-ne una anàlisi i, si l'invent hi reeixia, fabricar-lo en sèrie. Desficiós, però, per l'estat de la seva mare, en Marc va tornar tan aviat com va poder de Hannover i va fer saber la situació al seu soci. Els alemanys li compraven el Robolec a un preu que significava que en Marc ara era ric i podia muntar una empresa forta. El mal era, però, que volien perfeccionar-lo, i que això ho havia de fer el mateix Marc als laboratoris alemanys. Significava tres o quatre mesos en aquell país. Significava que en David hauria de fer mans i mànigues per portar tot sol la petita empresa. Significava, també, que hauria d'estar un temps sense visitar l'Emília. Això, que li dolia, venia agreujat pel fet que els metges del sanatori on estava internada insistien a dir que aquella dona necessitava la companyia i el suport del seu fill, que les seves visites li feien un gran bé, i que només les cares més familiars la podien ajudar.

En Marc no podia abandonar ara un projecte que resumia els somnis de tota la seva vida, però li recava marxar en aquells moments. Així que va parlar amb l'Helena. Ella, la Júlia i l'Enric s'oferiren de seguida a fer-li la companyia convenient, i li asseguraren que podia marxar sense temor, perquè la visitarien tant o més del que ell ho havia fet fins aleshores.

A la visita que feren tots plegats perquè en Marc s'acomiadés de la seva mare, la veieren com sempre: primer els reconeixia, parlava com si no li passés res, i de cop i volta començava a desvariejar. El tema era eternament el de l'Antoni: aquell home volia matar-la. I era tan astut que es devia haver conxorxat amb el personal de la clínica. Era ben capaç, assegurava l'Emília en els seus deliris, d'haver enverinat el seu menjar. Així que ella s'obstinava a no menjar, i deia, meravellada, que ningú no se la creia quan parlava dels seus temors. En Marc, per una banda, i l'Helena, la Júlia i l'Enric per l'altra, li seguien la veta, tal com els havien indicat els metges, i el noi veia, amb una profunda tristesa, que, malgrat el tractament, la seva mare estava igual que sempre.

Quan va marxar, portava enganxades al cap les darreres paraules de la seva mare. Perquè, un cop els hagué repetit que l'Antoni estava decidit a matar-la, va afegir, mirant-lo amb una amorosíssima dolçor:

—Però en Marc em venjarà, quan l'Antoni em mati.

Va ser endebades que l'Helena intentés donar-li esperances, que li demanés paciència, que li prometés que la visitaria tan sovint com calgués. En Marc marxà a Alemanya decidit a fer un bon negoci, però amargat, odiant l'Antoni per tot el mal que li havia fet a la seva mare, i no en el passat, sinó, involuntàriament, en el present. Se li encenia la sang de pensar en aquell home. I, de seguida, li venia al cap la imatge de l'Anna, i premia els punys fins a clavar-se les ungles al palmell de la mà. Sobretot el revoltava una idea que li martellejava el cap amb insistència: tan feliç que hauria estat la seva mare ara que a ell li anaven tan bé les coses!

Un cop ell va ser a Alemanya, l'Helena va complir la seva promesa sense escatimar ni temps ni esforços per ser útil a aquella amiga tan dissortada. No necessitava que en Marc li ho hagués demanat: ho hauria fet igualment. Tenia el cor trencat per la compassió que li despertava la pobra Emília. Així, que anava a veure-la, li parlava de les coses que els eren familiars a totes dues, s'alegrava quan l'Emília seguia la conversa com l'Emília d'abans, i, quan estava esperançada, l'Emília tornava als seus deliris. L'Antoni, sempre l'Antoni! El perill que corria, la idea d'aquella pistola que tenia l'Antoni, i, ultra tot això, uns pensaments que l'alarmaven:

—Vaig sommiar, però com si fos real, que jo apuntava l'Antoni amb la seva pistola. Es tornava pàl·lid com la lluna. Barbotejava súpliques. Tremolava. Em tenia por, ell a mi! I aleshores vaig disparar. El tret li va anar directament al cap. El cap li va esclatar en mil trossos, i ell va caure a terra com un titella amb les cordes tallades. Tot de bocins de cervell esquitxaven les parets...

—Prou, Emília! —cridava l'Helena, alarmada per uns pensaments tan morbosos—. Deixa de pensar en l'Antoni. No et vol fer cap mal! Ni tu li has de voler fer cap mal a ell. Tot el mal que t'ha fet, pertany al passat. Confia en mi, Emília: et prometo que ni l'Antoni ni ningú et farà cap mal.

—Però de sobte el somni va canviar —continuà impertèrrita l'Emília—: jo apuntava l'Antoni amb la seva pistola, i aleshores vaig dirigir el canó contra mi. Me'l vaig ficar a la boca. I aleshores vaig disparar. Vaig sentir una pau tan gran!

Horroritzada, l'Helena transmetia aquestes confidències als metges, que li deien que les obsessions psicòtiques són així de terribles. I que més valia que en parlés que no que s'ho callés. I que calia tenir paciència, molta paciència.

L'Helena sortia d'aquestes visites amb l'ànima als peus, i en arribar a casa, bevia un parell de *gin-tonics* per recuperar la calma. La seva vida privada, a més, era cada cop més decebedora. L'Enric era un bon home, i s'havia portat molt bé amb ella. S'entenien bé, i la convivència era agradable. Però hi havia un obstacle cada vegada més engavanyador en les seves relacions: la dona de l'Enric, la Montse. Li trucava a totes hores, inventava mil malalties del seu fill per enquimerar l'Enric. Fins i tot havia desfet un meravellós viatge que tenien projectat tots dos a una cala preciosa de Menorca. L'Enric, és clar, cada cop que la Montse li deia que el nen no estava bé, com que, en el fons, se sentia culpable com a pare, corria adelerat al seu costat. No eren invencions del tot, però sempre, sempre, la Montse era inoportuna. I quan no es tractava de malalties físiques —totes ben normals a la infància— la Montse recorria a les malalties psíquiques: al·legava contínuament que el nen acusava la falta del seu pare.

L'Enric era una persona feble. Estimava molt l'Helena, però era incapaç d'engegar la Montse. Tot el seu valor l'havia acabat el dia que va decidir separar-se de la dona. Ja no n'hi quedava més. Les neuròtiques reclamacions de la Montse feien sempre diana. L'Helena, quan el veia tan submís, tan feble, tan dominat pels sentiments de culpa, no podia evitar de menysprear-lo. Acostumada a ser mestressa del seus propis actes, amb un caràcter fort, inclinada sempre a resoldre els problemes cara a cara i sense embuts, entenia, sí, que un fill té molt poder —si ho sabia ella, que havia passat tants tràngols a causa de la Júlia!—, però condemnava les situacions ambigües. La irritava que la Montse li telefonés tan sovint a casa seva! Odiava fins i tot la veu d'aquella fleuma, i l'afany de l'Enric a fer-li sempre cas.

Les relacions de la parella anaven, doncs, malament. I la Júlia, que per fi s'havia acostumat a l'Enric i el tolerava a casa, es deixava veure just per dormir: entre les classes, la feina de passejar el gos, les estades al *pub*, les visites a l'Anna abans que aquesta es restablís, i l'enrenou del barri, parava molt poc a casa. Havia donat proves sobreres que, malgrat tot el que havia passat, estimava l'Helena, més i tot que abans, però també havia deixat clar que ara era una dona i que li plaïa fer la seva pròpia vida. Com de bé li hauria fet a l'Helena tenir-la sempre, com abans! Aquelles llargues xerrades que feien sobre la vida, sobre la conducta humana, sobre el bé i el mal, sobre els homes i tot...! Ai, com ho trobava a faltar l'Helena! Ella veia, afligida, que l'Enric li fugia de les mans. Però el que l'afligia més és que això no li importava gaire. És a dir, que se sentia buida. La seva feina de mare semblava acabada o gairebé acabada. De les amigues, la millor era sota les urpes de la bogeria. La feina, sí, li encantava. Però ningú no pot alimentar-se només de la seva feina. Per això ella i en Marc es comprenien tan bé: tots dos portaven arrapada a l'ànima una incerta tristesa, la tristesa de trobar-se sols al món.

Fins i tot l'Anna, que tant l'havia visitada i que li havia confiat els seus escrits, ara s'havia fet més independent, no sols de la família, sinó de tothom. D'ençà de l'hepatitis l'havia visitada, sí, li havia parlat dels seus projectes de fer una novel·la, havia escoltat els seus consells professionals, però ja no era aquella nena embadalida que es bevia les seves paraules com si fossin nèctar. Coses curioses que té la vida: l'Helena, tan independent, tan segura de si mateixa, acusava la inexorable llei de vida de la creixença dels infants, i, en canvi, la Rosa, tan feble, tan mestressa de casa, estava massa ocupada descobrint-se a ella mateixa i no se'n dolia tant.

L'Anna havia descobert, a la caseta de Planoles, el gran plaer que li ocasionava la companyia d'en Jaume. Lluny de casa, de la situació insuportable de la seva família, havent-se de preocupar només d'ella mateixa i d'aquell xicot tan i tan gentil, va poder respirar a gust. Cada matí, en despertar-se, saludava el dia com si fos portador de meravelles imprevistes. Sentia un autèntic benestar físic entre els braços d'en Jaume. Li plaïa el fort i enlluernador sabor de la independència. Inventaven, tots dos, el menjar i competien a veure qui en sabia més. Assaborien torrades i daus de formatge fosos a la llar de foc, entre riures, passant-se'n trossos l'un a l'altra; feien llargues passejades i admiraven en silenci un paisatge bell i estimulant; i, a la nit, s'abraçaven tendrament, i en Jaume li deia com i quant l'estimava, i hi havia, en els seus ulls, la noble sinceritat d'un home cabal, sencer, madur i bojament enamorat.

Si per a l'Anna aquells dies a Planoles van ser inoblidables, per a en Jaume van ser definitius. Ara la trobava a faltar a totes hores del dia. Es repetia una i mil vegades que la necessitava al seu costat. Ell tenia un taller, d'arquitectura alternativa amb d'altres companys, que havia ocasionat les riotes menyspreadores del seu pare; per a sorpresa d'aquest, el taller anava bé, i en Jaume tenia la vida resolta, sense problemes. Si pogués compartir-la amb l'Anna! Des que la va conèixer a Nova York, el noi sabia que aquella xicota era la dona de la seva vida, que no n'hi hauria mai cap altra, que l'havia trobada: un fet que poquíssimes persones tenen l'oportunitat de viure.

El seu pare, en part per insistència de la Cristina, que veia que pare i fill no podien conviure, en part perquè li agradava ser generós perquè això li donava una sensació de poder molt agradable, li havia regalat un petit i preciós estudi allà mateix, al barri nou.

—Així —raonava la Cristina— el tenim molt a prop. Pot venir cada dia a dinar si vol, ens té a l'abast si hi ha algun problema. I es troba més feliç que aquí, a casa.

De bona gana en Jaume hauria rebutjat el regal: tot el que posseïa el seu pare, tots els seus diners, li semblava il·lícit. Hauria preferit marxar a una pensió o esperar a poder-se pagar ell un piset més modest. Però la idea de viure amb l'Anna...!

Quan li ho va dir, que la volia amb ell, i li va donar unes claus perquè hi anés sempre que li vingués de gust, en Jaume tenia la secreta esperança que l'Anna acceptaria. No estava segur que ella l'estimés, perquè de vegades creia que sí, de vegades creia que no, però estava segur que ell li agradava i que la convivència seria estupenda. És més: si l'Anna tenia algun dubte, ell faria que la convivència l'esbandís del tot. «Si vivim junts, jo faré que l'Anna m'estimi tant com jo l'estimo a ella!», es deia a si mateix.

L'Anna, però, en trobar-se les claus a la mà, va tenir molts dubtes. Mirava d'aclarir-se: i és clar que en Jaume li agradava! I és clar que s'entenia molt bé amb ell. Però, n'estava enamorada? I el rostre d'en Marc se li apareixia, amb aquell somriure tan mascle, amb aquell comportament una mica dur, una mica contingut, i se sentia torbadíssima. Moltes nits va adormir-se amb la imatge inesborrable d'en Marc clavada al cervell com una daga. La dolçor d'en Jaume, però, el seu capteniment tan franc, tan sense enigmes, li agradava moltíssim.

La Rosa, en saber que la filla volia anar-se'n a viure amb en Jaume, va respondre assaltada pels escrúpols; es va sorprendre que els escrúpols de la seva filla fossin tan diferents dels d'ella:

—Jo no guanyo res, mare. Hauria de viure d'ell...

—I què?

—Res. Que no m'agrada la idea. És com sortir de les mans del pare per anar a parar a les mans d'en Jaume.

La Rosa això no ho podia entendre. Sempre havia estat així. No era prou moderna encara! Volgués o no, un dia l'Anna li va dir que se n'anava; que havia decidit acceptar la proposta d'en Jaume; que l'havia convençuda que ara ell la mantenia, però que més endavant podia ser al revés, i que seria una bona manera de poder escriure tot el temps; que deixava momentàniament la carrera per fer una gran novel·la.

Una gran novel·la! Quina bestiesa!, pensava la Rosa. Les coses no resultaven com ella les havia imaginades, com ella les havia planificades, des de la infància dels seus fills. Sempre havia vist en Ferran treballant amb el seu pare, i l'Anna casada amb un bon home. I en Martí... Ai, en Martí! Aquest sí que no ho sabia, què en seria d'ell. I resultava que ara era una dona separada, que la filla s'ajuntava amb un home, que en Martí era cada dia més escàpol i més estrany, que en Ferran i l'Antoni s'entenien d'allò més bé...

—Ja no entenc res! —acabava per exclamar, quan el cap li donava massa voltes.

Però el seu malestar no era motivat pels fills. D'ençà d'aquella nit que, per desgràcia, es va marejar i es va adormir en el sopar amb en Ricard, aquest havia deixat de veure-la. I a sobre l'esquivava. Endebades ella li telefonava a la pensió, endebades el citava, ara que estava tan sola i sense obligacions familiars. En Ricard li deia que estava ocupat. I un dia, que, per fi, el va tenir amb ella, allà mateix, en aquell sofà de casa seva on li havia dit les paraules més dolçes, li havia fet els precs més amorosos, en Ricard es captenia diferent. Li va dir sense embuts que ell era un home lliure, i que mai no li havia promès res, que no era home per estar lligat a una dona sola, i que no fos tan pesada.

Com es podia entendre, això? Què havia passat? ¿Per què un home tan atent, tan pertinaç, tan insistent, ara era esquiu i malagradós? ¿És que es va enfadar amb ella per haver-se adormit en aquella nit que havia de ser la seva «gran nit»? És que ella havia fet alguna cosa que l'havia desplagut? ¿És que s'havia enamorat d'una altra dona i ara li tocava passar a ella el calvari que havia passat la tieta Victòria?

Plorosa, abatuda, terriblement sola i sentint-se fracassada, la Rosa va recórrer, com sempre, al seu germà Xavier. La reacció d'aquest va ser contundent:

—Oblida en Ricard, germaneta. No és bona persona, t'ho asseguro. L'Antoni és un brètol que només t'ha donat patiments, però en Ricard és molt pitjor. Creu-me a mi.

I ara! Què els havia fet en Ricard a tots? Això és que no el coneixien prou bé. Ella sabia com podia ser de galant, d'amorós, d'atent, de tendre... I en pensar-ho, la Rosa tornava a plorar, desconsolada. Sentint-se abandonada com a dona. ¿Tota la seva transformació, tots el seus aires de dona jove, maca i segura depenien només de les paraules d'aquell home?

En Xavier tenia motius sobrers per desconfiar d'en Ricard. Perquè, a part que l'havia calat des del començament, en Ricard li havia fet una proposta que el retratava prou: amb les joies a la mà, i neguitós per fugir de Barcelona i burlar la vigilància a què el tenia sotmès en Walter, en Ricard va proposar-li que vengués unes joies molt valuoses. Si bé, de bon començament, en Xavier, no va voler fer tractes amb aquell home odiós, quan va veure les joies va restar meravellat: realment en podia treure una comissió magnífica! I, de seguida, va saber que l'origen d'aquelles joies era il·legítim. Qui li hauria dit que pertanyien a la calaixera de la seva pròpia germana! Però és que, a més, un dia el va encalçar aquell estrany Walter que voltava sovint pel *pub* i li va explicar una història realment gangsteresca: que en Ricard havia fugit amb els diners de l'orquestra —diners, també, il·legítims, va sospitar de seguida en Xavier—, i que si no pagava el deute, en Walter el mataria. A en Xavier, en tota aquella història no li anava res, i li va explicar al tal Walter tot allò de les joies.

En Walter va lligar caps de seguida: el porc d'en Ricard tenia els diners i pretenia fugir! ¿Per què, si no, volia vendre aquelles joies amb tantes presses i amb tants secrets? Ell no era home per ser enganyat com una criatura. «Aquest porc d'en Ricard sabrà qui sóc jo», es va dir.

Com que el seguia, no li va resultar difícil trobar-lo un dia al *pub*. Per a astorament d'en Ferran i en Quim i dels clients, el tal Walter va donar un contundent cop de puny a en Ricard, i li va dir que s'oblidés de fer-li la guitza. I en Ricard va quedar terriblement espantat.

—Sé el dia que has de vendre unes joies —li va dir, sibil·lant, a cau d'orella, per a sorpresa d'en Ricard, que no es podia imaginar d'on havia tret la informació—. Demà a les vuit. Doncs a les nou t'espero aquí, al *pub*. Si no véns, ets home mort.

En efecte, tot i les presses que en Ricard va donar a en Xavier per ultimar el negoci, aquest el va fer esperar, perquè altrament, les joies les hauria venut molt malament. Fermant la impaciència i la por que tenia a en Walter, en Ricard va haver de resignar-s'hi. Però a la fi en Xavier li havia dit que podien trobar-se a fer la venda, que a les vuit de l'endemà fos al port amb les joies. I ves per on, el mateix dia en Walter l'amenaça i sap quan es farà la venda. En Ricard, al principi, es va sentir terroritzat. Però una ullada més a les joies el va decidir a enganyar en Walter. Així que, assegurant-se de no ser seguit, va comprar un passatge d'avió, guardà les joies en una bossa i s'encaminà al port. De seguida que tingués els diners a la mà, correria a l'aeroport. En Walter s'esperaria fins a les nou, potser fins a dos quarts de deu i tot, i ell ja hauria guillat.

En Walter, en efecte, es va esperar al *pub*. Va esperar fins a un quart de deu, va esperar fins a dos quarts, i, com que anava bevent i alguna cosa li deia que l'acabaven d'estafar i que aquell fill de puta la hi havia jugada de nou, s'anava desesperant. Va fer tota una escena al *pub*. Cridava i baladronejava, es va posar impertinent, tant que, tot i la seva amençadora envergadura, en Ferran el va treure a empentes del local.

Al port, però, hi havia passat alguna cosa. Perquè un home era estès a terra. Era un home apersonat, cabells blancs i barba blanca també. I estava mort. Tenia el crani esclafat, sens dubte per un objecte contundent. Aquest home era en Ricard. Al seu costat hi havia una maleta. Contenia roba. I entre la roba hi havia un grapat de joies antigues bellíssimes...

* * *

L'Emília jeia al llit del sanatori, en plena nit, sense poder adormir-se. Si al principi li havien donat força sedants, ara, amb la seva conducta pacífica, els hi havien reduït al mínim. L'Emília temia adormir-se. Li feien por els somnis que tenia cada nit, i procurava mantenir-se desperta. Era tan clar que estava en perill! I aquells metges, aquelles infermeres, eren tan obtusos, que no s'adonaven de la gravetat de la seva situació! Que l'Antoni la perseguia era claríssim. Si ella mateixa l'havia vist enfilat a la finestra de la seva cambra, guaitant-la. I amb la pistola a la mà!

Quan la creguessin, ja seria tard, perquè aquell home ja l'hauria matada. A menys que ella fes el primer pas. «Si en Marc estigués aquí!», sospirava. Va sentir passos. «Segur que és l'Antoni, que ronda per aquí cada nit, esperant un descuit per assassinar-me». Va aixecar-se i va mirar per la finestra. No hi havia ningú. Però ella sentia passos, fins i tot sentia veus. «He de fer el primer pas. Si no el mato jo a ell, ell em matarà a mi. És en legítima defensa!». Era tan clar, però ningú li feia cas. «Ni tan sols l'Helena! Tan bé que em coneix, tant que sap que jo no m'inventaria una cosa així...».

Aquell sanatori era una torre modernista, dotada dels millors recursos. Els seus directius creien que els pacients s'havien de sentir al màxim de lliures, que la seva vida havia de ser el més semblant possible a la vida integrada en societat. N'havien tret molt bons resultats amb els pacients amb aquest procedir. A més, s'hi vivia tan agradablement i tan a gust, que les fugues eren infreqüents. Per tot plegat, la vigilància nocturna era molt poca. L'Emília es va escapar amb facilitat. Anava caminant amb un somriure petri als llavis. Anava a fer justícia! Anava a fer l'únic que es podia fer: deslliurar-se per sempre d'aquell home! I l'havia de matar amb la seva pròpia pistola. L'altra vegada, s'havia fixat en quin calaix la guardava. I ell li havia dit que estava carregada...

Gairebé se sentia feliç, caminant de nit, per Barcelona, amb un ventet suau tocant-li els cabells. Se sentia en pau, per fer justícia. Qualsevol que la veiés, no notaria altra cosa que una dona que passeja, una dona completament normal. Quan va arribar al súper, es va amagar. La porta era oberta i a dins hi havia l'Antoni recollint les darreres caixes, a punt de tancar. Quan ella va entrar i es va amagar rera d'uns prestatges, l'Antoni carrejava caixes. Estava de molt mal humor. De primer, el negoci havia començat a fluixejar. Aquell mateix matí un dels viatjants proveïdors s'havia negat a deixar-li la comanda si no li pagava al comptat. Per una mica de retard, com el collaven! I estava a les seves mans, perquè sense gènere, el negoci s'ensorrava. Culpava la Rosa, per no ser amb ell al súper. I culpava en Manel i la Mercè, per totes les escapatòries de la feina, amb l'excusa del moviment de veïns. Culpava en Martí i tot, que li havia pintat el cotxe a la Cristina, i aquesta, indignada, havia reclamat que el pare pagués la pintura nova del cotxe. I a ell li agradava la Cristina. Era tota una senyora, però no així com l'Helena, massa saberuda, ni com la Marta Jardí, massa desimbolta. La Cristina era una mestressa de casa, com Déu mana, a l'estil de la Rosa, però més fina. I molt, molt femenina. I, a més, molt maca. Li va saber molt greu que, entre totes les barrabassades que li feien al barri, per culpa del seu home, hagués destacat tan activament el seu Martí. Li va tocar pagar-li la pintura, i era molt cara. I envià en Martí a demanar-li disculpes.

Tots s'havien posat d'acord a fer-li la vida impossible. Però el pitjor era aquell odiós Ricard, que segur que s'havia instal·lat a casa d'ell, i que abraçava la Rosa cada nit. Se li ofuscava l'enteniment, només pensar-ho.

En qui no pensava gens en aquells moments era en l'Emília, que era allà mateix, i que havia trobat la pistola, i que, fent un bot que quasi el mata de l'ensurt, se li va posar davant i li va cridar, la cara descomposta en un riure salvatge, que anava a matar-lo.

L'Antoni va veure immediatament que aquella boja parlava de debò, i que era home mort. Va intentar calmar-la, parlar-li amb suavitat, «pàl·lid com la lluna», com ella l'havia vist en somnis. Endebades: l'Emília va disparar i l'Antoni va caure a terra. Afortunadament, hi va comparèixer la Victòria, que calibrà la situació d'una sola llambregada i va actuar amb una gran serenitat. Convençuda que el seu nebot era mort o ferit greu, es va acarar a l'Emília, va allargar la mà i en to autoritari però sense cridar li va exigir que li entregués l'arma.

L'Emília, amb mansuetud, la hi va donar. I aleshores l'Antoni es va aixecar de terra, perquè, a part d'una petita ferida a la galta, no tenia res, i si havia caigut era en haver ensopegat en l'intent de retrocedir.

L'Emília va ser portada per uns infermers al sanatori, perfectament sedada. I la Rosa va acudir esperitada al costat de l'Antoni, tement que l'Antoni hagués pres mal de debò. La Victòria la va escarnir i li va dir que, del nebot, qui en tenia cura era ella, que es cuidés ella del seu Ricard. La Victòria, com veiem, no perdonava. Fins i tot havia insistit a l'Andreu que li recuperés el papers del pare que s'havia quedat «aquell brètol», i l'Andreu l'havia perseguit endebades per tot arreu, perquè la paraula donada a la Victòria era per a ell una llei. Odiava tant en Ricard com la Victòria mateixa. Qui els havia de dir, a ells dos, i a l'Antoni mateix, que aquell home tan odiat, pocs dies després, jauria mort al port!

Per a l'Helena la fugida de l'Emília i el que havia passat al súper van ser motiu d'alarma. Reingressada sana i estàlvia sense haver fet mal, no va voler avisar en Marc, per no espantar-lo, però va voler que algú amb més drets que ella es fes càrrec de la responsabilitat de vigilar aquella pobra dona. I va recordar que l'Emília li havia parlat d'una germana que tenia a Gironella. Va fer algunes indagacions i la va trobar: es deia Lola, i va estar contentíssima de retrobar la seva germana:

—Fa vint-i-tres anys que no sabíem res, d'ella! Jo en tenia setze quan ella va marxar! Ens havien dit que havia mort, i també que havia marxat a l'estranger. Altres deien que s'havia fet una dona de la vida...

Aquella bona dona, carregada d'amor i de paciència, va prendre el relleu de l'Helena, i amb els records que li portava i la dolçor amb què la tractava, va fer un gran bé a l'Emília. Els metges li recomanaven que li portés objectes, fotografies, tot el que trobés que pogués desvetllar la memòria adormida d'aquella malalta. Era commovedor, veure aquella estupenda Lola, tan pobletana i tan persona alhora, parlant a soles a una germana que tenia els ulls esbatanats i no entenia res. Però que, algun cop, la mirava i li somreia...

De resultes de l'atac a l'Antoni, l'Anna va decidir anar-se'n a viure amb en Jaume. I ho va fer tan ben fet que aquest va tenir una alegria immensa. Com que tenia les claus que ell li havia donat, va fer les maletes, va comprar uns bons queviures, i hi va anar a mitja tarda. S'hi va estar hores preparant un sopar especial, amb estovalles de randes, canelobres amb espelmes, unes flors i uns plats tan exquisits com va saber guisar. Quan ell va arribar i la va veure allà, i va veure el sopar que li havia preparat, es va tornar boig d'alegria. En abraçar-la, li deia, sense parar: «T'estimo tant, Anna! T'estimo tant, Anna!».

Una altra conseqüència va ser el canvi d'actitud de la Rosa. No sols se sentia abandonada per en Ricard i fracassada com a dona, sinó que, en veure el seu marit en perill, es va sentir, per primer cop, culpable. Si no arriba a ser per la tieta, que la va rebutjar i va dir que ella l'atendria, que la Rosa n'havia perdut tots els drets, aquell mateix dia el matrimoni potser s'hauria reconciliat i tot. L'Antoni la defensava feblement dels atacs de la tieta, però, tot i l'ensurt que havia passat, es va fixar en l'actitud de la Rosa. I aquella nit, en comptes de tenir malsons per l'ensurt, va somniar que feia l'amor amb la Rosa.

L'endemà mateix, ella el va citar a casa. Hi va anar esperançat. La trobava tant a faltar! Però la Rosa volia parlar-li d'en Martí.

En efecte: com si es despertés d'un somni i la realitat, amb la crua veritat, li colpegés la cara, la Rosa va acceptar que en Ricard l'havia abandonada. I que, per culpa seva, tota la família s'havia desintegrat. Que havia descuidat les seves tasques, i que calia posar remei a tot el que havia fet mal fet. No volia perdonar l'Antoni. Però volia que aquella família, almenys, funcionés com calia.

En Martí la va fer sortir de l'ensopiment inicial: una nit, quan ella ja dormia, li van telefonar de comissaria. En Martí havia estat detingut per fer pintades, i, com a menor, calia que els seus pares, o almenys un dels dos, anessin a fer-se'n càrrec. La Rosa es va espantar. I es va adonar que feia molt temps, moltíssim, que no parava esment en el seu fill. Així que va tenir una conversa amb el noi, i li va fer prometre que es captindria de manera diferent. Després, va anar a parlar amb el tutor de l'institut, que li va assegurar que el noi era bon xicot i intel·ligent, però massa viu i massa distret. I li va recomanar que el portés al psicòleg. Psicòleg? I de seguida va pensar en l'Enric. A través de l'Helena, va concertar unes sessions amb l'Enric. I aleshores va telefonar a l'Antoni. Era fill de tots dos. I era clar que, en aquella separació, el noi havia sofert més del que ells imaginaven. A la Rosa li tornava al cap l'escena de la baralla, i com estava d'espantat en Martí. I s'ho retreia, una i altra vegada.

Ella i l'Antoni van tenir una conversa pacífica.

No tornarien junts, però eren prou civilitzats per ocupar-se, conjuntament, dels seus fills. O, almenys, del petit, que era qui els necessitava més.

Veient-los conversar, hom hauria dit que aquell home i aquella dona estaven més units ara que abans, quan feien vida marital.

16

LES REACCIONS PER la mort d'en Ricard van ser tumultuoses. A tot el barri, malgrat l'antipatia que hom sentia per aquell home, la notícia d'un assassinat va esverar la gent i, alhora, va excitar la morbositat i els comentaris més diversos. Les especulacions, les frases amb segona intenció sobre la Victòria i, sobretot, sobre la Rosa, eren el pa de cada dia. L'endemà dels fets, la policia detenia el súbdit alemany Walter Ganz, i això va ser com un alleujament per a tots. Perquè qui més qui menys aportava la seva idea particular sobre el possible autor de l'assassinat.

La reacció de la Victòria, però, va ser la pròpia d'una dona íntegra: malgrat tot el que aquell home li havia fet, malgrat l'odi amb què s'havia vist negada per la traïció del seu amant, la Victòria va sentir, i profundament, la mort violenta d'una persona. «Davant la mort —deia— tot es perdona». I renyà l'Antoni per les frases despectives que deixà anar, i contestà amb tota serenitat les preguntes de la policia i les xafarderies de la gent del barri. Al seu cor, la rancúnia havia desaparegut. La mort era, per a una dona no creient, el gran igualador dels humans. Un fet que mereix, si més no, respecte. I fins i tot el plorà, neta de tot pensament negatiu.

També reaccionà molt bé la Rosa. Al principi, la notícia va ser com una punyalada, perquè encara tenia un raconet d'esperança de poder recuperar l'amor d'aquell home que tant l'havia canviada. Després plorà, amb sinceritat, amb dolor i tot, però sense descontrol. I, un cop refeta, va armar-se de valor i va pujar al pis de la Victòria. Quan la tieta va obrir la porta i va veure la Rosa, una persona que només el dia abans havia escarnit i havia menyspreat, amb una sola ullada, la comprengué com si estigués instal·lada a dins mateix del seu cervell. La Rosa era allà perquè eren, totes dues, les dones d'aquell home. I totes dues ho lamentaven, i totes dues el trobarien a faltar. I la guerra entre elles, amb la mort d'en Ricard, s'havia acabat completament. Mai una conversa tan profunda entre dues persones s'havia produït amb tant de silenci i tan ràpidament. Totes dues mirant-se, al llindar de la porta, i comprenent-se, i compadint-se l'una de l'altra. I amigues. Totes dues, alhora, van obrir els braços i la seva abraçada va resumir totes les emocions que sentien. Va ser una abraçada definitiva, neta, oberta, sincera, total. I cadascuna sentia, en l'abraçada, un alleujament infinit, un consol profundíssim, fins i tot un pacte.

Després segueren, i ploraren, i es tornaren a mirar. I van venir els somriures, com aquells dies que està el cel cobert de núvols i bufa el vent i apareix el sol esclatant, que neteja l'atmosfera i desvetlla els somriures en la cara de la gent. I parlaren. Parlaren d'en Ricard, és clar. I es confessaren com havien embogit per ell, i com estava de clar que aquell no era aigua clara, sinó un gàngster, i com n'eren de ximpletes elles dues , per haver estat enfrontades per les carícies d'un home com aquell.

—Diu que anava carregat de joies. En quins negocis bruts devia estar ficat?

—Vés a saber! I nosaltres amb ganes d'esgarrapar-nos per quatre parauletes dolces! Si en som, de ximples, les dones, Rosa!

—No ens estimava a cap de les dues, oi que no, tieta?

—Aquell? I és clar que no! Va jugar amb totes dues. Potser no sabrem mai per què, però per a mi que aquestes joies hi tenen quelcom a veure...

No totes les reaccions van ser així. Hi va haver gent que va patir. Un patiment estrany, que no s'entenia. I que, de moment, no va alertar ningú. Com si de sobte el barri s'hagués sentit colpit per un mal fat estrany, com si una mort violenta els culpabilitzés tots. L'Antoni, per exemple, que no podia dissimular, malgrat els renys de la Victòria, que s'alegrava infinitament que un bandarra morís com un bandarra. Tan i tan poc va dissimular els seus sentiments, que pel barri va començar a córrer la broma que era ell l'autor de l'assassinat. ¿Per què no? Li havia posat banyes i l'Antoni era un home violent... Quan la brama va arribar a les orelles d'en Ferran, aquest es va indignar: el seu pare? Però què deien! Si aquell era inofensiu! Si era incapaç de matar una mosca! Si, en el fons, tenia un cor d'or! Qui ho havia de dir: feia tan poc que per a en Ferran el seu pare era la causa de tots els mals de la terra, i ara, quan ja no sentia el neguit d'estar-hi subjecte, va resultar que l'amor soterrat que li tenia va emergir del seu cor. El seu pare? I ara! Tan bon home que és...!

També estava trasbalsat en Martí, qui ho havia de dir! Era la primera notícia que tenia d'una mort directa, d'una persona que coneixia. Li tenia poquíssima simpatia a en Ricard, però la mort és tan brutal! Només l'Enric, que el tractava a la seva consulta de psicòleg, va adonar-se com era de gran i de profund el malestar que feria aquell noiet, i com el trasbalsava la idea de la mort. Una idea que arrosseguem tota la vida, que foragitem del cap per continuar vivint i respirant i fent projectes, i que, tard o d'hora, ens colpeix i ens recorda que som finits, perdurables i abocats al forat profund i incomprensible del nores. En Martí va somniar horribles monstres, i amagava com podia el que creia una debilitat: la por a la mort. I es deia el que tots ens diem: quina injustícia, haver de morir algun dia!

Una altra reacció estranya va ser la de l'Andreu. Quan la Victòria més necessitava el seu suport, quan el volia al seu costat, aquell bon home va al·legar un refredat i va desaparèixer per uns dies. Era al llit, és clar, però quan el refredat ja se li havia curat, va romandre esquiu. El tema del Ricard, fossin els seus motius els que fossin, no el volia tocar, i va ser inútil que la Victòria n'hi volgués parlar. Aquell líder ardit de feia tan pocs dies, ara passejava pansit. Potser l'havien assetjat els mateixos sinistres pensaments que a en Martí, potser se sentia culpable per una mort que ell havia desitjat. El cas és que defugia qualsevol conversa sobre el tema, i passejava solitari, arrossegant els peus. Semblava, talment, que o bé aquell refredat era alguna cosa de més greu o bé que alguna cosa el preocupava.

I en Xavier, que no semblava un home pusil·lànime, també va reaccionar atemorit. Ell deia que la presència de la policia al barri l'afectava moltíssim i que la bòfia li feia molta por, però la mateixa Rosa estava enquimerada per una actitud que, si no hagués estat la del seu germà, li hauria resultat molt sospitosa. Fins que un dia, en Xavier se li va presentar a casa.

Estava pàl·lid, molt nerviós, amb un posat atemorit, i, de bursada, li va demanar tres-centes mil pessetes. Quan ella li va preguntar per què les volia, va contestar, gairebé cridant:

—Vull fugir, Rosa! M'ho encolomaran a mi! Ja ho veuràs!

La Rosa, aquest cop, es va espantar. Sabia els tripijocs del seu germà, sabia que un dia o altre el podien enxampar per les seves trafiques il·legals, però aquell capteniment tan sospitós...! Així que va treure tot el geni que tenia. El va reptar amb tota l'energia per tranquil·litzar el seu germà, i quan hagué aconseguit calmar-lo, el va fer seure, li va amanyagar els cabells i li va dir que li ho contés tot. Que fos el que fos el que li feia tanta angúnia, ella estava allà per ajudar-lo. Però que en cap cas l'ajudaria a fugir, perquè això seria com una confessió de culpabilitat.

—No em creuràs! Ni tan sols tu no em creuràs! No em creurà ningú!

Però la Rosa sí que el creia: sabia que en Xavier era incapaç de matar ningú. Ho sabia perfectament, i no en dubtava gens. Però prou que veia que hi estava implicat per algun motiu desconegut. Li va jurar, doncs, que ella el creia i que l'ajudaria amb totes les seves forces, però que no el deixaria fugir com un culpable.

I sí, van detenir en Xavier. Tenia motius per témer que el creurien culpable de l'assassinat. Perquè a en Walter l'havien deixat anar de seguida per manca de proves. I a la pensió d'en Ricard havien declarat que en Xavier havia anat els darrers dies a visitar-lo. Escorcollat el pis que compartia en Xavier amb l'Eugeni, van trobar a la tauleta de nit d'aquell una arracada que feia joc amb una de les que portava en Ricard en aquella bossa. Interrogat, en Xavier no va poder ser capaç d'explicar on era a l'hora del crim. I el van engarjolar.

La Rosa estava estupefacta. Quan l'Eugeni va tornar d'un Congrés a l'estranger i va saber les nefastes notícies, es van reunir tots dos, l'amant i la germana, disposats a lluitar com fos per en Xavier. Convençuts tots dos, completament, de la seva innocència. I tots dos el visitaven a la presó, li donaven ànims, parlaven amb advocats, li exigien que expliqués fil per randa tots els passos que havia fet aquella fatídica nit.

En Xavier, absolutament enfonsat de ser a la presó, el pitjor suplici que li podien fer a un home com ell, feia veritable llàstima, i tant la Rosa com l'Eugeni, en sortir de les visites, tenien el cor a trossos.

En Xavier, finalment, s'havia franquejat: que tingués aquella arracada no significava res, perquè ell era l'encarregat de la venda de les joies, una venda que no va arribar a fer-se perquè abans havien matat en Ricard. I sobre els seus passos... Va mirar suplicant l'Eugeni, demanant d'antuvi la seva absolució: en trobar-se sol, car l'Eugeni era en aquell congrés de metges, va beure una mica, va anar a un bar nou, el Minneàpolis, on es lligava, i allà va conèixer un xicot que li va fer el pes. Es deia Sebastià —o així s'havia presentat—, era ros, jove, molt ben plantat, amb cara de ser ric i de tenir molt poca experiència, i havien passat la nit junts.

Lluny d'emprenyar-se, l'Eugeni es va alegrar de la notícia: si trobaven aquest Sebastià, la coartada d'en Xavier seria indestructible!

—No t'has enfadat amb mi, per aquesta bestiesa? —li va preguntar, rera les reixes del locutori, amb gran humilitat, en Xavier.

L'Eugeni s'havia sentit dolgut, és clar, però allò era insignificant al costat de la importància que podia tenir per a la llibertat d'en Xavier aquesta aventura. I així li ho va dir. Quan la Rosa ho va saber, va dir que l'Eugeni era el millor company que hom podia somiar, i que en Xavier era molt afortunat per tenir el seu amor.

Febrilment, l'Eugeni va començar a cercar aquell Sebastià. No sols al Minneàpolis, sinó a tots els bars que solien freqüentar els homosexuals. No va escatimar passos, ni propines generoses a cambrers, ni interrogatoris als habituals. Res: aquell Sebastià no apareixia enlloc, i a mesura que passaven els dies, l'eufòria inicial de tenir una coartada va anar dissolent-se i esfumant-se.

—Eugeni, hem de salvar en Xavier! —plorava la Rosa retorcent-se les mans.

I tots dos s'abraçaven i discurrien quins passos més calia fer, quina estratègia calia seguir en la complicada màquina de la llei. En cap moment, però, no van tenir ni un sol dubte: en Xavier era incapaç de matar ningú. I ells dos, que l'estimaven tant, havien de demostrar la seva innocència. I havien de confiar que la justícia era imparcial i no podia prendre decisions a partir de la vida irregular d'aquell xicot tan bona persona i tan incapaç de fer mal a ningú.

Tan desesperada estava la Rosa, tan angoixada per l'empresonament del seu germà, que la mort d'en Ricard, en ella mateixa, ja no li importava tant. I tan lliurada a lluitar pel germà estava, que no va notar el gran ensopiment d'en Martí. Fins que aquest mateix li va parlar. Li va dir que d'ençà que havia sabut que en Xavier era homosexual, li havia girat l'esquena, i que el tiet sempre havia estat molt bona persona amb ell. Que se sentia penedit, que ell no era qui per jutjar ningú, que cadascú tenia dret a ser com volgués, i que imaginar-se'l a la presó el desesperava molt. Pobre Martí! Tot el dia fent veure que «passava» de tot i tenia un cor com una casa! Quan li va confiar aquests pensaments a l'Enric, va ser aquest qui li va aconsellar que li demanés perdó al seu oncle, per una actitud tan feridora com la seva. I que ara el seu oncle necessitava tot el suport de la seva família. En Martí no dormia, pensant en totes les coses que havia fet per ell en Xavier, pensant com era de generós, de bona persona, de sensible amb tots. I plorava. En Martí plorava cada nit, abraçat al coixí, sentint-se culpable i vil.

Li va donar a l'Eugeni, assegurant-se que li diria a en Xavier que era de part seva, una samarreta que havia pintat, i que representava molt per a ell d'ençà que havia començat a sentir aquella passió per fer pintades amb esprai. Era la seva firma! Li havia costat molt tenir una firma pròpia, que estampava a les parets fins que el va enxampar la policia i la mare li va fer prometre que no ho faria més. Quan l'Anna va marxar de casa, en Martí li havia donat aquell tresor: la samarreta que representava la «marca del seu territori». I ara li demanava a l'Eugeni que n'hi donés una altra, a en Xavier, i que li digués —remarcà— que era de part d'ell.

Però no en va tenir prou. A la següent visita de la Rosa, aquesta va aconseguir un passi per a ell, i en Martí, amb el cor a la gola, oprimit per aquell ambient, commogut per la tristesa i el decandiment d'en Xavier, seia mirant l'oncle, al locutori, i quan ell i la Rosa van acabar de parlar, li va dir, amb la veu trencada:

—Jo... Volia que em perdonessis, perquè...

Però no va poder continuar. L'emoció l'ofegava. I ell era un home, i els homes no poden posar-se a plorar en públic! Però en Xavier el va mirar, amb els seus ulls dolços, comprensius, humaníssims. I, tot i la tristesa, en Xavier va somriure, i, sense dir ni un mot, es va descordar la camisa, i, amb totes dues mans, la va obrir: a sota portava la samarreta d'en Martí. I l'oncle i el nebot es van mirar sabent, tots dos, que la tempesta havia passat. I que en Xavier era generós de mena i feia temps que l'havia perdonat, i que s'adonava de totes les emocions que trasbalsaven el seu nebot. Va ser un instant bellíssim.

Però la mort d'en Ricard encara va provocar altres reaccions estranyes, aparentment ben lluny dels fets. Era el cas, per exemple, d'en Manel.

Resulta que el pis nou que donaven als veïns, i que la Mercè, per força, volia aprofitar, tenia un preu que ells no podien pagar. Per guanyar diners, doncs, i malgrat la negativa del xicot a acceptar que la Mercè fes anuncis, ella es va assabentar que l'experiència anterior havia estat un èxit i que li pagarien bé si es decidia a firmar un contracte. Calia, és clar, un *book*, és a dir, que es fes un àlbum amb fotos perquè els productors coneguessin la seva imatge simpàtica, franca i normal que la feia tan adient per a la publicitat de productes casolans. Aquest *book* va ser considerat per en Manel un atreviment imperdonable. Ni li agradava que la Mercè s'exhibís, ni aprovava l'ambient de la filmació d'anuncis, ni suportava que guanyés, en un no-res, tants diners com ell amb les fatigues de molts mesos. I van discutir. Al supermercat mateix. Durant la discussió, l'Antoni va tenir coneixement del *book*, i, en veure la Mercè una mica lleugera de roba, amb somriures insinuants i picardiosos i posant tal com li havia demanat el fotògraf, la va «descobrir» com a dona. Abans, mai no s'havia fixat en ella: era, només, la xicota que fregava el terra al súper, i la dona d'aquell fleuma d'en Manel. Però en aquelles fotos era una noia jove i riallera, atractiva i simpàtica, i ell, que sentia, com a home, l'absència de la Rosa, s'hi va engrescar. En un moment donat, i perquè havia perdut el cap, va voler abusar d'ella. Era un homenàs que amb un sol dit la podia vèncer, però ella va cridar i hi va acudir en Manel. I això sí que no ho havia de consentir en Manel. Ell era respectuós, atemorit de tot, molt poca cosa. Però la seva Mercè era per a ell tota la seva vida, i que la grapegés l'amo el va sulfurar. Dues empentes, un cop de puny, i es va emportar la Mercè.

La cosa no va tenir més conseqüències, perquè, tot seguit, l'Antoni els va demanar perdó, i com ells dos tenien necessitat vital de la feina que els donava el súper, van accedir a perdonar-lo. La nit que va morir en Ricard, tot sol en acabar la feina, en Manel va furtar una ampolla de xampany francès per rescabalar-se, tots dos, de l'atreviment de l'amo. Tanmateix, en arribar a casa, tot i que havia telefonat a la Mercè explicant-li-ho i dient-li que preparés un bon sopar, no portava l'ampolla: va explicar que l'ampolla li havia relliscat dels dits i s'havia trencat. Era estrany, és clar. Però més estrany era que, en sentir parlar de policia, d'assassins i de culpables, el noi perdia el color de la cara, s'atabalava i es comportava com un culpable. Fins i tot va tenir un bon dia un desmai que va alarmar la Mercè. Portat a urgències, li diagnosticaren una úlcera intestinal. Però, tot i l'explicació científica, el seu capteniment era molt estrany...

La vida en comú de l'Anna i en Jaume no va ser tan plàcida i feliç com aquest havia imaginat. Quan, vencent els seus escrúpols, l'Anna havia acceptat viure dels recursos d'ell, va dir que aprofitaria per escriure la seva novel·la. Estava decidida a presentar-la a un concurs important, i es va llançar al projecte amb tota l'ànima. Això volia dir que estava sempre concentrada sobre l'ordinador, que no atenia en Jaume gairebé mai, que ja no preparava cap sopar sorpresa ni estava amatent als gustos ni les necessitats del noi. La novel·la. Només la novel·la. El xicot, a força d'estimar-la, hi posava paciència, però aviat va començar a engelosir-se d'aquella afecció que li semblava excessivament absorbent. Bé que estimava ell l'arquitectura, i que es plaïa en els projectes i els plans del seu despatx. Però, acabada la feina, tornava a casa disposat a dedicar tot el seu temps lliure a l'Anna. Tanmateix, quan arribava, ella estava escrivint, o imprimint, o de malhumor, o abstreta i distreta. Per molta paciència que tingués, la situació era irritant. Reconeixia que era ell mateix qui li havia donat la idea, perquè delerós de compartir la vida amb ella, li havia dit que era una ocasió magnífica per escriure. Però no s'imaginava que la noia s'ho prengués tan a la valenta. I se sentia decebut, abandonat, inquiet. En el fons del fons, temia que ella no l'estimés com l'estimava ell, i hauria volgut que guardés una part del seu temps per estar tots dos junts.

De moment, doncs, aquella unió estava resultant tot un fracàs.

I això que la Cristina, en notar com estava el seu fill d'enamorat, i encara que la noia no li acabava de fer el pes, estimulava aquella relació i hauria volgut que fos més estable i tot. És a dir, que hauria volgut que aquells dos formalitzessin la seva unió i es casessin.

Havia passat una autèntica batalla en l'afer dels pisos. Se sentia rompuda, vexada i humiliada amb l'actitud dels veïns. Pel seu gust, haurien anat a viure a l'altra punta de la ciutat. Però tant ella com l'Eudald van haver d'aguantar el xàfec. Per a alegria dels veïns, l'Eudald havia dimitit com a tècnic municipal d'urbanisme, i, en roda de premsa, havia afirmat que allò no significava que se sentís culpable de les acusacions, fetes a càmera, de l'Andreu Molins, sinó que ho feia per alliberar l'Ajuntament de qualsevol sospita i per facilitar la investigació subsegüent. L'Eudald, furiós, comentava a la seva dona que allò era una maniobra, que ell era innocent, i que algú, probablement ben proper a ell, li havia jugat una mala passada i havia facilitat a l'Andreu una informació falsa i calumniosa. I que dedicaria tots els seus esforços a esbrinar qui era el traïdor que havia divulgat aquesta informació. A tal efecte, havia contractat un detectiu privat. I aquest, fetes les primeres averiguacions, havia fet una breu llista amb els possibles culpables.

—Quan sàpiga qui de tots aquests és, l'enfonsaré, Cristina —deia, enrabiat, a la seva dona, sense mostrar-li, però, el paper on constava aquella lista.

A mesura que passava el temps, aquella història anava refredant-se i un bon dia l'Eudald arribà eufòric a casa:

—Cristina! Cristina! Han arxivat el meu cas! Fins i tot el regidor m'ha demanat disculpes! L'Ajuntament reconeix la meva innocència!

Per a la Cristina aquell va ser un pes molt feixuc que s'havia tret de sobre. Ara, en comptes d'amagar-se i d'anar a comprar a d'altres barris, passejava ufanosa pel carrer, i deia, a tots aquells que volguessin sentir-la, que havien arxivat el cas de l'Eudald, que les insídies de l'Andreu Molins eren totes falses, i que el seu home era íntegre i honrat. Especialment al supermercat Aiguader, on havia estat sempre mal rebuda per la Victòria, però molt ben tractada per l'Antoni, va presumir d'honradesa i de decència. I com que estava contenta amb la resolució del cas, va aproximar la seva amistat amb l'Antoni i, sovint, parlaven dels «nois», i de la possibilitat d'esdevenir família...

La Júlia havia perdut el gos que tenia l'obligació de cuidar. Era un dòberman, amb molta força, i un bon dia, amb una forta estrebada a la corretja, va córrer i ella no el va poder encalçar. Desolada, li demanava a en Quim que l'ajudés a trobar-lo, que, si no, perdria la feina, i en Quim, que hauria fet qualsevol cosa per ella, va fer tots els possibles. Endebades. I quan, després de repartir pel barri fotografies del Valent, per fi, el van trobar, els amos del gos la van acomiadar. En tot aquell afer, en Quim havia deixat clar quins eren els seus sentiments per ella. I, a part d'una amistat simpàtica, va haver d'escoltar de boca d'ella que la Júlia no sentia res d'especial per ell. La Júlia estava cada dia més pendent d'en Ferran, i, per a ella, en Quim era un noi amable. Però per una parauleta d'en Ferran, ai!, aleshores sí que hauria donat qualsevol cosa!

El que tenia ara molt clar era que volia treballar, deixar els estudis si calia, però no volia demanar res a l'Helena. Perdre aquella feina va ser una decepció, però es va animar a ella mateixa dient-se que ja en trobaria d'altres. I no és que rebutgés els diners de l'Helena: era que se sentia com si estigués a prova d'ella mateixa, com si hagués de demostrar quelcom, però no al món: a ella mateixa.

I, a més, l'Helena estava massa capficada amb els propis problemes. La seva relació amb l'Enric s'estava deteriorant dia rera dia. Perquè la Montse, la dona d'aquest, no parava de buscar-lo, de fer-lo acudir, de reclamar-lo. A cada absència de l'Enric, l'Helena se sentia traïda. A cada trucada de la Montse, se sentia despitada. Un dia va saber que fins i tot, en una de les estades a casa de la Montse, l'Enric havia fet l'amor amb ella. I això sí que la va sublevar.

I encara més: l'Enric li va dir que el seu fillet, en Toni, se sentia infeliç sense el seu pare i que un col·lega psicòleg on l'havia portat la Montse havia dit que uns quants dies tots tres junts li farien un gran bé. I que se n'anava amb la dona i el fill a la Molina.

Això era massa. L'Helena es va revoltar, li va dir el que pensava: que era un feble, que la seva dona l'utilitzava com volia, que havia cedit als xantatges d'una neuròtica, i que el gran amor que tants cops li havia jurat era un simple buf de vent, era un no-res.

Malgrat les protestes de sinceritat de l'Enric i les seves demandes de ser comprès, perquè deia que tenia deures sagrats amb el seu fill, la parella va trencar. I això l'Helena ho va assimilar molt malament. Se sentia fracassada com a dona. Voler ser lliure, igual a un home, parlar sempre sense embuts, tractar la seva parella sense estratègies ni comèdies, no havia funcionat: era molt mès fàcil per a les dones hipòcrites, les dones de la doble moral, de paraules insidioses i de segones intencions.

Com que la Júlia parava tan poc a casa, l'Helena va concentrar la seva humaníssima necessitat d'afecte en l'Emília, i en aquella boníssima persona que era la seva germana, la Lola de Gironella. Ara anava sovint a visitar la seva amiga i tenia llargues xerrades amb la Lola.

La Lola feia el que podia: venia del poble cada setmana i procurava portar, tal com li havien dit els metges, tots els objectes que poguessin estimular els records més sans de la malalta. Per exemple, el seu coixí de fer boixets. Va ser tot un èxit: l'Emília va retrobar, entre els seus dits, l'antiga destresa de quan era una joveneta, i va millorar moltíssim.

Un altre dia, la Lola li va portar una caixa que contenia agulles i fils de fer puntes, una caixa que l'Emília va recordar amb emoció. A dintre, però, hi havia unes fotografies que li havien de trasbalsar l'ànima...

17

UNA MENA DE CAPA de tristesa havia caigut sobre el barri. Era com un estupor col·lectiu, com si un déu cruel estigués jugant amb daus marcats amb les seves petites vides, amb el seu modest destí. O, també, com si hi hagués un silenci abans d'una tempesta, com si tothom romangués recollit, guaitant els núvols esperant l'esclat furiós dels elements, i tingués el cor encongit, esperant malvestats que s'intuïen properes.

En Xavier es consumia a la presó, morint-se de tristesa, i l'Andreu i en Manel arrossegaven algun pes feixuc que no volien compartir amb ningú. I, mentrestant, la Rosa i l'Eugeni es desesperaven amunt i avall, lluitant per alliberar en Xavier, per demostrar que era innocent.

La Victòria tenia una ombra al front, i, sense saber per què, la seva vivacitat romania ara aclaparada per un mal averany. L'entristia, ara que ella i la Rosa tornaven a ser tan amigues o més que sempre, la separació del matrimoni, i els veia tots dos infeliços i desitjant-se mútuament, cadascú a la seva manera. I, sobretot, l'entristia el posat de l'Andreu que ja no parlava amb ella, que ja no se li confiava, que fins i tot la defugia. Li hauria agradat tant ajudar aquella gent tan estimada! Però se sentia impotent, i anava alacaiguda, cercant els vigors que en totes les adversitats l'havien sostinguda. I aquella tempesta que es congriava i que ni ella ni ningú no sabien què era, li va esclatar un vespre. Sobre ella sola, com si els elements haguessin sabut que era prou forta per entomar-la tota.

L'Andreu, aquell vespre, es va presentar a casa seva, i, sense parlar, li va allargar uns papers.

—Té, Victòria. Els papers del teu pare. T'havia promès que te'ls rescabalaria i jo sempre compleixo.

Però si aquells papers els tenia en Ricard! I en Ricard era mort! D'on els podia haver tret l'Andreu? Gairebé no ho volia saber, la Victòria, però va dreçar el cap, va mirar l'amic als ulls i li ho va preguntar.

—Jo vaig matar en Ricard, Victòria.

Ja estava. Ja estava dit. I, en dir-ho, l'Andreu trobà un alliberament, com si en la confessió a la Victòria hi hagués la prova més difícil que calia superar, més i tot que la de la justícia, tan implacable i, sovint, tan terrorífica.

Sense parar, li va explicar què havia passat: havia seguit dia rera dia en Ricard per reclamar-li aquells papers. I en Ricard no li havia fet cas, l'havia rebutjat del seu costat. Eren aquells dies que en Walter li feia la vida impossible i que ell havia d'aconseguir diners. I que, quan va tenir les joies, va voler escapar i ser més llest que ningú. La nit de la seva mort, l'Andreu havia anat a la pensió on s'allotjava i el va veure sortir amb una maleta. El va abastar al port i li va reclamar els papers. I aleshores en Ricard va insultar la Victòria i els seus papers. Insultar la Victòria! Sense adonar-se que aquell era més fort, per edat i per corpulència, l'Andreu li va donar una empenta, i en Ricard s'hi va tornar. L'Andreu el tornà a empènyer, i aleshores en Ricard ensopegà i caigué. Amb la mala fortuna que es va colpejar el clatell contra una pedra. I va quedar-hi immòbil, amb els ulls oberts, guaitant amb una mirada cega el cel i els misteris nocturns. L'Andreu escorcollà la maleta, prengué els papers i fugí: no li passà pel cap que en Ricard podia estar mort.

Els remordiments de saber que en Xavier era a la presó per la seva covardia li pesaven massa. Ja no podia més. Tenia l'esperança que aquell Sebastià que amb tant desesper buscaven la Rosa i l'Eugeni per fi aparegués, i deixessin anar en Xavier. I aleshores ell hauria callat. Però els dies passaven i un innocent era a la presó i ell així no podia viure.

«Si haguessin trobat aquest Sebastià i alliberat en Xavier, l'Andreu tampoc no hauria pogut aguantar la seva consciència. És massa bona persona, el conec prou, jo», va pensar la tieta.

I aleshores, l'amarga veritat: l'Andreu anava a lliurar-se a la policia. Els papers eren d'ella. Però la seva llibertat no li pertanyia: li pertanyia a la justícia.

—Espero que en Xavier m'ho pugui perdonar algun dia.

La Victòria va plorar com feia anys que no plorava. Ni tan sols quan va morir en Fidel, perquè la malaltia que arrossegava va ser llarga i va tenir temps per buscar conformitat. Ara, de sobte, al seu Andreu se l'emportaven. Perquè era massa honest. Però ella sabria lluitar per ell: això era defensa pròpia! Això era una mort accidental! Si havia d'empenyorar tot el que tenia per tenir els millors advocats, ella ho faria; si havia d'esmerçar totes les hores del dia per ajudar-lo, ella ho faria. Ara s'adonava com el necessitava, aquell amic de sempre.

Per tant, en Xavier va ser alliberat. Quan la Rosa el va veure en llibertat, quan l'Eugeni el va tenir sense barrots al mig, quan en Martí, i en Ferran, i el mateix Antoni el van poder abraçar, va ser un moment d'intensa alegria i emoció. Però cap d'ells, tot i que estimaven tant en Xavier, van tenir ni una sola paraula contra l'Andreu. Se sentien alleugerits de la llibertat d'en Xavier. Però un altre amic, un altre dels d'ells el rellevava a la presó i això també era entristidor.

L'Andreu Molins! Una bellíssima persona, ves! Què vols que hagi fet ell de mal fet? Tot el barri sentia com a pròpia aquesta detenció. I la Victòria va necessitar de tot el seu coratge per anar a visitar-lo, tants cops com li varen permetre, i per donar-li ànims, i per trobar un bon advocat. Aquella solidaritat que tant havia brillat durant l'afer dels pisos, ara era només una braseta, però una braseta que escalfava el cor, perquè tothom s'hi interessava, tothom el compadia. Què bo que és tenir bons amics!

Qui no en tenia d'amics, era l'Eudald Balcells. Enrabiat per no trobar el traïdor que havia passat aquella informació, rehabilitat per l'Ajuntament però sense cap simpatia al barri, l'Eudald es tancava en si mateix i en la seva feina. Molt sol. El seu fill no l'estimava, i la seva dona, la Cristina, tenia massa amargors colgant-li l'ànima, i es feia la frívola com a defensa: el seu home l'havia enganyada tants cops! Se sentia molt contenta que haguessin rehabilitat l'Eudald, però més per l'infern que havia pasat amb el boicot dels veïns envers la seva persona que no per l'Eudald mateix. No pot haver acceptat aquests diners! No és un home corrupte... que jo sàpiga. No, no, no pot ser. O sí?, rumiava en les llarges hores de la seva vida ociosa.

I això que estava contenta per les novetats que li havia aportat el seu fill Jaume. Perquè ell, després que l'Anna hagués acabat la novel·la –per fi!– i l'hagués portada al premi per concursar-hi, havia pogut recuperar aquella Anna d'abans, l'Anna amorosa, que ja no es passava els dies capficada entre papers. I el canvi li va fer un gran bé. Les bromes del començament, les sorpreses mútues, les abraçades enjogassades i càlides, la necessitat d'estar junts, de contar-s'ho tot, de compartir passejades, sopars, vetllades, tot, tot va tornar a ser meravellós. I en Jaume, en aquesta situació, va redoblar el seu amor, i ara ja no podia prescindir de l'Anna. En tornar a casa i veure-la, els braços oberts, el cor se li eixamplava. I, per tot això, un dia li va dir que s'hi volia casar.

L'Anna va quedar tallada. No va saber reaccionar. Casar-se? ¿Que no estaven bé així? Una cosa era una amistat molt maca, però provisional, i una altra fer plans per al futur, consolidar la relació. I l'Anna es va sentir torbadíssima i molt, molt insegura. A soles, l'Anna reflexionava. Escrutava els seus sentiments i trobava, sí, gavadals d'afecte, muntanyes de tendresa, però amor... No: amor no n'hi trobava. I tanmateix, en Jaume estava tan convençut que havien nascut l'un per l'altra, que ho va donar per fet. I ella, amb una passivitat que no sabia com superar, l'anava deixant fer.

Per això la Cristina estava contenta: quan en Jaume li va dir que ell i l'Anna es casaven, es va sentir feliç. No era la núvia que ella hauria escollit per al seu fill, però era clar que estaven enamoradíssims, i el que comptava era que fossin feliços. I la boda li feia una il·lusió tan gran! Malgrat les males cares del malhumorat Eudald, malgrat les moltes hores que passava sola i ociosa, la Cristina es va sentir rejovenir, i, en preparar la boda del seu fill, revivia la seva joventut, revivia la pròpia boda, quan era jove i ingènua i creia que l'Eudald era l'home més ben plantat i més intel·ligent del món.

L'Anna escoltava els plans de la seva futura sogra i el temor començava a apoderar-se d'ella. Se sentia atrapada. Mil vegades es deia que s'havia de franquejar amb en Jaume, que li havia de dir que ella no estava segura d'estimar-lo, i mil vegades se li trencava la veu davant l'alegria i l'amor d'ell. Acompanyava en Jaume a casa els seus pares a dinar i havia de suportar l'eufòria de la Cristina. Li hauria agradat fugir de tots plegats! Ella no havia dit res als seus pares, perquè per a ella no era una cosa feta, com ho era per a en Jaume. La incomodava la xerrameca de la Cristina i les amargues sospites de l'Eudald que no parava de parlar del traïdor que l'havia venut, i mostrava, sense llegir-lo, el paper amb els noms dels sospitosos, i temia que el culpable fos en Jaume. No ho entenia: no havia entès el pare de la Júlia, i ara no entenia que les relacions d'en Jaume i el seu pare fossin tan pèssimes. Perquè l'Antoni i en Ferran sempre s'havien barallat, però ella sabia com s'estimaven, a la manera adusta de la gent orgullosa i manaire, però sabia que hi havia amor autèntic.

Tot plegat l'espantava: no volia perdre en Jaume; no volia fer-li mal; i, sobretot, no volia casar-s'hi. Bé, no n'estava segura, però no sentia, evidentment, l'amor que ell sentia per ella. No li agradava aquella sorda guerra entre en Jaume i l'Eudald, no li agradava la frivolitat estúpida de la Cristina. Per què havia deixat que les coses arribessin tan i tan lluny? Ella només volia viure lliure, dedicar el màxim temps a escriure, arribar a ser escriptora, divertir-se amb en Jaume, i que hi hagués una mica de pau al seu voltant.

Quan la Rosa va saber que anaven a casar-se, i que ja estaven triant el dia i tot, es va sentir dolgudíssima amb l'Anna. Perquè la Rosa no ho va saber per ella, sinó per la mateixa Cristina. Pobra Rosa! Tant que havia maldat pels seus fills i ara ells, tots tres, passaven d'ella alegrement, i no la tenien en compte per a res! Que sola, que trista estava! I encara sort que no tenia l'angúnia de tenir el germà a la presó. Però, com havia fracassat en tot! I això que el negoci dels plats preparats anava cada dia millor, i ell i en Bernat l'havien decidit ampliar. En Bernat volia comprar un local i instal·lar-hi una cuina industrial perquè la Rosa pogués produir prou per satisfer les moltes demandes que tenien. La Rosa, aclaparada, no tenia ganes de volar tan alt, i va ser en Ferran qui la va convèncer:

—Ho veus, dona? —li va dir un dia—. Has demostrat que tota sola et desempallegues la mar de bé. No afluixis ara, mare!

Pero no se sentia satisfeta. I això de l'Anna...! No dir-li a la seva pròpia mare que planejava casar-se!

La casualitat que va fer que la notícia arribés a orelles de la Rosa va ser la següent: la Cristina i l'Antoni feia temps que es tenien simpatia. Com que ella era clienta i a ell aquella dona li agradava, havien parlat alguns cops com a amics; però d'ençà que en Jaume i l'Anna vivien junts, parlaven més sovint i es podia dir que es comprenien i tot. Un dia, que el súper ja era tancat, però hi havia l'Antoni a dintre fent números —ai, aquests números, que mai no sortien a gust de l'Antoni!—, la Cristina va anar a fer una comanda de darrera hora, i, com a amiga de l'Antoni, va picar al vidre perquè la deixés entrar. Amb la mala fortuna —o va ser bona fortuna?— que, un cop a dins, justament aquell dia, uns atracadors van assaltar el supermercat. Tant que s'havia afanyat l'Antoni a aconseguir una pistola per a un cas com aquest i ara, davant d'unes navalles, va haver de cedir a tot sense possibilitat de defensa. Li van buidar la caixa, i a més, per tenir temps de fugir, van lligar la Cristina i l'Antoni, esquena contra esquena, al despatxet del súper. I s'hi van passar tota la nit! Perquè la tieta Victòria, que havia enxampat l'Antoni amb alguna donota en aquell despatxet, en veure que trigava es va imaginar que estava de gresca i no va gosar baixar a veure quina n'hi passava. Per a una dona de la seva mentalitat, els homes —«que són uns brètols i també uns innocents», —solia dir— tenen unes necessitats i unes urgències que els fan fer moltes animalades. I vés a saber si és per això que el món va tan capgirat...

Tota una nit immòbils i lligats, l'Antoni i la Cristina van parlar de tot. Ara com a autèntics amics. Ella li va explicar la boda, sorpresa que ell no en sapigués res, i ell li va contar l'infern que passava sense la Rosa i com la trobava a faltar. La Cristina, amb més tacte que la Victòria, que feia temps que li insistia que fes les paus, que demanés perdó i que no fes més el ximple, li va dir que una dona enfadada ha de ser de nou conquistada. Com quan es festeja, saps? Que li havia de fer algun regalet, un ram de flors, per exemple. Que la convidés a sopar, o al cine. Que es comportés com un xicot enamorat i no com un marit engelosit.

I l'Antoni, quan al matí la Mercè els va trobar i va avisar la Victòria i els van deslligar, va posar en pràctica els consells de la seva amiga. Així va saber la Rosa que l'Anna es casava.

El ram de flors que li va portar l'Antoni a la Rosa el feia sentir idiota. Però el consell era de la Cristina i havia de ser bo per força. Tanmateix, el ram de flors no arribà a la seva destinatària. Abans de picar a la porta, va sentir una conversa de la Rosa i en Bernat. I aquest li deia coses que un soci no diu a un altre, sinó que un home diu a una dona. Si hagués sabut el pobre Antoni el poc que li importava a la Rosa aquell Bernat! I va marxar, indignat i humiliat, i el ram, llançat a terra.

Tanmateix, dies després hi va insistir. I van acabar, tots dos, per tenir una conversa sense crits ni baralles, sinó una conversa civilitzada. L'Antoni li demanava —no li exigia: una lliçó que a la fi havia après— de tornar a viure junts. I li va dir que l'estimava. La Rosa va mirar el seu home, objectivament, com no l'havia mirat abans. Va veure un home malcarat, però bona persona; va veure un home que encara feia goig, però que corria rera unes faldilles a la primera ocasió; va veure el company de tants anys, però va recordar l'Emília; va calibrar la humilitat i els bons desitjos que l'animaven en aquella trobada, però va veure l'home que aquella nit la va violar. I, sense crits, gairebé sense ràbia, lúcidament, la Rosa li ho va dir: a hores d'ara, li hauria perdonat fins i tot allò de l'Emília. Però que la forcés aquella nit, això no podia perdonar-li-ho. Que li anava la seva dignitat de dona, i que no cediria.

L'Antoni això no ho entenia: ¿com podia ell «violar» la seva pròpia dona? És que no és una obligació sagrada de les dones? ¿És que no tenia ell uns drets matrimonials? Així li ho havien ensenyat i així ho havia cregut ell tota la vida. Quines modes eren aquestes? I, decandit i malenconiós, hagué d'acceptar en el seu fur intern que potser n'havia fet un gra massa. I que ser home no vol dir ser propietari. Li va costar molt arribar a aquesta conclusió, i aleshores, per primer cop, li va saber greu haver forçat la Rosa aquella nit. «Però és que estava begut...», encara s'autodefensava.

El primer cop que la Rosa va veure l'Anna després de saber els projectes de boda va ser per un motiu molt diferent: l'Anna havia rebut, dels organitzadors del premi literari on havia enviat la seva novel·la, una invitació per assistir a la festa de lliurament. Bocabadada, va llegir uns quants cops la invitació, i la seva reacció immediata va ser que, si la invitaven, és que havia guanyat el concurs! Boja d'alegria i d'il·lusió, arraconà els mals averanys per una boda que no desitjava ni volia, i va córrer a casa a explicar-li-ho a la Rosa. Dissortadament aquesta no va entendre que aquella era una prova d'amor: de la boda no li havia dit res perquè no era important per a la noia; del premi, que sí que era important —i molt!—, en canvi, la va voler fer partícep de seguida, i abans que cap altra persona.

La Rosa li va recriminar el seu silenci, i l'Anna només sabia saltar d'alegria pel premi. A una dona com la Rosa, per a qui casar-se era un pas vital, aquelles mandangues de la novel·la la van deixar freda. Però quan la seva «nena» hagué marxat es va quedar pensativa: o les noves generacions havien canviat moltíssim o el comportament de l'Anna revelava que això de la boda no li causava l'emoció que havia de causar-li. A la fi, la Rosa va optar per la primera possibilitat i no li va donar més voltes.

Més li hauria estranyat a la Rosa si hagués vist que, des d'aquell moment, l'Anna ja no vivia per en Jaume ni per ningú, sinó per l'eufòria d'imaginar-se guanyadora d'un premi literari. I hauria endevinat que això era primordial, i que la seva relació amb en Jaume estava en segon terme. En Jaume sí que ho veia, però no volia admetre-ho. Tanmateix, des d'aquell moment, l'Anna va relegar els dubtes i el desig de ser franca amb en Jaume i aquest, que en el fons temia que ella es fes enrera, la va deixar fer segur que al capdavall seria la seva dona.

Les primeres a rebre amb alegria la notícia que era la possible guanyadora d'aquell premi van ser l'Helena i la Júlia. L'Helena passava un mal moment, després del trencament amb l'Enric, i la Júlia, tot i la seva independència, li havia fet molt de costat. Les males estones, doncs, les havien apropades. I la notícia que els donava l'Anna les va alegrar de cor. Les dues noies es van posar a discutir quin vestit es posarien per a la festa literària: si la Cristina hi hagués estat present no hi hauria entès res de res, perquè aquella mosseta que no li feia gens de cas quan ella parlava del vestit de núvia, resplendia en pensar què s'havia de posar per a un simple sopar, per més literari que fos! La Cristina s'hauria quedat tan estupefacta com la Rosa, tot i que eren dues persones tan i tan diferents. Només compartien una cosa: que eren de la mateixa generació.

La nit de la festa, la Júlia es va presentar al *pub*, on anava gairebé a diari, amb un vestit negre molt escotat, els cabells enlairats, sabates de taló i un suau aroma de perfum francès. En Quim gairebé cau a terra del tamboret, en veure la seva estimada convertida en una model, i si ja estava boig per ella, aquella nit encara es va embogir més. En Ferran també va quedar sorprès: més que sorprès, va quedar bocabadat. Acabava de veure-la per primer cop! Sempre l'havia mirada com a una noieta, com a una amigueta de la germana, i ara aquella estupendíssima noia que seia al seu davant li descobria, com si una bena li hagués caigut dels ulls, que era tota una dona. I una dona preciosa. De la descoberta va venir aquella llumeta que se li encenia quan una dona li agradava. La Kati, que el coneixia bé, i que seia en un racó com havien convingut, es va adonar de seguida del capteniment d'en Ferran. El més lent a entendre-ho va ser en Quim. Temps tindria per entendre-ho. I per suportar l'amargor de la derrota. En Ferran es va posar, clarament, a flirtejar amb ella, i la Júlia es va sentir feliç: feia tant de temps que a ella li agradava en Ferran! I la feria tant que aquest la tractés com una nena! Així que va acceptar el flirteig i ella mateixa va flirtejar amb ell. D'aquella conversa va resultar que en Ferran, que fins aleshores s'hi havia negat, la va contractar al *pub*. Per a la Júlia significava una joia doble: ja tenia feina i podia veure en Ferran moltes hores cada dia. La Kati es va burlar d'en Quim, i va fer algun comentari. La mateixa Kati es va trobar omesa, en aquella nova atmosfera que s'havia creat entre en Ferran i la Júlia.

Qui no va ser gens feliç aquella nit va ser l'Anna: no sols no havia guanyat, sinó que no era ni finalista. La seva derrota va ser l'experiència més amarga que havia tingut en tota la seva vida. Confusa, avergonyida, mortificada, deprimida, l'Anna se sentia tan horriblement malament que hauria volgut morir-se!

La va ajudar l'Helena, és clar. Va esbrinar que uns lectors previs feien una selecció per al jurat, i aquest no havia ni tan sols vist la seva novel·la. Va llegir atentament el mecanoscrit de l'Anna i li va fer un judici sever però just, amb la conclusió que la novel·la era precipitada, però que l'Anna tenia condicions i que no podia abandonar al primer contratemps. Perquè l'Anna volia estripar tot el que havia escrit, volia abandonar la ploma, volia oblidar tots els projectes que tant li escalfaven el cor. L'Helena no la va deixar enfonsar. Perquè a en Jaume, per més que l'estimés, aquells projectes de deixar d'escriure li agradaven molt, i se sentia alliberat de les ambicions de l'Anna. L'Helena va necessitar tot el seu tacte, tot el seu talent per animar-la. I si ho va aconseguir va ser perquè la tieta Victòria li havia insistit de nou sobre els papers del seu pare, i aquest cop l'Helena la va fer interessar de debò:

—Però, que no ho veus, Anna, que aquí tens un material literari de molta envergadura?

En Martí, malgrat tot, no havia abandonat els seus hàbits de fer pintades. I ara doblava els seus esforços perquè la seva Clàudia l'havia deixat de banda i sortia amb un xicot de COU. Així que, amb la complicitat d'en Miquel, havia fet unes pintades davant mateix de l'Institut declarant el seu amor a la Clàudia. I ella es va enfadar, és clar. Però la seva manera d'enfadar-se va ser molt especial. En Martí va notar que la Clàudia, si no estava tant d'ell com ell ho estava d'ella, almenys li tenia molta simpatia. Això, dit sigui sense descrèdit de la feina de psicòleg de l'Enric que continuava tractant-lo, li va fer més bé que totes les sessions d'aquest.

Amb els diners que havien guanyat arran de les fotos de la Marta Jardí, en Martí i en Miquel s'havien comprat una moto, però la guardava en Miquel, que ja havia fet setze anys i podia portar-la. La il·lusió d'en Martí, però, era poder portar de paquet la Clàudia, i si no ho feia era perquè ella no volia anar-hi amb el perill que comporta no tenir l'edat i no tenir ni casc!

Un casc! I s'acostava el quinzè aniversari d'en Martí! Així que, segur que aquell any, com tots els anteriors, hi hauria festa grossa pel seu aniversari, va marejar tothom demanant un casc de moto, una demanda que a tots els va semblar pueril: per què volia un casc, si no tenia moto?

En Martí va néixer just el dia que el tiet Fidel feia el seu aniversari. I per això ell i la Victòria van ser els padrins del noi. I per això també hi havia el costum a la família Aiguader de celebrar una festassa i omplir el noi de regals. Tanmateix, malgrat els plans d'en Martí, aquell any ningú no tenia ganes de celebrar una festa. La Rosa, perquè la seva relació amb l'Antoni no li ho permetia; l'Antoni, perquè estava amoinat perquè els números del súper no quadraven —i, a més, havia hagut d'aguantar un atracament— i havia confessat a la Victòria que havia falsificat i tot unes factures per fer front als molts impostos que se'l menjaven; en Ferran, perquè tant li era si celebraven la festa o no; i l'Anna, perquè, passat el disgust del fracàs literari, tornava a estar emmurriada amb una boda que se li tirava a sobre i que en el fons no desitjava.

Sort va tenir en Martí de la tieta Victòria. Aquí sí que va treure tot el seu geni, la bona dona. Escandalitzada que hom deixés morir una tradició familiar tan entranyable, i que per a ella era un homenatge a en Fidel, va donar un cop de puny damunt la taula i va esbandir l'aclaparadora tristesa que sentia per l'empresonament de l'Andreu. I això que hi havia mals presagis sobre la causa de l'Andreu: aquest no havia convençut ningú, fora dels amics del barri, que realment les coses haguessin anat com ell les explicava. La interpretació del fiscal era que l'Andreu sentia una sorda rancúnia per en Ricard a causa de la seva relació amb la Victòria i que l'havia matat premeditadament. Això volia dir trenta anys de presó.

Però ni això no va tòrcer la voluntat de la Victòria: aquella família, la seva única família, s'estava desintegrant, i encara que ella els hagués d'arrossegar per força, la festa d'en Martí s'havia de celebrar com cada any. Tan i tan tossuda es va posar, que a la fi, d'un en un, tothom hi va anar cedint. En Martí va tenir la seva festa. Fins i tot semblava una família normal, tots cantant «Moltes felicitats» i rient i brindant plegats!

I en Martí va rebre, no un, sinó tres cascs de moto, per a riota general!

Sí: va ser una bona festa. Una festa de família. Hi va haver alegria. I algun bri d'amor, també. I, sobretot, hi va haver una gran sorpresa:

En Manel, d'ençà que li havien detectat aquella úlcera, se sentia malalt. La Mercè estava desesperada, perquè estava segura que en Manel no tenia malestars físics sinó d'una altra mena. Torejava l'Antoni com podia, perquè tingués paciència i el deixés refer-se, evitant que l'acomiadés del súper, i ella feia la feina de tots dos. Inútil va ser que la Mercè fos amb ell més dolça que mai, que en tingués cura amb una sol·licitud abnegada, que l'instés a parlar un i altre cop. En Manel jeia al llit com si no tingués ganes de continuar vivint. Fins que va esclatar. Fins que li ho va contar tot.

La nit que l'Antoni havia intentat abusar de la Mercè i que ell pispà l'ampolla de xampany només per rescabalar-se de la mala estona que li havia fet passar, en Manel va anar passejant fins a casa però prèviament va voler fer un passeig pel port. Allà va veure com l'Andreu s'acostava a en Ricard, i va veure l'empenta de l'Andreu i com en Ricard queia amb la mala fortuna de donar-se un cop contundent al cap.

Immobilitzat per la pròpia covardia, el noi es va amagar i no va dir res a ningú. Ara bé: veure que empresonaven a en Xavier li va resultar un calvari duríssim de superar, tant que va acabar amb una úlcera a l'intestí! Però com que l'Andreu callava, ell va optar per callar també: no podia acusar el seu propi oncle! Ara bé: el detingut era ara el seu oncle Andreu i el noi s'imaginava que si parlava ara tothom sospitaria d'ell: per què no ho havia dit abans? Per què no va ajudar en Ricard? Per què va callar quan van detenir en Xavier? Es veia acusat de covardia, i es va tancar en banda. Tot plegat se li anava podrint per dintre: aquesta era la malaltia que tenia, com havia intuït la Mercè, i no l'úlcera en si mateixa. El dia que va esclatar, la Mercè va prendre de seguida les decisions del cas: calia presentar-se a comissaria i fer una declaració.

—Però, què diré si em pregunten per què he callat fins ara?

—Direm que has tingut un xoc. I, a més, és veritat...

En plena festa d'en Martí, va arribar el jove matrimoni. Naturalment, els volien fer passar i que hi participessin i beguessin alguna cosa. Però la Mercè només volia una cosa: parlar clar. Que mai més el silenci ens faci dissortats!, hauria exclamat si hagués conegut Shakespeare...

Quan la Victòria va saber que hi havia un testimoni a favor de l'Andreu i que en Manel acabava de declarar a comissaria, no sols no li va retreure res, sinó que l'abraçà emocionada, i molt ufana, va agafar una ampolla de cava i se'n va anar a la presó, a fer un brindis amb el seu Andreu en un dia tan assenyalat com aquell...

Aquella tempesta que dèiem, que semblava congriar-se sobre el barri, va tenir una altra explosió molt inesperada.

La Lola de Gironella estava animadíssima: els boixets havien ajudat tant l'Emília! Els metges estaven meravellats dels progressos, i la malalta feia metres i metres de puntes amb una habilitat i una perícia admirables. Tant era així, que la Lola va demanar permís al sanatori per emportar-se un cap de setmana l'Emília al poble, i el permís va ser concedit. La bona dona estava convençuda que en trobar-se l'Emília en l'ambient de la seva infància i de la primera joventut milloraria; n'era bona prova la millora que havia experimentat només en recuperar els seus boixets.

La Lola li havia portat, a més del coixí, una capsa amb fils i mostres. I entre els fils i les mostres hi havia unes fotografies. Eren d'abans, de la gent del poble, dels amics comuns. L'Emília les havia mirades distretament, concentrada en el plaer retrobat de fer puntes.

Just uns dies abans de la sortida a Gironella, l'Emília era a la seva habitació, concentrada en la labor. Descansava de tant en tant i estirava els músculs de l'esquena per posar-s'hi de nou. A cada descans, li retornava al cervell l'odi cec que li tenia a l'Antoni, i una flamarada de por l'encenia per breus instants: l'Antoni la mataria! Tard o d'hora, s'enfilaria per la finestra i li dispararia amb aquella pistola que tenia!

I, de sobte, els seus ulls ensopegaren les fotografies de la caixa de costura. Aquesta vegada s'hi va fixar una mica. N'hi havia una que... L'Emília, amb les mans tremoloses, la va agafar i se la va acostar a la vista. La va mirar i els seus ulls s'esbatanaren horroritzats. Un autèntic atac la va sacsejar de cap a peus. Va rebregar la fotografia, va plorar, va exclamar paraules que eren com un foc encès. I aquella mateixa nit, amb les puntes com a corda, es va penjar.

La notícia va horroritzar l'Helena, que es va apressar a avisar en Marc. També va avisar la Lola, i fins i tot va anar a explicar-li-ho a l'Antoni. Fet tot això, i el cor oprimit per una mort tan horrible, l'Helena va fer els preparatius del funeral. La foto rebregada que tant havia espantat l'Emília va quedar a terra, a la cambra d'aquesta. Una infermera la recolliria i la posaria, un cop allisada, altre cop a la capsa de costura...

El dia de l'enterrament, hi havia l'Antoni i la Rosa, la Victòria i l'Anna. En Jaume també. La Júlia i l'Helena. I, desfeta en plors, la Lola, que no parava de dir: «Després d'haver-la perduda tants anys, i tan contenta com estava d'haver-la retrobada!». En Marc, però, no hi era. Perquè no havia contestat cap dels missatges de l'Helena. Ignoraven si per fi ho havia sabut o no.

Va ser un enterrament, no trist, com ho són tots, sinó dramàtic. Se sentien els sanglots de la Lola, repenjada en l'Helena. Hi havia una mena d'estupor general. L'Antoni semblava commogut. «Jo no volia això! Jo no li volia cap mal, a la pobra Emília!», deia una vegada i altra a la Victòria.

Quan el funeral era a les acaballes, va arribar en Marc, precipitadament, d'Alemanya. Baixà d'un cotxe elegant. Portava un vestit molt senyor. I unes ulleres fosques que li tapaven els ulls. No semblava el Marc de sempre.

La Lola, que encara no el coneixia, li va fer una abraçada maternal, amb tot el sentiment. L'Helena i la Júlia també l'abraçaren. Ell semblava impàvid. Però quan s'acostà l'Antoni a donar-li el condol, en Marc se li va girar d'esquena. L'Anna, que mirava amb l'ànima als ulls aquell Marc que encara estimava tant, no va gosar parlar-li. Ni ell li va dir res a ella.

Quan van marxar tots i, per fi, en Marc va estar sol al cementiri, va posar-se davant del nínxol de la seva mare. Es va treure les ulleres negres: hi havia uns ulls vermells, inflats, plens de dolor i d'angoixa. Amb la boca premuda, en Marc va dir:

—T'ho vaig prometre, mare: et juro que et venjaré.

18

COM QUE L'ANNA estava feta un autèntic garbuix pel que feia a la seva vida sentimental, perquè no veia clar allò del casament amb en Jaume, i perquè havia vist en Marc a l'enterrament de l'Emília, es va abocar de nou en l'única cosa que omplia de debò: l'escriptura. Volia seguir el consell de l'Helena, i no donar-se, no deixar-se aclaparar per la primera ensopegada. Així que va rellegir la seva novel·la –només uns fragments, perquè la resta l'havia estripada–, i va intentar ser objectiva. És a dir: la va llegir com si no fos seva. I va poder adonar-se que, si bé en els passatges més intimistes la novel·la tenia força, en el passatges descriptius fallava. Va ser un autèntic esforç, però la va ajudar molt a no arrencar a córrer del costat d'en Jaume i refugiar-se amb la Rosa, com si fos una nena que volgués que la mare la protegís, o li digués què havia de fer. I això no hauria estat just: ni en Jaume es mereixia ser tractat així ni la Rosa era la dona que la podia aconsellar. La literatura li va donar força.

La primera cosa que calia fer per tornar a posar fil a l'agulla era llegir aquells papers del pare de la Victòria. Va veure de seguida que l'Helena havia estat encertada, que no eren un rotllo d'avis, sinó el diari vibrant i apassionat d'un lluitador. Caram! Sí que havia estat ferm el pare de la tieta! I com era de diferent la història llegida així de la que havia estudiat en manuals aigualits i gens compromesos!

Com és lògic, va ensopegar amb la carta d'en Magí. I amb una anotació del diari que feia referència a unes joies. I va trobar aquell altre paper en esperanto. Com abans havia fet en Ricard, no va trigar a trobar qui l'hi traduís, i es va adonar de seguida que la tieta tenia unes joies amagades en algun lloc que ella mateixa no sabia. A l'anotació del diari, en lletra molt menuda i gairebé il·legible, va trobar una referència a la calaixera. Amb tota aquesta descoberta va córrer a veure la Victòria.

Joies? Calaixera? La Victòria no va trigar ni un minut a lligar caps, i va anar a veure la Rosa.

—Saps les joies que li van trobar a en Ricard? Doncs són meves. I les tenies tu a la teva calaixera...

Quan la Rosa va assabentar-se de tota la història i va lligar caps, va estar tan segura com la tieta de quin havia estat el joc d'en Ricard amb elles.

—Així que no volia dues dones, sinó dues calaixeres!

Les dues dones es van fer un tip de riure d'haver estat tan càndides, de la baralla que havien tingut per uns pantalons, i de com havia estat d'hàbil en Ricard per encaramelar-les com si fossin col·legiales.

—Si ho sabia l'Antoni, tieta!

—Val més no dir-li res, oi?

Complicitat de dones. I prou dones, aquelles dues, per sofrir aquesta fuetada a la seva vanitat amb unes sanes riallades!

La Victòria va aprofitar l'ocasió per tornar a sermonejar la Rosa a propòsit de l'Antoni. Estava tan satisfeta de la festa de l'aniversari d'en Martí! I veia cada dia més ensopit i més amargat l'Antoni!

—Rosa, pensa-t'ho: ni tu ni ell esteu bé separats. Encara que no ho vulguis reconèixer, tu el trobes a faltar tant com ell a tu. L'Emilia és morta. En Marc, com si no existís, perquè no vol saber res de l'Antoni. I el negoci li va tan malament d'ençà que tu el vas deixar!

Perquè la Rosa, que havia cuinat plats preparats per ser venuts al súper, d'ençà que s'havia avingut als plans d'en Bernat, tenia una cuina industrial i els seus plats els distribuïa el soci, de manera que el racó del súper, on hi havia hagut els seus plats, ara estava buit.

És clar que no era aquesta la causa única de la decadència al súper. L'Antoni, la veritat sigui dita, no havia portat bé el negoci. Havia volgut ser massa murri, massa espavilat. Havia retardat el pagament d'impostos endarrerits, havia volgut oferir bons preus, i quedar-se un marge just, per atreure la clientela, havia allargat els pagaments regulars als distribuïdors... És clar que la crisi econòmica afectava tots els comerciants, i la proliferació imparable de grans espais en el ram de l'alimentació perjudicava negocis petits com el de l'Antoni. Però ell tenia una situació privilegiada, havia estat el primer al barri nou, i no havia sabut aprofitar l'ocasió. Però si fins i tot estava en descobert en la Seguretat Social d'en Manel! Si fins i tot havia falsificat algunes factures! I aquestes coses no arreglen els problemes comercials; tot al contrari: fan l'efecte de bola de neu, perquè un acaba més endeudat que al començament. I ara havien posat una gran superfície al barri nou, i se li estava menjant la clientela.

Ell prou que se n'adonava, que les coses anaven a mal borràs, i quan va visitar aquell nou supermercat, cent vegades millor que el d'ell, va veure que no podia competir si no era abaixant els preus. En aquell barri, però, la clientela preferia un bon assortiment que estalviar-se unes quantes pessetes en les ofertes, i va anar perdent-la.

A la desesperada, convençut que rebaixar preus era la clau de tot, va posar els productes a preu de cost, i simultàniament va idear una campanya publicitària... És clar, no podia permetre-se-la, i va idear demanar-li a la Mercè que es fes una foto, i que repartirien els cartells publicitaris per tot el barri. Si la Mercè ho va acceptar, va ser perquè ella i en Manel volien salvar tant el súper com l'Antoni: els hi anava la feina i Barcelona era plena d'aturats.

Tot plegat, però, no va fer més que retardar l'inevitable: el supermercat s'enfonsava sense remei. Els dies en què els productes eren a preu de cost, sí, va haver-hi cues, però sense beneficis... Els anuncis de la Mercè, sí, havien aportat alguns clients que s'hi passejaren i compraren una mica. Però el negoci feia aigües per tot arreu.

Vençut, aclaparat, l'Antoni ja no sabia on girar-se. Els propòsits de reconciliació de la Victòria no podien reeixir: un dia va saber que els productes cuinats de la Rosa es venien al supermercat nou! Quina punyalada per l'esquena! Quina traïdora! Fer competència al seu propi súper! Estava tan furiós, que tot i les ganes d'arreglar les coses amb ella, va anar al pis a cantar-li la canya.

Precisamente la Rosa era amb en Xavier. Ai, en Xavier! Sempre seria el mateix! En sortir de la presó, l'havien acomiadat de la botiga de roba d'homes on l'havia col·locat l'Eugeni. I vés a saber en quin nou embolic s'havia ficat, perquè es va presentar a ca la Rosa amb una esgarrapada a la galta, un ull de vellut i la camisa estripada. La Rosa, després de l'ensurt de veure'l d'aquesta manera i després d'haver-lo curat tan bé com sabia, li estava fent un bon sermó, tot i que el seu germà no li havia volgut dir ni una paraula del motiu d'aquella baralla en què, sens dubte, havia portat les de perdre. En aquell moment va arribar l'Antoni, tan exaltat, tan espantat de la seva situació econòmica —les persones espantades poden ser tan violentes!—, tan ofès que la Rosa mateixa li fes la guitza, que li va parlar d'una forma agressiva. La Rosa li prometia que no ho sabia i que ordenaria a en Bernat que mai més distribuís els seus menjars en el supermercat de la competència, però l'Antoni es va deixar portar pel seu mal geni i li va arribar a dir paraules grosses. I això en Xavier no ho havia de consentir. En defensar la Rosa, en Xavier també va dir coses molt grosses. Semblava que la sort els anava en contra, a aquell matrimoni, que «volien i podien» per reconciliar-se. Llàgrimes, crits, ofenses... I la situació entre tots dos pitjor que mai.

El segon intent que va fer l'Antoni per aproximar-se a la Rosa, un temps després, perquè la tieta no parava de burxar-lo i animar-lo a reconciliar-se, va ser ben rebut per ella. L'havia convidada a sopar, i ella s'hi havia avingut. La tieta havia emprat un argument que tenia molta força per a tots dos: en Martí. Perquè havia sabut que en Martí tenia una moto d'amagat: d'on havia tret els diners? Com podia portar-la sense tenir l'edat? I la bona dona deia que els seus pares, tots dos, el tenien massa abandonat, que estava en una edat en què calia molta atenció. I en Martí va ser la paraula màgica que els va decidir, a tots dos, a parlar, en aquell sopar. Poc abans del sopar, la Rosa tenia una entrevista de negocis amb en Bernat. Eren al bar vell, amb uns papers a la mà i parlaven de menjars cuinats. La Rosa tenia aquell dia una mena d'aura reposada i atractiva. Perquè s'havia posat la millor roba, com si aquell sopar fos amb el promès i no amb un marit que coneixia de tants anys. I se sentia, per variar, tranquil·la i serena. Sí, la tieta tenia raó: aquella situació s'havia d'arreglar. En Martí feia el que li donava la gana, perquè ella estava sempre ocupada i el pare el veia massa poc. És a dir, que en no sentir-se tensa, en trobar-se relaxada i esperançada, en tenir els nervis tranquils, tota ella resplendia. Era una dona bonica i atractiva, com tants cops li havia dit el seu germà.

El mal és que en Bernat també s'havia adonat de l'atractiu de la Rosa, i, sense que ella li ho pogués impedir, tant sobtat va ser, i va agafar la mà i li va començar a dir paraules dolces. I just en aquell moment va comparèixer l'Antoni, també tot mudat i amb un somriure que feia temps que no gastava. En veure l'escena, aparegué altre cop el fantasma de la gelosia, la frustració i la ràbia, i després de dir-li quatre fresques, va marxar enfadat i furiós. Ai, si arriba a saber l'Antoni que tot el que li deia en Bernat a la Rosa no li interessava gens ni mica! Si hagués tingut la prudència de preguntar-li, si aquell home li agradava! Si s'hagués esperat, abans de fer la seva escena al bar vell, només un minut i hagués vist la reacció de rebuig de la Rosa! Sí, semblava que un mal fat volia impedir la reconciliació de la parella. O potser el destí volia que només poguessin assolir-la a través de proves doloroses...

Per acabar-ho d'adobar, quan l'Antoni passava tots aquests tràngols, un dia se li va presentar en Marc al súper. Per a la seva estupefacció, en Marc el va mirar de fit a fit, amb una duresa i un menyspreu que feien por i tot. I li va dir que li faria tot el mal que pogués. Que li desitjaria la mort com l'havia desitjada la seva mare!

Ja no podia més, l'Antoni. Estava acabat. Havia fracassat. Ara tenia totes les esperances —les últimes esperances!— en aconseguir un crèdit del banc. Si això també li fallava, l'Antoni hauria de plegar. La Victòria que estava al corrent de tot, li havia dit que ja havia fet la reclamació de les joies a la policia, i que, si les hi tornaven, l'Antoni hi podia comptar.

—Si he fet malbé la fortuna de la Loto, tieta, també faria malbé el seu tresor! —va dir l'Antoni, amb una amargor que li va trencar el cor a la Victòria.

L'Anna, la seva preciosa Anna, se li casava. Potser era l'única persona que l'estimava de debò. Bé, i la tieta, és clar. I ara se n'hi anava, la seva nena. I ell, tot sol. En Jaume la faria feliç, i era natural que es casés un dia o altre. Però ara la necessitava. I just en aquest estat d'ànim, va venir l'Anna a veure'l. I el pare va trobar tan consolador explicar-li tot el que passava! En aquell moment, la presència de la noia, la dolçor amb què l'escoltava, l'emocionat afecte i la tendresa que sentia per ell, el van fer imprudent. Perquè li va explicar també l'amenaça que en Marc li havia fet.

En Marc havia amenaçat el seu pare! l'Anna va decidir anar a veure'l, a demanar-li explicacions, a demanar-li, si calia, que deixés en pau el seu pare, a demanar-li... En el fons, l'Anna desitjava profundament veure en Marc i parlar-li. Malgrat que la seva indignació per l'amenaça era ben genuïna, en el fons era l'excusa per anar a veure'l. Era com trobar una necessitat segona que dissimulés la necessitat primera que sentia.

En Marc, amb la venda als alemanys del Robolec, havia fet una fortuna. A més, havia aconseguit la representació d'aquest enginy a tots els Països Catalans. Ara en Marc tenia una oficina molt senyora, i volava alt, com a empresari; l'antic negoci, el talleret de lampisteria, l'havia liquidat. Això sí: en David s'havia quedat amb ell. L'amistat entre aquells dos homes era sagrada: havien estat junts en els moments difícils, havien estat com uns germans, treballant com esperitats, i, malgrat que en David ni tenia temperament d'empresari ni experiència, en Marc el volia al seu costat.

—Si en els moments difícils has estat amb mi, també estaràs amb mi en els moments bons —li havia dit.

L'Anna, doncs, es va carregar de valor per anar a veure en Marc, amb l'ansietat de veure'l, i, alhora, amb el desig d'ajudar el seu pare. Tanmateix, no se li amagava que al cementeri, durant l'enterrament de l'Emília, el noi ni l'havia saludada. «Potser estava tan afectat...», es deia l'Anna. Hi havia hagut llaços massa intensos entre ells. És clar que eren germans, però ¿la frustració que tots dos sentien com a parella d'enamorats justificava que es comportessin com a enemics? «Si almenys poguéssim parlar, i ser amics...», es justificava l'Anna a si mateixa. Però no s'imaginava la fredor i el desdeny amb què l'acolliria en Marc.

L'Anna portava aquell dia un collaret molt especial. Perquè en Jaume, lluny de desistir del projecte de boda pels dubtes d'ella, l'havia donat per fet. L'Anna se sentia pressionada, cada cop més. Una de les armes que ell va emprar per reblanir-la va ser aquell collaret: era d'or i pedreria, molt car i d'un gust exquisit. L'hi va donar com el que era: com un regal de prometatge. Si tothom regala anells, en Jaume volia que fossin diferents dels altres. I l'Anna, en posar-se el collaret, va sentir com si fos una cadena que la lligava a en Jaume. Havia estat inútil confessar-li, a la fi, que ella tenia seriosos dubtes sobre els seus propis sentiments. En Jaume li deia que ara la seva família ja estava massa engrescada amb la boda i que, si ella dubtava, era a causa dels nervis naturals que molts experimenten quan s'acosta la data de la boda. Però estava segur que ella el volia tant com ell la volia a ella. I l'Anna, incapaç de fer-li mal a un home tan bo, tan considerat, tan enamorat com ell, tornava a concentrar-se en la literatura i deixava passar el temps.

El dia que va anar al despatx d'en Marc portava el collaret posat. Els seus ulls blavíssims, intimidats pel despatx i la presència d'en Marc, el varen fitar amb esporuguida dolçor. Només un moment, perquè en Marc, com si l'odiés, li va dir paraules feridores sobre el seu pare i li va demanar que marxés, que ell tenia feina. Per què la tractava així? ¿Per què aquell odi a l'Antoni el dominava tant? Quina mena de persona era per comportar-se tan injustament i tant cruel? I, en sentir una paraula ofensiva envers el seu pare, l'Anna li va donar una bufetada. Una bufetada en què va descarregar la decepció, el seu amor propi ferit i el seu dolor. Ell li va agafar les mans i la va sacsejar, sense consideració: només hi havia odi en els seus ulls. I, en aquest breu enfrontament físic, el collaret d'ella va rebre una estrebada i va caure sobre la moqueta del despatx. Ella va marxar fent petar la porta, ignorant que el collaret d'en Jaume s'havia quedat allà. Però ell sí que ho va veure. Es va ajupir, va agafar el collaret i el va sostenir davant dels ulls. A soles, en Marc ja no tenia la mirada d'odi, ja no premia els llavis amb desdeny. Ara, tot el contrari, els llavis li tremolaven i mirava el collaret amb un amor tan intens, tan dens, tan esbojarrat que, si algú l'hagués vist aleshores, no hauria dubtat ni un moment que estava profundament enamorat de l'Anna. Després, es va acostar el collaret a la boca i li va fer un llarguíssim i tendre petó...

Tanmateix, quan ella va notar la pèrdua del collaret i, fent memòria, va concloure que només el podia haver perdut al despatx d'en Marc, incapaç de sincerar-se amb en Jaume, que veia en aquell collaret el símbol del seu amor, va tornar i en Marc la va rebre igual o pitjor que la primera vegada. Va negar que sabés res de cap collar i literalment la va fer fora del despatx. L'Anna, plorosa, va tornar a casa amb un pensament clavat al cap: en Marc l'odiava i no era bona persona. S'havia equivocat amb ell...

L'Andreu, és clar, amb la declaració d'en Manel va poder sortir de la presó en llibertat condicional. Quina alegria va tenir la Victòria! Amb quina joia passejava amb ell del braç! Si li parlava del judici, en què estava segur que seria condemnat, ella l'instava a viure el moment present, i a gaudir de la seva companyia. Del seu amor, també. Un amor que, en les moltes visites d'ella a la presó, ja no era un secret entre ells. Era un amor, això sí, sense paraules, sense promeses, sense projectes. Però era sòlid com la roca. Indestructible. I tots dos ho sabien. Ves per on, en Ricard havia deixat una herència doble: unes joies que segurament podria recuperar la Victòria, i el fet que s'adonés que estimava aquell amic de sempre.

L'Andreu havia de passar encara dues proves, i les va passar tan ben passades que, d'haver estat estudiant, li haurien donat un Excel·lent... La primera era confessar-li a la Victòria com havia pogut pagar la seva llibertat provisional:

—¿Saps aquells diners de la indemnització del pis que vaig jurar que mai no tocaria? Doncs, mira, els he tocats...

—Ben fet! Així, almenys, hauran servit per a una causa bona!

—I la resta vull que siguin per a en Manel i la Mercè...

La Mercè, tipa de viure tan incòmodes a la porteria dels seus pares, havia insistit tant per tenir un pis! Per acceptar aquell de la quinta forca que els havia buscat l'Ajuntament! Però en Manel, en això, va ser inflexible, i totes les cucamones, les súpliques i els morros de la Mercè no van servir de res: com el mateix Andreu, com la Victòria, entendrida per la tossuderia del noi, que era la seva mateixa tossuderia: l'amor al barri vell. Però calia fer moltes despeses, fer-hi obres, moblar-lo... I s'havien entestat tant per tenir l'Andreu amb ells! Així que aquest havia decidit que tot el que li quedava havia de ser per a aquell matrimoni entranyable.

—A veure si ara podreu per fi tenir família! —els havia dit.

La segona prova que havia de passar l'Andreu era demanar-li perdó a en Xavier. Havia actuat, amb ell, covardement i indigna, i l'Andreu no podria dormir tranquil fins que rebés el perdó d'en Xavier. La Victòria va assistir a l'entrevista visiblement emocionada. Ella coneixia prou en Xavier per saber quina seria la seva reacció. I, com ella havia previst, en Xavier va abraçar l'Andreu, va dir que el comprenia, i que el que comptava era que tots dos estiguessin ara en llibertat.

En Xavier era així. Incapaç de guardar rancúnia. La mateixa baralla que havia tingut amb l'Antoni es dissolia i l'oblidava en un parell de dies. La humilitat amb què li va parlar l'Andreu, la noblesa de dir-li que si va actuar així va ser per por, sense buscar-hi excuses, per a en Xavier eren coses molt grans. No entrava en la seva manera de ser retreure res a aquell bon home. Era magnífic, en Xavier!

Tot i que ara tenia ben enquimerat l'Eugeni, que no havia pogut arrencar-li el secret que el tenia amoïnat. Ni tan sols li va voler confessar que li havia donat aquella pallissa que li havia curat la Rosa. Ni units, la Rosa i l'Eugeni, van aconseguir treure-li ni un mot:

—No sigueu pesats! —els deia— És que no confieu en mi?

Potser sí que hi confiaven, però aquell secret, els aires de misteri, l'afecció d'ell a fer feines il·legals, la pallissa que li havien donat, tot això els preocupava moltíssim i els irritava el silenci d'en Xavier.

Un dia en Xavier va anar al *pub* i li va dir a en Ferran si volia fer-li un gran favor: guardar-li una bossa per uns dies. Li va prometre que no es tractava de res il·legal ni perillós i en Ferran hi va accedir. Quan va haver marxat en Xavier, però, la curiositat d'en Ferran va ser tan forta que va obrir aquella bossa: per a la seva sorpresa, contenia roba de dona! I en Ferran es va limitar a riure. «Mira que si ara li agraden les dones, al tiet!», va pensar, però no li ho va dir a ningú.

La seva relació amb la Júlia era cada cop més intensa: havien fet l'amor, s'havien dit tot el que es diuen un home i una dona que s'estimen, i en Quim patia. Patia per dos motius: el primer era que veia com perdia la Júlia; el segon, i el més terrible, que dubtava que per a en Ferran fos altra cosa que una dona més, i que la noia acabés sofrint per causa d'ell. Tanmateix, l'evidència de les relacions de tots dos va obligar en Quim a resignar-se. Sí, s'hi va resignar, però li dolia tant!

També li dolia a la Kati. La Kati estimava en Ferran més i tot del que ella mateixa imaginava, i la relació amb la Júlia era com dir-li que ella era un simple entreteniment, i que sempre la deixaria de banda quan li n'agradés una altra. Afortunadament la Kati acabava d'aconseguir, després de tant i tant de temps d'intentar-ho endebades, un paper en una obra. Actuar! Actuar! Això sí que ho desitjava! Això sí que li importava! Aquest era el seu ofici, i no la vilesa d'anar fent amb l'amor venal d'uns homes que no li interessaven gens, que més aviat la repel·lien!

I la Júlia surava en un núvol de felicitat. Estava boja per en Ferran, l'estimava amb tot el cor. Havia fet l'amor per primera vegada a la vida, i ell havia estat tan tendre, tan dolç, amb ella! Els seus estudis, sí, li importaven, però aquesta felicitat d'estimar i ser estimada! Aquest gaudi diari d'estar junts a la feina, de veure'l tantes hores cada dia! I, després, passejaven, o anaven a fer un mos, o ell la portava al seu pis i allà s'estimaven...

És clar que l'Helena va començar a fer preguntes sobre el seu horari: Havia acceptat que volgués treballar, havia acceptat que ja no era una nena i que tenia dret a fer el que volgués, però això de venir a altes hores de la nit i matinar l'endemà per anar a la Facultat! Al primer interrogatori, però, la Júlia va ser absolutament honesta amb ella i li ho va explicar tot. Temia que ella reaccionés malament, però no va ser així:

—Gaudeix de la vida, filla. Gaudeix tant com puguis. Al capdavall, és la cosa més important que tenim...

Si no arriba a estar tan enamorada, surant en l'aire, la Júlia s'hauria preocupat per aquesta reacció de l'Helena. On estava aquella mare comprensiva però exigent? Dolça però inquisitiva? Entre els núvols on habitava la Júlia, alguna cosa, però, sí que li va arribar, perquè va insistir amb en Ferran de ser algun cop a casa seva a l'hora de sopar.

—És que l'Helena està una mica rara, saps? No vull que estigui sempre sola...

Ella s'imaginava que l'Helena no havia acabat de pair la separació de l'Enric. Però no era això. L'Helena tenia un altre problema. Molt més colpidor, molt més dur de passar, molt més terrorífic: li havia sortit un bony al pit. Naturalment, com que no era dona d'amagar el cap sota l'ala, l'Helena va afrontar el seu problema amb decisió: era urgent anar al ginecòleg i era urgent fer-se la biòpsia.

Ara que, mentre esperava el resultat d'aquesta biòpsia, va tornar a beure. A beure massa. A totes hores. Estava sempre sola, i ara no hi era l'Enric per impedir-li que begués més i més. Una idea la impulsava a anar a buscar més i més ginebra i a buidar un got rera un altre: si tenia càncer li haurien de tallar el pit! Mutilada! Mutilada com a dona! Es mirava al mirall, calibrant la seva magnífica figura, la suavitat de les seves corbes, l'elegància del seu tipus...Però quan estava sòbria, era la mort, l'ombra terrible de la mort qui li poblava els pensaments...

Un dia la Marta Jardí, que ella trobava insuportable, va voler que veiés el vídeo que ella i el seu marit, en Joan Grau, havien fet en un recent viatge a Bora-Bora. Pràcticament, se li van ficar a casa. L'Helena, que ja havia begut més del que aconsella la prudència, escoltava a mitges les explicaciones pretensioses de la Marta Jardí. Estava asseguda al sofà, al costat d'en Joan, i li prestava una escassa atenció a la Marta. I va continuar bevent. Com si necessités demostrar-se a si mateixa que encara era a temps de ser molt dona, va començar a insinuar-se amb en Joan. Li tocava el peu, li feia un lleuger petó al coll, mentre la dona d'aquest anava explicant aquell ensopit vídeo, sense adonar-se de res. Era una cosa que no feia per a l'Helena, però les moltes pors que estava passant a soles, la prepotència de la Marta i el molt alcohol consumit, van fer que actués així. Perquè no va trigar a donar-li una cosa a en Joan, d'amagatotis: la clau del seu pis. Aquella nit, el seu veí va fer servir aquella clau.

Va ser una experiència intranscendent. Ni tan sols massa agradable, però, en la seva situació, l'Helena necessitava fer l'amor amb un home. «Després, potser, estaré mutilada per sempre més...»

Al barri nou havia comparegut una dona jove i rica que havia despertat molts comentaris entre els veïns. Les joies i les pells que portava, la limusina amb xofer que lluïa a tot arreu, la seva bellesa eren motius sobrers per despertar la curiositat.

Es deia Esther Giralt de Montornés. Era vídua i milionària. Però no era cap desconeguda: al barri hi havia qui la coneixia molt bé. Perquè aquella dona, abans, no s'havia dit Esther, ni era tan rica. El seu nom anterior era el de Mònica. La Mònica d'en Ferran, que havia tornat.

La Mònica havia marxat de casa quan només tenia quinze anys. Volia estudiar Belles Arts i a casa seva no tenia cap possibilitat, per manca de recursos. Va venir a Barcelona, decidida a treballar en el que fos per tal de fer aquells estudis. Les va passar magres, entre la feina i els estudis, i un dia va conèixer un home al bar de la Fundació Miró. Era un milionari, famós per les col·leccions d'art que tenia, ja gran, que va quedar fascinat per aquella noieta. La va ajudar a canvi del seu amor. El problema era que a la Mònica aquell home tan bondadós amb ella li repel·lia físicament. Per fer l'amor amb ell havia tancat els ulls, pensat en d'altres coses i desitjat amb totes les forces que acabés aviat. I a la fi se li va franquejar. Amb profunda tristesa, ell la va deixar, però li va dir que l'esperaria. Ara la Mònica, acostumada a viure bé, no es va poder acostumar a continuar treballant, i va començar la seva feina de prostituta. Quan va conèixer en Ferran, però, se'n va enamorar tan profundament com mai no hauria sospitat. I, després del tracte tan injust que havia rebut d'ell, va decidir marxar i buscar aquell antic amic, tan ric: en Montornés. Malalt de càncer, enamorat encara d'ella, li va proposar que es casés amb ell, que no duraria gaire i que seria una vídua rica. Va ser un tracte profitós: ella, vençuda l'antiga repugnància per la compassió, va ser una companya amatent i perfecta i li va donar, en el poc temps que li quedava, tota la felicitat que va poder. I en morir ell, recuperà el seu autèntic nom d'Esther i tornà al barri nou amb un sol propòsit: venjar-se d'en Ferran.

No li va importar que la reconeguessin. És més, li agradava que l'envegessin i que la respectessin. Les amistats noves, com ara la Cristina Balcells, creien que era una aristòcrata i tot, i això també li agradava. A les antigues, com la mateixa Anna, com en Ferran, que es quedà estupefacte i a qui no va manifestar cap aversió, com la Kati, els explicava com havia aconseguit la seva fortuna amb una gran naturalitat.

En Ferran i la Kati estaven encantats que els hagués perdonat, i estaven contents de veure-la tan ben situada. A ningú, però, no va dir quins eren els seus propòsits.

Excepte a una persona: en Marc. Sempre s'havien agradat, i mai no havien fet comèdia entre ells. Ara, però, tenien una causa comuna, una causa que els apropava i els agermanava: fer tot el mal que poguessin a la família Aiguader! Si en Marc volia dedicar tots els seus esforços a ensorrar l'Antoni, la Mònica volia fer el mateix amb en Ferran.

Lànguidament, feien l'amor i es deien sense embuts els seus projectes. Enverinats per dintre, menjats per la rancúnia, poderosos tots dos, planificaven, ordien, tramaven. I després s'ho contaven i es deien que eren iguals. I que per això s'entenien tan bé...

Per exemple, en Marc havia aconseguit una cosa important en els seus projectes: en saber que el futur de l'Antoni depenia d'un crèdit que havia demanat al banc, va insinuar al director que a ell, com a client ara molt important representant d'una gran firma alemanya, no li agradaria treballar en un banc que donaven crèdit a un comerciant tan inepte com l'Antoni Aiguader. La insinuació va ser perfectament captada pel director del banc, i, per a desesperació de l'Antoni, li va negar el crèdit. A partir d'aquell moment, l'Antoni quedava a mercè d'en Marc. Perquè venia la segona fase del seu malèvol projecte...

Un altre membre de la família Aiguader que passava moments terribles era en Martí. Continuava fent pintades, però havia aconseguit que la Clàudia li perdonés la que va fer sobre ella a l'institut. I mai no en tenia prou d'estar amb la Clàudia. El seu amic Miquel solia burlar-se del seu enamorament, però en Martí cada dia estava, com ell deia, més penjat per la Clàudia.

Una tarda en què tots tres eren al bar vell, com que ells dos havien projectat sortir aquella nit a fer pintades, li ho van explicar a la Clàudia. En Miquel, sense saber-ho, va encendre la metxa del que resultaria una tragèdia: la va reptar a acompanyar-los, va fer befa de la seva condició de noia, li va dir covarda, i la Clàudia, picada, va dir que aquella nit sortiria amb ells a fer pintades. Tot plegat, una criaturada. La noia va dir als pares que anava a casa d'una amiga a estudiar, i, carregats d'esprais, els tres adolescents van anar a pintar les marques que els distingien de les altres colles. La mala sort va ser que una colla molt més perillosa, de skins, van considerar que els tres mocosos havien envaït el «seu» territori, i s'hi van abraonar. Cames ajudeu-me, van escapar-se tan de pressa com van poder. Però, un cop estalvis, en Miquel i en Martí van adonar-se que la Clàudia no havia corregut amb ells, i van témer el pitjor.

Al *pub* d'en Ferran, ja a punt de tancar, quan només hi havia en Quim tot sol recollint tamborets i taules, es va obrir la porta i va entrar la Clàudia. Portava el vestit estripat, estava groga i donava mostres d'un terror incontrolable. Allà la van trobar en Miquel i en Martí, i la van portar a casa.

Els pares de la noia van voler una entrevista amb la Rosa. L'afer havia estat greu, i la Rosa estava més preocupada que mai per la vida que portava en Martí. Mort de remordiments pel que havia passat, avergonyit d'haver consentit que la Clàudia vingués amb ells, apesarat de no haver-la sabuda protegir, i, sobretot temorós que l'haguessin violada, en Martí no necessitava en aquells moments cap sermó.

Ningú no li ho volia dir. Ell l'havia vista en un estat prou explícit. La Rosa només li deia que la noia era al llit presa d'un xoc i que no havia parlat amb ningú. En Martí, a causa de la Clàudia, passava el tràngol més amarg de la seva vida. No: no necessitava ni renys de pares ni consells de psicòlegs: l'únic que necessitava era saber si la Clàudia estava bé. Amb aquell fet tan terrible, en Martí havia madurat de cop.

19

ELS PLANS DE LA MÒNICA –ara Esther– i d'en Marc pel que feia a perjudicar la família Aiguader anaven madurant. Cap dels dos no era mala persona. Però tots dos s'havien sentit ferits en allò que era el més important de la seva vida: en Marc, la seva mare; l'Esther, l'únic amor que havia sentit mai per un home. El despit pot fer estralls, i n'havia fet, en tots dos. Menjats per la rancúnia, amb un poder econòmic que per als dos era nou i molt saborós i que els havia pujat al cap, volien colpejar, ferir, fer mal. En el fons, tots dos tenien una destructiva tendència a regirar-se contra el que estimaven: en Marc, l'Anna i la seva família; l'Esther, en Ferran i també la seva família. És a dir que, en castigar uns amors que els havien fet patir, s'estaven castigant, sense saber-ho, ells mateixos. La feblesa d'haver estimat i d'haver-hi hagut de renunciar els corsecava.

Els plans de l'Esther eren una mica més cargolats que els d'en Marc. El noi aspirava a arruïnar l'Antoni, a poder-lo escarnir, a humiliar-lo. Hi havia, sí, un desig de venjar la seva mare, però si ell no hagués estimat tant l'Anna hauria tingut, potser, suficient objectivitat per acceptar el que li deien tots –l'Helena i la Victòria sobretot, dues dones que ell apreciava, especialment a la primera; la seva desconeguda i nova tieta de Gironella, que li recordava tant la mare i que el va entendrir de seguida–: que els motius pels quals l'Emília s'havia suïcidat no els sabrien mai i que l'Antoni li havia fet mal en el passat, però que en cap moment no la va perseguir ni la va atacar, que tot això eren figuracions d'una pobra boja. Si no hagués estimat l'Anna és possible que en Marc hagués oblidat l'Antoni, que li hagués girat l'esquena i s'hagués limitat a menysprear-lo com a pare. Però que fos el culpable indirecte d'haver de renunciar a l'Anna... ai! això sí que li coïa, sí que l'amargava.

Però els de l'Esther eren uns plans diferents. ¿Oi que en Ferran estimava tant aquella germaneta tan bleda? Doncs li faria mal a l'Anna. I com es pot fer mal a una dona? Picant-li el seu xicot... L'Esther es mirava al mirall en tot l'esplendor de la seva bellesa sensual i se somreia a ella mateixa, satisfeta dels seus poders de seducció...

¿Oi que, a més, en Ferran l'havia enganyada amb aquella porca traïdora de la Kati? Doncs li faria mal a la Kati. I ¿com es pot fer mal a una aspirant mediocre a actriu? Doncs estroncant-li la carrera d'actriu.

¿Oi que en Ferran estava ara engrescat amb aquella criatura tan fava que encara hauria de portar mitjons curts i trenes? Doncs ella, que coneixia tant bé els desitjos d'en Ferran, sabria com fer-lo caure als seus braços, i que la notícia arribés a orelles d'aquella fleuma de la Júlia...

Per començar, l'aliança amb en Marc l'afavoria. Eren tots dos iguals, es deia l'Esther, i tots dos sabien què pretenia l'altre. L'única pega és que en Marc, ves per on, també era germà de l'Anna, i encara que ho negués, i precisament perquè ho negava apassionadament, estava penjat per ella. Sempre l'Anna! Aquesta mosqueta morta que parava els seus ulls blaus sobre els homes com si mai no hagués trencat un plat! Com l'odiava! L'odiava tant que ella mateixa no ho podia comprendre, perquè la veritat era que l'Anna no li havia fet mai cap mal. Quan vivia amb en Ferran, és cert que es mirava aquella antiga Mònica amb una mirada de retret, però tot i l'ascendent que tenia sobre el seu germà, mai no va intentar separar-los. Era capaç de reconèixer coses com aquesta, l'Esther Giralt de Montornés.

«Per què em posa tan frenètica, aquesta bleda?», es preguntava. La veritat era al fons d'ella mateixa: aquella nena fleuma, com li deia, era el retrat del que hauria estat l'Esther; era l'estampa viva del que ella hauria volgut ser a la vida. Era la imatge de la noia que no va poder ser: la seva pròpia imatge arrabassada...

El dia que l'Anna va retrobar la «Mònica» va ser a casa de la seva futura sogra, la Cristina. La hi va presentar com una amiga molt enlairada, de molt alta nissaga. I l'Anna va quedar parada en reconèixer la prostituta que havia viscut amb el seu germà. En aquella trobada, la Cristina va assenyalar el collaret de l'Anna, tot explicant la propera boda amb el seu fill. La cosa curiosa és que un dia, a casa d'en Marc, després de fer l'amor i de parlar dels seus plans destructius, l'Esther va veure aquell mateix collaret a la butxaca d'en Marc. El va reconèixer de seguida, i li va prendre en un descuit: aquell home, per més aliat que fos, no permetria que l'Anna prengués mal, es deia ella. I estava segura que si en Marc el tenia era perquè aquells dos s'havien vist. Bé: la mossa no tenia el collar i el seu promès tard o d'hora se n'adonaria. Com que pensava seduir-lo, seria molt bona cosa mostrar-li i dir-li on l'havia trobat... Quin pla més meravellós! La sort estava amb ella.

Mentre ordia aquest estratagema, volia també liquidar el vell deute amb la Kati. La mateixa Kati —«si serà estúpida, aquesta aspirant a actriu!», es deia— li havia comentat que per fi havia trobat el paper de la seva vida. L'home de l'Esther havia estat el president d'una Fundació privada que precisament s'ocupava de l'escena. Ella, com a digníssima vídua, podia, amb tota la naturalitat del món, presentar-se a la companyia i oferir una forta subvenció, en nom de la Fundació Montornés. I, és clar, podia aleshores posar-hi algunes condicions...

Dues punyalades en un mateix dia: havia anat al *pub*, procurant que hi fos present la Júlia, i volgués en Ferran o no, li havia fet un petó apassionat que el xicot amb prou feines si va poder rebutjar. La cara victoriosa amb què va marxar, la mirada de superioritat a la Júlia van ser autèntic verí per a la pobra noia que no podia entendre qui era aquella dona i per què havia fet aquell petó a en Ferran. En aquest estat de dubtes, en Quim, tan bon xicot però tan amargat per la relació entre en Ferran i la Júlia, va afegir vinagre a la seva ferida dient-li que aquells dos havien estat molt més que amics, i que anés amb compte, que havia estat una gran passió i aquestes coses no s'obliden fàcilment...

La segona punyalada va ser arrabassar-li el paper a la Kati. Quan ell va arribar al *pub*, desfeta en llàgrimes, va córrer a refugiar-se en les braços d'en Ferran:

—Tant que ho havia somiat, Ferran! L'únic paper important de la meva vida! I estaven tan contents amb mi! I ara va i una Fundació que paga l'obra ha exigit que em retirin el paper! Tant que donaria per un paper així!

Desconsolada, desfeta, ensorrada per un comiat que no podia entendre, la Kati, que les havia passades tan amargues amb l'aspiració, sempre frustrada, de fer d'actriu, quan per fi veia la seva vida encarrilada, li va fer autèntica compassió a en Ferran.

Tanmateix, esbrinar què havia passat va ser molt fàcil: la premsa parlava d'aquella Fundació i de la seva generosa subvenció. I era la Fundació Montornés! «La Mònica!», va exclamar en Ferran. «No ens ha perdonat, ni a la Kati ni a mi. Vol venjança». I una suor freda li cobrí el front. Aquella dona era perillosa. I un pensament li passà pel cap com un llamp: «Que no faci mal a la Júlia!».

A la Júlia li havia fet molt mal aquell petó, i també les confidències d'en Quim, però poc es podia imaginar en Ferran que la víctima següent seria la seva germana Anna.

Amb el collaret posat, l'Esther es va presentar un dia a casa d'en Jaume. Com que era arquitecte, li havia estat facilíssim encarregar-li la restauració d'una masia que tenia a l'Empordà. Com que era veïna del barri, li va resultar també facilíssim que la rebés a casa d'ell i no al despatx. Somrient, com una actriu quan entra a escena, l'Esther entrà a casa d'en Jaume com una reina i somrigué mel·líflua a l'Anna, que no podia creure que aquella dona fos allà. Portava un mocador al coll, i es va girar vers l'Anna perquè veiés el collaret. A l'Anna li va fugir el color de les galtes. I més quan, a cau d'orella, l'Esther li va dir que no s'amoïnés, que impediria que en Jaume veiés el collaret. Cada cop que en Jaume es girava, es destapava el mocador; quan en Jaume tornava a mirar, se'l tapava. Un joc que feia posar malalta l'Anna.

No havia gosat explicar-li a en Jaume què n'havia fet del collaret. Eren moments difícils per a la parella. I no sols pels dubtes de l'Anna en relació amb la boda. No: les coses se'ls havien complicat i passaven moments delicats. Ni fet a propòsit, l'Esther no hauria trobat un moment més adient per fer mal a la parella.

Perquè l'Eudald, el pare d'en Jaume, per fi havia sabut qui era la persona del seu entorn que l'havia traït donant aquell document a l'Andreu Molins. El que no sabia era que el culpable era el mateix Jaume. Aquell detectiu devia ser un pallús: assenyalà com a culpable la secretària de l'Eudald. I el xicot, penedit de la mala jugada que havia fet, incapaç de consentir que s'ho carregués ningú, va fer el cor fort i li ho va confessar al seu pare. No cal dir que l'Eudald va quedar tan terriblement colpit per la notícia, tan ferit de l'actitud d'en Jaume, tan amargat de l'odi que li inspirava el seu propi fill, que li va dir que no posés mai més els peus a casa els pares, que no li diria mai més fill i que no el volia tornar a veure. Les protestes i les súpliques de la Cristina van ser completament inútils.

Precisament aquell dia, l'Anna havia decidit marxar. No podia més amb la tensió que li ocasionava haver de fingir que volia una boda que no desitjava. Estava tipa d'intentar evitar ferir en Jaume. Ja n'hi havia prou de comèdia: si ella no tenia clar el casament, la cosa més sensata era retardar-lo; i si en Jaume no s'hi avenia, l'havia de deixar. Estar uns dies sense ell, per aclarir-se, dir-li la veritat; deixar de sentir aquella pressió que l'ofegava era, ja, una necessitat per a l'Anna. Va escriure una carta, afectuosa, però alhora clara com va poder i va fer la maleta.

Quan en Jaume va arribar, se li va abraçar i li va contar l'escena amb el seu pare.

—Sort que et tinc a tu, Anna! Sense tu estaria perdut sense remei! Ets l'únic que tinc!

Impossible deixar-lo en aquells moments. L'Anna va desfer sigilosament la maleta, va consolar-lo i li va fer la companyia noble i desinteressada d'una amiga. I ho va fer sense comèdia: en Jaume era un gran noi i un gran amic...

Com explicar-li aleshores la història del collaret? ¿Com fer-li entendre que aquella clienta tan rica i tan maca era una enemiga que el mateix Jaume li ficava a casa? I, pitjor encara, ¿com podia en Marc haver participat en aquest joc repugnant? I la pregunta de sempre: ¿què tenia contra ella? Per què l'odiava així?

L'Anna va tornar a anar a veure en Marc. Però aquest cop sense pors, sense timidesa. Com una tromba, com un braç de mar que es precipita sobre la flonja sorra, amb els ulls blaus espurnejant de còlera, li va dir que era un home mesquí i miserable. I se'n va anar. En Marc s'acabava d'assabentar que la seva amiga de l'ànima, l'Esther, també havia jugat amb ell...

En Xavier va picar a ca la Rosa amb una cara molt amoïnada. I la Rosa estava en aquells moments molt capficada perquè el seu soci Bernat no contestava al telèfon ni havia recollit les comandes ni donava senyals de vida. Però, quan es tractava d'en Xavier, la Rosa sempre tenia temps.

—T'he de demanar un favor, Rosa.

Ja s'havia ficat en algun embolic, segur! O venia a demanar-li quartos. ¿És que ni amb la sana companyia de l'Eugeni aquell cap verd era capaç de posar una mica de seny a la seva vida?

Sí: s'havia ficat en un bon embolic. I l'embolic tenia nom de dona: Xaro. Aquella bossa amb roba femenina que havia deixat al *pub*, era de la Xaro; aquella baralla en què li van fer una cara nova, era a causa de la Xaro. I ara necessitava la Rosa per amagar la Xaro a casa d'ella. «Només uns quants dies, eh?»

Qui era aquesta misteriosa Xaro? I què tenia a veure amb en Xavier? Quan en Xavier va estar a la presó va tenir com a company de cel·la un tal Abel. Hi era a causa d'un atracament a mà armada. La seva dona era la Xaro. La condició d'homosexual d'en Xavier no li feia precisament fàcil la condició de reclús, i aquell Abel, avesat als ambients penitenciaris i amb una gran potència física, el va ajudar. Caram, ajudar en Xavier! Ja el coneixem prou per saber que això ell no ho oblidaria mai. I li va tocar pagar el deute ben aviat: l'Abel li havia dit que la banda de què formava part creia que els diners de l'atracament els tenia amagats la Xaro. Que la perseguien i que la pobra estava morta de por. Com que en Xavier va ser posat en llibertat al cap de poc temps, a l'Abel li va semblar el més indicat per encarregar-li que protegís la Xaro. I en Xavier hauria fet qualsevol cosa per l'Abel.

Així que l'havia protegida arriscant el seu físic i ara li tocava amagar-la. Perquè l'Abel aviat sortiria de la presó —era cosa de pocs dies— i ja se'n cuidaria ell, de la dona. De moment, en Xavier l'havia d'amagar. A casa l'Eugeni no podia ser: aquells pinxos sabien que ell estava pel mig i anirien allà a buscar-la. Pensions i hotels, en aquests casos, s'han d'eliminar. Quedava la casa de la Rosa.

No cal dir que la Rosa va fer tots els escarafalls per tenir una desconeguda a casa, i més sense saber-ne els motius, ja que en Xavier li deia que, quant menys en sabés, millor. Ho va fer sense ganes i només perquè en Xavier li havia assegurat que no corria perill i que era imprescindible per a ell. Tanmateix, la Rosa aviat li va agafar afecte a aquella pobra noia tan morta de por que feia pena. L'únic que no va consentir va ser que conservés la pistola que tenia i que ella havia trobat a la seva bossa. En això va ser contundent. Però la noia tenia unes ganes d'ajudar-la en la casa, de fer-se agradosa a ella! Li preparava l'esmorzar, li netejava els vidres, es captenia amb tota humilitat, i es va guanyar la Rosa. Sobretot un dia que, en entrar la Rosa a la cambra de bany per donar-li un assecador de cabells, va poder veure, abans que la noia es tapés, les ferides que tenia a l'esquena. Era horrorós: tota l'esquena coberta de sagnants tires morades, sens dubte degudes a diverses pallisses fetes a cops de cinturó. La violència repugnava la Rosa més que cap altra cosa: la violència d'un home contra una dona la sulfurava al límit.

—M'ho ha fet el meu marit, l'Abel. Tinc tanta por que surti de la presó!

Quan en Xavier va saber aquesta informació, no s'ho va creure: si precisament l'Abel era qui volia protegir-la!

El que no sabia en Xavier és que l'Abel no intentava protegir-la, ni sabia tampoc que els de la banda tenien raó i que els diners de l'atracament els tenia la Xaro. L'havien pegat, l'havien amenaçada, havien regirat el seu pis i no els havien trobat, però estaven segurs que els tenia ella. I els tenia, a la vista de tothom. Perquè portava sempre a tot arreu un elefantet de peluix, tan inofensiu i tan adient al seu posat de bestioleta acorralada i infantil que no va cridar l'atenció de ningú. Ni dels pinxos ni d'en Xavier. L'Abel volia aquells diners: el que havia de protegir en Xavier, sense saber-ho, no era la integritat física de la Xaro, sinó aquells diners. I la noia, que temia el seu home més que a ningú, volia quedar-se'ls i fugir d'ell. En Xavier, tot noble, creia que estava tornant un favor a una gran persona i estava cooperant en un robatori a mà armada!

De mica en mica, la por, la inseguretat i la docilitat de la noia, havien anat guanyant el cor de la Rosa i d'en Xavier. Sobretot, per a la Rosa va ser important que atengués el seu Martí, i amb tan bones mans.

En Martí estava desesperat per la salut i el benestar de la Clàudia. Finalment havia sabut que la noia no havia estat violada —i el pes que es va treure de sobre, en Martí!—, sinó que havia rebut una pallissa d'aquells skins de la pintada i prou. Però va ser un gran xoc per a la pobra Clàudia. De resultes d'allò, els seus pares li van prohibir que continués veient en Martí, convençuts que el pobre noi la portava per mal camí. I en Martí, en aquesta situació, no podia viure. Rabiós de la seva pròpia covardia, rabiós amb els agressors, finalment va saber qui eren i, com un cavaller ardit i agosarat i sense cap seny, va voler tot solet tornar-los la pallisa. Va agafar la moto que ell i en Miquel compartien, i sense casc, i sense fer cas dels advertiments sobre un fre que fallava com li deia a crits en Miquel, va arrencar com un quixot de quinze anys... i va tenir una castanya amb la moto.

En Miquel el va portar a casa, i, afortunadament, no era res greu. Però tenia el cos cobert d'esgarrinxades. I la Xaro, com si ho hagués fet tota la vida, i amb una perícia expeditiva, el va curar i, en va tenir sol·lícita cura.

—Aquesta infeliç és tan bona noia! —es deia la Rosa— El que passa és que ha tingut molt mala sort a la vida. Si viu espantada de tothom! Quan truquen a la porta fa un bot a la cadira i tot!

I anaven fent-se amigues. Un dia la Rosa li ensenyava a fer punt, un altre li contava coses del seu matrimoni, en una altra ocasió s'estremia pels relats de la brutalitat del seu home... Fins que la Xaro li va confessar que no es fiava de cap home excepte d'un: d'en Xavier.

—És l'únic home a la vida que m'ha tractat bé.

I per la manera com ho deia i per la bufanda que havia volgut teixir-li, la Rosa va estar segura que la noia s'havia enamorat d'en Xavier!

—Pobreta! També en això ha tingut mala sort!

I això que la Rosa estava més i més amoïnada per la inexplicable absència d'en Bernat. Així que, com feia sempre que estava amoïnada, li ho va contar a en Xavier. I en Xavier, que coneixia la vida d'una manera molt més crua i directa que la seva germana, va sospitar de seguida que en Bernat havia guillat amb els diners de la societat.

Tanmateix, el compte era a nom de tots dos, i ni ella ni en Bernat podien disposar de fons sense la signatura de l'altre.

—Alguna cosa tramava, si t'ha plantat... —insistia en Xavier.

—No pot ser! No pot ser! —exclamava la Rosa, desolada—. Què puc fer ara? Tinc molts deutes pendents, i no tinc ni un duro...

—Fins ara has demostrat que pots defensar-te sola. No ho engeguis a rodar, dona! Sigues valenta i lluita pel teu negoci! Els clients són teus. Volen la teva cuina. No et costarà recuperar-los i que et facin més encàrrecs. Tindràs més feina, això és tot. I més beneficis, també.

—Però, d'on trec jo els diners per cobrir els deutes?

—Molt fàcil: ven el teu cinquanta per cent del súper...

La Rosa es va quedar glaçada amb aquesta resposta d'en Xavier, però, com més la rumiava, més enraonada la trobava. És clar que, ella, aquella meitat seva la hi oferiria a l'Antoni. Una cosa és que fos un carallot com a marit i una altra era donar-li una punyalada per l'esquena...

Quan va haver explicat a l'Antoni i a la Victòria la situació en què es trobava i que tenia necessitat de vendre la seva meitat del súper i que volia que l'Antoni se la quedés, aquest va aprofitar per abocar-li a sobre tots els seus sarcasmes:

—Tu què en saps, de negocis? T'han enredat, com era d'esperar! Una beneita, això ets. No volies portar la teva vida? Doncs ja has demostrat que no en saps...

—I tu, Antoni? Has sabut tu portar el teu negoci?

Perquè el súper anava tan malament que inevitablement havien de plegar. I l'Antoni era d'aquells homes que creuen que el lloc de les dones és a casa i que són genèticament incapaces d'entendre què és un xec bancari o què és una hipoteca. Ell, en canvi, sí que estava genèticament ben dotat per als negocis... Només que la Rosa, tot i la traïció del seu negoci, es veia prou que se'n sortiria, i, en canvi, ell no podia salvar el súper.

Se li va fer una «llumeneta», però: hi havia una persona que l'apreciava, que sabia que li agradava i tot, i que tenia molts diners. Estava pensant en la Cristina.

La Cristina l'apreciava de debò, des d'aquella nit que varen passar junts lligats, arran de l'atracament. Però la Cristina no tenia diners propis —o, almenys, això li va dir—, només un raconet que, això sí, li va oferir de seguida i que ell va acceptar; eren pocs diners, però, i amb prou feines van servir per omplir tres o quatre prestatges, ara gairebé buits. Però una cosa així com deixar-li prou diners per pagar la meitat del súper, no: això no era a l'abast de la Cristina. Quina llàstima, perquè ella hauria estat el soci perfecte. Aquella dona el comprenia molt millor que cap altra persona, inclosa la tieta i tot...

Tan refumut estava el negoci que l'Antoni havia acomiadat en Manel i la Mercè. Pobres xicots! Quan ja havien trobat pis, quan ja feien plans de tenir una criatura! I es van veure al carrer, aclaparats per la seva dissort i desficiosos a trobar alguna feina, la que fos.

De moment, la Mercè havia començat a fer feines a casa l'Helena, que no havia tingut cap altra assistenta d'ençà de la mort de l'Emília i que no es podia ocupar de la casa. O no li agradava, que per al cas ve a ser el mateix. La Mercè, és clar, estava contenta, tot i que eren tan pocs diners, i la Júlia, que l'apreciava, també estava contenta. Solien xerrar totes dues, una treballant i l'altra ajudant una mica i tot. La Júlia li contava com estava de trista perquè el seu xicot es veu que s'entenia, o estava a punt d'entendre's, amb una altra.

—Ai, els homes! Qui els pot comprendre?

Però la noia no guanyava suficient i en Manel no trobava res. Ho volgués en Manel o no, ella havia d'aconseguir fer aquells anuncis que li pagaven tan bé. En Joan Grau li havia dit que tenia moltes possibilitats de presentar anuncis. I li va portar el seu *book*, esperançada per si un dia la cridava.

En Manel, en canvi, no trobava res. I es desesperava tot el dia, ociós i malhumorat com mai. Va tenir, però, una idea: ¿i si li demanava feina a en Marc? Havia sentit a dir que a la seva empresa buscaven empleats. És clar que ell no sabia res de lampisteria, però per provar...

Per a sorpresa seva, que no podia donar cap resposta afirmativa als requisits que figuraven en una enquesta que havia d'emplenar en l'empresa d'en Marc, quan aquest va saber que en Manel buscava feina, va estar molt amatent, i li va prometre una feina que no seria de lampisteria. I que li abelliria moltíssim.

Mentre aquest dia meravellós no arribés, com que la Mercè no estava interessada en promeses sinó en fets, li va fer buscar una feina rera l'altra. La primera que va trobar era justament la que menys li esqueia: agent d'assegurances! Amb la seva timidesa i la seva ineptitud per xerrar i ser convincent, el pobre Manel intentava col·locar pòlisses d'assegurança amb un fracàs total. Només va tenir dos clients: un, va ser el seu oncle Andreu, que, només per ajudar-lo, va signar una petita pòlissa; el segon va ser l'Antoni, que, només perquè no podia carrejar unes caixes, li va signar una assegurança de les dents —absolutament insignificant— perquè l'ajudés amb aquelles caixes. Un fracàs total, pobre Manel!

—Ai, Júlia! —deia la Mercè tot netejant— No sé què serà de nosaltres! Si el senyor Grau no em crida aviat, no sé de què viurem!

20

DUES DONES ANAVEN a passar una dura prova a les seves vides, unes proves de signe contrari. Una d'aquestes dones era l'Anna. L'altra, l'Helena. El problema de l'Anna era la vida; el de l'Helena, la mort.

L'Esther havia vessat paraules verinoses a les orelles d'en Jaume: on és el collaret de l'Anna? I les paraules havien dansat en el seu cap com follets diabòlics. Perquè l'Anna, interrogada, no li ho volia dir. No: així no. Potser s'hauria sincerat amb ell, tard o d'hora, però així, a causa de les maquinacions de l'Esther, no. I en Jaume se'n va anar. Uns quants dies. A un balneari. A pensar. A rumiar sobre el comportament de l'Anna. Potser no l'estimava, o no hi confiava. Potser n'hi havia un altre. Turmentat per una fotesa com un collaret, però que l'havia abocat davant d'una veritat que ell no volia mirar —l'evident desinterès de l'Anna pel casament—, va voler respirar un altre aire. Al seu estudi s'ofegava: els dubtes, la depressió causada pel disgust amb el seu pare, les sospites... Sí: l'Esther podia estar ben servida, perquè els seus plans funcionaven. I més encara que havien de funcionar.

L'Anna, un cop sola, entristida pel que estava passant, veient l'ombra de la poderosa Esther aixecar-se com una àliga davant de la seva, incapaç de defensar-se, també va rumiar molt. I va parlar amb el seu germà, que va quedar atònit que l'Anna fos una de les víctimes de l'Esther. «La meva germana, no!», i premia els punys com si així pogués escanyar l'esvelt coll d'aquella dona endimoniada. A l'Anna, la tristesa no sols la hi ocasionava la marxa d'en Jaume, sinó haver descobert la cara maligna d'en Marc, aquell xicot que havia estimat tant. Que potser estimava encara...

Va ser en aquells dies que l'Anna va començar a trobar-se malament. Vomitava als matins, sentia fàstic pel menjar, es marejava. I tenia un retard en el període de massa dies. I plorava i plorava: mira que quedar-se embarassada ara! Ara que tenia les idees sobre en Jaume més confuses que mai! Si no la tingués, la criatura...

De mica en mica, les dones més properes van anar endevinant el seu estat: la tieta Victòria, la mateixa Rosa, i, naturalment, la Júlia. Als seus dubtes, la Victòria va respondre amb equanimitat: «Tu ho has de decidir, però ser mare és una benedicció que jo no he pogut tenir», va dir-li; la Rosa va respondre escandalitzada; i la Júlia... La Júlia li va donar tots els ànims que podia. I, en aquells moment, la Júlia podia donar poques coses...

Perquè l'Helena estava malalta. Malalta de debò. I la Júlia se sentia terroritzada i petita, i ara sí que hauria volgut ser una nena, tant que havia volgut créixer, ser independent i forta!

L'Helena s'havia fet la biòpsia, i els resultats no eren clars i la hi van haver de repetir. Passava ella sola tot el tràngol, perquè, en aquests casos, cada dia que passa, cada hora, i cada trucada telefònica, tot és terrible. L'ombra de la mort et mira burleta i no saps on amagar-te, on arraulir-te. Havia tingut, en un moment de borratxera, la seva breu història amb en Joan Grau. No és que l'endemà se'n penedís, perquè ara tot el que signifiqués vida —i el sexe és vida!— ho abraçava amb desesper i mirava de gaudir-ne, però li va quedar mal gust de boca.

Ell en canvi, que aquella veïna tan maca se li hagués lliurat tan fàcilment, el va posar tan cofoi, tan envanit que va insistir i va insistir. I l'Helena tenia tantes ganes de parlar, tantes ganes de ser escoltada, tantes ganes de buidar el pap de les seves angoixes! Així que, quan en Joan Grau li va oferir la seva amistat —el seu amor hauria estat exagerat: tot dos sabien que allò d'ells només era sexe i prou— i ella s'hi va confiar. I en Joan va ser prou bona persona per escoltar-la i per donar-li ànims.

—Serà negativa, la prova, dona! De cada mil casos només uns quant són positius!

I li va proposar anar de viatge tots dos junts. A Mont Saint-Michel, la preciosa abadia francesa que ella no coneixia. Ella demanaria permís a l'institut —es veia amb tan poques ganes de treballar, ara!— i ell li diria a la seva dona que es tractava d'un viatge de negocis. No va ser fàcil, perquè la Marta Jardí el veia cada dia més indiferent i el que hauria volgut era fer un viatge ells dos, el matrimoni; i va pensar que estaria bé acompanyar-lo a Mont Saint-Michel. La seva negativa la va colpir. Si fins i tot havia confiat a l'Helena que estava preocupada pel seu matrimoni i que li donava, dissimuladament, afrodisíacs al seu home!

Quan l'Helena ja estava fent l'equipatge per aquell cap de setmana, la Júlia la va veure plorar. Sabia que l'Helena estava molt estranya darrerament, però veure plorar aquella dona tan forta i tan segura d'ella mateixa, li va trencar el cor. I li va dir l'argument més convincent de tots: que, quan va passar tot allò amb el seu pare, totes dues s'havien jurat que no hi hauria secrets entre elles, que l'Helena mai més no li amagaria res. I l'Helena li ho va explicar, i li va dir que volia que sapigués, per si moria, que l'estimava com a cap altra persona al món.

Destrossada, la Júlia va caure en gran abaltiment. I una tarda, que l'Anna era amb ella, tan decandida i ensopida com l'amiga, van sentir el contestador automàtic del telèfon. Era el metge i deixava un encàrrec per a l'Helena: el resultat de la biòpsia ja el tenien. El podia passar a recollir. A aquestes paraules, naturalment, l'Anna va preguntar de quina biòpsia parlaven i la Júlia li ho va contar.

Ara, totes dues esperaven: l'Anna havia comprat a la farmàcia el predictor, per sortir de dubtes; la Júlia havia anat a recollir el resultat de la biòpsia i mirava el sobre sense saber si obrir-lo o no. Les dues es miraren i es van desitjar sort: cadascuna li desitjava a l'altra un resultat negatiu.

I totes dues es van equivocar: el predictor va confirmar l'embaràs de l'Anna. I aquell sobre fatídic, que, per fi, la Júlia havia obert, portava escrita la sentència dels seus temors: l'Helena tenia carcinoma al pit, i calia que es fes de seguida una massectomia. La Júlia, sola a casa, va cridar com si una mà de ferro li engarfiés el coll. El seu espant, l'amor que sentia per l'Helena li pujaven, en pugna, per la gola, i ella cridava con un animal ferit.

Quan va estar més calmada, enfadada o no amb en Ferran –quina poca importància tenien totes les petiteses de la vida de cada dia, davant el fantasma de la mort!–, va córrer als seus braços, i allà va poder plorar com el que se sentia: com una nena espantada, com una criatura que no vol admetre els fets i es refugia en la fortalesa d'uns braços estimats. En Ferran, commogudíssim, li va dir que era una operació que sovint sortia bé, que si ho havia agafat tant a temps estava segur que no li passaria res, i li va dir que ara havia de donar suport a l'Helena, que havia de ser forta. I, per primer cop sense necessitat d'estímuls sexuals, en Ferran li va dir que l'estimava. I li ho va dir amb tot el cor.

La Marta Jardí va recelar que el seu home havia anat a Mont Saint-Michel amb una altra, i va sospitar de la Mercè: el *book* d'aquesta era entre els papers d'en Joan i sovint li havia dit que era una noia molt bufona. Que l'enganyés amb una minyona, amb una noia tan pobletana i humil era un cop per a l'orgull de la Marta. Com que sabia que la noia treballava al pis de l'Helena, va anar a parlar amb aquesta per saber si la Mercè li havia demanat uns dies de permís.

Es va quedar estupefacta quan la mateixa Mercè, que estava netejant, li va obrir la porta. I encara més quan, en preguntar per l'Helena, la Mercè, amb tota ingenuïtat, li va contestar:

—És fora. Ha anat a passar uns dies a Mont Saint-Michel. Diuen que és molt bonic, allò...

L'Helena! Una amiga seva! Home, ella preferia que fos una dona de categoria com l'Helena que no aquella Mercè, però li va doldre que la seva amiga l'enganyés amb el seu home. I, desitjant venjar-se, va demanar a un seu amic periodista, d'aquells que fan fotos indiscretes, que anés a Mont-Michel a buscar-li proves.

Quan va tornar l'Helena, assabentada dels resultats de la biòpsia i tractant de fer el cor fort a l'adversitat —«Com m'agradaria, en aquests moments, poder creure en Déu!», li va dir a la Júlia—, va haver de trobar-se a la porta la Marta Jardí disposada a moure escàndol. L'Helena, a qui en Joan Grau no li interessava com a home, i a qui aquelles foteses li semblaven en aquells moments minúscules, va estar magnífica:

—Sí, Marta: sóc una puta i m'he fotut el teu home. I ara, sisplau, vés-te'n d'aquí.

La Marta es va haver de conformar a tenir una batussa amb el seu home. Amb l'Helena, no va poder fer-ho.

També havia tornat en Jaume. L'Anna, abans que res, volia donar-li la notícia. Ell tenia dret a saber-ho. I una cosa així era importantíssima per a tots dos. L'Anna volia explicar-li que no se sentia preparada per ser mare, que tenia dubtes sobre els seus sentiments. I volia demanar-li que l'ajudés, i que participés amb ella a decidir què havien de fer ara. Parlaria amb tota franquesa. Parlaria, aquest cop, sense embuts. Buidaria el cor en ell.

Però la primera cosa que va dir en Jaume és que havia d'anar a la masia de l'Esther, que hi havia quedat. I que si volia anar-hi ella també. Els propòsits de l'Anna van caure com miques de paper estripat: l'Esther? Ella volia parlar d'una vida que portava a dintre, una vida d'ella i d'en Jaume, i ell li venia ara amb negocis amb aquella dona odiosa!

—No hi vagis, Jaume. No et fiïs d'aquesta dona.

Fastiguejat pel que creia que era histerisme o bé secrets inconfessables de l'Anna, ell va girar cua i se'n va anar.

L'Esther l'esperava amb les urpes preparades. Ja podia un home estar tan enamorat com en Jaume: si l'Esther s'ho proposava, no hi havia home que se li resistís. Tenia massa anys de rodatge, massa ofici, massa bellesa per fracassar amb ningú.

Si l'Anna ho hagués vist per un forat...! Va estar tan persuasiva, tan seductora, tan insinuant amb ell...! Però en Jaume va començar a parlar de l'Anna, i de com i quant l'estimava. I l'Esther, malgrat ella mateixa, el va respectar. El va escoltar, va envejar l'Anna encara més que abans, va ser afectuosa i amistosa —perquè també en sabia, de ser una bona amiga—, i en Jaume hi va trobar l'espatlla fidel que tots necessitem tard o d'hora per repenjar-hi els nostres desconsols.

Així que l'Esther, en aquella juguesca, no va sortir-hi victoriosa. Sense ser-hi present, sense moure un dit, havia guanyat l'Anna! En Jaume es va quedar aquella nit a la masia de la Bisbal de l'Esther, però va dormir al sofà. Sense deixar, ni un moment, de pensar en l'Anna. Escoltant les seves confessions enamorades, l'Esther es va anar entristint. Les paraules d'en Jaume sobre la serenitat, la dolça força, la barreja d'ingenuïtat i de saviesa d'aquella noieta tan jove, l'anaven entendrint. I aleshores ho va reconèixer, i així li ho va dir a en Jaume:

—L'Anna és la noia que jo hauria volgut ser...

Es veu que la venjança no és tan dolça com hom creu quan la planifica... Ni hom pot ser eternament venjatiu, per més trencat que tingui el cor.

Quan en Xavier va comprendre per fi quins eren els autèntics propòsits de l'Abel, va voler, encara, protegir la Xaro d'ell. Perquè l'Abel, un cop en llibertat, va saber que la seva dona s'amagava a casa la Rosa. I s'hi va presentar. Ni cas va fer de la Rosa que li preguntava què volia —i tenia una pinta, aquell homenàs, que feia por!—, sinó que li va donar una empenta i va escorcollar el pis. La Xaro no era enlloc. Perquè la noia, tot i que estava tan bé amb la Rosa, quan va saber que aquell dia l'Abel seria posat en llibertat, va fugir. Amb l'elefantet farcit de bitllets, és clar. I va pensar d'anar al seu poble, on podria amagar-se i donar, amb aquells diners, una vida digna als seus pares.

En Xavier, un cop acarat a l'Abel va saber que sí que allisava la seva dona, que sí que tenia els diners i que el volia aquell malfactor eren els cèntims. Era urgent trobar la Xaro! Havia d'amagar-la un altre cop!

Afortunadament, la va trobar. Havia intuït el propòsit de marxar al seu poble i en Xavier esperava la sortida d'un autobús amb l'esperança de trobar-hi la Xaro. Quan ella hi va comparèixer, en veure en Xavier també va voler fugir d'ell, però ell la va atrapar. Li va explicar que no volia els seus diners, sinó ajudar-la, li va dir que anar al poble era una bestiesa molt gran, perquè era el primer lloc on aniria l'Abel.

—I pot fer mal als teus pares i tot, no siguis burra, Xaro!

A la noia li va costar entendre que aquell home actués així desinteressadament, i estava admirada que persones així existissin sobre la terra. Aquest cop, en Xavier la va portar a casa d'en Ferran.

Ja ens podem imaginar la cara que va fer en Ferran, que havia escorcollat la bossa que contenia roba de dona, quan en Xavier li va demanar com un cas de necessitat extrema que li deixés el pis per a una amiga. L'hi va deixar, és clar, perquè ell no li negaria mai res al tiet Xavier, però va pensar, divertit, que en Xavier tenia una aventura femenina a esquenes de l'Eugeni. I va riure amb ganes.

Ja al pis d'en Ferran, la Xaro li va confessar a en Xavier que l'estimava. I el pobre Xavier va quedar entre confús, avergonyit i temorós de les implicacions que podia tenir la seva bona acció. El que calia ara, pensava, era deixar-se de brocs «i mirar de solucionar el problema que té aquesta insensata, perquè, si no, o li donaran una pallissa de mort o la mataran i tot...».

Al barri hi havia una nova commoció: resulta que l'Ajuntament havia trobat l'estàtua de Llibert Ferrer, un líder anarco-sindicalista del barri vell que havia deixat, en els cors d'aquella gent, una forta empremta.

Però la commoció no era deguda a la troballa, sinó als plans de rehabilitació del monument. Perquè per a escarni d'aquelles bones gents, l'arquitecte encarregat d'ubicar el monument en el lloc més adequat va ser l'Eudald Balcells!

La brama va córrer com una llengua de foc, i qui no estava indignat estava perplex: com podien tornar a posar-los el dit a l'ull?, es preguntaven.

La Cristina va viure aquest triomf del seu home amb un amarg escepticisme: ell no s'havia volgut doblegar als seus precs i es negava a perdonar en Jaume. I ara s'enravenxinava contra els veïns, tot cofoi de la confiança que li atorgava l'Ajuntament, i només per fer-los guitza, va decidir ubicar el monument a les amples i netes avingudes del barri nou.

—Però, ¿que no ho veus, home —li deia mig histèrica la Cristina— que això és una bufetada per als veïns del barri vell? ¿Que no veus que et faràs odiar de tothom? No n'has tingut prou amb allò dels pisos?

—He triat el lloc per raons tècniques —deia ell, lacònic.

Però era evident que era la seva revenja contra el barri vell. Els veïns que havien escrit una carta al diari ponderat les excel·lències de Llibert Ferrer i com estaven de contents de tenir el monument de nou al barri —una carta que, per cert, havia redactat l'Anna amb ajuda de la Victòria—, van llegir astorats que el mateix dia el diari publicava dues planes amb una entrevista amb en Balcells i que aquest deia, sense embuts, que pensava situar l'estàtua al barri nou...

Ja la tenim, de nou, armada! L'Andreu i la Victòria van posar el crit al cel, i els veïns els van corejar. Un altre cop aquell Balcells! I això que l'Andreu estava pendent de judici i no tenia ànims ni estava en condicions d'aixecar massa la veu, però és que Llibert Ferrer era un símbol!

—Va fundar ateneus obrers, va fer possible una obra social, va influir en l'avi Ventura. I en tots nosaltres! —explicava, a qui la volgués escoltar, la Victòria.

I tots, de nou units i solidaris, es van disposar a batallar contra en Balcells.

Només que aquest cop el conflicte va tenir una solució tan pacífica com inesperada. I la va aportar, sense dir res a ningú, en Martí. Aquest havent sabut que les pedres de l'estàtua estaven, perfectament numerades al magatzem municipal, va idear anar-hi amb en Miquel i «robar-ne» un tros.

—No robar, robar, eh? Només perquè el Balcells no pugui posar el monument: o el posa on volem o no li tornem el tros.

Tal dit, tal fet. En Miquel i en Martí es van enfilar en una finestra i van trobar fàcilment l'estàtua. Van agafar el cap. El van guardar en una capsa i, arrossegant-la a estones, aixecant-la d'altres, van amagar-la al magatzem del súper. De seguida van trucar a en Balcells, i, estrafent la veu a través d'un mocador, li van fer saber l'amenaça: o canviava de criteris o no tindria el cap.

Naturalment en Balcells, davant d'aquest xantatge ingenu, va veure de seguida la mà dels veïns. I de qui primer va sospitar va ser de la Victòria. En el fons, la història el va divertir, i quan ningú no el veia, fins i tot deixava anar una rialla. «Caram de veïns! Si és per pixar-se de riure!». I va demanar una entrevista amb la Victòria. Si no tenia ella el cap, segur que sabia qui el tenia.

S'equivocava, en Balcells, però no gaire. Perquè els dos nois, veient que el cap no estava segur al magatzem del súper, ja que l'Antoni hi remanava sovint, després de diverses temptatives, el van amagar al pis de la Victòria. Tenia unes senalles decoratives, amb flors seques, que feia ben bé la mida d'aquell cap de pedra. I allà el van entafonar.

Precisament el dia de la visita d'en Balcells, la tieta remanava les senalles, per endreçar les flors. I va veure el cap amagat i va saber de seguida, que això era cosa d'en Martí. I es va sentir molt cofoia d'un nebot tan eixerit.

En Balcells, en efecte, no tenia ganes de brega, i va convenir un pacte amb la Victòria. Ni en un lloc ni en l'altre: posarien el monument en una plaça entre els dos barris. I la Victòria s'hi va avenir. El cap va aparèixer de seguida al magatzem municipal.

El dia de la inauguració del monument, una gran gernació de veïns s'hi van agombolar. La Victòria, amb la col·laboració de l'Anna, tenia un preciós discurs preparat, però en Balcells va acaparar tots els discursos.

Va ser una festa comuna, i molt feliç. Després, al bar vell, uns quants es reuniren per brindar amb cava per en Llibert Ferrer. I entre tots hi havia, en germanor, la Cristina i l'Eudald. I allà, a precs dels presents, la Victòria va poder fer els seu discurs, en lloança de Llibert Ferrer. En lloança, en definitiva, del barri vell.

L'únic que no havia anat a la inauguració, aclaparat pels seus problemes, era l'Antoni. Impossibilitat de comprar la meitat del súper de la Rosa, temia que acabés venent-lo a un tercer, i l'angoixa el matava, només de pensar-ho. Sí que va anar, això sí, a la celebració al bar vell. Però amb l'única persona que va voler parlar va ser amb la Cristina, l'única amiga que veia que tenia.

La Rosa, davant dels problemes econòmics de l'Antoni i amb la urgència de tenir cèntims per liquidar els deutes, li ho va comentar a en Xavier, i aquest li va dir que buscaria un soci disposat a invertir-hi.

L'intermediari d'aquesta operació es deia Ferres, i ni l'Antoni ni la Rosa no sabien qui era.

—Si és de confiança d'en Xavier, no hem de preocupar-nos —deia la Rosa.

Però l'Antoni sí que estava preocupat. Fins que un dia van arribar uns camions dels distribuïdors alimentaris i li van omplir l'escarransit súper de gènere de primera qualitat.

En part enquimerat pel preu, en part satisfet que tot tornés a rutllar i desitjós de conèixer aquell soci tan generós que li havia caigut del cel, es deia que li havia de deixar ben clar que les decisions les havien de prendre entre els dos, i que aquell gènere era massa refinat, massa car, per a un supermercat com aquell.

El que no sabia l'Antoni, i aviat ho havia de saber, era que el nou soci era en Marc en persona. Quan es va presentar al súper tot fatxendós, l'Antoni es va quedar de pedra. I de seguida li va etzibar que, si eren socis al cinquanta per cent, li devia la meitat del preu d'aquell gènere. I que li havia de pagar a l'acte. Les protestes de l'Antoni no van servir de res: el negoci era de tots dos per als beneficis i per a les despeses. I que havia de pagar.

—Però si no tinc res! No puc pagar! T'has d'esperar!

—No. I, si no pots, fem una cosa: em vens un 1 per cent més del negoci i et perdono aquest deute...

L'Antoni per poc que no cau fulminat. Aquell malànima volia el control del súper. Aquella mala persona volia fer el que li havia dit el dia de l'amenaça: ensorrar-lo!

Tot rient i marxant amb tota l'altivesa de què va ser capaç, en Marc li va confirmar les seves sospites: era el seu nou soci, però no per ajudar-lo, sinó per anihilar-lo.

—Com tu li vas fer a la meva mare.

I se'n va anar.

Quan en Ferran va saber que en Marc era el nou soci del seu pare va tenir un dels disgustos més grans de la seva vida.

I en tindria més. L'Esther guaitava l'ocasió. I la va trobar. Va fer-lo seu amb tot el seu poder de seducció. Ja podia ell dir que estimava la Júlia, ja podia insultar-la: el record d'aquells braços, d'aquelles cuixes de seda, i d'aquells petons salvatges van poder més que ell. I va sucumbir. Per a la seva vergonya, l'endemà d'haver fet l'amor, li van portar al *pub* una magnífica moto amb una targeta: era un regal, en agraïment, de la seva «amiga» Esther...

És clar que va tornar de seguida la moto a l'empresa que la hi havia portada —i amb recança: ja li hauria agradat tenir una moto com aquella!—, però la humiliació i la ràbia que sentia, això, no ho podia tornar enlloc. Ara començava a fer-li por de debò a l'Esther...

L'únic que era feliç en tots aquests tràngols era en Martí: estava tan content de la història del cap de l'estàtua de Llibert Ferrer! A més, volguessin els seus pares o no, continuava veient la Clàudia, que tornava a ser la mateixa de sempre. I havia descobert la seva vocació: tant fer pintades, tant enginyar-se-les per buscar signatures i motius pintables, s'hi va aficionar i es va adonar que era l'única cosa que li feia el pes. Li agradaven tan poc els llibres! Però ser pintor, això sí que li abellia...

Havia tret unes notes espantoses, i tard o d'hora la Rosa ho va saber. I l'Antoni. I li van fer els consegüents sermons.

—El que jo voldria és pintar!

Havia fet uns quants dibuixos dels quals estava molt orgullós, i pensava treure'n plantilles per pintar-los a la paret. Tan orgullós n'estava que no va poder evitar ensenyar-los a la Clàudia, i aquesta va quedar parada de la bellesa i la força que tenien. Afalagat, el noi li va dir que n'hi regalava un i que el triés ella mateixa. La Clàudia, però, sense dir-li res, no va guardar aquest dibuix, sinó que el va presentar al concurs que organitzava l'institut.

I en Martí va guanyar el primer premi.

No sabia si enfadar-se amb la Clàudia o menjar-se-la a petons.

I encara ho va tenir més clar: seria pintor. O un penjat total...

També hi havia una altra persona que estava més animada: era la Kati. Després del dolorós fracàs en l'obra de teatre, havia aconseguit un altre paper: una pel·lícula que s'havia de rodar a Bulgària. No era res, al costat de l'altre paper, però la va consolar bastant.

I encara més gent animada: la Mercè, per fi, havia aconseguit que en Joan Grau la contractés per fer un anunci. L'única pega és que hauria de dir-li-ho a en Manel, però la noia estava alleugerida per trobar un forat en els núvols negres que els amenaçaven aquells dies.

I, finalment, la Victòria i l'Andreu també eren feliços. Allò del monument va ser per a ells com una injecció de vida. L'Andreu, més animat que mai, va voler ensenyar a la Victòria a jugar a la petanca, i aquesta havia acceptat entusiasmada. Feia tan bonic veure'ls riure, amb les boles a la mà, i ell explicant-li els secrets del joc!

En totes les vides de la terra, en tots els barris del món, hi ha aquest raigs de sol entre tenebres. Esperances, desenganys, dies bons i dies dolents: aquesta i cap altra és la història de la humanitat. La de debò, la que no apareix als llibres.

21

AQUELLA BREU AVENTURA que l'Helena havia tingut amb en Joan Grau, però, va portar conseqüències. Conseqüències que eren insignificants al costat del carcinoma de l'Helena, però que no per això deixaven de ser amoïnadores: la Marta Jardí va fer publicar les fotos d'aquella aventura en una revista de xafarderies, per a coneixement de tot el barri, i havia demanat el divorci. El mateix Joan li va fer arribar la revista en qüestió a l'Helena, perquè preferia que ho sabés per ell que no per alguna persona malintencionada, i perquè sabia els patiments que turmentaven la seva amiga. I va intentar la reconciliació amb la Marta, però aquell matrimoni feia temps que no funcionava.

L'Helena, però, no estava per orgues. La seva salut psíquica es va ressentir davant el negre panorama que se li presentava, i creia que la mort l'estava rondant. Abatuda, incapaç de reaccionar, es tancà en un dens mutisme i es va ficar al llit. A la Júlia li va dir que no es volia operar. Que no volia fer res. Que, ja que s'havia de morir, es deixava anar.

La Júlia, com és lògic, va intentar ajudar-la. Sabia que, en un cas així, les ganes de lluitar són vitals per al malalt i, carregada d'esperances, va voler animar l'Helena. Però, per a desesperació de la noia, l'Helena s'enfonsava cada dia més en una depressió que, si bé era comprensible, era fatal per al seu estat. Calia que s'operés i que ho fes de seguida! Calia que tingués ganes i forces per lluitar! El càncer es pot vèncer!, es deia la Júlia retorcent-se les mans, esgotats els arguments.

La solució va venir per un camí impensat: la Júlia va pensar que si ella parlava amb el metge de l'Helena, si aquest sabia quin era l'estat d'ànim de la seva pacient, potser tindria arguments millors que els d'ella per fer-la reaccionar. Aquest doctor era Daniel Boix.

Era un home culte, refinat i profundament sensible. Vivia sol. La seva única companyia era la música i la lectura; també estimava la jardineria i el paisatge net, ample i bell de la Cerdanya, i tenia una caseta a Urús. Altrament, estava bolcat en la seva feina, per a la qual tenia vocació i talent. Aquella pacient havia estat, des del principi, molt especial per a ell. La felina elegància de l'Helena, la seva bellesa profunda, la seva culta sensibilitat, el seu caràcter honest i comprensiu no l'havien deixat indiferent.

Per això, quan l'angoixada Júlia li explicà la situació de l'Helena, va fer molt més que donar consells: es va presentar a casa d'ella. Com si fos un sortilegi, les seves paraules, que, sense amagar tots els aspectes negres de la malaltia també donaven lloc a l'esperança, la van reconfortar moltíssim. La va fer sortir a passejar, li va donar el seu suport, li va fer exactament la mena de companyia que en aquell moment ella necessitava, molt més que la que li havia donat en Joan Grau, molt més que l'ansietat de la seva pròpia filla. I l'Helena acceptà l'operació i s'hi enfrontà amb ànims. Si potser fins i tot podria salvar el pit... Si el mal no s'havia estès massa, potser ni caldria una pròtesi... Abans de marxar per ser ingressada, havia recuperat tant de valor que es va presentar a casa de la Rosa i li va demanar, amb tota serenitat, que, si ella faltava, donés el seu suport a la Júlia, encara tan jove. La Rosa va vessar unes llàgrimes, en estar sola, profundament commoguda. I va desitjar que aquella bona amiga, aquella veïna lleial, tingués sort en aquell fatídic tràngol. ¿Què li importaven a ella les fotos d'aquella revista, que, com tothom, havia pogut veure? Perquè la Rosa ja no era aquella doneta presonera de prejudicis i de morals estretes: havia après a mirar la vida d'una altra manera. Ara, per exemple, veia amb molt bons ulls la relació d'en Xavier i l'Eugeni, acceptava amb tota naturalitat la relació de la seva filla Anna amb en Jaume, era tolerant amb tothom. Havia adquirit experiència. Aquella Xaro, per exemple: l'hauria acceptada a casa, la Rosa d'abans? S'hauria enquimerat per ella?

El pensament li volà a la Xaro, que sabia amagada a casa d'en Ferran: hauria estat a temps en Xavier de salvar-la? ¿L'hauria empaitada aquell ferotge i perillós Abel?

En Xavier havia aconseguit papers falsos per a la Xaro i havia anat a recollir-la a casa d'en Ferran. Ja estava gairebé salvada: un nom nou, uns diners que li farien molta falta, i cap a Suïssa, a fer una vida nova. No va ser així, però: quan ja sortien, a la porta de casa d'en Ferran, hi havia l'Abel. Somreia perillosament, i tenia una pistola a la mà.

—No em mamo el dit, jo! —li cridà a en Xavier— Vull els diners I els vull ara!

En Xavier va veure de seguida que, si la Xaro es resistia, aquell bandoler no dubtaria a disparar, i li va aconsellar amb una serenitat fingida que els hi donés. La Xaro, amb l'elefantet als braços, va assentir, però en el darrer moment va fer la bestiesa d'abraonar-se contra l'Abel. Un pas insensat que li podia costar la vida. Per a la seva sort, en el breu forcejament que es va produir, la pistola es va disparar. L'Abel va caure amb una bala a la cama!

Si no arriba a estar present en Xavier, la Xaro hauria aprofitat per fugir: hauria estat una sentència de mort, perquè l'Abel tard o d'hora l'encalçaria. I també el perseguiria a ell, sense cap dubte.

—Reflexiona, Xaro, no siguis beneita! Dóna-li els diners!

Mentre en Xavier treia les bales de la pistola, blanc com un full de paper per tot el que hauria pogut passar i no havia passat, la Xaro va estripar l'elefant i li va donar els calés al seu marit. Se'n va quedar només una mínima part per al viatge. I en Xavier, aleshores, es va preocupar per la ferida.

—Ja sé jo qui m'ho pot curar! Fugiu del mig!

Ranquejant però feliç, l'Abel va fotre el camp. A l'aguait dels seus passos, però, la policia va capturar aquell malfactor aquell mateix dia...

Aquest cop la Xaro sí que va prendre un autobús, cap a la seva llibertat, cap a una vida digna i sense pallisses. En el comiat, ella li digué a en Xavier que l'estimava. I ell, que li havia agafat un gran afecte, li va confessar que era homosexual.

Tanmateix, aquella noia senzilla, amb unes qualitats que la vida no li havia deixat mai mostrar, havia deixat empremta en en Xavier. L'Eugeni ho va notar. L'Eugeni estimava profundament en Xavier, però li n'havia fet passar tantes! La seva vida, abans era tranquil·la, ara era una tensió contínua. I aquest nou estat d'ànim d'en Xavier, abstret sempre, com si els moments de perill l'haguessin capficat, com si la sort de la Xaro el preocupés moltíssim, estaven pesant en l'ànim de l'Eugeni.

«No puc continuar vivint així!», es deia. Sempre enquimerat, sempre amb l'ai al cor, sempre patint. I aquella obsessió per la Xaro... ¿I si en Xavier, per primer cop, s'havia enamorat d'una dona? No seria la primera vegada que una cosa així li passés a un homosexual. Ell mateix, ¿no havia estimat la seva dona? Sí, de fet, la seva vida de casat, de pare, havia començat molt bé! No dormia, l'Eugeni. Espiava en Xavier, les cares que feia, els seus silencis. «És tan reservat! Mai no sé què pensa. Mai no sé en quin nou embolic es ficarà. I no canviarà mai: la seva essència és anar així per la vida, fent aquesta mena de favors esbojarrats, o ficant-se en negocis il·legals». I l'Eugeni lluitava entre el seu amor i les seves pors. Fins que va prendre una decisió: calia una separació temporal. Tenir temps per reflexionar. Sortir d'aquella angoixa contínua. I aprofitaria per estar amb el seu fill. En Pau, el seu fill, tenia onze anys. Si li demanava a la dona de tenir-lo una temporada, no s'hi oposaria. Era el seu pare, i l'havia descuidat massa temps. I era una edat difícil, una edat en què no podria comprendre moltes coses. Si el volia amb ell, en Xavier no podria continuar al seu pis.

Li ho va dir a en Xavier planerament, sense comèdies. Els ulls d'en Xavier, fitant-lo, li van fer mal: hi havia un mut retret, una queixa silenciosa, un dolor sense paraules en la mirada humida i humaníssima del seu amic. No va dir res, només va assentir. Reconeixia en el fons que l'Eugeni tenia raó, que conviure amb ell era un martiri per a un home ordenat i escrupolós com l'Eugeni, però, alhora, li dolia tant! Imaginava que el que feia l'Eugeni era treure'l del seu pis. Que volgués estar amb en Pau era una excusa. O gairebé. Però va fer el cor fort.

Capcot, trist i malenconiós va anar a l'únic lloc on sabia que sempre seria benvingut: a casa de la seva germana Rosa.

Per això dèiem com havia canviat la Rosa: el disgust que va tenir en saber que, ni que fos temporalment, l'Eugeni i en Xavier s'havien separat! Però si eren una parella perfecta! Però si s'estimaven molt!

Com si li endevinés els pensaments, en Xavier va dir:

—Qui t'havia de dir fa només un any que et sabria tan greu que el teu germà se separés d'un altre home, Rosa!

La Rosa no sols el va acollir a casa seva, sinó que li va fer, al cap d'uns dies una proposta comercial:

—El negoci rutlla bé, Xavier. Ara tinc ajudants i tot. Però la feina comercial, el contacte amb els clients... Ufff! Em costa més! Sense en Bernat ho he de fer tota sola. I als ajudants no els puc deixar sols, perquè els plats han de tenir el meu toc... —i va somriure, per dissimular la torbació que li causava parlar amb aquesa vanitat d'ella mateixa— ¿Per què no em portes tu la part comercial, home? Si és el que t'agrada fer! Anar amunt i avall, parlar amb aquest i amb l'altre...

Total: que el va convèncer. I no sols va aconseguir que l'ajudés, a canvi d'un salari, sinó que es van fer socis. Com abans ho havien estat ella i en Bernat. La feina, com ella havia pensat, li esqueia. I es coneixien tant i tan bé que el negoci rutllava que donava gust...

En Ferran havia sucumbit als encants de l'Esther, però no estava content d'ell mateix. Estava segur que estimava la Júlia, estava també segur que l'Esther estava animada per males intencions, que era una mala persona. I la repugnància que sentia per la pròpia debilitat el va fer girar-se contra ella.

No s'havia adonat que l'Esther, potser per la conversa amb en Jaume, potser per comparar-se amb l'Anna i desitjar ser com ella, havia canviat d'actitud.

Que acceptava per fi que ell havia estat important per ella –i ho era encara tant, d'important! L'estimava tant, encara!–, però no ella per ell: ella havia estat per a en Ferran una parella atractiva, un plaer, fins i tot una companyia agradable, però creia que mai no l'havia estimada. Assumit això, l'Esther va anar a veure'l al *pub*, desitjosa d'aclarir les coses, desitjosa de ser, almenys, amics, i deixar-lo en pau, i deixar en pau la seva germana i la seva Júlia.

Ja havia passat una altra vegada: quan en Ferran, apallissat pels pinxos d'en Raül, havia rebut la seva visita a casa la tieta Victòria, li havia dit paraules terribles, paraules que a ella la feriren com cap altres no l'havien ferida mai. Ara, com si el destí irrevocable de les persones fos cometre sempre els mateixos errors, en Ferran actuà de la mateixa manera: la insultà, la volgué humiliar, li exigí que s'apartés de la seva vida. Li va dir «puta»:

—Has nascut puta i moriràs puta!

Rebre el mateix insult! Rebre la mateixa humiliació! Sentir-se vexada un altre cop per l'únic home que havia estimat a la vida! Ara era poderosa, ara podia fer-li mal, i aquell imbècil es feia el gallet i la rebutjava amb violència.

—Em demanaràs fer l'amor amb mi! Tu vindràs a mi!

Li ho va dir serrant les dents, absolutament embogida d'odi, les ferides antigues, amb prou feines tancades, rajant sang. Sang i verí.

Aquell mateix dia, la senyora Esther Giralt de Montornés rebia a casa la visita d'un mafiós. No era un *capo*, però els homes a les seves ordres li retien una obediència cega. Era un home capaç de tot, i cobrava per fer el «treball» que li encarreguessin. Per brut que fos. Va assentir a tot el que li deia aquella senyora, i aquell vespre mateix va fer anar un dels seus homes a prendre unes copes al *pub* d'en Ferran. Tenia ordres d'amagar a la cisterna del lavabo una pila de paperines d'heroïna. Després, només calia un simple truc a la policia...

No cal dir que la brigada antidroga de la policia es va presentar en un tres i no res al *pub* d'en Ferran. L'heroïna era al lloc on solia trobar-se sempre. Els policies es van identificar, van emmanillar en Ferran i se'l van emportar detingut. El *pub*, l'hi van tancar i segellar.

El que havia passat no era difícil d'imaginar, i en Ferran, un cop feta la declaració d'innocència i pagada la fiança, era en llibertat, amb l'esperança de reobrir el *pub*, quan es pogués demostrar, si és que es podia, que ell i el seu local no tenien res a veure amb la droga. En Ferran estava irritadíssim: ell que havia maldat tant per tenir un local net! Ell que s'havia escarrassat per un negoci en què podia demostrar les seves aptituds, sense trampes ni entrebancs aliens!

Presa d'ira pregona, en Ferran es va presentar a casa de l'Esther. I, tal com ella li havia pronosticat, ara a les mans seves, després d'aguantar la insolència totpoderosa de la noia, es va mossegar els llavis i li va fer la pregunta, l'única que ella esperava amb candeletes:

—Què vols de mi, Mònica?

—Digue'm Esther, sisplau —respongué ella amb displicència.

—Doncs Esther! Això és cosa teva, oi?

—Sí.

—Què vols de mi, Esther?

—El que et vaig dir: que vindries tu a mi.

—I?

—Et vull al llit. Oi que jo sóc una puta? M'ho has dit tu. Millor dit: m'ho has escopit a la cara. Doncs ara, jo pago i tu compleixes. Vols el *pub*? Doncs paga. Com jo: prostituint-te.

Blanc com el paper, fastiguejat d'aquella dona, i creient que el cos no es dóna si un no vol —¿no era això el que havia intentat explicar-li aquella Mònica, quan vivien junts?—, ell, amb ràbia, li va dir que hi estava disposat.

—No, ara no. Tinc feina. Vine aquesta nit. A les deu. I sigues puntual, eh? Qui paga, mana...

En Ferran estava atrapat. Els mètodes de l'Esther li feien venir basques. La menyspreava fins a l'odi. Però faria l'amor amb ella. Recuperaria el *pub* i miraria amb totes les forces d'oblidar-la. «Quina victòria de pa sucat amb oli, la d'aquesta!», es deia a si mateix, segur que els sentiments no poden comprar-se.

Però els plans de l'Esther eren més maquiavèl·lics del que havia previst: Aquella tarda telefonà a la Júlia.

—Júlia? Sóc l'Esther. No, no pengis...

Li va demanar que vingués a veure-la. Que tenia una cosa important a dir-li. Que una conversa entre elles era necessària, i que no se'n penediria. I li va donar instruccions: que avisés el porter, i que aquest la conduiria al seu pis. A les deu.

És clar, la Júlia, intrigada per una banda i disposada a aclarir el que calgués, sí que hi va anar. El porter li va obrir la porta. Va entrar al pis. Hi havia llum i se sentien veus. Anava dient i repetint el nom de l'Esther, a mesura que hi avançava. Era estrany. Estaven citades, oi? I va tenir una punxada de por. De premonició d'una desgràcia. A dins, hi havia l'Esther, despullada, amb un home, també despullat. Era en Ferran.

La Júlia va arrencar a córrer, les llàgrimes regalimant-li per les galtes, i va marxar esperitada, a amagar la pena, el desencís, la ràbia.

Va ser inútil que, maleint-se els ossos, maleint l'Esther, en Ferran, oblidat del *pub* i de tot, corrés rera la Júlia, de seguida que es va poder vestir. Va ser inútil que intentés explicar-li com havien anat les coses. La Júlia ni se'l creia ni, en cas de creure-se'l, podia entendre que actués així pel seu negoci.

L'endemà arribà el permís d'obrir el *pub*. I en Ferran, que mai no havia estat tan deprimit, ni quan les coses se li havien girat més en contra, ni quan es va trobar perdut en marxar de casa, ni quan va saber que la seva companya era una prostituta, ni quan no va poder pagar la primera lletra del crèdit del seu *pub*, ni quan... Mai!

En presentar-s'hi a treballar en Quim, en Ferran el va mirar malagradós: ¿no era en Quim qui havia escalfat el cap de la Júlia contant-li la seva història amb l'Esther?

—La gelosia que senties, Quim, la ràbia de veure que la Júlia i jo ens enteníem bé, tot això t'ha fet actuar com un traïdor. No et vull veure més. Vés-te'n! Ja no treballes aquí.

El dia que operaven l'Helena, en Ferran hi va anar, amb un ramet de flors i l'ànima encongida. A la sala d'espera de l'hospital, la Júlia es mossegava les ungles, morta d'impaciència i de temor. L'acompanyava en Quim.

A la Júlia li va agradar que en Ferran anés a l'hospital a interessar-se per l'Helena i li ho va agrair amb una mirada. Però no va tenir temps de res més: el doctor Boix havia acabat l'operació i ja portaven la malalta, encara inconscient, a la seva habitació. Veure l'Helena allà estirada, sota el llençol, blanca i inconscient, va ser molt fort per a ella. Però la Júlia no va voler estintolar-se en el Ferran. Ni en ningú, només en ella mateixa. El doctor Boix li va dir, sense comèdies, que havia calgut extirpar-li tot el pit. Però que calia tenir esperances. Potser havien tallat el mal, potser no s'estendria. Potser...

A l'hospital també hi va comparèixer l'Enric. L'Helena ja estava desperta i li ho va agrair amb un somriure càlid:

—Seràs feliç amb la Montse, Enric. Gràcies per haver vingut.

En Ferran volia recuperar la Júlia. I la Júlia, a la primera escapada de l'hospital, va anar a veure'l per intercedir per en Quim. Si ell no hi tenia res a veure! Si ella mateixa l'havia enxampat al llit de l'Esther!

—L'has de readmetre, Ferran. Seria una injustícia massa gran...

—I tu?

—Jo buscaré feina. Aquí, no hi vull tornar. El *pub* és més important per a tu que jo mateixa. I no hi vull competir.

En Ferran li va demanar a en Quim que el perdonés, que havia estat injust i que, si volia, podia tornar a treballar al *pub*.

Al primer lloc on va anar la Júlia, presa de desesper en sortir de casa de l'Esther, va ser a casa de l'Anna, la seva amiga, i la germana d'en Ferran. Aquesta, per més que estimés tant el seu germà, no sols la va comprendre de seguida sinó que va condemnar, sense vacil·lar, la conducta d'en Ferran. Això sí: estava segura que hi havia una explicació.

Ella mateixa estava molt i molt amoïnada. El seu embaràs, no sabia si desitjat o no, encara no l'havia comunicat a en Jaume. Havia sabut que ell havia passat la nit a casa de l'Esther, imaginava el pitjor, i no volia ni parlar-li. Com veiem, les dues amigues, l'Anna i la Júlia, se sentien traïdes per la mateixa dona. L'Esther, sempre l'Esther...

És clar que en Jaume li havia explicat que no havia passat res. Però va afegir que estava equivocat amb l'Esther, que era una dona estupenda amb qui es podia parlar de gust. L'Anna, que tenia als llavis la notícia del seu embaràs, es va quedar callada, li va girar l'esquena i va sortir del pis.

—Vaig a fer un passeig!

Minuts després, va sonar el telèfon a l'estudi d'en Jaume. Ell estava capficat en totes les reaccions incomprensibles de l'Anna, i no sabia com prendre-s'ho. Ara li trucava: li pregava que anés a buscar-la, que es trobava malament, que s'afanyés.

Tots els maldecaps, tots els malentesos, totes les baralles es van dissoldre com sucre en una tassa d'aigua. En Jaume només sabia una cosa: que l'Anna el necessitava, que es trobava malament, que el reclamava. I això estava per damunt de tot. La va trobar en un parc públic, tal hi com li havia dit al telèfon; havia vomitat i estava marejada i pàl·lida com una morta.

En aquell parc, tot abraçant-la, l'Anna li va dir la notícia, la gran notícia, i el noi es va sentir transportar d'alegria, embogit de felicitat. Un fill! L'Anna estava embarassada! Al dimoni les trifulgues, les baralles, les males cares, els dubtes, tot! Una vida de tots dos bategava al ventre de l'Anna.

En Jaume, amb l'eufòria d'un home enamorat, la va portar a casa, la va atendre, la va omplir de petons.

—Ara sí que ens casarem, oi, Anna?

—I és clar, ximplet!

—Quan?

—El mes que ve?

—Fet!

L'Anna s'havia decidit: tenia els sentiments tan confusos com sempre, creia que no estava preparada per ser mare, però aquella vida que bategava en el seu si no l'estroncaria. L'endemà, va córrer a explicar-li-ho a la Rosa: es casaven. I la Rosa la va besar amb emocionada tendresa i es va sentir vella, però sense recança.

—Li ho has de dir al teu pare. Ell és com és, però és el teu pare, i ja saps que està boig per tu.

L'Anna anà al supermercat, una mica temorosa de la reacció de l'Antoni, tan antiquat, i tan irascible! Però l'Antoni mirà la seva filla, fet un flam, incapaç de creure que el temps havia passat tan de pressa com perquè la seva nena anés a fer-lo avi. Què importava res, al costat d'això? La va abraçar, amb cura, com si fos una nina fràgil, li va dir les paraules més tendres, va amagar com va poder la seva emoció perquè era massa «home» per poder plorar, i li va fer patent tot l'amor que li tenia. I que li tindria a aquell que venia. O a aquella, vés a saber... La Victòria estava entusiasmada i va riure d'imaginar-se, a ella mateixa, besàvia. O besàvia-tia. O el que fos, què caram! Visca la vida! Visca el goig de veure sang nova, de veure el plançó que inaugurava un aire nou, un món nou, un temps nou!

I això que l'Antoni no tenia gaires motius per estar alegre. Les coses li anaven pitjor que mai. Perquè en Marc estava a l'aguait per ensorrar-lo. I, pitjor encara, per humiliar-lo. Per pagar els deutes que tenia amb ell, l'Antoni no havia tingut més remei que vendre-li aquell u per cent que en Marc li havia demanat. El deute quedà saldat, però ara l'amo era en Marc.

La primera mesura que va prender va ser canviar el nom del súper: ja no es deia Supermercat Aiguader, sinó Supermercat Fontcuberta, el seu cognom. I, encara pitjor: va contractar en Manel, una idea refinada que li va donar la demanda del noi de treballar per a ell, per ser l'encarregat del súper. Ara, l'Antoni era el dependent, i se li recordava a cada moment que havia d'obeir en Manel.

No és que en Manel fes aquest paper per gust, però hi havia una feina ben pagada pel mig i totes les humiliaciones i els renys que l'Antoni li havia fet empassar tot el temps que havia treballat per ell. Ara qui portava una bata era l'Antoni, qui manava, era en Manel.

I si ell s'hi rebel·lava, allà apareixia en Marc, recordant-li que, si no complia i obeïa en Manel, ell, com a soci majoritari, el faria fora.

—Això voldries tu, oi? Doncs t'has ben fotut! Perquè, em facis el que em facis, no em faràs fora. Que vols que obeeixi en Manel, aquest inútil? Molt bé. Però no em trauràs d'un negoci que he creat jo i que he aixecat jo!

—Aixecar-lo? —li replicava amb insolència en Marc— Deus voler dir ensorrar-lo, perquè ets un inepte, Antoni, per als negocis...

Tota la bilis que hagué d'empassar-se l'Antoni no ho sabia ningú com ell mateix. Era tan humiliant, tan vexatori! En Manel, de vegades, li recordava quin era el seu lloc, i l'Antoni havia d'acotar el cap, engolir-se el seu mal geni, ajupir-se i arraconar el seu orgull.

L'únic testimoni d'aquest calvari era la tieta Victòria, que li donava ànims, el renyava si perdia els estreps, li recordava, sense ferir-lo, la seva situació i impedia, tant com podia, que s'ensorrés del tot.

A qui confiar-se? Amb qui parlar? Mai, en tota la seva vida, l'Antoni no havia estat tan sol. I mai no havia necessitat tant com ara una mà amiga que li donés consol.

Hi havia una excepció, una persona cada dia més important per a ell: la Cristina, la seva futura consogra. Es veien, passejaven, parlaven. Ella el comprenia. Era una dona tan maca! Tenia tanta classe! I, dels diners que li devia, mai no en va dir ni una paraula, mai no li va demanar explicacions. Només li donava ànims. El mirava amb una franquesa total, li explicava coses que mai no havia explicat a ningú. I ell, amb ella, feia igual. L'Antoni es trobava tan a gust amb la Cristina!

Un dia ella el va convidar a sopar. L'Eudald era gairebé sempre fora. Ell li explicava les humiliacions que passava, i ella li deia com se sentia de malament amb la baralla entre en Jaume i l'Eudald. I es van fer un petó, un petó calidíssim que va trasbalsar més l'Antoni que tots els petons venals que havia fet. L'Antoni li va dir que li agradava. Però la Cristina es va espantar. I no de l'Antoni: d'ella mateixa. I els convencionalismes amb què havia estat pastada sempre van guanyar la partida.

—Però, si estem a punt de ser família, Antoni! I jo sóc una dona casada!

Sí, el va rebutjar. Però havien arribat massa enllà. Ara, de nit, ajagut al llit del pis de la Victòria, l'Antoni ja no pensava en la Rosa: ara tenia al cap la Cristina. La desitjava. La volia. L'estimava.

Un matí, en què es van trobar al carrer, la Cristina, penedida d'haver arribat massa lluny amb l'Antoni, se li va acostar. L'Antoni li va demanar un petó. L'últim, si ella així ho volia. I la Cristina va cedir. En aquell moment, en Xavier aparcava la furgoneta i ho va veure. Li ho va dir a la Rosa, la qual va tenir un moment de còlera. Còlera que va intentar dissimular davant del seu germà. Però en Xavier va veure clar que la Rosa no havia oblidat completament l'Antoni. Almenys, no tant com ella pretenia...

Encara faltaven, però, més proves que havia de superar l'Antoni. En Marc, ara amo del súper, li feia la guitza de mil maneres refinades. La pitjor, la més vil de totes, va ser falsificar els llibres, i, un cop fet, cridar-lo al despatxet del súper:

—Falten cinc-centes mil pessetes, Antoni. I tu ets l'encarregat dels llibres...

L'acusació era feta. L'Antoni no lluitava contra un pobre noi com en Manel, sinó contra un home sagaç i llest que l'odiava a mort.

—Només veig una solució: m'has de vendre la teva part del súper. Si no ho fas, estàs acabat.

La Mercè havia aconseguit un contracte per fer un anunci de sopes. I no va tenir el valor de dir-ho a en Manel. Mentre ell no tenia feina, els seus arguments eren molt sòlids. Però ara ell no sols tenia feina sinó que cobrava un bon salari. I no es va atrevir a dir-li-ho. Ell estava tan en contra que fos model publicitària! Va fer l'espot, doncs, sense dir-ho al seu home, amb l'esperança que, quan sortís l'anunci, ell no el veiés.

El problema era que el pròxim anunci era de plàtans i que havia de marxar a les Canàries. No sabia com fer-ho, la Mercè, temerosa de la reacció engelosida i possessiva del seu home. La pitjor cosa que es pot fer és dir mentides, perquè tard o d'hora es giren contra el qui les ha dites. La Mercè va estalviar-se de dir-li que feia aquella feina que a ell no li agradava gens, i es va inventar una història: una amiga d'ella, que ell coneixia, es casava a Madrid i li havia demanat d'acudir a la boda.

—Com que és entre setmana, no t'ha convidat a tu, perquè ella sap que tu tens feina i no la pots deixar. En canvi jo, a casa de l'Helena puc arreglar-me-les.

I així va justificar els vestits nous que portava, i que havien intrigat en Manel. «Jo que em creia que mai no es fixava en la meva roba...!», es queixava, interiorment, la Mercè.

L'Antoni, però, havia vist per pura casualitat, el bitllet d'avió per a Canàries. I va aprofitar per burxar en Manel.

Era una pobra i trista revenja per les humiliacions que aquest li causava, i la tieta ho va desaprovar enèrgicament. En Manel li manava les feines humiliants que abans havia hagut de fer ell mateix: escombrar, carregar caixes, fer encàrrecs... I, a més, el renyava sovint, si arribava tard d'un encàrrec, si el magatzem no estava prou ordenat, si els prestatges no estaven escurats completament del pols... Igual que abans, però a l'inrevés. Les voltes que fa la vida, com deia la Victòria. Però és tan amarg haver de tastar el propi xarop! Per això, allò de poder-lo burxar amb l'afer del viatge a Canàries de la Mercè no ho va desaprofitar; era l'única cosa que tenia l'Antoni per defensar-se. I ho va fer servir.

Quan en Manel, enquimerat, la va interrogar, ella va tenir por que ell ho sabés així, per la força de les proves, i es va limitar a negar-ho.

Tanmateix no va poder evitar, malgrat totes les seves precaucions, que en Manel veiés aquell anunci de sopes de sobre per la tele.

L'evidència havia deixat la Mercè en un mal pas.

22

LA NOTÍCIA DE LA BODA va ser un alegre estimulant per a tothom. I; cadascú a la seva manera, es preparava per a la cerimònia de l'enllaç entre en Jaume i l'Anna.

La més atabalada era la Cristina: la boda del seu fill! Volia que fos una gran cerimònia, amb uns convidats selectes, amb els millors vestits, les millors flors, els millors plats... Quan, tant l'Anna com en Jaume, li insistien que ells volien una cerimònia senzilla, a ella li entrava per una orella i li sortia per l'altra. Era tan engrescador preparar una festa d'upa! La dona que havia estat tendra i sincera amb l'Antoni va deixar pas a la Cristina de sempre: superficial, creguda, vanitosa... Fins i tot va obrir una llista de noces els regals de la qual feien trencar de riure el nuvi i la núvia. Anava a la seva i es meravellava que l'Anna no estigués tan engrescada com ella en les aparences fastuoses de la seva boda. En el fons, li semblava molt poca cosa per al seu Jaume, però n'estava tan enamorat d'aquella nena! La dona suspirava i repassava la lista de convidats, afalagada del poder econòmic i social de la gent que era capaç de convocar. L'única decepció va ser l'Esther: havia rebutjat la invitació, i a la Cristina li va saber molt greu. Una dona de tanta alcúrnia! De tan bona nissaga! Si hagués sabut la veritat sobre ella, se n'hauria fet creus... El cas és que l'Esther, en la nit innocent que havia passat amb en Jaume, l'havia apreciat molt: era tan net, tan noble, tan intel·ligent i bona persona, tan sense doblecs, i, alhora, tan viril i mascle! No li agradava l'Anna, però en Jaume sí, i va decidir no anar a la boda per no espatllar-li la festa a en Jaume. Perquè si l'Anna se sentia molesta, ell patiria. Ai, els homes! Millor encara: com són els homes enamorats! Com farina blana en les mans de la dona que estimen...

Però el disgust de debò que va tenir la Cristina va ser l'ultimàtum de l'Eudald: ell no aniria a la boda. No tenia cap fill. No sabia qui era en Jaume. «El teu fill», li deia a la Cristina. «Perquè meu, no n'és res». No podia perdonar-lo. No transigia. La Cristina, és clar, va posar el crit al cel: ¿què pensarien els invitats d'una boda en què no hi és el pare del nuvi? No li preocupaven els sentiments del seu home, ni els del seu fill: el que la terroritzava eren els convencionalismes, el dir de la gent, l'escàndol... Va suplicar i suplicar, i l'Eudald no va canviar de postura. Va suplicar a en Jaume i va aconseguir, sí, una entrevista entre pare i fill. Però el contingut de l'entrevista l'hauria sorpresa fins a l'estupor. Perquè en Jaume, que estava penedit de la mala jugada que li havia fet al seu pare, sí que pensava en els sentiments d'aquest, i li va dir que si no venia a la seva boda ell ho comprenia, i que no s'amoïnés per ell.

L'Eudald, quan va quedar-se sol, va estar pensant en el seu fill: l'havia traït, li havia tingut tírria tota la vida, però no li podia negar noblesa, i valentia. Per a la Cristina hauria estat tot un misteri, però tots els extrems de la seva dona, totes les mandangues sobre què diran els convidats i tot això, l'havien deixat indiferent; la comprensió d'en Jaume, en canvi, va fer diana. I, secretament, es va preguntar si seria capaç de deixar sol el seu únic fill el dia de la seva boda. «Ja m'ho rumiaré després! Encara queden un grapat de dies!», i se'n va anar a treballar. Era d'aquella mena de persones per a les quals la feina és un lenitiu de tot. L'arquitectura era el que donava sentit a la seva vida, i s'hi capbussava amb el secret plaer del qui es mou en un país prodigiós que és d'un sol i de ningú més. El seu recer predilecte.

La Rosa estava contentíssima amb el casament, i excitada com a mare, i, també, una mica insegura del paper que ella i la seva família farien amb una gent tan pretensiosa com els Balcells. La seva futura consogra era la que l'amoïnava més. Però quan mirava l'Anna, tots els seus temors s'esfumaven: estava tan maca! Seria tan feliç amb aquell xicot tan bon noi i que l'estimava tant! I en Xavier compartia el seu estat d'ànim. Havia resultat un soci excel·lent, i, a més, li agradava la feina i estava ampliant mercat i tot. En Xavier n'havia parlat amb l'Eugeni, i aquest se'n va alegrar. Però ara tenia el seu fill a casa, i conèixer-lo i parlar-li era molt important per a ell. Si fins i tot pensava dir-li tota la veritat, que era homosexual! No havia oblidat en Xavier, però ara els seus sentiments estaven sadollats de paternitat.

Amb la Rosa i en Xavier, qui compartia totes les emocions era en Martí. Això de ser oncle el tenia trastocat, i tan feliç que en Miquel no ho podia entendre. Els pares de la Clàudia li havien prohibit terminantment que veiés en Martí, a qui consideraven el culpable d'aquell trist afer dels skins, sense adonar-se que en Martí era un bon noi, esbojarrat i prou. I ell i la Clàudia es trobaven d'amagat, apesarats de no veure's, i, alhora, enyorant-se més que mai. Un dia en Martí li va fer un petó a la Clàudia, i ella li va tornar. Un altre es van confessar que s'estimaven. I després es deien adéu, com uns enamorats llegendaris separats per forces superiors. A cada dificultat, ells encara s'estimaven més. Com els hauria agradat anar a patinar junts, anar a passejar junts, lliurement, públicament!

Així que l'embaràs de l'Anna primer i el seu cansament després es produïen en un Martí hipersensibilitzat, molt tendre i molt vulnerable. Sobretot el va emocionar que l'Anna li demanés que fos ell qui li portés el ram. No cabia en la seva pròpia pell, en Martí! N'estava tan pagat que va voler correspondre fent uns versos per a l'Anna, i s'hi va abocar amb totes les ganes: volia que fossin uns versos *guai*, i no una cursilada. No era ell un artista? No era capaç de fer les millors pintades del barri? No havia decidit ser pintor? Doncs com a artista sabria fer uns versos estupends. Caram, tenir un nebodet!, es deia sense acabar-s'ho de creure. «Mira, la primera cosa que faré, serà ensenyar-lo a patinar...»

L'Antoni estava content, és clar. L'Anna sempre havia estat la nineta dels seus ulls, i saber que seria mare i que se li casava el van entendrir fins a les llàgrimes, però la seva situació l'havia deprimit fins a un extrem que ja no semblava el mateix Antoni de sempre.

—Lluita, conxo, Antoni! Fes el cor fort, home! —li deia la Victòria veient-lo treballar al súper com una ànima en pena.

Sí: ell volia resistir. Però l'acusació de lladre que li havia llançat a la cara en Marc va poder més que ell. Ho havia hagut de reconèixer, absolutament desesperat: estava acabat. I plegava.

En Marc li havia proposat que, si li venia la seva part del súper, oblidaria la irregularitat dels llibres. L'Antoni, vençut, la hi va vendre. A la tieta Victòria li va dir que se n'anava de casa seva, que volia estar sol, que no volia repenjar-se en ningú.

—Tu has manipulat els llibres! A mi no m'enganyes! —li deia enfurismada la Victòria a en Marc. I aquest es va limitar a somriure. Li queia bé, la Victòria. La seva mare parlava molt bé d'ella, i sempre l'hauria trobada, per al que fos. I li dolia veure-la així: però l'Antoni havia de pagar el que li havia fet a l'Emília. Així ho havia jurat i així ho faria.

La Victòria, que d'ençà del monument havia estat sortint, animats com uns xavals, amb l'Andreu, havia après de jugar a la petanca —si fins i tot havien guanyat un petit premi, en els concursos del barri!—, anava d'excursió amb ell, se sentia tan unida i tan feliç amb l'Andreu que ara, amb el posat de l'Antoni, va deixar de riure i de moure tabola: el que li estava fent aquell xicot a l'Antoni no tenia nom. I li trencava el cor veure que se n'anava de casa, on ella podia tenir-ne cura i animar-lo tant com fos capaç.

—Ni tinc res contra vostè, Victòria —li va replicar en Marc—. És més, ara que el súper és completament meu, els tractes que tingués amb el seu nebot es mantindran.

—Sóc la mestressa del local. I en cobro un lloguer —li va dir ella, sorruda.

—Doncs així continuarem.

—I jo? —s'hi va ficar en Manel, a qui no li arribava la camisa al cos. No era ell home de caràcter per a la comesa que li havia encarregat en Marc. Havia complert, però no era prou babau per no adonar-se que en Marc només el volia per a escarni de l'Antoni. Ara, amb l'Antoni fora ¿què pensava fer en Marc amb ell?

—De moment, tu fes com sempre.

Un ajornament, almenys. Potser no s'havia portat bé amb l'Antoni, i el xicot sentia remordiments. «Però si ens tractava com a esclaus, sense cap consideració!», es disculpava a si mateix.

Però és que el seu matrimoni no anava gens bé. D'ençà que havia vist l'anunci de la Mercè, es va enfadar tant per les mentides d'ella! I ella, pobreta, va haver de dir-li tota la veritat. Saber que l'Antoni tenia raó en allò del passatge a Canàries! Que ella li havia mentit!

La Mercè l'estimava amb tot el cor. I no veia cap mal a fer anuncis. Ho cobrava bé i li agradava. Però l'emprenyada d'en Manel va ser tan forta —si va arribar a marxar de casa i va passar una nit a la serena, per a desesperació de la Mercè i del seu oncle!—, que la Mercè, a qui mai no li havia passat pel cap sentir-se superior a en Manel, que estava boja per ell, que el volia així, tan bon noi i tan dolç com sempre, incapaç, però, de fer-li entendre els seus veritables sentiments, va deixar la publicitat.

Però estava trista. En Manel, acostumat a la seva vitalitat, a la seva alegria esbojarrada i seductora, ara la veia sempre pansida, i li feia un mal el cor: aquella no era la Mercè d'abans... Ja ni anava al pis de l'Helena, perquè en Manel guanyava prou i era tan reaci a veure-la treballar! Ociosa, avorrida i deprimida, en Manel veia amb desesperació que, per més que ella ho negués, la Mercè no era feliç.

—No veus que la tens massa lligada, home? —li volia fer entendre l'Andreu.

—Per què t'has de malfiar d'ella? ¿És que no t'adones que això dels anuncis li agrada molt? Aquest orgull dels homes mai no el sabré entendre! —afegia la Victòria.

Ara que veia el seu càrrec al súper en perill, en Manel hauria volgut amb totes les forces tenir aquella doneta animada, espavilada, carregada de projectes i d'esperances que li donés coratge. Però la Mercè volia fingir una alegria que no sentia. I no en sabia, de fingir.

L'Antoni, quan va haver cobrat els diners de la part del súper, va fer un esplèndid taló a l'Anna, com a regal de casament, i va marxar a un hotel, a reflexionar, a estar sol amb ell mateix. Quin hotel era, no ho havia volgut dir a ningú.

La Victòria l'hi va explicar a la Rosa, amb la llunyana esperança que la Rosa podria fer per l'Antoni més que ella mateixa. I la Rosa se'n va sentir culpable:

—Vaig ser una egoista. Si no l'hagués forçat a comprar-me la meva part del súper...

—No comencis tu ara, dona! Et feien falta els quartos, no? Veges quin remei tenies!

—Pobre Antoni! Tant que ens ha fet patir a tots i ara no puc resistir que estigui tan enfonsat! És bona persona, això sí. Bé, de vegades... Bé, jo...

I la Rosa, confusa, no sabia ja què sentia per l'Antoni. No sentia aquella ràbia per la seva violació. Allò de l'Emília, ho havia oblidat per pietat a la difunta. Però tampoc no sentia el que havia sentit el dia de la boda. Ara que se li casava la filla i que parlaven tot el dia de la cerimònia, de les flors, del vestit, la Rosa rememorava contínuament el dia que es va casar amb l'Antoni. L'estimava tant, aleshores! El veia tan ben plantat, tan fort, tan capaç de menjar-se el món! Va anar a l'altar amb el convenciment que seria la dona més feliç del món... Però aquella Rosa quedava molt enrera. I no solament pels molts anys que hi havien passat. Ara ella era una altra. Per l'Antoni, en aquells moments, només sentia una cosa: compassió.

L'Anna també estava desolada, quan va rebre el taló del seu pare com a regal de noces. El va abraçar, li va dir que l'estimava, i ell estava tou i moix, com mai no l'havia vist. Ni a ella va voler dir-li el nom de l'hotel on s'allotjava.

—I una cosa, nena, no t'enfadis, però no vindré a la teva boda. Tothom m'assenyalaria amb el dit com el que sóc: com un fracassat.

—Això no, pare! Això, no! Tu m'has de portar a l'altar. I si no és així, no em caso —l'amenaçà la noia.

L'Antoni es va emocionar amb aquestes paraules, i li va dir que «al carall, la gent. Si la meva nena em necessita, allà seré». Van quedar, doncs, que ella la portaria a l'església.

—I et vull veure més maco que mai. Amb un vestit elegantíssim, que em tinguin enveja tots, pel pare que tinc...

—Al teu costat, Anna, no podria lluir ningú...

I li va amanyagar el ventre lleugerament inflat, ple de tendresa.

L'Andreu va voler fer un regal als nuvis i la va encertar: una fotografia de la Rambla del barri vell de l'any 1924! L'Anna, que havia estat tan capficada en la història de l'avi Ventura per a un futur llibre, va dir que era el millor regal de tots! I la Victòria va ser la més original: els va regalar un matalàs anatòmic, amb la garantia de ser el millor del mercat que li havia donat el matalasser de tota la vida. El matalasser del barri, i, per tant, el de més de fiar.

—M'hauria agradat que fos un matalàs de llana, dels antics, però s'ha d'anar amb el temps. Així, cada dia, quan us fiqueu al llit, pensareu en mi... —i feia un somriure murri i simpatiquíssim.

La Júlia no sabia si acceptar o no l'oferiment de ser un dels testimonis. L'Anna era la seva millor amiga, era cert. Però és que l'altre testimoni seria en Ferran... I ella no el volia ni veure. Volia oblidar-lo. I no podia. Es repenjava en en Quim, sense enganyar-lo, perquè era incapaç de fer-li mal a un bon amic, i es concentrava, no en els llibres —portava la carrera de Biologia tan malament, entre una cosa i altra!—, sinó en l'Helena.

A l'Helena l'havien donat d'alta, romania gairebé sempre al pis i hi posava valor, tant com podia. Però se sentia acomplexada per la mutilació d'un pit. La seva vida com a dona, la veia acabada completament.

Un dia la va visitar en Joan Grau, molt amable i molt cavaller. Li va dir que es divorciava de la Marta, però que no passés ànsia, que el malestar entre ells venia de molt abans. I que deixaven el pis, massa gran per a un sol d'ells, i que ja no serien veïns. I li va desitjar tota la felicitat del món. Si l'Helena l'havia utilitzat en un moment de depressió, també ell l'havia utilitzada a ella. I no s'havien fet mal ni s'havien enganyat.

Però qui venia gairebé diàriament a visitar l'Helena era el doctor Boix. Des que era a la clínica, l'Helena havia rebut cada dia una gran rosa groga, del jardí que conreava a casa seva el mateix Daniel. I ara, a casa, per a diversió de la Júlia, la rosa quotidiana continuava arribant-hi puntualment.

—Té el coco menjat per tu, el teu metge! —li deia riallera.

—Per a mi els homes s'han acabat, Júlia.

En Daniel Boix, però, era un home pertinaç. Li agradava molt l'Helena. I com més la tractava, més li agradava com a persona. L'encisaven la seva forma de caminar, la seva manera de moure les mans, el seu enginy afilat, la seva intel·ligència ràpida, la seva sensibilitat en les lectures, moltes de les quals compartien. Rera les roses, venia ell a visitar-la. L'obligava a vestir-se, a sortir al carrer, a anar a sopar amb ell, a passejar. L'Helena trobava encantadora la seva companyia. «En d'altres circumstàncies, me n'hauria enamorat», es deia a ella mateixa. En Daniel la festejava cada vegada més obertament. I l'Helena, que no havia superat el trauma de la seva operació, li parava els peus, li deia que allò que ell volia era impossible.

—No vull que cap home em torni a veure despullada!

El doctor l'havia vista despullada, abans de l'operació, durant l'operació i després de l'operació. Però entenia què volia dir.

—Un home que t'estimi no ha de fer gens de cas d'una simple cicatriu...

—No és una simple cicatriu, Daniel.

L'únic que no semblava content amb la notícia d'aquella boda era en Marc. De fet, no estava gens content de si mateix. Això era la venjança? En això havia posat tant d'afany? Se sentia miserable. Se sentia buit. I, volgués reconèixer-ho o no, se li esquinçava l'ànima en pensar que l'Anna estava a punt de casar-se amb en Jaume.

Ell i l'Esther es feien confidències sobre els seus plans de fer mal als Aiguader. I sobre com hi havien reeixit.

—Jo em sento buit, Esther.

—Jo també. No m'agrada res del que hem fet. Per primer cop a la vida, no m'agrado gens a mi mateixa.

Uns dies abans de la boda, en Marc, molt deprimit, va començar a remenar els records que li quedaven de la seva mare. La roba, la Lola l'havia donada a una institució benèfica. Però li havia lliurat, com un record molt especial, la caixa de boixets... En Marc no l'havia ni oberta, perquè, només veure-la, s'emocionava: era el darrer objecte que havia vist l'Emília. La labor que l'havia ocupada els darrers dies.

La va obrir: hi havia fils, cabdells, mostres, uns carterons de randes, una capsa d'agulles de cap, alguna joia de bijuteria, trencada, i un grapat de fotos. Les va anar repassant, mirant aquelles persones que no coneixia de res. Aquella devia ser la tieta Lola, quan era molt petita, pensava. I aquesta la mare. És ella, segur.

Entre les fotos n'hi havia una de rebregada. Era estrany. La va allisar i va quedar blanc com la cera. Si no fos que estava segur que eren fotos antigues, hauria jurat que aquell que hi havia allà era ell mateix! La va mirar millor. Qui podria ser aquell que se li assemblava tant?

En entrar en David, la hi va ensenyar, i el seu soci va tenir la mateixa expressió de sorpresa que ell:

—Però si aquest ets tu!

Una sospita va travessar el cap d'en Marc. Una sospita que, com més hi pensava, més consistència tenia. Per què estava rebregada aquella foto? Qui era aquell de la fotografia?

La inquietud no el deixava viure. I si l'Anna i ell...? Se li havia fet un nus a la gola. Va mirar el calendari comptant els dies que mancaven per a la boda. I si no eren germans?

Nerviós, atabalat, fet un garbuix de sentiments, va parlar amb dues persones: la tieta Lola i la doctora que més directament havia tractat la seva mare.

La doctora li va dir que sí, que recordava aquella fotografia perquè, en morir l'Emília i en netejar l'habitació, la van veure a terra rebregada, com si algú l'hagués arrugada.

—¿Vostè creu, doctora, que fóra possible que el suïcidi de la mare es produís per haver descobert de sobte que s'havia equivocat tota la vida?

—Com?

—Tota la vida odiant l'Antoni Aiguader pel mal que li havia fet, i un dia, quan tots vostès deien que feia progressos i que estava millor, veu aquesta foto i s'adona per primer cop com m'assemblo jo a aquest home, i li cau a sobre una terrible veritat: que no era a l'Antoni a qui hauria hagut d'odiar. Que no era el meu pare.

La doctora hi va reflexionar, va mirar la foto i va assentir.

—I tant! Un xoc així seria una causa de suïcidi en el seu cas!

Per la seva banda, la tieta Lola li va explicar qui era aquell de la fotografia:

—Es deia Vicenç Massip. És mort, pobret, Déu l'hagi perdonat. Era el fill de l'amo del mas on treballàvem ella i jo. N'estava molt, de l'Emília. La va empaitar moltes vegades i...

I la Lola es va interropre, en adonar-se de la sorprenent semblança entre en Marc i en Vicenç Massip. Ho va veure tot clar de sobte: en retardar-se-li la regla després d'haver estat amb l'Antoni, i donant per fet que estava prenyada, l'Antoni la va plantar. Es devia desesperar molt i va trobar els braços amorosos d'aquell Vicenç Massip, que no sols la va consolar sinó que la va estimar. Ella, després, mai no relacionaria allò amb el seu embaràs: estava massa segura que era de l'Antoni. I aquella foto li havia revelat la veritat...

Faltaven dos dies per a la boda. «L'Anna no pot casar-se! No és la meva germana! I jo l'estimo desesperadament, i ella m'estima a mi!». Va intentar parlar amb l'Anna, però ella estava massa dolguda, massa ferida, i no en va voler saber res. El que en Marc necessitava, i urgentment, era una prova: aquell matrimoni no podia celebrar-se!

La prova de paternitat, com li van dir als laboratoris d'anàlisis clíniques on va acudir, no sempre és fàcil ni segura. Però hi ha casos en què es pot establir qui no pot ser pare d'algú.

—Per exemple, el grup sanguini: si el pare i la mare tenen determinats grups sanguinis, no pot un fill seu tenir-ne un altre de determinat. No sé si em comprèn...

En Marc, adelerat, boig d'ansietat, anà al sanatori on havia estat internada l'Emília i allà va aconseguir una anàlisi de sang de la seva mare. La seva mateixa no li va costar gens d'obtenir. Però, ¿com podria tenir l'anàlisi de l'Antoni? Un home que ell havia destruït! Un home que l'odiava! Si pogués localitzar-lo, si pogués explicar-li que, potser, s'havia equivocat! Ell s'havia portat malament amb la seva mare, però que no fos pare d'ell... «Ai, Anna! Espera'm! No et casis! T'estimo...».

El mateix dia de la boda, esgotats tots els recursos per trobar l'Antoni, en Marc, com a última temptativa, va anar a veure la Rosa. La Rosa es va sorprendre molt de veure'l a casa seva. Un xicot que havia arruïnat el seu home, que havia donat molta infelicitat a la seva filla... Però el posat d'ell era tan desesperat, els seus motius, dits de bursada, eren tan legítims! La Rosa es va ablanir i li va donar una anàlisi de l'Antoni. I, amb els tres papers a la mà, va córrer als laboratoris.

L'Anna ja estava vestida de noces. La mare, en Ferran i en Martí la instaven a marxar a l'església.

—Va, Anna! Que és tard! És bonic que la núvia es faci esperar, però és que ja hauríem de ser-hi.

Però l'Antoni no hi havia arribat, i l'Anna deia que fins que no arribés el seu pare, ella no es movia. La família va marxar, esperant que l'Antoni no es retardés gaire.

Els invitats de la Cristina, gent de molta categoria social, s'esperaven a la gespa de l'església, car la boda se celebrava a l'aire lliure. En Jaume s'impacientava per la tardança de l'Anna i la Rosa, en arribar, el va tranquil·litzar. L'Eudald, que havia sorprès la seva dona a darrera hora, era de bracet del seu fill, molt ufanós. La Júlia mirava d'evitar en Ferran, i li havia demanat a l'Anna que impedís que l'hagués de suportar com a parella. I tots comentaven, sense ansietat, que aquesta núvia es retardava massa.

Va picar el timbre i l'Anna es va aixecar a obrir el seu pare i a renyar-lo per fer-la esperar tant. A la porta hi havia en Marc. Amb uns papers a la mà, dient-li que l'estimava tant i que no es podia casar amb en Jaume, que el volia a ell. Cridant com si fos boig. Espantada, alarmada, sense saber què creure, l'Anna, a la fi, va mirar les anàlisis, i la contundent afirmació que l'Antoni Aiguader no podia ser el pare d'en Marc Fontcuberta.

—No som germans, Anna! Que no ho entens? I t'estimo tant! I tu a mi, ho sé del cert, Anna, Anna!

Li va donar aquell famós collaret, tot dient-li: «Perdona'm per tot, Anna. Però aquest collaret teu el volia tenir amb mi. Mai no t'he pogut treure del cap».

L'Anna, desesmada, a punt de desmaiar-se, li va demanar que se n'anés. I el noi, veient que no podia fer ni dir res més, es disposava marxar quan hi va comparèixer l'Antoni.

Podem imaginar-nos les emocions que van sacsejar l'Antoni en veure aquell Marc odiat allà amb la seva filla el dia de la seva boda. La satisfacció que va sentir en escoltar que no era el seu fill, que en Marc s'havia equivocat i que li demanava perdó per tot el que li havia fet! Satisfacció que es va dissipar de seguida, en veure la cara de l'Anna, tan pàl·lida i rompuda com si hagués vist un terrorífic fantasma. Va fer fora en Marc i no va tenir altre pensament que ocupar-se de la seva filla.

—No em puc casar, pare! No em puc casar —li deia ella, tots dos sols, plorant a llàgrima viva— Estimo en Marc! Només a ell, pare!

Quan l'Antoni es va presentar a la boda a anunciar que la seva filla no hi vindria, la fúria de la Cristina no va tenir límits, perquè es va sentir ridícula davant dels seus invitats, i va insultar la família Aiguader en general i l'Anna en especial. El ridícul era la cosa que li feia més por a aquella dona.

Però en Jaume, quan ho va saber, es va sentir morir. Glaçat completament, intentava comprendre què passava. Inútils van ser les paraules benintencionades de la Rosa, de l'Antoni, de tots els qui l'estimaven. El noi va rebre, absolutament desfet, aquella terrible bufetada amb tanta dignitat com va poder. I amb el cor trencat.

—No m'ha estimat mai. I jo entestat a no escoltar-la.

La boda no es va celebrar. L'Anna romania tancada a la seva cambra, la de la casa dels seus pares, sense deixar entrar ningú. Ni el pare, ni la mare, ni els germans. La sentien plorar. I ja no sabien què fer. Fins que va arribar la Victòria:

—Covarda! Surt d'aquí i dóna la cara! Li has donat un cop terrible a un noi tan bona persona com en Jaume, i ell ha aguantat com un home el xàfec del ridícul! Va dir a tothom que era decisió conjunta, per no culpar-te a tu! I ara tu t'amagues!

Sí: la va fer sortir. Ullerosa, els ulls vermells, abatudíssima, es va deixar, per fi, aconsolar pels seus.

Mentrestant, en Jaume havia pres una decisió: tornaria a Nova York. La seva firma d'arquitectes feia temps que deien d'enviar allà un de l'equip. Així que hi tenia feina.

—A més, allà vaig conèixer l'Anna.

L'Anna, després de les paraules de la Victòria, va arreplegar tot el valor i va anar a l'estudi, a explicar-se amb en Jaume. Ell era allà fent la maleta. No sols la va rebre, sinó que la va escoltar. Va escoltar tota la història. El seu amor per en Marc, la fugida a Nova York on s'havien conegut per oblidar aquell que li era germà. L'espina que tenia clavada sempre, perquè no podia deixar de pensar en ell...

—T'estimo, Jaume! M'has de creure. Però no em podia casar amb tu: no estava certa que els meus sentiments fossin per sempre, fossin per casar-me.

Ell va somriure tristament. Li va fer una lleugera carícia a la galta i se'n va anar.

L'Anna es va confiar a la Júlia, l'única que s'havia adonat sempre que ella, al Marc, no havia aconseguit oblidar-lo mai.

—Estic tan fumuda, Júlia! He destrossat la vida d'en Jaume. Espero un fill d'ell. No tinc feina, he abandonat la carrera. Volia escriure un llibre i ara m'he de deixar mantenir pels pares, com si fos una criatura. Estic tan espantada de la meva vida! De la vida en general!

L'endemà d'aquesta conversa, va rebre un sobre: contenia una carta d'en Jaume i unes claus. En Jaume li demanava que es quedés l'estudi. I que li demanés tot el que volgués. Que estaven units pel fill que ella esperava i que havien de fer el que fos per la seva felicitat.

—És un sant varó, en Jaume! —no va poder deixar d'exclamar la Rosa.

Així que l'Anna es va instal·lar a l'estudi de sempre, i mirava els objectes, els mobles, palpava l'aire, i tot estava ple d'en Jaume, de la seva generosa bondat, del seu afecte.

Quan en Marc va saber, convençut que l'Anna ja era una dona casada, que la boda finalment no s'havia celebrat, va saltar d'entusiasme. Havia pensat tornar-li el súper a l'Antoni, li ho havia dit a la Victòria, però imaginava que ara ja no confiarien en la seva bona fe: els n'havia fetes tantes!

—Estàs ple d'odi, de verí! —li havia escopit la Victòria.

El noi vigilava la casa de l'Anna per quan es decidís a sortir. Ella sí que el creuria, ella sí que l'escoltaria, es deia esperançat i bojament enamorat.

La va veure marxar. La va veure anar a l'estudi d'en Jaume. No s'havia atrevit a pujar a casa dels pares, perquè sabia com seria rebut per ells. Però aquí l'Anna estava sola. I l'Anna l'estimava. Ho sabia.

Quan va prémer el timbre i l'Anna li va obrir, però, no hi havia en el seu rostre afecte ni amor ni res. Era un rostre impassible, que li deia que marxés.

—Però Anna! Que no ho comprens? Que tu m'estimes no ho pots negar, perquè, si no, no hauries desfet la boda. I jo t'estimo amb tot el cor! Mai no havia estimat ningú d'aquesta manera. Anna, creu-me!

—Vés-te'n, Marc, espero un fill. D'en Jaume.

23

L'HELENA TORNAVA A SER la de sempre. Acomplexada, això sí, amb l'angoixa de la possibilitat de la reproducció del càncer.

—Cinc anys hauria de fer-se proves, per saber que el mal estava eradicat, li havia dit el doctor Boix!—, però ella de nou: valenta i forta. Capaç d'escoltar i d'entendre els problemes dels altres, capaç de la tendresa, l'estimació d'ajudar desinteressadament qui ho necessités... En Daniel Boix estava cada cop més admirat d'aquella dona. Ara ja no sols li agradava: ara ja se n'havia enamorat, i, amb aquella paciència que feia dir als seus pacients que era l'home més comprensiu del món, anava esperant que l'Helena, per si sola, superés la traumàtica operació. Que es lliurés a l'amor, que confiés en el tacte que un home com cal tindria amb ella, en la intimitat dels cossos.

Les seves roses eren ja habituals; les seves visites, sempre corteses, sempre oportunes, l'animaven. S'hi resistia, perquè era natural que estigués, de moment, acomplexada, però o el metge era un enze o aquella dona podria amb això i amb moltes més proves que li vinguessin a sobre. I esperava.

Aviat va tornar a ser, doncs, la persona que hom buscava per a les confidències, el consell que els qui l'envoltaven sabia que no els havia d'escatimar. La Rosa, per exemple, aviat la va necessitar. Tan poc que feia de l'operació, i la Rosa no va dubtar a parlar-li, quan ho va necessitar.

La Rosa havia tingut la satisfacció de rebre, per fi, notícies d'en Bernat. No només no l'havia estafada, sinó que tenia motius sobrers per actuar amb la precipitació amb què ho havia fet. Resulta que, anys enrera, s'havia casat amb una noia anglesa, i havien tingut una nena. El matrimoni, però, es va dissoldre, i ella va marxar a Austràlia. Un dia en Bernat rebé, de la policia australiana, un avís urgent: la seva ex-dona havia tingut un accident mortal de cotxe. Però la nena estava il·lesa. Calia que anés a recollir la seva filla, i era urgentíssim. Així que en Bernat va agafar l'avió cap a Melbourne i, des d'allà, havia escrit a la Rosa, donant-li poders per fer servir el compte bancari, i donant-li explicacions sobre la seva precipitada marxa. La carta, però, per aquelles casualitats del servei de correus, s'havia perdut, i la Rosa la va rebre quan ja tenia, de nou, consolidat el seu negoci amb en Xavier com a soci. Es va alegrar, però, d'allò més, i es va treure un pes de sobre: sempre havia confiat en en Bernat i li dolia que li hagués fet una mala jugada. Així que ara disposava dels diners de la societat i estava satisfeta de la confiança que havia depositat en Bernat.

—El que em sap greu, Xavier —li comentava al seu germà— és haver obligat l'Antoni a vendre'm la seva part del súper: si aquesta carta hagués arribat a temps, no m'hauria calgut obligar-lo, i en Marc no li hauria pogut fer la punyeta.

El germà li deia que no era culpa seva, i que en Bernat li hauria d'haver telefonat, però per a la Rosa, la desaparició de l'Antoni i la depressió que travessava i que li havia explicat la Victòria l'amoïnaven molt més del que volia confessar, als altres i a ella mateixa.

Però els problemes que li va voler confiar a l'Helena eren d'una altra mena: cada cop que hi pensava, li feia més ràbia en Marc. Sobretot d'ençà que l'Anna havia vingut a dir-li que ella i en Marc havien tingut una llarga explicació. Que el noi estava molt penedit de tot el que els havia fet, que havia actuat així encegat per la desgràcia de l'Emilia, per una banda, i mortificat per un amor prohibit que no aconseguia d'ofegar.

L'Anna, després del trencament de la boda, havia encara volgut fer fora de la seva vida en Marc, i li guardava una rancúnia molt més virulenta que la que li guardava la Rosa. Però en Marc l'havia assetjada, li havia suplicat, li havia, per fi, parlat, amb el cor a la mà. I, en aquella conversa, totes les prevencions de l'Anna caigueren per terra: l'estimava tant! Havia fet tots els possibles per oblidar-lo, guardava un grat record d'en Jaume, esperava la seva materniatat amb expectant tendresa, però veure en Marc davant, suplicant-li que el cregués, jurant-li un amor tan encès, tan apassionat, tan viu, va ser més del que el seu cor podia suportar: es va adonar que res del que ella fes, ni cap dels arguments que ella mateixa o els altres poguessin esgrimir contra en Marc servia de res: l'estimava. I ell a ella. Des del primer moment que s'havien vist. Per sobre de tot i de tots. I es van abraçar i van fer l'amor amb una sinceritat i un goig infinit, el goig que només se sent quan s'estima de debò.

Això no s'ho esperava la Rosa: en Marc els havia perjudicat. Feia llàstima, sí, però quan pensava en en Jaume, en com era de bondadós, en com estimava l'Anna... Se li trencava el cor. Per això, quan l'Anna, resolta, li va dir que ella i en Marc havien parlat i s'havien confessat el seu amor mutu, va agafar una enrabiada.

—Això en Jaume no ho mereix! I portes un fill d'ell!

I va anar a parlar amb l'Helena. Per a la seva sorpresa, l'Helena va dir unes paraules en defensa d'en Marc: el coneixia des de petit, sabia amb quina tenacitat havia lluitat per obrir-se camí, havia sospitat que l'Anna el portava al cor. I li tenia una profunda simpatia, tot i que no aprovés els mètodes de què s'havia valgut amb l'Antoni ni la venjança en ella mateixa.

La Rosa va marxar del pis de l'Helena decebuda: ¿com és que una qüestió tan clara no la podia veure l'Helena com ella? Perquè la mateixa Victòria també el va acabar acceptant...

—No l'estima, l'Anna? No està penedit del que li ha fet a l'Antoni? ¿No està disposat a tornar-li el súper? Doncs tu no t'hi fiquis, Rosa, que això és cosa d'ell i de la teva filla...

Caram, no era tan «moderna», la Rosa! Es va quedar sola amb en Ferran contra en Marc. A l'Anna li dolia, aquesta actitud. De la seva mare comprenia els prejudicis, però del seu germà Ferran...! ¿Per què aquesta tírria contra en Marc? Li va parlar, amb tota la dolçor de què era capaç i amb tot l'ascendent que sabia que tenia sobre ell. I en Ferran, que l'adorava, en sentir el nom d'en Marc es va tancar en banda i van acabar barallats i tot.

Que en Marc estava disposat a tornar-li el súper a l'Antoni no era cap broma: havia fet els papers, en els quals li revenia el negoci per un preu rebentat i a pagar en el temps que ell volgués, tot i que el seu soci i amic, en Daniel, estava esverat d'una generositat tan contrària als més elementals interessos comercials. La dificultat era que l'Antoni havia desaparegut i ningú no sabia on localitzar-lo. La Victòria s'estremia de plaer, en pensar l'alegria que tindria l'Antoni de tonar a ser-ne l'amo, i maldava per trobar-lo, però no sabia com. L'Antoni havia donat l'adreça del seu hotel només a una persona: al seu fill Ferran. Es va sentir tan commogut, en Ferran, d'aquesta confiança! Va lamentar tant l'estat deplorable de l'Antoni! Mai no s'havien estimat tant, aquell pare i aquell fill.

—Et dono l'adreça, fill, per si es presenta un cas de necessitat...

—Et puc ajudar, pare?

No, no podia ajudar-lo, però l'abraçada ferma que es van fer era la millor ajuda que en aquells moments podia rebre l'Antoni.

Va quedar estovat, en Ferran. Molt commogut. I li va venir al cap l'Anna. No suportava haver-se barallat amb ella, i va pensar de fer les paus. També donaria l'adreça del seu pare a la tieta Victòria perquè li fes arribar aquells papers d'en Marc. Per fer les paus amb l'Anna li va comprar un titella: sempre li havien agradat tantíssim a la seva germana que no era el primer que li regalava. Només que el veiés, ella sabria que el seu germà l'estimava com sempre i correria a fer-li una abraçada.

En aquells moments, a en Ferran no li faltava res més que el perdó de la Júlia. Si aconseguia això, se sentiria l'home més feliç de la terra.

El pobre Ferran ignorava que el destí li havia preparat una tràgica dissort. Que un mal fat horrible l'esperava impacient...

L'Helena també va rebre confidències de l'atribolada Mercè. Ella ja no venia a netejar el pis, però s'hi deixava caure, de tant en tant, només pel gust de parlar amb l'Helena. Ella l'entenia tant! I no és que la Mercè traís en Manel anant amb històries a tercers sobre com se sentia de desvagada i sola, però l'Helena endevinava tot el que no li contava: aquella noia no estava bé ociosa. Necessitava una activitat o una altra. I allò dels anuncis li agradava, i ho havia deixat només per fer content en Manel: una prova d'amor que ell no havia ni valorat ni apreciat en tot el sacrifici que comportava. També ho veia clar la Victòria, i renyava en Manel per la seva tossuderia. En Manel, en part espantat per si estava perdent la Mercè de tant tenir-la a casa, en part temorós que fos precisament una vida més lliure la que l'allunyés d'ell, no sabia què fer. I les persones com en Manel, quan no saben què fer normalment opten pel camí més fàcil: no fer res, no canviar res. I això que la Victòria li havia suggerit que agafés la Mercè com a caixera al súper —ara ja no hi manava ningú, amb l'Antoni desaparegut i en Marc preocupat només per l'Anna i per desfer el mal que havia fet—, però ni així es va eixorivir la noia.

L'Helena també va ser una de les primeres persones que van saber el tràngol que estaven a punt de passar la Victòria i l'Andreu. No era cap sorpresa i tots dos sabien que tard o d'hora havia d'arribar, però ara...! Si s'acabaven de confessar que s'estimaven! El cas és que el judici de l'Andreu per la mort d'en Ricard era imminent i ja havia rebut una citació judicial. I el cert és que l'Andreu era terriblement pessimista. La Victòria havia contractat una advocada, la filla d'un lletrat, antic amic d'ella i les seves paraules eren poc tranquil·litzadores. Per començar li var dir a l'Andreu una cosa que ella creia que no li havia d'haver dit, per no espantar-lo: si aconseguien demostrar que va ser un homicidi involuntari en defensa pròpia, per molt malament que anessin les coses, la condemna no podria passar de cinc anys de presó; però si no podien demostrar-ho i, a més, el fiscal trobava que hi havia hagut intencionalitat, la condemna podia ser la màxima: trenta anys.

—Trenta anys, Victòria! —gemegava el pobre Andreu— Tota la meva vida! Haver de morir a presó! Haver de passar-hi tot el temps que em queda!

I, malgrat els esforços de la Victoria, el bon home s'ensorrava. Tantes esperances que havien tingut quan en Manel va fer la declaració que li va permetre gaudir de llibertat provisional! I ara aquella advocada jove deia que hi havia contradiccions que no sabia com justificar davant del tribunal: per exemple, que l'hora en què havia passat la baralla de l'Andreu i en Ricard –a les deu, havien declarat tant ell com en Manel– i l'hora de la mort d'aquest no coincidien. Havia una diferència notabilíssima de tres hores! En Ricard havia mort tres hores després de la batussa amb l'Andreu! Després hi havia allò dels papers de la Victòria: un cop estès a terra, l'Andreu li havia escorcollat la maleta per cercar aquells papers. Però el cert era que el nombre de joies que portava no coinciden amb la llista dels papers de la Victòria; en faltaven algunes. ¿Algú creuria que l'Andreu, davant el cos d'en Ricard, sense esbrinar si era mort o viu, i, si encara era viu, negant-li el seu auxili, va escorcollar-li la maleta per uns papers? I que no havia vist ni tocat les joies? Però és que, a més, hi havia una relació d'ell i la Victòria: qualsevol tribunal es preguntaria si l'Andreu no devia haver sentit gelosia de la relació d'en Ricard amb la Victòria, i, el fet d'haver-hi un mòbil, empitjorava les coses.

–Cal que siguin prudents en la seva relació. Que no en parlin a judici... –els va dir la Miralles a la Victòria i el contrit Andreu.

–Jo no m'he d'avergonyir de res! –exclamà despitada la Victòria.

No li agradava la cara que feien les coses; no li agradava haver de mentir, d'ocultar, de fingir. Per a ella la vida era molt més simple: dir la veritat i esperar que n'hi hagi prou per demostrar la innocència dels innocents. Però aquella advocada ho enredava tot. Imaginar que un home com l'Andreu podria fer mal a ningú! Ni a la persona més menyspreable del món li faria mal intencionadament, el seu Andreu!

–Però, Victòria, la llei és cega. No pot calibrar aquesta mena d'arguments. A més, l'únic testimoni que tenim és el del seu nebot Manel, i no és el millor testimoni del món: s'embarbussarà, farà tot l'efecte d'estar encobrint el seu oncle. Li falta convicció i seguretat en ell mateix... De fet, tenim molt poc en què basar-nos...

L'Andreu, convençut que la condemna seria la màxima, va voler fer una mena de testament: tots els diners que tenia va donar-los a en Manel i la Mercè. Per a la Victòria va guardar un preciós rellotge antic, per posar sobre la còmoda, un rellotge que ell s'estimava molt. I va voler aprofitar els pocs dies que li quedaven de llibertat portant la Victòria al Palau de la Música. I ella va estar-hi d'acord. Es van jurar amor, l'un a l'altre, es van estimar entre els llençols, ella li va donar totes les esperances que es poden donar amb paraules. I va procurar donar-li tota la felicitat abastable, i transmetre-li una mica del seu coratge.

El judici, però, no anava gens bé. La defensa comptava només amb un nerviosíssim Manel i amb un altre testimoni: en Walter. Un testimoni que no va aportar cap llum al cas. Només va declarar que el difunt li devia quartos, que li havia donat llargues perquè portava un negoci entre mans i que aquella nit, tot i que havien quedat de trobar-se, no l'havia vist. ¿De què li podia servir tot això a l'Andreu?

L'Helena ho seguia amb atenció i moltíssim afecte per aquell formidable Andreu, perquè estava completament segura de la seva innocència. Una persona tan diferent a ella però alhora tan semblant com en Xavier, també seguia el cas amb el convenciment que tard o d'hora trobarien el desllorigador. Ell també n'estava convençut: un home com l'Andreu no faria mal ni al seu pitjor rival, i molt menys li escorcollaria la maleta per robar-li un grapat de joies. Però, a diferència de l'Helena, en Xavier no creia gens en la justícia.

—No és que sigui cega, no: la justícia és miop. Els que són a prop, els veu molt bé; però els qui veu de lluny, els veu tan borrosos com si no existissin...

Amarga filosofia d'un home que coneixia bé la vida i que havia trepitjat sempre la dura realitat del carrer. Ara estava molt bé, treballant per a la Rosa, i deia que li agradava i tot. Només que trobava a faltar l'Eugeni.

L'Eugeni, en un rampell d'horandesa, havia volgut parlar clarament amb el seu fill Pau. Volia que sabés que era homosexual i esperava que el noiet, de només onze anys però molt espavilat, el pogués entendre: que sabés que hi ha diverses formes d'estimar i que no hi ha cap motiu per condemnar-ne unes i aplaudir-ne unes altres. L'únic que és legitím és mantenir relacions honrades, relacions sinceres. Com i amb qui, això és cosa de cadascú. En Xavier l'hauria pogut descoratjar, en aquest propòsit, perquè en Martí, més gran i molt persona, l'havia rebutjat quan ho havia sabut. I si després l'havia acceptat era a força d'estimar-se, oncle i nebot.

I en efecte: en Pau va rebutjar el seu pare, li va dir que li feia fàstic, i va voler tornar amb la seva mare. I la seva mare, l'ex-dona de l'Eugeni, li fa fer una bona filípica sobre com havia traumatitzat el nano...

Precisament un dia, estant en un bar l'Eugeni i el seu fill, abans de la confessió que li volia fer, van coincidir amb l'Antoni, i van xerrar una estona. «És estrany! —va pensar l'Eugeni— Un home com aquest i no m'ha escarnit ni s'ha fet el milhomes! Si fins i tot m'ha parlat amb afecte! Sí que està canviat...». Així doncs, l'únic que tenia alguna referència de per quin barri es movia ara l'Antoni, era l'Eugeni.

Tot plegat ho va saber en Xavier perquè l'Eugeni li ho havia contat. I al final de l'explicació, el va mirar i li va dir que el necessitava. I li va suplicar que tornés amb ell al pis. No cal dir que en Xavier va acceptar, perquè es trobava molt sol i no havia deixat de pensar en ell. La Rosa, ara estaria contenta, tants sermons que li havia fet a propòsit de l'Eugeni!

Però la Rosa tindria altres greus preocupacions. Massa greus i massa dramàtiques per estar a l'aguait de les històries d'amor de ningú...

En Xavier, amb tota la història de l'Eugeni i el seu fill, es trobava molt a prop d'en Martí, i orgullós d'un nebot com ell. I, com ja sabem que era l'espatlla on repenjaven les preocupacions els seus propers, va rebre les confidències del noi, exactament igual que abans de la ruptura momentània que s'havia produït entre tots dos. Perquè en Martí estava amoïnat: com que mai no podia veure la Clàudia, a causa de la prohibició taxativa dels seus pares, havia utilitzat sovint en Miquel d'intermediari. Un dia, la Clàudia li havia donat a en Miquel una casset per a en Martí, amb el prec explícit que no l'escoltés ell. Quan una cosa està prohibida és quan més excita la curiositat, i en Miquel la va escoltar: unes cançons que li agradaven al noi i que la Clàudia li havia enregistrat i, després, unes paraules d'amor molt més enceses del que en Miquel s'imaginava. Sigui perquè això li va fer enveja, sigui perquè sempre li havia agradat la Clàudia i no ho havia confessat mai, es va sentir, amb aquell enregistrament, fortament atret per la noia, i va descoratjar la Clàudia: li va dir que en Martí no havia fet gens de cas de la casset.

En Xavier, quan ho va saber, va opinar que en Martí, en resposta, havia de fer alguna cosa ben romàntica, i li suggerí que li escrivís algun poema; en Martí s'hi va posar amb un resultat no gens satisfactori. Descoratjat, va recórrer a un gran poeta: Joan Salvat-Papasseit. Va copiar en un paper els versos que més li agradaven i els va enviar, per mitjà d'en Miquel, a la seva estimada.

I en Miquel va obrir el sobre, va copiar els versos amb la seva lletra i els va lliurar a la Clàudia com a propis. I li va dir que en Martí passava d'ella i que ell l'estimava. El que passa és que el pobre Miquel era massa ignorant per reconèixer els versos i creia que, si els havia escrit en Martí, bé podia dir que eren d'ell...

No van trigar gaire a saber els seus maneigs en Martí i la Clàudia i ultra la felicitat que sentien per estimar-se i ser correspostos, van agafar molta mania a en Miquel. Especialment en Martí, que veia en l'acció del seu amic d'abans una greu traïció. I va decidir esbatussar-lo i no parlar-li més...

Un vespre es va presentar al *pub* d'en Ferran un individu. Era aquell home que havia col·locat l'heroïna a la cisterna del wàter. En veure'l, en Ferran es va enfurismar, i li va dir que fotés el camp del seu negoci. Aquell home no hi havia anat per res: formava part d'una organització mafiosa i volia treure més beneficis dels que ja havia tret. Amb tota la xuleria, va amenaçar en Ferran:

calia pagar la «protecció» que li oferia la seva organització. Si no s'hi avenia, en rebria les conseqüències. En Ferran va veure clar que, si es doblegava, aquells paparres ja no el deixarien mai tranquil, i va decidir no deixar-se intimidar: així que va fer fora aquell individu i li va dir a crits que el seu local estava net i que ell volia que continués estant-ho.

—Avisaré la policia, si tornes, malparit!

L'amenaça va ser rebuda pel mafiós amb una riallada.

Al *pub* hi havia en Xavier, que també havia reconegut l'individu de l'altra vegada. I, sense dir-li res a en Ferran, que només deia pestes de l'Esther, va decidir anar a veure-la.

L'Esther va quedar estupefacta de la notícia: ella havia contractat la banda per fer un treballet, els havia pagat i santes pàsqües. ¿Per què ara feien això, a esquena d'ella? Però en Xavier no se la va creure: estava convençut que aquella nova intrusió en la vida d'en Ferran portava la marca d'aquella dona malèfica.

Se l'hauria creguda si arriba a veure amb quin afany la noia telefonava el *capo* de la banda per demanar explicacions i com suplicava que no li fessin mal a en Ferran. Així va saber que aquella nit mateixa, passat el termini que li havien donat a en Ferran per afluixar la mosca, li farien una bona allisada al moll, en un lloc solitari i en la foscor de la nit.

L'Esther havia quedat fastiguejada de la seva victòria pírrica: la venjança no li havia donat cap de les coses que ella volia, i a sobre, li havia arrabassat la tranquil·litat i la pròpia estima. Així que va voler salvar en Ferran: però havia fet tard. Ni el *capo* podia ja fer-hi res. Uns homes estaven apostats a l'aguait d'en Ferran i era impossible avisar-los. En Ferran estava perdut.

Va córrer, doncs, al *pub*, per advertir en Ferran.

Amb quin desdeny, amb quina ràbia la va veure aparèixer en Ferran! No se la va creure, la va fer fora i li va dir les paraules més humiliants que li van venir als llavis.

—Alguna en trames, Esther! Et conec molt bé! Doncs sàpigues que no et crec, i digues als teus amics que jo no m'arronso!

Aquest cop, la preocupació de l'Esther era tan intensa —coneixia tan bé els mètodes d'aquella banda!—, que no va perdre temps sentint-se ofesa: l'únic que era urgent era salvar en Ferran. Fent un esforç considerable, va optar per anar a veure la Júlia: per més que aquesta l'odiés o la menyspreés, a ella en Ferran li faria cas.

La creuria, la Júlia? Quan va escoltar, en presència de l'Helena, les nervioses i apressades explicacions de l'Esther, a la noia no li va cabre cap dubte: en Ferran estava en perill! I davant d'una cosa així, el seu orgull no comptava per a res. L'havia de salvar! L'estimava i l'havia estimat sempre. I en aquells moments, l'estimava per sobre de qualsevol altra consideració.

Va córrer al *pub*: ella faria que en Ferran cregués que el perill era cert! Havia d'impedir que s'acostés al moll! S'havia d'amagar. Estava segura que l'Esther havia estat sincera, que si el salvaven aquella nit, l'Esther ho arreglaria amb la banda perquè el deixessin tranquil...

Corria, la Júlia, el cor bategant-li com un timbal, les venes de les temples a punt d'esclatar, panteixant, adelerada i espantada: havia de salvar en Ferran!

Mentre ella corria, un home va entrar al *pub*, i li va dir a en Ferran que la seva germana Anna havia sofert un accident i l'havien portada a l'Hospital de Sant Pau, que a fora tenia el cotxe i que l'hi portaria.

L'Anna! L'Anna accidentada! Ell, que havia comprat aquell tiella per fer-hi les paus! I la criatura? Com estava l'Anna? Se salvaria?

Va ser un bon estratagema. Ja el tenien.

Quan la Júlia va entrar al *pub*, només hi havia en Quim.

—Corre, corre, Quim! Hem d'anar al moll! Ara mateix!

Sí: hi va córrer. I, en arribar, hi havia el cos estès d'en Ferran. Estava inconscient i cobert de sang.

Podem imaginar-nos l'angoixa de la Rosa, de l'Anna quan ho va saber, la de la Júlia... I, altre cop, hi havia l'Helena, disposada a ajudar: es va quedar a dormir a casa de la Rosa, per advertir l'endemà en Martí, amb tota la suavitat que pogués.

Les hores a l'hospital passaven lentíssimes. La Rosa havia exhaurit totes les llàgrimes. En Xavier li recomanava que anés a descansar. El noi era a l'UCI i ningú no els deia ni mitja paraula. La Rosa clamava un i altre cop per l'Antoni. Fins i tot en Quim va anar a regirar el pis d'en Ferran, perquè sabien que ell en tenia l'adreça: només hi va trobar un tros rebregat de paper, sense tinta, que era en una butxaca d'uns pantalons acabats de rentar... En Quim va portar aquell titella a l'Anna, que va comprendre el missatge i va plorar amargament. En Martí, quan va saber la situació, també va voler anar a l'hospital. I l'Eugeni va intentar localitzar l'Antoni, amb una foto que li havia donat la Rosa i amb l'única pista del bar on van coincidir aquell dia.

I les hores passaven i els nervis de tots estaven desfets: ningú no els deia res. Com si no existissin.

L'Helena, gràcies a l'amistat amb el doctor Boix, va aconseguir informació per a la família. L'atenia un magnífic metge, el doctor Costa. I aquest va dir que estava preocupat per la pujada de la urea. Que tenia els ronyons molt malament. I que calia esperar i res més.

Quan el van treure de l'UCI per portar-lo a una habitació, el doctor Costa va permetre que el veiessin. Era inconscient del tot, i feia pena de mirar, tot entubat, blanc com la cera, immòbil, amb el bleix de la respiració assistida, com si fos una mànega d'aire sense vent...

Tots i cadascun li feien companyia a estones. Tots ploraven.

La Rosa s'enfonsava, de cansament, d'angoixa, de nervis... Hauria volgut canviar-se pel seu fill, passar ella tots els dolors, tots els perills, i li venien al cap, sense parar, totes les escenes de la infància d'en Ferran, de la seva adolescència, de la seva joventut... Plorava i plorava. I encara tenia esma per preocupar-se per l'Anna.

—En el seu estat, no li convé fatigar-se massa... —deia amb un fil de veu.

Hores i hores. L'Helena ajudava tot el que podia. La Victòria es va desesperar, pel seu nebot. La Júlia ja no tenia llàgrimes i no parava de dir que l'estimava, que faria el que fos per salvar-lo. Quantes hores amargues! Quant de dolor! Quanta angoixa! I el noi no responia.

—Està en estat estacionari —deia el doctor Costa.

—I això què vol dir, doctor? —preguntava la Rosa amb el rostre desfigurat i embotit de tantes hores sense dormir i tantes llàgrimes vessades.

—Que no empitjora. Ni millora.

I l'Antoni sense aparèixer, sense que l'Eugeni el trobés enlloc.

—Ai, Antoni, com et necessito ara! —mussitava la Rosa.

—Vés a descansar, dona! —la instava en Xavier— ¿No veus que aquí no hi fas res? De què et serveix estar aquí, només patint?

Hores i hores. Lentíssimes, inacabables.

En Ferran, en estat estacionari.

No empitjora.

Ni millora.

Al capdavall, sí, hi va haver un canvi: en Ferran va obrir els ulls i va veure la Júlia que el fitava morta d'angoixa i d'esperança, i tot seguit es va queixar amb dolorosíssims ais i va caure, de nou, inconscient. D'una altra manera, però. D'una manera molt més passiva, més rígida. Diferent.

El doctor Costa va haver de ser explícit amb la família:

—Li fallen els dos ronyons. Els té destrossats. L'hem tornat a portar a l'UCI La situació és desesperada.

24

L'ANDREU NO HAVIA matat en Ricard, ni intencionadament ni accidental. Va caldre molta paciència i tossuderia per desllorigar la història completa. La Miralles no semblava l'advocada idònia per a aquesta feina, i tant la Victòria com en Manel s'impacientaven d'un judici que es girava cada cop més contra l'Andreu. Els fets no encaixaven, la versió de l'Andreu no s'aguantava, i la impressió general era que rebria la pena màxima. Fins i tot la gent, animada per uns mitjans de comunicació àvids de sang i de morbositat, li deien «l'assassí del moll». I la Victòria... La Victòria no perdia l'esperança, perquè això no anava amb el seu caràcter, però, neguitosa, no sabia ja què dir ni què fer. Ni on encomanar-se, ni per què el seu Andreu semblava culpable, quan ella estava absolutament segura de la seva innocència. No es va ensorrar —això mai!—, però tenia un permanent nus a la gola.

Tenia aquest nus des del dia de la detenció: atesos els indicis de culpabilitat de l'acusat, Andreu Molins, calia que ingressés en presó preventiva. Se'l van emportar emmanillat.

—Com un criminal! El meu Andreu tractat com un criminal! —plorava la dona, i, de seguida, aixecava la barbeta i esmolava les ungles, disposada a lluitar.

Però els fets continuaven sense encaixar. I els esforços de l'advocada semblaven tan inútils, tan fluixos al costat de la contundència amb què presentava els fets el fiscal!

—Potser ens hem equivocat, amb aquesta dona. Potser no sabrà defensar l'Andreu...

Perquè, des del començament, tot el judici havia anat errat. Qualsevol cosa que declarés l'Andreu, el perjudicava. Ell no tenia res: només el testimoni d'en

Manel. El fiscal tenia, en canvi, un home enamorat de la mateixa dona que la víctima, és a dir, un motiu, hi havia l'ocasió: la baralla al port; hi havia les circumstàncies, totes agreujants: la mancança d'algunes joies, el fet que hagués escorcollat la maleta, i, sobretot, la mena de cops que tenia el mort al cap: de cap manera, havia dit el forense, aquestes ferides es podien produir en una caiguda accidental. Algú havia colpejat intencionadament, amb tota la força i amb un objecte contundent el crani d'en Ricard.

Van voler reconstruir els fets, i, per a alarma de la Miralles, la versió d'en Manel tampoc no s'aguantava, ni pel que fa al lloc ni pel que fa al temps.

En efecte: un cop al port, en Manel va situar-se on estava aquella nit que va veure el seu oncle barallar-se amb en Ricard. Va assenyalar sense vacil·lar el lloc on havia caigut el cos d'en Ricard, i va indicar com a hora les deu de la nit. Tanmateix, l'informe de la policia era molt minuciós i molt explícit: el cos havia estat trobat a uns vint metres del lloc on assenyalava en Manel. I l'hora de la mort, segons el dictamen contundent del forense, era al voltant de la una. La Miralles va pressionar un cop i un altre cop en Manel, per estar segura que no s'equivocava, però en Manel sempre repetia el mateix lloc i la mateixa hora.

—Jo era aquí, sense cap dubte, ho sé pel fanal. I el tiet allà, exactament allà. No m'equivoco, no. Sobre que eren les deu, la mateixa Mercè pot testificar a quina hora vaig arribar a casa. No, senyora Miralles, no m'equivoco. N'estic completament segur.

La Miralles, a més, havia aconsellat insistentment l'Andreu que no parlés al tribunal dels seus sentiments per la Victòria, perquè la gelosia era la primera cosa que pensaria el ministeri fiscal. I, al primer interrogatori, l'Andreu, en ser preguntat sobre la urgència que tenia d'aquells papers familiars de la Victòria, no es va poder estar d'explicar com era d'important per a ell la Victòria, i, a més, va dir que l'estimava, que l'havia estimada sempre, i que s'havia casat amb el seu amic Fidel i, només per això, ell s'hi havia resignat.

En sentir-lo, la Victòria es va emocionar, però l'advocada es desesperava per una indiscreció que li podia costar cara.

La reconstrucció dels fets, però, va convèncer la Miralles que, ni l'Andreu ni en Manel mentien; i, que les coses havien passat només aparentment com semblava, però que hi havia d'haver una altra explicació. I va començar a sospitar que en Ricard no va morir en la baralla. Que havia quedat estabornit i prou. I que, en despertar-se, havia marxat... Era només una sospita, però l'única que feia que els fets lliguessin.

En Xavier, ben a desgrat seu, també havia hagut de declarar: havia taxat les joies i les coneixia, i, en efecte, en faltaven almenys la meitat. Mentre totes aquestes evidències queien sobre l'Andreu, fent-lo cada vegada més sospitós per a la justícia, en canvi, cada un d'aquest elements confirmaven la teoria, encara nebulosa, que l'advocada anava teixint. Una feina que requeria una paciència de sant, perquè l'angoixada Victòria, l'atemorit Andreu i el timidíssim Manel no feien més que marejar-la.

«Imaginem que la víctima es desperta, i es troba sol, estirat al moll. No té cap ferida, només ha quedat lleugerament estabornit pel cop. Té la intenció, com abans de la baralla amb l'Andreu, de fugir a l'estranger. Així que va a l'aeroport. I allà una tercera persona el troba, i... I, ¿què caram passa perquè aparegui el seu cos de nou al port?» —pensava la Miralles, intentant trobar una explicació raonable. I favorable al seu client, és clar.

Per què va tornar al port? Per què mancaven unes joies? Per què aquells cops al cap, fets amb una arma contundent?

«La clau és a l'aeroport.»

La Miralles somiava i tot en l'aeroport. Estava absorbida en aquell cas, i fer de detectiu era un estímul a afegir a la seva feina de defensa. Poc imaginaven els atribolats amics i parents de l'acusat tota la concentració mental, tota l'obsessió que carrejava aquella dona, sense deixar-ho veure. Així havia vist actuar sempre el seu pare i així actuava ella.

—Els Miralles sempre tenen un as a la màniga! —repetia la Victòria intentant convèncer-se a si mateixa que no l'havia errada amb l'elecció d'aquella xicota com a advocada de l'Andreu. I, de seguida, sentia un fort escepticisme: se la veia tan tranquil·la, tan impassible, mentre el fiscal li anava arrabassant, un a un, tots els arguments!

A l'aeroport, l'advocada va trobar una primera pista interessantíssima: precisament al caixer automàtic hi havia hagut un pagament a la Visa d'en Ricard. L'hora eren les dotze i deu de la matinada.

«Suposem que algú va trobar la víctima, encara inconscient, i va decidir aprofitar l'ocasió: li va robar les joies, li va robar la Visa... No, no això no s'aguanta: ¿per què li havia de robar la *meitat* de les joies, i no totes? I ¿per què, un cop cobrats uns diners al caixer automàtic, va tornar a posar a la cartera d'en Ricard la maleïda Visa? I, si ja l'havia robat, per què matar-lo?».

A ella, per l'experiència que tenia amb els forenses, no tenia cap dubte que quan afirmaven que la mort era en una hora determinada és perquè n'estaven segurs. Així que la mort es va produir als voltants de la una. I va treure primer diners de la caixa...

El cap li feia voltes, sense parar. «I els beneits aquests, tot el dia molestant amb els seus nervis! I a sobre la premsa, que sembla que quan ensumen sang, se'ls puja al cap...»

La Victòria sí que n'estava farta, de periodistes, i en Manel i la Mercè també. «Són com voltors!», exclamava la tieta. Els periodistes, però, feien la seva feina. Si després afegien unes gotetes de picant –que si una història d'amor apassionada entre un triangle format per tres sexagenaris, que si un nebot que menteix per amor al seu oncle, i coses així– era per la moda de farcir de tints escandalosos totes les notícies...

«Potser hi ha un tercer. El qui de debò va matar en Ricard. L'ha seguit, ha vist la baralla amb l'Andreu i, per això, vol aprofitar l'avinentesa, per carregar-li el mort... El segueix, doncs, a l'aeroport, i allà el mata... No, no pot ser: la policia ho ha investigat a fons, i enlloc de l'aeroport no hi ha restes de sang. El porta, amb enganys o a la força al lloc dels fets, i allà el mata. Creu que ha deixat el cos al lloc exacte, però s'equivoca de vint metres. I espera que acusin l'Andreu, que, com bé estem veient, tindrà totes les cartes per semblar culpable...»

Sí: ara encaixaven les peces.

Qui era, però, aquell tercer?

Quin mòbil tenia?

El robatori?

Però, per què la meitat de les joies? I si era un deute?

I la cara de la Miralles es va il·luminar. Sí! Per què no hi havia pensat abans? I, tot seguit, la cara se li tornà a enfosquir: com ho podia demostrar, tot això? El tribunal no accepta hipòtesis, per més versemblants que siguin, per més que encaixin les peces: el tribunal vol fets, vol proves.

Proves! A l'aeroport i hores d'ara, tant de temps que havia passat! Impossible!

O no era tan impossible?

En Ferran estava gravíssim: no li funcionava cap dels dos ronyons. Tots dos estaven destrossats. Sotmès a diàlisi, era urgent trobar un donant per trasplantar-li un ronyó. I en Boix conhortava la Rosa, que es desesperava en aquella lluita contra la mort: els hospitals estan connectats informàticament, per a aquests casos. Apareixeria un donant! I en Ferran se salvaria!

Però l'operació de trasplantament era urgentíssima i no hi havia cap donant. La Rosa no va dubtar ni un minut, en saber com estaven les coses:

—Un ronyó meu! Me'l treuen a mi i li posen a en Ferran!

Va veure el cel obert. ¿Per què en volia ella dos, quan en Ferran no en tenia cap? Qualsevol cosa que li haguessin demanat per a en Ferran, l'hauria donada a l'acte, i donar-li un ronyó li semblava una menudesa. Així que tornà a animar-se i a exultar. Salvaria en Ferran!

Una animació que va ser només momentània, perquè, realitzades les proves pertinents, el ronyó de la Rosa va resultar ser incompatible amb en Ferran.

—Però, com pot ser això? Si sóc la seva mare!

Quanta generositat i amor per en Ferran havien de veure els metges de l'hospital! Perquè tothom, tothom volia donar-li ara el seu ronyó. Primer que ningú, en Xavier, que va oferir-se sense ni una sola vacil·lació. Tanta por que li havien fet tota la vida els metges! Si per fer-se la prova de la SIDA va fer suar al pobre Eugeni! Si per una simple injecció empal·lidia! I ara, sense torbar-se, s'oferia sense ni una ombra de recança. Endebades: en Xavier també era incompatible. L'Anna va ser, com és lògic, rebutjada, en estar embarassada. En Martí era massa jove i tampoc no l'acceptaven. La Victòria era massa vella.

Quedava la Júlia. Per a ensurt de l'Helena, també es va oferir de seguida i es va sotmetre a les proves pertinents.

Mentrestant, la Rosa es desesperava, pensant en l'Antoni:

—Ell sí que podria donar-li el ronyó! No podem ser incompatibles tots dos! Ai, Antoni, on ets?

L'Eugeni havia voltat i voltat per aquell bar, amb l'esperança de trobar-li la pista, però no va tenir sort.

En Xavier feia de pare d'en Martí. Com a cuiner, se'n sortia força malament. Com a persona, per donar-li suport, per ajudar-lo, no n'hi havia cap altre com ell. Sort en va tenir en Martí, d'ell. Perquè la gravetat d'en Ferran tenia el noi absolutament enfonsat. La mateixa Clàudia, quan aconseguia escapar-se de la vigilància dels seus pares, anava a fer-li companyia, a en Martí. Es van fer còmplices, ella i en Xavier, per animar-lo. Ell havia fet, pressionat per en Xavier, el mural de l'institut i havia guanyat un premi. Ho va fer sense convicció, amb gran tristesa, perquè no podia apartar el cap del llit on jeia, estranyament immòbil, en Ferran. Al mural, hi va posar una dedicatòria al seu germà...

L'Eugeni els feia companyia, al pis, sempre que podia. En Xavier no estava tan esgotat com la Rosa però poc li'n faltava, perquè tothom volia fer guàrdia permanent en aquella espera infinita, en aquell dolorós silenci, en aquell pregar sense paraules, esperar sense esperança, aguantar sense forces. Mai, però, van deixar de fer guàrdia: a l'espera de notícies d'en Ferran. L'Eugeni ho vivia com si en fos família, i se sentia molt unit, més que mai, a en Xavier. Tenia problemes amb la seva dona, que volia treure-li la pàtria potestat d'en Pau, i no volia que el tornés a veure, però ara tot això, al costat dels patiments d'aquella família, li semblava un problema petit. I va donar la idea de trobar a l'Antoni a través del diari: ell i en Xavier van fer publicar la foto a l'Antoni amb un missatge que deia que es posés en contacte amb la família.

Una idea que va tenir uns resultats excel·lents: l'Antoni va fer un bot a la cadira quan va veure la seva foto al diari amb aquell missatge de sec laconisme que presagiava alguna notícia horrible. «Però, si li vaig donar la meva adreça a en Ferran, per si passava alguna cosa!», es deia, corrent cap a casa. Una casa que va trobar buida. Així que va anar al pis de l'Helena.

L'Helena, cada vegada més unida al doctor Boix, refeta dels traumes de l'operació, havia ajudat amb totes les forces la família Aiguader. Ho feia perquè els apreciava i, sobretot, perquè veia el desesper de la Júlia, que no dormia, no vivia, no menjava... I ho feia perquè estava pastada així, l'Helena. L'alegria que va tenir en veure l'Antoni, adelerat, a la porta de sa casa preguntant per la seva família! En aquell moment, l'alegria d'haver trobat l'Antoni ni temps li va deixar de pensar en la seva filla, que ja no caldria que fos ella la donant... El va ficar al seu cotxe i el va portar, volant, a l'hospital.

Qui li ho havia de dir, a la Rosa, que s'alegraria tant com es va alegrar de veure l'Antoni! Quan va estar en antecedents de tot el que havia passat, la reacció de l'Antoni va ser immediata: ell volia donar un ronyó al seu fill! Quina família! Barallant-se, discutint, fent-se la guitza de mil maneres, i davant de la desgràcia, tots eren un! La Victòria es va emocionar: sempre ho havia dit, l'Antoni era un poca-solta i sovint un groller insuportable, però era de bona pasta! Amoïnadíssima i tot pel judici de l'Andreu, la Victòria tenia el cor migpartit entre tribunals i hospitals. I es deia que no calien tantes proves totes juntes, que ja li podrien haver dosificat, no fos que acabés perdent el seu braó...

—I si tu no ets compatible, Antoni? —preguntava, amb els nervis de punta, la pobra Rosa.

—Jo? D'en Ferran? Fuig, dona: si som iguals, pastats. ¿O és que no saps que per això discutim tant?

I sí, va ser compatible. I el van ingressar.

La Júlia, doncs, no calia com a donant. I ella volia fer alguna cosa més que esperar asseguda. Ja no podia més, ja no suportava aquella tortura d'esperar i esperar, sense que mai els diguessin res, sense saber què passava. I encara gràcies al doctor Boix, que de tant en tant els deia alguna cosa... Van decidir ajudar en Ferran d'una manera diferent: fent rutllar el seu *pub*.

Hi va trobar en Quim, el bo d'en Quim: tantes enganxades que havien tingut darrerament, ell i en Ferran, tanta gelosia per la Júlia, tanta rancúnia! I a l'hora de la veritat era allà, aguantant el *pub*. Pel seu amic Ferran. La Júlia es va arromangar de seguida i es va posar a la feina.

—Quan en Ferran estigui bé, Quim, vull que no pateixi pel negoci: nosaltres l'haurem portat per ell.

Allà s'hi va presentar un dia l'Esther. Estava molt canviada. No anava plena de joies, ni tan maquillada com sempre, ni tenia el posat arrogant. Amb una humilitat colpidora precisament perquè es veia d'una hora lluny que era sincera, va voler parlar amb la Júlia:

—Em moro d'ansietat sense saber res d'en Ferran.

La Júlia va voler estar seca amb ella, però no va poder: ¿com podia ella no comprendre una altra dona enamorada d'en Ferran? I la va posar en antecedents.

—Si el seu pare tampoc no hagués servit, jo li donaria el meu ronyó. I més que pogués —va dir amb una tristesa infinita, i se'n va anar.

Tampoc no calia el ronyó de l'Esther: el de l'Antoni era perfecte, i a ell el feia completament feliç fer això pel seu fill. La Rosa li va agafar la mà, quan era a punt de l'operació. I hi havia en els seus ulls una tendresa i un afecte que feia anys que no havia sentit per ell. I, també, una nota d'orgull: estava orgullosa del seu home!

L'Antoni li va demanar un petó, i ella li va fregar els llavis amb els seus, com si anés amb compte. O perquè estava emocionada.

—Quines coses ha de fer un perquè la seva pròpia dona el besi! —va bromejar, entendrit, l'Antoni.

La Miralles havia fet moltes preguntes a l'aeroport: si pogués trobar un testimoni! Confiava que el físic d'en Ricard era d'aquells que criden l'atenció. Però havia passat tant de temps! «¿Qui treballa a les dotze a l'aeroport? Hostesses de mostrador, és clar; mossos de pista, també; i... dones de neteja», es deia a si mateixa. Així que va interrogar el cap de personal i va esbrinar les dones que hi havia aquella nit fatídica fent la feina.

Entre elles hi havia la Paquita, Paquita Fernández. I la va anar a visitar. La Miralles tenia nas, això ho havia heretat del seu pare. I es va ensumar que aquella dona no li deia la veritat: no havia vist res, no recordava aquell de la foto, no recordava res. I punt. I la Miralles insistia. Sabia com fer-ho. Havia tingut clients difícils, clients que li mentien, i que no s'adonaven com n'era de greu, mentir-li al propi advocat. I ella sabia pressionar-los, primer suaument, després amb amenaces. Tots s'ensorraven. I s'ensorraven perquè tenien por. I aquesta Paquita, si la seva intuïció no anava errada, també mentia perquè tenia por.

Va utilitzar les seves tàctiques. No en va tenir prou amb una visita, sinó que hi anava cada dia, perseguint-la, insistint, amenaçant-la amb la força de la llei, dient-li que la podia portar a l'estrada i que si mentia sota jurament cometria un delicte... Tot això, mentre la Victòria l'acusava de no fer res, de deixar prendre's el cas, de no estar prou interessada en la defensa de l'Andreu. Era així feta, i coneixia prou bé la seva professió per no donar esperances a ningú mentre no tingués un lloc sòlid on agafar-se.

Fins que la Paquita es va rendir.

—No vull embolics amb la llei! No vull declarar res!

—No sigui estúpida: ¿vol portar sobre la consciència la condemna d'un innocent?

I a la fi va parlar: sí, reconeixia aquell de la foto —en Ricard—. Era al lavabo d'homes, i discutia amb un altre home. Ella hi va entrar a netejar i, en veure el mal aspecte que tenia aquella baralla, va marxar sense fer-se notar.

—Podria reconèixer l'altre home?

—I tant! No se m'oblidarà mai!

—¿Per què no va avisar els seus superiors que hi havia una baralla al lavabo d'homes?

—Per no ficar-me en embolics...

Ja estava: la versió que havia imaginat la Miralles era la correcta. I ja tenia un fet, una prova, entre mans. Havia trobat un testimoni!

El dia de la declaració de la Paquita va ser el de més emoció a la sala. La Victòria, cansada i entristida per la situació d'en Ferran, hi era, però amb l'esperança en aquell «as» que els Miralles sempre havien portat amagat a la mànega cada cop més feble... I, en el fons, creient que ara caldria un miracle i tot, per salvar l'Andreu. I el miracle es va produir. La declaració de la Paquita va ser una bomba.

—A les dotze o dos quarts d'una vaig entrar a netejar el lavabo d'homes. Hi havia aquest home de la foto barallant-se amb un altre home,...

Així que en Ricard era viu, després del cop que s'havia donat al cap! La Victòria va avançar el cos en la cadira, sense respirar, expectant.

Minuts després, la Miralles li preguntava una altra cosa, una de molt important:

—Aquest home que es barallava amb Ricard Torres, el podria reconèixer?

—Sí, senyora. Era molt alt, i amb un aspecte... No ho sé, molt diferent, molt especial. I això que a l'aeroport es veuen tota mena de persones. Però aquell era, no ho sé, molt especial...

—Podria dir la testimoni si aquest home és ara a la sala?

La pregunta va agafar de sorpresa la Victòria: ¿què s'empatollava ara la Miralles? Què volia? Un miracle?

—Sí, senyora. És aquell d'allà.

I el dit de la noia va anar directament al seient que ocupava Walter Ganz. Aquest es va aixecar i va començar a insultar la noia, a insultar el jutge, a insultar tothom. I va ser detingut. A la Victòria no se li va escapar un aplaudiment, però va anar-hi d'un pèl...

En efecte: en Walter, aquella nit que havia estat al *pub* d'en Ferran esperant en Ricard, s'havia emborratxat i en Ferran l'havia tret a empentes. Havia proferit amenaces terribles contra en Ricard. I el va trobar: era al moll, barallant-se amb l'Andreu. En Walter es va amagar. Quan el va veure a terra i l'Andreu ja se n'havia anat, es va acostar amb molt de compte: aquell marrà devia portar les joies en aquella maleta, però de seguida es va adonar, no sols que en Ricard era viu, sinó que estava a punt de recuperar el coneixement. Així que es va amagar, perquè una idea diabòlica li havia vingut al cap: si ell matava en Ricard, per més amb compte que anés, podien empaitar-lo. L'havia amenaçat davant de tothom. Ara mateix havia jurat que li faria la pell, davant de tot el *pub*. Però si el matava i hom creia que ho havia fet aquell infeliç de l'Andreu...

En efecte, en Ricard es va posar dret, es va espolsar la roba, es va palpar el cap, va comprovar que la bossa de les joies era a la maleta i se'n va anar a l'aeroport. En Walter el va seguir. Allà el va veure treure diners del caixer automàtic, i el va veure entrar al lavabo.

I ell hi va entrar també. Quan en Ricard el va tenir davant va empal·lidir com un mort, i va intentar treure-se'l de sobre. Però en Walter tenia un altre pla: encanonant-lo amb una pistola, el va obligar a tornar al port. Li anava dient al Ricard que no s'amoïnés, que havien d'anar en un lloc discret perquè li pagués i que després el deixaria anar. Allà el va matar, però no d'un tret, sinó a cops de culata de pistola, donats amb tota la força, al cap. Quan en Ricard va caure, va regirar la maleta, va trobar les joies i va agafar les que ell considerava que cobrien el seu deute. I, tot marxant, en fer l'última ullada a l'escena del crim, va fer una maligna riallada: era el crim perfecte!

Naturalment, l'Andreu va ser posat en llibertat, lliure de sospites.

La Victòria i ell van anar junts al súper, a veure en Manel i la Mercè. Amb quin delit el van abraçar! Amb quina felicitat li van donar la benvinguda! Si no arriba a ser per la situació d'en Ferran, aquell hauria estat el dia més important de la vida de la Victòria. No sabia si venerar com una santa la Miralles o menjar-se-la a petons. I ella que havia estat tot el temps dubtant de la seva capacitat com a advocada!

—Que feliç que sóc! —no parava de dir la Mercè.

Perquè, per a més meravella, acabava de rebre una proposició de fer una campanya publicitària de cacau en pols, amb un contracte per tot un any. I en Manel, per fi, acceptava que fes aquesta feina!

L'Andreu, com un flam, lliure quan s'havia imaginat mil cops la presó per sempre, no cabia en la pell. Mirava la Victòria una i mil vegades, i a la fi, va rebentar, perquè ja no ho aguantava al pap: va demanar la Victòria en matrimoni. I la Victòria el va acceptar...

L'Antoni jeia al llit feblíssim, però feliç, després de la intervenció. Havia salvat el seu fill! Se sentia en pau amb si mateix. Se sentia útil. Se sentia bo i generós. I també cansat.

—Cansa molt, això que l'operin a un.

D'un en un, tots el visitaven sovint. La Rosa amb un afecte que es traslluïa en una mirada de tendra devoció; la Victòria exultant del seu nebot; l'Anna amb la seva dolça expressió d'amor; en Martí, emocionat.

Tots, però, tenien un tret en comú: deien evasives quan ell preguntava per en Ferran. I això no ho podia entendre. Mira que si el seu fill havia rebutjat el ronyó! Bah! Romanços! «Si som pare i fill, punyeta!».

L'Anna li va parlar d'en Marc, i dels seus plans de tornar-li el súper, i li va suplicar que ho acceptés. Que l'estimava tant, a en Marc! I que només així la podia fer feliç. Qui podia negar-li res a l'Anna?

En Martí va plorar. Mira si devia fer mala fila, l'Antoni, perquè el noiet s'emocionés tant.

En Martí s'ho estava passant molt malament. La Clàudia havia insistit tant per anar a la revetlla de Sant Joan! Havien fet tants plans, mesos enrera, per fer una bona foguera, per tirar petards, per ballar junts! I ara no li venia res de gust. Ara en Martí només pensava en el seu germà. I se li partia el cor.

En Miquel estava penedit de la porcada que li havia fet, i es va explicar amb la Clàudia: en Martí havia trencat la seva amistat, i amb els tràngols que passava, en Miquel estava delerós de demostrar-li que era el mateix de sempre.

—És que tu m'agrades, Clàudia. Per això li vaig robar aquell poema...

La Clàudia es va deixar commoure, per aquelles paraules tan sentides dites per un xicot aparentment tan insensible. I va convèncer en Martí que almenys se l'escoltés. I en Miquel li va regalar el més valuós que tenia: els seus patins, que en Martí l'envejava tant i dels quals estava tan ufanós de ser-ne propietari. Va passar la nit de la revetlla, on en Martí va acudir obligat pels precs de la Rosa, que patia per ell.

—Vés-hi, fill! Així et distreuràs! I jo no estaré tan amoïnada per tu...

La reconciliació amb en Miquel, la bellesa explosiva de les fogueres de Sant Joan, l'amor de la Clàudia... sí: en Martí s'havia animat. Però ni així va aconseguir de treure's del cap la imatge silent i immòbil d'en Ferran...

Perquè en Ferran havia entrat en coma. Després de l'operació, no va reaccionar. Tenia una hemorràgia cerebral. Era pràcticament mort.

I tots li ho amagaven a l'Antoni, convalescent de la seva operació.

Les notícies eren cada cop més terribles.

Si no reaccionava aviat, en Ferran era home mort.

I no reaccionava.

La Júlia corria al seu costat cada dia, li agafava la mà i li parlava hores i hores, amb veu normal, com si estigués escoltant-la, per mitigar la seva angoixa.

La Rosa seia, hores i hores, mussitant el nom del seu fill.

El doctor Boix no els ocultava el seu pessimisme i els pregava que estiguessin preparats per al pitjor.

—Veig que els estimes tant, Helena, que jo també l'estimo, aquella família —li havia dit a l'Helena.

—Si es recuperés —deia sense embuts el doctor Costa— és probable que li quedessin lesions cerebrals irreversibles...

L'Antoni havia vist les llàgrimes d'en Martí. Havia notat les evasives de tots cada cop que preguntava per en Ferran. I va fer la pregunta, la gran pregunta, a la Rosa:

—Vull la veritat, Rosa. Vull saber com està en Ferran.

Ell estava ja gairebé recuperat del tot. Tard o d'hora ho havia de saber. I la Rosa li ho va contar.

L'Antoni, quan va sentir la paraula «coma», va fer un crit estrany. I, embogit de dolor, va començar a arrencar tots els tubs a què estava connectat i va córrer, pres de follia desesperada, a veure el seu fill moribund. Va necessitar un bon calmant per recuperar el seny.

I ell i la Rosa van plorar junts, abraçats, desfets. En aquell moment no hi havia res més al món que el fill que havien fet tots dos.

Una de les visites que va acudir a l'hospital va ser l'Esther. Va pregar, amb una humilitat commovedora, que li deixessin veure en Ferran. L'Antoni i la Rosa li van donar el permís. Ella els va dir que tenia molts diners, que si volien tot els que tenia per salvar en Ferran, que no dubtessin a demanar-los-hi. La Júlia es va sorprendre a ella mateixa en aixecar-se i fer una forta abraçada a l'Esther: el patiment d'aquella dona era tan autèntic!

—Que sigui de qui ell vulgui, però que se salvi —va exclamar la Júlia.

Una altra visita va ser la de la Cristina. Va agafar amistosament la mà de l'Antoni i li va dir que li perdonés el numeret del dia de la boda. Que ella li tenia el mateix apreci de sempre. Que no era tan frívola com aparentava i que ell era un amic molt especial. I que mentre una vida, dissortadament s'apagava, al ventre de l'Anna n'hi havia una de nova...

—Tu també, Cristina. Tu també ets molt especial per a mi —li va dir un Antoni entristit. Un Antoni molt diferent de d'abans— Veus? Parlar amb tu és per a mi... No sé com dir-ho: et podria contar les coses més íntimes sense por. No em passa amb ningú, això.

La Rosa els mirava parlar i pensava que tots estaven esperant un nét comú, i que més valia així. I que l'Antoni s'havia portat com un heroi i bé mereixia la satisfacció de parlar amb aquella dona que li era tan amiga.

L'Anna continuava a l'estudi d'en Jaume. En Marc hi anava sovint i la passió entre tots dos no minvava. Ara en Marc li havia dit que havia d'anar a Alemanya. Que havia arraconat massa temps la seva feina i que no s'ho podia permetre. Que serien pocs dies i que li sabia tan greu deixar-la en aquells moments. L'Anna es va sentir decebuda: necessitava tant el seu suport en aquells moments en què agonitzava el seu germà! Però en Marc no tenia cap altre remei que anar-hi. Ho va fer amb moltíssima recança, i li va jurar que l'estimava amb tota la força del món.

Quan se'n va anar, l'Anna estava desesmada: intentava menjar una mica sense gens de ganes, obsessionada com tots pel curs fatídic d'en Ferran, quan, del despatx d'en Jaume, li van dir que acabava d'arribar un fax d'Estats Units per a ella. Se'l va fer portar, i es va emocionar llegint-lo: en Jaume, amb una tendresa absolutament admirable, atesa la situació, s'interessava per ella i pel seu fill. Li deia que aquell nen era importantíssim per a ell. Que no estaria sempre a Estats Units, i que volia veure'l créixer. I que comptés amb ell per a tot el que necessités. A l'Anna li va caure una llàgrima en llegir aquesta carta. Era un gran xicot, en Jaume!

Tanmateix, quan en Marc va haver tornat i va veure el fax es va comportar amb una gelosia frenètica que no li va fer cap gràcia a l'Anna:

—Estic esperant un fill d'ell! Has d'acceptar-ho!

I en Marc va claudicar.

Però la seva reacció havia estat excessiva.

L'Anna va tenir un pressentiment. Era un pressentiment amarg.

Mentrestant, a l'Antoni ja l'havien donat d'alta. Va anar al súper, va saludar la Victòria, que se sentia feliç de veure'l.

—Tornaré a l'hotel, tieta. Vostè vol estar amb l'Andreu i jo faria nosa.

—I un rave —va replicar l'Andreu— Jo m'estaré amb els meus nebots, que tu ara necessites atencions, Antoni.

Com estoven el cor les desgràcies! Perquè l'Antoni, evidentment, no era el mateix: es va adreçar a en Manel, que estava espantadíssim de ser acomiadat, i li va dir que, si recuperava el súper, per la feina no s'havia de preocupar.

—Li vaig fer tant la punyeta, senyor Antoni!

—Tu vas fer el que et manaven, home. Oblida-ho.

I, tot seguit, va entrar al despatxet, on l'estava esperant en Marc. Els tractes que li feia per recuperar el súper eren els que li havia explicat l'Anna. L'hi tornava amb unes molt bones condicions: el deute que hi tenia el podia satisfer com i quant li convingués. Van firmar uns papers i els dos homes es van mirar als ulls.

L'Antoni estava seriós. En Marc estava trist. L'Antoni era el feble i en Marc el fort, però aquella batalla, pels envintricollats viaranys del destí, l'havia guanyat l'Antoni.

A fora, la Victòria s'assabentava d'una bona notícia: la Mercè estava embarassada. I li contava que a en Manel li havia sabut greu que, per l'embaràs, hagués hagut de refusar l'oferta del contracte per a una campanya publicitària:

—Si li sabia greu i tot, senyora Victòria! Miri com és, el meu Manel! Deia que jo em marcia tant, sense aquesta feina...

—Tenia raó, conxo, que semblaves una ànima en pena.

—Doncs, no, senyora, no: ara només tinc ganes de pensar en el meu fillet. I no m'avorreixo gens, aquí a la caixa. Quan m'agafa la fal·lera d'aixecar-me i moure'm, perquè és ben cert que no sé estar-me quieta, em poso a pensar en ell, i em passen tots els neguits. S'ho pot ben creure!

Qui també es casaven eren l'Helena i el doctor Boix.

L'Helena mai, en tota la vida, no havia sentit autèntic amor per un home. El dia que en Daniel se li havia declarat, va voler refusar-lo, i ell va fer el més generós, el més tendre dels gestos: li va descordar la brusa i li va fer un petó a la cicatriu del seu pit mutilat. I aquell mateix dia, que va voler quedar-se a dormir a casa de l'Helena de tan cansat que estava de la feina a l'hospital i de la guerra de nervis en el cas d'en Ferran, l'Helena li va fer prometre que era per dormir i prou. Però la càlida proximitat del seu cos va fer més que la seva voluntat.

Mai, l'Helena no havia gaudit tant d'un home. Mai no s'havia sentit tan desitjada, tan estimada. Aquella nit, l'Helena es va enamorar, per primer cop a la vida, profundament, bojament, d'aquell home. Per això, quan ell li va proposar matrimoni, l'Helena li va dir un gran, enorme, lluminós i vibrant "sí"...

En Ferran era clínicament mort. El doctor Costa va dir als pares que la medicació era inútil, que no tenia sentit continuar així. Que totes les esperances s'havien exhaurit. I la Rosa va sentir que es trastornava. Que per minses, per ínfimes que haguessin estat les esperances fins aquell moment, eren més que aquell no-res. I que una cosa així ella no la podia aguantar.

I en aquell moment, aparegueren la Júlia, l'Esther i el doctor Boix: a instàncies de l'Esther, que tenia els diners suficients per remenar cel i terra, havia fet pensar a en Daniel en l'existència del millor especialista en aquells casos: el doctor Carl Holm, d'Estocolm.

Quan l'Esther ho va saber, en connivència amb la Júlia, va fer mans i mànigues per localitzar-lo, per pagar-li el que demanés i per fer-lo venir a Barcelona.

I ho havien aconseguit: el doctor Boix li explicà al doctor Costa que en Holm era a Barcelona i que li permetés fer una ullada al pacient.

—Això són ganes de fer patir als pares per no res.

—Hi ha esperances? —deia la Rosa, transmutada pel dolor.

—No, Rosa: només l'ombra de l'ombra d'una esperança.

Això era molt més que no-res.

La Rosa va pregar: era l'oració més sentida que llavis humans havien fet mai pujar al cel.

Calia esperar el veredicte de Carl Holm.

Commoguts fins a la medul·la dels ossos, tots els presents van sentir una petita escalforeta d'esperança al fons del cor. Per desesperat que fos el cas, si aquell savi tan savi deia que...

En aquell moment, sol a l'habitació, en Ferran va agafar, sobtadament, una glopada d'aire...

25

NO TENIA SENTIT que l'Anna continués al pis d'en Jaume. Malgrat la noblesa d'en Jaume i la bona fe amb què actuava l'Anna, que ella continués en aquell estudi on s'havia habituat a viure no estava bé. L'Anna sentia una barreja de malestar de saber-se allà, respirant l'aire que havien respirat els dos, guaitant el mateix paisatge urbà que havien guaitat tots dos des de la finestra, mirant aquell sostre que reflectia el llum d'un fanal i en feia aigües, tota ajaguda al llit, com si anés a allargar la mà i a tocar el cos d'en Jaume; i, alhora, de benestar: era l'estudi que, tot i haver-lo trobat ella ja decorat, havien fet seu tots dos. Li semblava sentir la veu d'en Jaume. Li semblava que entraria a la cuina, quan es feia l'esmorzar, i li faria aquells tendres petons al coll per dar-li el bon dia...

No sense recança, l'Anna acceptà d'anar al pis d'en Marc. Era la mesura més encertada, la més adient. Però no la més agradosa. I no és que l'Anna no desitgés viure amb en Marc, però el seu pis... Era una cosa com a enfarfegada. I no és que el xicot hagués tingut mal gust. Però aquell aire impersonal, d'un decorador a sou, que està més amatent a l'harmonia estètica que al confort agradabilíssim d'un coixí a terra, d'un suro a la paret on enganxar missatges, d'una lleixa només per deixar les claus o el moneder. Al pis d'en Marc, l'Anna no trobava aquell racó que fa d'un habitatge l'aixopluc personalíssim d'un, aquell que retrobes amb plaer quan tornes de viatge, aquell que s'enyora quan anem de visita, aquell on saps el punt exacte on reclinar l'esquena, on contestar el telèfon, on fer una bona escampada de papers quan treballes...

L'amor tapava aquestes petites coses, que d'una en una, no tenen cap importància, però que totes plegades li treuen una certa olor a la vida, un aroma, un no-res, tan incert i impalpable com... necessari. No és que l'Anna fos una intel·lectual, o una persona de classe superior a la d'en Marc –si amb prou feines tenia confiança en la seva capacitat d'escriure!–, però entre ella i en Jaume hi havia aquells sobreentesos, aquells punts de referència –una pel·lícula, un concert, una expressió verbal...– que els situaven al mateix món; entre ella i en Marc hi havia gavadals d'amor, una atracció robusta, un embadaliment amorós, però a l'hora de parlar no tenien de què parlar; a l'hora de riure, no reien de les mateixes coses; a l'hora de planejar, un abisme s'obria entre els dos. Cert que en Jaume no tenia la sensibilitat literària de l'Anna, però es mirava el futur com un repte artístic: com un arquitecte ambiciós i imaginatiu. En Marc només volia cèntims: tenia fusta d'empresari. Els objectes de la casa havien estat comprats en funció del seu valor, no per la gràcia que tinguessin. El titella d'en Ferran, per exemple, hauria desentonat a les parets de can Marc tant com esqueia a les de can Jaume...

En Ferran! Tothom li ho deia, a l'Anna, que no s'hi encaparrés, que en el seu estat l'angoixa era molt perjudicial –quan no ho és, de perjudicial?–, però ella hi tenia el pensament clavat. Veus? Una cosa així no hauria gosat explicar-lahi a en Marc. És clar que ell comprenia que la vida d'un germà és una cosa molt seriosa. Però l'especialíssima relació entre l'Anna i en Ferran no l'hauria compresa. No era un germà qui jeia com un vegetal a l'hospital: era en Ferran, que, casualment, li era germà.

L'Anna es va sentir molt malament quan la Rosa es va disgustar pel seu trasllat al pis d'en Marc. Ho feia perquè ho havia de fer, i, encara, li'n feien retrets... Gairebé es van barallar, mare i filla, per aquest motiu. Però és que la Rosa no sentia cap mena de simpatia per en Marc. I aquell fill que havia de néixer era d'en Jaume! Decididament, la Rosa no podia comprendre l'Anna. Tot i que l'Anna l'entenia perfectament a ella. Són així les coses: complicades, difícils...

Què importava tot, però, en aquells moments? En Ferran romania immòbil, i quan el veien –l'Anna, l'Antoni, en Martí, la Rosa...– o quan hi pensaven, un nus dur i amarg els tallava la respiració, els aclaparava en un pou de tristesa i desesperança.

El mateix Antoni, encara no refet del tot de la seva operació, caminava com un fantasma, parlava sense cridar, amb una serena tristesa, amb un abaltiment pregon. Treballava l'imprescindible, ara que havia recuperat el súper, i havia pactat amb una cadena alimentària –Coaliment–, on hauria de treballar sense la inexperiència amb què havia ensopegat la primera vegada. Els tractes eren bons, i el súper s'havia afiançat en la situació òptima que ocupava. De moment, en Manel continuava portant-lo, i, de fet, ell i la Victòria foragitaven l'Antoni quan volia esforçar-s'hi més del que li convenia. I ell es deixava manar, es queixava —altrament, no hauria estat l'Antoni—, però la força vital, la que rau dins de cada persona, semblava exhauida; o almenys, amarrada al capçal del llit del seu fill...

En Manel, absolutament feliç amb el fill que ell i la Mercè esperaven, estava amoïnat: aviat l'Antoni es refaria del tot. Aviat ell es veuria en una posició difícil. Per més que l'Antoni l'hagués tranquil·litzat, tenia un rau-rau de dubtes, d'inseguretat. «Tant si en Ferran es recupera com si no —pensava—, l'Antoni s'hi reintegrarà, al súper. Necessitarà aleshores un encarregat? Necessitarà una caixera?»

L'Andreu mantenia en secret el projecte de boda amb la Victòria: en aquells moments dramàtics, la família no estava per històries. Quan la Mercè i en Manel li van comunicar que esperaven un fill, hi havia en la veu dels dos el temor que el tiet s'ho prengués com un comiat, que ja no acceptés de compartir el pis amb ells; per a l'Andreu, però, aquella bona notícia, de la qual s'alegrà de tot cor, no representava cap problema: si aviat viurien ell i la Victòria com a matrimoni a casa d'ella! Però com que estava privat de dir-ho, la seva felicitació no anà acompanyada de cap dubte sobre la seva estada a casa del jove matrimoni.

—Que consti, tiet, que vostè ha de continuar aquí. El nen, de moment, serà a la nostra habitació, i més endavant, ja veurem què fem...

Impossible de callar-s'ho: aquells dos, tan generosos, tan tendres, tan plens d'afecte per ell, no es mereixien el seu silenci. Així que, amb moltes recomanacions perquè no ho xerressin, l'Andreu els va contar els plans d'ell i la Victòria. No cal dir que en Manel i la Mercè van rebre la notícia amb sincera alegria i que, de no ser per la situació d'en Ferran, ho haurien esbombat: ¿es pot ser feliç sense proclamar-ho, sense cridar-ho alt i fort, perquè el món sencer ho sàpiga?

Però l'Helena, arran de la trobada a la joieria, també sabia que hi hauria boda, i tot i fer-se càrrec que la discreció de l'Andreu i la Victòria tenia una causa molt noble, no seria tan discreta com en Manel i la Mercè...

La seva pròpia boda, la de l'Helena, no havia sortit encara de la parella: ni en Daniel havia dit res a la seva mare, ni l'Helena havia trobat l'ocasió per explicar-l'hi a la Júlia. I això que en tenia ganes. Però cada vegada que la veia, com un fantasma, ullerosa, pàl·lida, deprimida, els ulls d'haver plorat, tan espantada, tan ensorrada per la situació d'en Ferran, l'Helena es limitava a abraçar-la, a donar-li ànims, a ajudar-la tant com podia. I no gosava dir-li que, tot i compartir bona part de la seva pena, el cor li batallava en pensar en en Daniel, que estava enamorada i que se sentia íntimament feliç... Així que anava ajornant de dir-l'hi i se'n sentia culpable.

L'única cosa que havia animat una mica la Júlia era el nou professor que tenia a Biològiques. Perquè havia arribat un nou professor, Guillem Pons, mallorquí, que havia animat molt tots els estudiants, fins i tot a la Júlia. Tenia en projecte un treball de camp sobre la pol·lució, en tots els sentits de la paraula, del barri vell. La feina era dura però interessantíssima. I la Júlia va sentir, per primer cop en tot aquell temps de dolor i d'aflicció, una petita flameta d'entusiasme.

—El mal és que no podré participar-hi —li deia a l'Helena—. No tinc temps; entre el pub, estar amb en Ferran, les classes...

—El *pub* el pot portar en Quim. La companyia que li fas a en Ferran és importantíssima, però dissortadament ell no se n'assabenta. A més, té la família constantment amb ell. Sí, Júlia, accepta de participar...

Era prou clar que aquell treball de camp li faria un gran bé, l'animaria, li tornaria el coratge que dia en dia anava perdent, la pobra Júlia!

I un dia, de sobte, en Ferran va obrir els ulls.

I res més.

L'alegria inicial, les esperances recuperades, l'expectació de tots, però, es van veure frustrades: tenia els ulls oberts, i continuava immòbil. Sense cap altra reacció.

Era un bon senyal? No significava res? ¿Per què, un cop oberts els ulls, en Ferran no tenia cap altra reacció? ¿Havia fet, en obrir els ulls, el màxim progrés possible? Era el principi, en canvi, d'una recuperació miraculosa i feliç? Ningú no ho sabia: ni els metges no podien orientar els atribolats pares, els germans, la Júlia... Fins i tot era més angoixant que abans: veure'l amb els ulls fits en el no-res, com si es negués a viure, com si hagués fet el suprem esforç.

Així que la Victòria continuava guardant en secret la seva boda. Ni tan sols va voler fer partíceps els nebots d'un viatge magnífic que planejaven, ella i l'Andreu. Un viatge principesc, fent la volta al món... Perquè, un cop examinats els documents del seu pare, la policia havia tornat les joies de la maleta d'en Ricard a la seva legítima propietària: la Victòria. I eren unes joies magnífiques, de primera qualitat, tant per la muntura, d'una artesania exquisida, com per les mateixes pedres. Les van taxar en vuitanta milions! Tots els hauria donat per en Ferran. Però no haurien servit de res. «Tinc dret a sentir-me tan feliç?», es preguntava la bona dona ara i adés, sense saber que la mateixa pregunta torturava l'Helena, i per un motiu semblant. Ella no era tan a prop d'en Ferran com la Victòria, és clar, però el patiment de la seva filla era tan fondo, tan viu, tan visible!

La mateixa Rosa, que havia esclatat d'esperança i de joia en veure el seu fill amb els ulls oberts, va caure de nou en un gran abatiment. Admirava l'Antoni com no l'havia admirat mai —si fins i tot el necessitava!—, es preocupava per l'Anna, tot i sentir-se disgustada pel trasllat, mirava d'animar en Martí, però tot ho feia d'esma: tenia el pensament clavat, com un clau picat amb un martell, en aquella habitació on el seu fill mirava, sense veure'l, el sostre blanc... En Xavier era al seu costat tant com podia, i no sols per tenir cura d'en Martí, sinó també d'ella mateixa; l'ajudava en el negoci de plats cuinats; l'animava —o ho intentava. I callava la pena que ell mateix sentia i la necessitat que tenia de l'Eugeni. I això que l'Eugeni, fracassats els seus intents de recuperar l'amor del seu fill Pau, sol i abatut, li demanava que tornés amb ell, que el trobava a faltar desesperadament...

Fins que un dia, que l'Anna havia anat a la clínica, en Ferran, tot de sobte, amb una veueta gairebé inaudible, va sortir d'aquell pou on havia estat ficat tant i tant de temps i va mormolar el seu nom:

—An...na...An...na...

Aquell dia tothom va plorar, però amb llàgrimes d'alegria. Ara sí que hi havia esperances de debò. El malalt es despertava, parlava, els reconeixia, preguntava on era i què li havia passat! El malson s'havia acabat! Havia guanyat aquella batalla el cos jove i sa del noi i el tractament de Holm!

Per a la Rosa, sobretot, tot havia passat: el que quedava era qüestió de lluitar, d'esforçar-se. En Ferran havia tornat! És clar que el doctor Costa, el mateix Boix, no paraven de repetir que la recuperació, en si, era un miracle, però que no podien garantir que fos completa.

—És que quedarà paralític? —preguntava la Rosa esmaperduda, no sabent si saltar d'alegria o tornar a enfonsar-se en la depressió.

Però ningú no sabia res: el cervell humà és un misteri. El cert era que el noi tenia greus dificultats per parlar, que tenia grans llacunes de memòria —una cosa explicada avui, la tornava a preguntar l'endemà, per exemple.

—Però ha fet un pas tan gran, el meu fill...! —i a la Rosa se li tornaven a il·luminar els ulls.

El que recordava perfectament en Ferran era la Júlia, i com i quant l'estimava. Que petit que es veia ara tot el que havia passat entre ells! Que insignificants els malentesos, la mateixa traïció d'en Ferran amb l'Esther, els dies que van estar barallats...! Ara s'agafaven les mans, parlaven, es deien coses que eren dels dos i de ningú més. Ella li portava revistes, li llegia coses, li feia escoltar cassetes, i sobretot, li deia i li repetia que l'estimava. I ell a ella. Era commovedor veure'ls, tan units, tan feliços...

Tanmateix, en Ferran, en recuperar tot el seu raciocini, anava amargant-se cada dia una mica: no podia moure les cames, i, per més que tots li asseguressin que, si feia els exercicis de recuperació, podia tenir esperances, ell no les notava i es deia que li mentien, que seria paralític per sempre més. Havia fet amistat amb un altre intern, en Mateu, que, per culpa d'un accident de moto, havia quedat paraplègic. Veure aquest bon xicot acceptar amb enteresa el seu destí el posava de malhumor: ell no podria viure arrossegant sempre la cadira de rodes!

Un dia el va visitar l'Esther. La família, del primer a l'últim, li havien explicat com havia canviat, i com havia fet tot el possible per salvar-lo. Però la memòria d'en Ferran funcionava intermitentment, i en veure aquella dona la va fer fora. Cridava:

—Vés-te'n! T'odio!

Amb molt paciència, la mateixa Júlia li va tornar a contar tot el que havia passat i la innocència de l'Esther respecte d'aquella brutal pallissa, i en Ferran se n'avergonyí. «És el meu destí: em passaré la vida insultant l'Esther per després haver-li de demanar perdó...»

No li mancava raó, perquè en venir a visitar-lo en Quim, tot assegurant-li que el pub rutllava i que no passés ànsia pel negoci, i sabedors tots dos que la seva amistat estava definitivament per sobre dels mals moments que havien passat, en Ferran li demanà que li digués a l'Esther de venir a veure'l, que li volia demanar perdó.

Quan l'Esther hi va comparèixer, en Ferran va sentir un sobresalt: anava sense maquillar, amb els cabells deixats anar i un vestit negre, sense cap joia i una dolçor inusitada en els ulls. Estava magnífica, aquella dona contradictòria. I va ser així que en Ferran i l'Esther van signar la pau i es van dir amics, sense comèdies, sense mentides, sense segones intencions. Quan l'Esther sortia de l'habitació per marxar, hi havia en la seva forma de caminar la serena majestat d'una reina...

A primera hora del matí, uns nuvis es dirigien a l'església. No eren uns xavals, però es miraven com si l'amor hi hagués florit per primera vegada. El nuvi, pastat entre obrers anarquistes, no volia saber res d'esglésies ni de capellans. Però a l'hora de casar-se, per a ell no hi havia cap altra manera que davant d'un altar. Així ho havia vist sempre i així ho volia. Eren, és clar, la Victòria i l'Andreu. Els testimonis foren en Manel i la Mercè. A l'església solitària el capellà els mirà amb tendresa. La Victòria estava bellíssima. L'Andreu esclatava de felicitat. Va ser una cerimònia breu però preciosa.

Unes ombres s'esquitllaven, al llarg de la cerimònia, per la nau de l'església. No feien cap soroll, ni un fregament de peus, ni el xerric d'un banc en seure, ni una simple tos. Silenci.

Quan els nuvis, acabada la cerimònia, es giraren per marxar, tota la família era present: la Rosa i l'Antoni, l'Anna, en Martí, la Júlia i l'Helena.... La

Victòria no va poder contenir les llàgrimes: en aquell dia tan feliç, tot i la discreció amb què havia actuat, els seus van voler donar-li una sorpresa, i aquell casament gairebé furtiu va ser tota una festa.

Aquell dia va ser com una frontera entre totes les amargors passades, com si la tempesta hagués passat, com si ara els toqués per fi ser feliços.

En Martí, per exemple: la Clàudia i ell es veien tant com podien, malgrat la família d'ella, i els dos estaven segurs d'estimar-se. L'única recança que els quedava era en Miquel. En efecte: quan en Miquel li va regalar els seus patins a en Martí, decorats per ell mateix, a en Martí li va passar tot i va voler que tornessin a ser amics. El mal era que el xicot no podia estar prop de la Clàudia sense patir. Per la resta, els dos eren feliços. I més encara quan a l'Institut van voler participar en un concurs de còmics i van decidir que la Clàudia faria el text i en Martí els dibuixos. Les hores que hi passaven eren perfectes, perquè a la feina es compenetraven perfectament, i el resultat anava quedant cada cop millor.

La Rosa i l'Antoni, també: estaven molts units. Tant que, sols a casa es van fer un petó tendríssim. I d'una cosa van passar a una altra i van acabar fent l'amor, com no recordaven haver-lo fet en anys: amb un lliurament i un plaer totals. Tanmateix, l'Antoni va tenir por, no va voler quedar-s'hi a viure, per no espatllar el que podria ser una nova vida per a tots dos, i va tornar a l'hotel. Però tot i això, ara tornaven a ser un matrimoni: la desgràcia i el dolor havien fet més que cap altra cosa. Ara sabien, tots dos, que podien confiar-se, que en cas de necessitat, l'Antoni trobaria la Rosa i la Rosa trobaria l'Antoni.

L'Helena també: per fi havia aconseguit de dir-li a la Júlia que es casava, i la Júlia, ultra la sorpresa —mai no hauria imaginat que l'Helena un dia es casaria, tan acostumada a la llibertat— va manifestar una sincera alegria. A més, en Daniel Boix li queia d'allò més bé. Si no fos perquè en Ferran estava deprimit, que es queixava i es desesperava contínuament, que dubtava de recuperar-se, la Júlia hauria estat completament feliç. I l'Helena, que havia temut un rebuig, es va treure un pes de sobre. Estimava tant la seva filla! Tot i l'amor i que sentia per en Daniel, si la Júlia s'hagués posat en contra de la boda, l'Helena hauria arribat a vacil·lar.

I en Xavier, que acceptava tornar a viure amb l'Eugeni, per a alegria d'aquest. I que continuava treballant en el negoci de la Rosa, un negoci legal i estable.

Encara hi havia més alegries, algunes de ben inesperades: en Bernat per exemple. Havia tornat d'Austràlia, amb la seva nena, la Ruth, que tenia només set anys però amb qui es va avenir de seguida. Com que sempre estava fora, va deixar la nena amb la seva mare a Amposta, i va presentar-se a ca la Rosa. Desfets tots els malentesos, per a la Rosa tornar a tenir en Bernat era una benedicció. Només patia per en Xavier: el seu soci era en Bernat, i podia no voler-lo amb ells.

—I ara, Rosa! No és germà teu? No fa ben feta la feina? ¿Quin problema hi ha?

Quin alleujament! Li va contar com va conèixer la Kathleen, com es van casar de bursada, com ella va trobar feina a Melbourne, com s'havien anat distanciant també espiritualment, i com n'estava de la nena, tan bufona i eixerida.

—I tu estàs preciosa, Rosa. Mestressa: hem de fer molts diners, perquè amb les teves mans i el meu talent de venedor, amb l'ajuda d'en Xavier, escombrarem tots els del ram...

I per acabar de tenir bones notícies, un dia, quan ja en Ferran desesperava d'estar tants dies lligat al mateix llit, el van donar d'alta.

En Ferran, és clar, anava amb cadira de rodes, i els pares, que volien que es trobés a gust a casa, fins van haver d'adobar la porta del lavabo, perquè era massa estreta per a la cadira. Estaven nerviosos, volien que tot anés a la perfecció, que en Ferran s'animés en trobar-se fent vida gairebé normal.

—Ara, però, vénen moments difícils, Rosa —els va dir en Daniel Boix—. L'hospital és un lloc dur, però tot hi és previst. Ara, quan hi hagi un problema, us haureu d'espavilar. Allà, si el malalt fa una rebequeria, se'l pot obligar a tot, tant si vol com si no vol. A casa, serà dur. És psicològicament millor, però haureu de fer més esforços i sacrificis del que us penseu. la recuperació és lentíssima, els malats es desesperen. En Ferran, a més, ni tan sols sabem si tornarà a caminar. Haureu de tenir paciència i valor...

En Martí estava boig d'alegria, de la tornada del germà. Volia fer-li un regal molt especial, alguna cosa que l'animés, que el fes adonar de com era d'important per a ell. Li va fer una pancarta de benvinguda, però li va semblar molt poca cosa. Així que, tot recordant els patins que en Miquel havia decorat per a ell, va tenir una idea: li regalaria unes bambes pintades a mà, ben estridents. Era la seva manera de dir-li que estava segur que aviat les podria fer servir, que aviat caminaria.

A la Rosa, però, quan les va veure, li va caure l'ànima als peus.

—No és una bona idea, fill, Martí.

—Però, mare, si jo el que vull dir...

—Sé perfectament què vols dir. Però ens hem de fer a la idea que *potser* —i he dit *potser*— no tornarà a caminar. Hem d'animar-lo, però no donar-li falses esperances...

En Martí va amagar les bambes.

Quan per fi en Ferran va arribar, tot i l'alegria de sentir-se lliure de metges i infermeres, hi havia en els seus llavis un rictus d'amargor. Tot mirant-lo, la

Rosa va comprendre la raó d'en Daniel Boix: allò seria molt difícil. La lluita no sols no havia acabat, sinó que, en certa manera, començava ara.

Movent-se amb dificultat amb la cadira de rodes, perquè encara no n'estava habituat, veient la família pendent d'ell, en Ferran tenia tota la pàl·lida faç d'una persona acorralada. En el seu pensament es dibuixava amb tota claredat el seu futur: lligat com a invàlid a una cadira de rodes. En Ferran, tan lluitador, amb tant de coratge en tantes coses, arribava a casa com un perdedor d'antuvi, com algú que ha perdut tota esperança. I tota la família, tots els qui l'estimaven, aviat sabrien com és de dur lluitar contra els desitjos autodestructius d'una persona que se sent derrotada...

L'Anna continuava el projecte de novel·la. Els papers de la Victòria eren una deu inexhaurible d'idees i d'informacions insòlites. I va començar a investigar aquella època, a documentar-se. Sovint estava abocada a l'ordinador, descurant tant en Marc com abans havia descurat en Jaume, capficada sovint en la seva passió de sempre: la literatura.

Anava sovint a la biblioteca, i cercava dades sense parar. En un diari antic va trobar una informació molt directa sobre els fets que investigava: l'origen de les joies que guardava el pare de la Victòria.

Molt contenta de la troballa, sense saber que aquelles joies ja estaven taxades i que la Victòria i l'Andreu tenien el preciós projecte de fer un gran viatge, va portar uns papers a la tieta.

—Andreu —va dir la bona dona després d'assabentar-se de tota aquella informació—: Saps de qui eren les joies d'en Magí?

—De qui?

—De tots. Del barri.

—I què penses fer?

—Tornar-les al legítim propietari: aquest barri. Haurem de renunciar al viatge. Et sap greu?

—Saber-me greu? Estar casat amb una dona com tu és molt millor que tots els viatges del món. Ets una dona magnífica, Victòria.

26

«SÓC UN INÚTIL! Sóc un paralític! Sóc un minusvàlid.» Aquests eren els pensaments constants, mortificadors, esborronadors que ballaven pel cap d'en Ferran tot el temps que estava despert. I fins i tot quan dormia somiava en la seva invalidesa, en la compassió que despertava en tothom, en la impotència, en la marginació. Incapaç d'acceptar que hi havia esperances, que ningú no donava per fet que les seves cames no arribarien a recuperar les seves funcions, deprimit, rabiós, en Ferran projectava tota la seva desesperació cap a si mateix i cap als altres. Era inútil que els metges, que la família, que la mateixa Júlia li diguessin que havia de fer un esforç, que no havia de perdre l'esperança, que havia de practicar els interminables exercicis de recuperació... Per a en Ferran, tot estava perdut.

Aquesta actitud negativa va començar aviat a gravitar sobre el seu entorn, i per més que l'afecte, la solidaritat, i, per què no?, la compassió obliguessin tothom a aguantar el seu insuportable capteniment amb la màxima paciència, l'ambient es ressentia, i hi havia moltes llàgrimes amagades. Especialment les de la Júlia...

La primera crisi d'en Ferran —la primera crisi exterioritzada, perquè, en el seu interior, l'amargor regnava tot el temps— es va produir quan va visitar el pub. L'acompanyava la Júlia, i en Quim es va mostrar tan afectuós i amatent com el bon amic que era. La cadira de rodes d'en Ferran, però, aviat va ensopegar en aquell espai tan estret, i la simple vessada d'un vas en moure la cadira va provocar una reacció de fugida. En efecte, en Ferran, tot d'una, va voler fugir del pub, va dir que no hi estava interessat i va manifestar un despit, que ni la Júlia va aconseguir d'apaivagar.

La segona crisi manifesta es va produir en una de les moltes absències de la Rosa que, obligada pel seu negoci, havia de sortir de casa. Va tenir la precaució, però de demanar a en Martí que s'hi quedés a atendre el seu germà. El mal és que la Clàudia, en una de les seves escapatòries per veure en Martí, hi va aparèixer i va voler sortir amb ell. En Martí, però, va objectar que s'havia de quedar amb en Ferran i aquest ho va sentir.

—És que necessito un cangur, jo? ¿El meu germà petit ha de tenir cura de mi? Sóc un inútil? Una càrrega?

I va obligar en Martí a marxar. El noi prou que s'adonava que la mare es disgustaria si veia que havia deixat sol en Ferran, però no veia la manera de quedar-se després d'aquestes paraules i de l'agressivitat del seu germà.

La tercera crisi va tenir lloc poc després: un cop sol, en Ferran va voler beure alguna cosa de la nevera. Poc acostumat encara a manipular la cadira de rodes, no podia abastar el que volia aconseguir, perquè la mateixa cadira era l'obstacle entre ell i la nevera, i, enrabiat per la seva maldestresa, va irritar-se fins al punt de començar a llançar a terra tot el que podia engrapar a la nevera.

Quan va tornar la Rosa i va veure aquell terrabastall, els ulls se li ennuvolaren de compassió i va voler, malgrat com se sentia de preocupada per un estat d'ànim tan poc propici a la recuperació, animar en Ferran. Endebades. En Ferran no admetia la seva situació i no acceptava cap consol ni cap esperança. Es rebolcava en la pròpia desesperació i prou.

Però la Rosa estava molt preocupada. Ella no podia estar tot el dia pel seu fill, i era evident que aquell noi tan fort que havien aconseguit rescatar de la mort necessitava ajuda. Molta ajuda. I la de la Júlia no era suficient.

La Júlia ja no sabia com tractar-lo, com animar-lo, com ajudar-lo. Hi posava tota la seva dolçor, una dolçor tan gran que ella mateixa no sabia que tenia: com si hagués heretat el gavadal de tendresa que habitava en el cor de l'Helena, la Júlia estava demostrant-se a ella mateixa que era més forta del que creia i més dolça, també. La impaciència de l'adolescència, els rampells de mal geni, les rebequeries que havia tingut, ara, en madurar, donaven pas a una Júlia forta i comprensiva. Però amb en Ferran, això tampoc no havia de servir de res. Sense queixar-se mai, dedicant-hi tot el temps de què disposava, li feia companyia, li manifestava el seu amor, l'ajudava. Li feia massatges, acuradament apresos, intentava amb totes les seves forces i els seus recursos ajudar-lo. Però ell un dia manifestava malhumor, el següent esquerpesa, l'endemà brutalitat. La Júlia no es queixava, no ho explicava a ningú: es mossegava els llavis i aguantava. La lluita era difícil, oi? Doncs ella ho aguantaria tot. Fins que un dia ell li va demanar, amb brutalitat, amb paraules duríssimes, que marxés, que li feia nosa, que no la volia veure... I això era més del que ella podia resistir. Li quedava, és clar, el recurs de submergir-se en la feina. Li agradava tant la feina que menava el seu professor Guillem Pons! Aquest, que li tenia una innegable simpatia, feia els ulls grossos a les contínues absències de la Júlia, i confiava en la seva intel·ligènt manera de treballar, en la seva curiositat innata, i, a més, estava satisfet dels progressos que aquesta alumna preferida anava fent en el treball de camp.

Per a la Júlia aquesta era la millor part del dia. Dolguda per l'amargor d'en Ferran, cansada de la feina esgotadora al pub, allunyada de l'Helena per la imminent boda que amarava tots els seus pensaments, aquella feina d'investigació que tan bé encaixava amb les seves inquietuds i contagiada de l'entusiasme que hi posava en Pons, se sentia renèixer. Com és natural, al seu professor no li va passar inadvertit l'estat d'ànim que, volgués ella o no, es reflectia en el seu rostre cansat i en la seva tristesa permanent. I li va fer costat. La va animar a explaiar-se, i, de mica en mica, la Júlia va trobar en ell l'amic que en aquells moments li feia tanta falta. En Boix no podia admetre que anés sempre tan esgotada i tan nerviosa i li va donar una idea: calia que deixés la feina al pub. Ella volia i intentava estar unes hores amb en Ferran, però la resta del dia l'havia de dedicar als seus estudis i, el que era més important de tot, a descansar.

—Però, com puc deixar ara el pub? Ho he de fer per en Ferran...

Aquest problema, afortunadament, aviat tindria una solució adequada. I ben inesperada.

La tieta Victòria, una novençana esplèndida i feliç, tenia molt clar que els diners de les joies havien de tornar al barri. I l'Andreu aprovava i aplaudia la seva decisió.

—Quina dona! —no parava de dir, orgullós de ser el seu marit.

I també seguí el procés de desesperació d'en Ferran. Com sempre feia aquesta dona intuïtiva i generosa, se li va ocórrer que un sopar ho arreglaria tot.

—Tota la família al voltant d'una taula, uns canelons com els meus que no hi ha qui els pugui resistir, de tan i tan bons que em surten, i fora penes!

Ai, si tot en la vida depengués dels bons sentiments! Perquè en Ferran no anava a «curar-se» de la seva ofuscació amb un simple sopar...

L'ambient era el propici, perquè la Rosa, després de donar voltes a la situació d'en Ferran, havia pensat que l'Antoni podia ajudar moltíssim. I li va demanar de tornar a casa. De tornar a viure junts. Ho va fer per en Ferran, és clar, però ho va fer també perquè desitjava la companyia d'aquell home que havia arribat a odiar i amb qui se sentia tan unida en aquells moments.

No cal dir l'alegria que va tenir l'Antoni quan ella li va proposar que tornés a casa. Ell també volia ser-hi a causa d'en Ferran, però, sobretot, volia tornar a ser el marit de la Rosa.

Com que la seva amistat amb la Cristina continuava, i es feien sovint confidències un a l'altre, ella va saber que l'Antoni se sentia feliç de tornar amb la Rosa, i el va animar a tornar a conquistar-la. Però aquella punteta de gelosia que no podia evitar de sentir, li féu donar un consell de dona engelosida:

—Li hauries de fer un regalet. Per exemple, un perfum...

—Però és que jo no hi entenc...

I ella li va aconsellar un perfum de flaire enganxifosa i marejadora, ben contrari a l'estil discret de la Rosa. Tant se valia, però: la Rosa va agrair el detall per si mateix, i va saber a l'acte, que darrera hi havia la malícia d'una dona i que aquesta dona no podia ser altra que la Cristina. ¿Hi ha, però, alguna cosa que afalagui més que saber que ella provocava gelosia en aquella dona tan maca i tan refinada? Tot el contrari: a la Rosa li va fer molta gràcia la situació, i es va sentir un xic més unida a l'Antoni que no ho éstava abans.

Al sopar que havia muntat la tieta per animar en Ferran no hi va mancar ningú de la família. Bé: l'Anna va pensar que ja que ningú no veia amb apreci en Marc, era millor d'anar-hi tota sola. Però en Ferran no es va sentir animat. Res no el podia treure de la seva depressió.

En aquell sopar la tieta va deixar anar la bomba: els diners de les joies eren per a la gent i no per a ella. I, per tant, el viatge que havien planificat al voltant del món se n'havia anat en orris. Molt content havia d'estar l'Antoni per rebre aquesta mostra de generositat sense esclatar! Això sí: va rondinar de valent, va criticar un procediment tan altruista, però la felicitat de la tieta Victòria també el va desarmar. I la seva pròpia, tot cal dir-ho...

Ara, en substitució d'aquell meravellós viatge que havien planificat, els novençans es conformaven amb una volta pels Països Catalans. I n'estaven la mar de cofois i de contents... A més, l'Andreu havia obligat la tieta a quedar-se amb una joia —una de sola— com a record, i entre els dos havien triat una agulla de pit preciosa que a la Victòria li agradava molt i a més li esqueia. Per a ella, aquella única joia suplia a bastament la muntanya de diners que, per un moment, havie tingut a tocar de la mà.

La planificació d'aquest modest viatge va tenir un efecte secundari en una altra persona: la Mercè. Perquè la pobra noia estava molt enquimerada per la manca de recursos econòmics. No sols l'Antoni havia rebaixat el salari d'en Manel, que ja no era encarregat, sinó que a ella li havia dit que no la necessitava com a caixera. És clar que aquest cop, l'Antoni tenia raó: les coses del súper havien canviat. Però per a ells era el pitjor moment de tots. Ara que esperaven una criatura! Ara que la Mercè somiava amb un dormitori per al seu fillet, amb un bon bressol, amb una decoració alegre, amb els milers de coses que necessita una criatura quan neix! Però aquell viatge pels Països Catalans li va donar una bona idea: la tieta, que havia intervingut perquè ella continués al súper, li explicava els plans que tenien, els punts de la costa valenciana on anirien, i la noia, tot i estar preocupada, l'escoltava i s'alegrava de l'animació d'aquella bona dona. I en això que la tieta va dir:

—Però no creguis que anem a pensionetes o a habitacions de lloguer, no, no: anem a bons hotels. Que és un viatge de noces i volem aprofitar-ho per passar-nos-ho bé!

Habitacions de lloguer? És clar, hi ha molta gent que lloga una habitació. I en guanya cèntims... La Mercè va mirar l'habitació que havia ocupat l'Andreu, va veure que era perfecta per a un llogater i va començar a calcular els beneficis que en podria treure... és clar que quan li ho va dir a en Manel aquest de seguida va arrufar el nas.

—Veges si ens ficaríem un estrany a casa!

—Home, podem demanar informes...

Aquest problema i el de la Júlia al *pub* van ser resolts, tots dos plegats, per una persona: en Xavier.

Perquè a la seva vida havia comparegut aquella simpàtica Xaro que tant ell havia ajudat i que, per fi, s'havia desfet de les urpes de l'Abel. Venia de Suïssa i, per més que ho va voler dissimular, venia sense cèntims i disposada a trobar alguna feina. I disposada a prosseguir l'amistat amb en Xavier, la més sincera i desinteressada que havia tingut mai a la vida.

Els problemes de la noia, doncs, es van resoldre d'aquesta manera: podia ser la llogatera de la Mercè. I podia tenir feina al pub, per tal que la Júlia disposés de temps suficient per als seus estudis. I per al seu treball amb en Pons.

És clar que la Mercè i en Manel van rumiar-s'ho encara una mica. Però aquella noia venia recomanada per en Xavier i es veia molt bona persona. La mateixa Mercè es va oferir a proporcionar-li, per una quantitat raonable, també el menjar. I la Xaro va ser acceptada a casa del jove matrimoni i al negoci d'en Ferran, que ara era com si fos d'en Quim.

Per tal d'acomiadar l'Andreu i la Victòria, la família havia decidit donar-los una festa sorpresa al pub. Aprofitant qualsevol excusa, els farien anar i allà, tot fosc, els llums s'encendrien per mostrar l'amistat i la simpatia de tots plegats. L'organització va ser ràpida i eficaç, perquè tothom tenia ganes d'una sopresa d'aquella mena.

Només hi va faltar en Ferran.

Hi va posar com a excusa la cadira de rodes i l'estretor del local.

Però la veritable causa és que no volia participar en cap festa. Ell volia el seu dolor i prou. Com si s'hi alimentés, del seu dolor.

I, en canvi, aquest cop en Marc sí que hi va assistir.

* * *

Un subtil aire, indefinible però cert, de desconfiança envoltava ara una altra parella: en Marc i l'Anna. No havia passat res entre ells. Ell era tendre, afectuós i comprensiu i repetia un i mil cops el molt que l'estimava; ella vagava per la casa sense sentir-se'n propietària. La casa era impersonal, no hi havia la calidesa que tant havia apreciat a l'estudi d'en Jaume. Amor... sí, l'Anna sentia amor per en Marc. L'atreia. Però també la desassossegava, la inquietava. Ell tenia uns rampells estranys. De vegades, l'Anna el temia i tot. Això no s'ho confessava ni a ella mateixa. Però quan ell arribava a casa, no sentia aquella alegria tan especial que se sent quan arriba el company o la companya que hem esperat tot el dia. Sovint, sentia sorpresa en veure'l davant, com si fos una visita insperada. I ell la veia sovint ociosa, o passejant per la casa com si no sabés on anar, com si fos un animaló atrapat en un lloc confortable però estrany.

No havia passat res en concret, però l'alegria anava, de mica en mica, morint als ulls de l'Anna. Pensava sovint en la seva maternitat, i s'espantava, es deia que no sabria estar a l'altura d'un paper tan difícil com el de tenir cura d'un nounat. També l'espantava el dolor, que sempre havia sentit elatar amb un xic de temor i de respecte, però en un grau menor. I algun cop se sorprenia a ella mateixa pensant en el Jaume. En l'alegria que haurien compartit amb aquell embaràs que li semblava llarguíssim.

Tot i que físicament estava perfectament sana, una gota de melangia aigualia el seu estat. Algun mareig, fins i tot en ocasions ben inoportunes, l'havia sobresaltada i després no ho deia a ningú: ni a en Marc. Perquè cada dia que passava hi compartia menys coses. No li explicava ni els temors ni els dubtes. No es posava a arreglar la casa al seu gust —cosa que ell li havia demanat moltes vegades— perquè no se'n sentia interessada. Les converses, les intimitats, tant les joioses com les tristes, morien abans de néixer.

L'Anna desconfiava d'alguna cosa, però no sabia què era. I sovint pensava en en Jaume.

Així que un dia es va decidir a escriure-li: una carta amistosa, alegre i, alhora, respectuosa, sense saltar-se les distàncies que, per causa d'ella, s'havien obert entre els dos. Però la carta era plena d'amistat. Escrivint-la, l'Anna sentia un enorme consol. Li contava, és clar, el curs de l'embaràs, s'interessava per la seva situació als Estats Units, li donava notícies de la família. I li enviava la seva nova adreça.

Ella no sentia que estigués fent res mal fet: en Jaume era el pare de la criatura que esperava, i era natural que el tingués al corrent de tot. Es respectaven mútuament, oi?, doncs que ell sabés on vivia i com estava entrava en el pacte. Tanmateix, d'aquella carta no li va dir res a en Marc. D'haver estat a l'inrevés, si hagués estat en Jaume el seu company i en Marc el pare que viu distant als Estats Units, l'Anna li hauria dit: «He d'escriure en Marc», i ell ho hauria entès.

Quan va acabar d'escriure-la, l'Anna es va sentir millor. Va tancar els ulls i va veure l'estudi, els somriures d'en Jaume, les seves bromes. Les complicitats que compartien amb una simple mirada, amb un simple gest. El sofà on s'havien ajagut tants cops, on s'havien fet pessigolles, on havien jugat com infants, on havien fet l'amor... I, de sobte, en obrir els ulls, l'Anna va mirar al seu voltant: aquells prestatges lluents i freds, aquells mobles sense personalitat, aquella buidor, aquella manca de rialles... En aquell moment, l'Anna es va espantar del que sentia i del que pensava.

«És que sóc d'aquelles persones que només volen el que no tenen? ¿És que la meva passió inefogable per en Marc era només un miratge, la temptació del que està prohibit? Què em passa? Vull dos homes alhora? O, encara pitjor, vull una part d'en Marc i una part d'en Jaume? Què em manca? Què em passa? I en Marc... Com és en Marc? De què està fet? Què pensa? Què vol a la vida? Sé que m'éstima. I jo també a ell, és clar, però no el conec. Oh, sí, és això!: no el conec gens. Si no sé res d'ell!!»

Rumiava i rumiava fins que la vencia el son. O fins que en Marc provava de treure-la d'un ensopiment que, només per tranquil·litzar-se tots dos, consideraven que era a causa del seu estat.

Un dia que en Marc era sol a casa, va telefonar a la seva tieta Lola a Gironella, i li va dir que la volia veure. La bona dona, contenta de freqüentar aquell nebot que tan tràgicament havia conegut, li va prometre que l'aniria a veure quan baixés a Barcelona. I així ho va fer. Fins i tot va portar uns estupends fuets del poble com a obsequi. En Marc li va preguntar pel mas Massip. El mas del seu pare.

—És tot una ruïna, allò!

La bona dona el va informar de tot el que ell va voler saber, una mica estranyada per l'interès del noi per aquell pare que ja mai no coneixeria.

En Marc volia comprar aquell mas. Volia sentir que tenia arrels. Volia tenir un passat. I això, que potser en si mateix no té res d'estrany, era portat amb tos els misteris, a esquena de l'Anna, tant que quan aquesta en tornar va veure els fuets de Gironella, ell va inventar una excusa i no li va voler explicar res dels seus propòsits. Per què? És que l'Anna hauria condemnat aquest desig del seu company? És que ell creia que no ho comprendria? No: en Marc actuava en això com l'Anna amb la carta per a en Jaume. Eren dues vides juntes que no es comunicaven. Encara que s'estimessin. O que declaressin sovint que s'estimaven...

Per fi va arribar el dia de la boda de l'Helena i en Daniel. A l'Helena, la cerimònia, tot i que fou discreta i senzilla, la va emocionar. Mai no hauria pensat que ella faria aquest pas. Mai no havia desitjat casar-se. Mai no havia estimat ningú com estimava ara. La Júlia estava contentíssima: només en veure els ulls lluents, la il·lusió pintada en el rostre de la seva mare com si fos una noieta de quinze anys, el tremolor gairebé imperceptible en el mentó d'en Daniel, la manera com li premia el braç, la forma de mirar-la... La Júlia, tot i que havia quedat tan sorpresa quan va saber els plans de boda de la seva mare, ara estava segura que l'havia encertada de ple: semblaven fets l'un per l'altre. Eren una parella, si és que aquestes coses són possibles, que podríem dir perfecta.

En Daniel havia deixat de banda la seva família —de fet, la seva mare—, i havia dit a l'Helena que preferia primer casar-se i deprés esbombar-ho. I l'Helena ho va respectar.

Però aquest moment va arribar: calia dir que s'havien casat: la mare d'ell tenia tot el dret a saber-ho. Es deia Misericòrida i vivia a Reus.

El dia que la van convidar, a conèixar la dona del seu fill, l'Helena va experimentar un punt de pànic. El va superar, però i es va afanyar a fer un bon dinar i a ser obsequiosa i agradable amb aquella dona que li era sogra. I fins i tot va gastar alguna broma a en Daniel per la seva actitud respecte sa mare.

—És que tu no saps com és, preciosa! —contestava ell—. Ja ho veuràs, quan arribi. Creu-me: hem fet molt bé de no dir-li res de la boda abans de casarnos. Si ella hauria organitzat una festassa i tot! No la coneixes, encara...

Tot això alarmava i encuriosia l'Helena.

Aviat sabria com era i com les gastava la seva sogra, Misericòrdia, de Reus...

27

CLANDESTINAMENT, EN MARTÍ i la Clàudia es veien cada dia més. És clar que es trobaven a casa d'ell, i la Rosa, neguitosa per la prohibició dels pares de la noia, feia ulls grossos i, ensems, mirava d'evitar la responsabilitat de servir de tapadora. Aviat, però, les coses se'ls complicarien, a la jove parella.

Perquè a l'institut es feia un concurs de còmics i els dos s'hi van engrescar: en Martí faria els dibuixos i la Clàudia el text. Aquest projecte els mantenia encara més units, i, forçosament, havien de passar encara més estones junts. Fos per això o per l'autèntica passió que en Martí sentia pel dibuix, el còmic els absorbia més temps del que aconsellava la prudència. Tant d'afany hi van posar que el treball del còmic els va sortir massa bé i tot... i van guanyar el concurs.

La revista de l'institut, com és lògic, va publicar el treball premiat, i com també és lògic, hi figuraven els noms del dibuixant i de l'autora del text. Una imprudència que els havia de resultar ben cara. Perquè els pares de la Clàudia no van trigar a veure la revista de l'institut i a lligar caps: la noia els havia desobeït, en Martí era un noi poca-solta que només havia perjudicat la seva filla i les admonicions i les prohibicions no havien servit de res.

Així que els pares de la Clàudia —especialment la mare— van voler tallar de soca-rel aquella relació que no els abellia gens. I van dir a la Clàudia que la portarien a un internat.

—Pel teu propi bé! Ho sents? No has volgut fer cas de res? No t'ha donat la gana d'obeir? Doncs ara ho faràs per força. Tens quinze anys, i tu no pots decidir la mena de vida que vols: això és cosa nostra, dels teus pares. Doncs prou, s'ha acabat. Ja pots plorar, renegar o protestar: el mes que ve ja seràs en un internat. I no se'n parli més.

Això la Clàudia no ho va pair.

Plorant angoixada, però absolutament decidida, va reunir-se amb en Martí per explicar-li la situació i per dir-li els projectes que tenia, disposada a portar-los a terme tant si ell volia ajudar-la com si no. A un internat, no hi aniria pas.

—He pensat que l'únic que puc fer és fugir...

—Hòstia, tia!

Tot i trobar que era una mesura molt dràstica i arriscada, les llàgrimes de la Clàudia, la seva desesperació davant la perspectiva odiosa d'un internat, la seva tossuda defensa de la pròpia llibertat afectaren produndament en Martí. Si la Clàudia fugia, seria amb ell. No és que el projecte no l'espantés, però sabia que estimava la Clàudia i volia estar on ella estigués, i volia, a més, fer-li costat en tot. Emocionats i més units que mai, van començar a projectar el que anomenaven «la fugida perfecta».

La primera mesura era proveir-se de diners; la segona era trobar un amagatall segur mentre enllestien els preparatius; i la tercera era decidir on, com i quan havien de fugir.

—A França, oi?

—Bé, primer a Perpinyà. Després... no ho sé. París. Serà estupend. Si tenim *quartos*, és clar.

—Però a la frontera no ens demanaran res? Si ens veuen tan joves...

En Martí, que se sentia com un cavaller andant, va esmerçar tots els esforços a planificar aquella fugida que ell qualificava com «la salvació de la Clàudia». L'amagatall per a la Clàudia li va resultar molt fàcil de trobar: el pis de la tieta Victòria era buit, mentre aquesta i l'Andreu voltaven per terres de València, d'on encara trigarien un bon grapat de dies a tornar. I en Martí en tenia les claus! L'única precaució era no encendre els llums sense tenir les cortines ben tirades, no fer soroll...

—I què hi menjaré?

—Servei d'intendència —i en Martí somrigué en imaginar-se la Clàudia afamada esperant el seu salvador per poder assaciar-se. S'imaginava una mena d'aventura estil Diari d'Anna Frank: les precaucions per pujar l'escala, omplir la motxilla tot despistant els altres, la mirada d'agraïment de la presonera, quan arribés el salvador amb el menjar...

També va començar a rumiar d'on treure els diners suficients per arribar fins a Perpinyà. Perpinyà...! Li sonava com un punt remot i ben familiar alhora. Aquell Perpinyà mític on tants homes i dones de la seva mateixa família, del seu mateix barri, havien corregut a refugiar-se; o, en èpoques més calmades, on tants i tantes havien corregut a comprar llibres prohibits per la ferotge censura franquista, a veure pel·lícules considerades «no aptes» per a ciutadans adults i responsables... Aquell Perpinyà que sempre ha estat a tocar de la mà, i alhora, on una barrera s'ha aixecat manta vegades per separar un mateix poble, una mateixa llengua, però amb la diferència que, ultra la barrera, hi havia la llibertat...

Aquests adolescents, Romeu i Julieta en petit, ara somniaven en aquella llibertat en què els seus propers ancestres havien somniat en rememorar la petita i activa ciutat del Rosselló. En Martí, en jeure al llit de nit, després d'una ràpida i emocionada visita a la «presonera» de ca la tieta, imaginava la possibilitat d'estar sempre amb la Clàudia, de passejar pertot arreu amb ella. «Treballaré, és clar...» I aleshores els problemes immediats se li agombolaven al cap. Diners! Calien diners...

En Martí, després de fer balanç de les seves propietats, van trobar que tot plegat no era gran cosa. Va vendre els vídeo-jocs, fins i tot algun cassete, que costen més de vendre, va intentar trobar, debades, alguna feineta que passés desapercebuda als seus pares... I a la fi va decidir demanar ajuda, a algú de plena confiança. I, és clar, aquest no podia ser altre que el sempre amatent tiet Xavier.

—Necessito vint-i-cinc mil pessetes, tiet. Però has de confiar en mi. No m'has de preguntar res. És per a una bona causa, t'ho prometo...

El tiet li va donar els diners. Ell, ara, amb el negoci de la Rosa, tenia substanciosos i continuats guanys, i com que era home molt poc amant dels diners, li va donar aquesta suma sense vacil·lar. «Suposo que sí, que hi he de confiar...», es deia, amb un lleuger rau-rau de no saber si obrava bé o malament, i no pels diners, sinó pels plans que podia gestar un adolescent imaginatiu com en Martí.

La desaparació de la Clàudia va ser una autèntica bomba per a la seva família, que, immediatament, es posà en contacte amb l'institut, amb la policia i amb la família d'en Martí, ja que de qui primer van desconfiar va ser d'ell. La Clàudia, imaginant que això calmaria els ànims, va enviar-los una carta dient-los que havia fugit, que no la trobarien pas i que el motiu de la fugida era la perspectiva d'un internat.

No cal dir que la Rosa, i el mateix Antoni, van interrogar en Martí, i van quedar convençuts que el noi no en sabia res, i aleshores el van plànyer, imaginant que estaria destrossat per la fugida de la noia. El cas és que tothom considerava que la noia havia estat raptada, que la carta l'havia escrita sota amenaces i tot l'institut es va mobilitzar per trobar-la: manifestacions, exigències a l'autoritat de fer les passes necessàries i coses així. Tot plegat esverava en Martí, que cada moment que passava se sentia més insegur de l'aventura que anaven a emprendre. Si no arriba a ser per la total determinació de la noia, a la primera alarma, en Martí hauria desistit. Però ella no parava de dir-li que si tenia por, que no l'acompanyés, però que ella fugiria igualment. Ser tingut per un covard, i, encara més, per part de la Clàudia, era una cosa que en Martí no podia suportar, i malgrat els seus dubtes, no va cessar d'assegurar-li que si ella marxava ell també ho faria. I que tot estava controlat...

Les maniobres de la parelleta, però, no van passar completament desapercebudes a tothom. Per exemple, estant al bar vell, la Júlia i el seu professor, en Xesc, es van estranyar de la mena de «paradeta» que hi havia fet per vendre els vídeojocs. Una altra persona estranyada pel comportament d'en Martí va ser la Xaro, quan aquest li va preguntar coses a propòsit dels tràmits que es fan per creuar una frontera.

La Xaro estava cada vegada més atreta per en Xavier, i ara, que es veia feliç amb una feina i un pis normals —molt més del que havia tingut mai— estava decidida a «convertir-lo». Ella era atractiva i sabia moltes maneres d'engrescar un home. Per més homosexual que fos en Xavier, ella li faria provar les meravelles del seu cos i es jurava a si mateixa que en faria un heterosexual per sempre més. Així que n'estava pendent i mirava de fer-se-li agradable. Per tant, estranyada de les preguntes d'en Martí no va trigar gens a contar-les a en Xavier. I aquest va quedar ben enquimerat. Era massa llest, massa espavilat, en Xavier, per no lligar caps de seguida: «Desapareix la Clàudia, en Martí no està tan amoïnat com hauria d'estar, em demana diners, pregunta a la Xaro per la frontera...»

La veritat és que l'Eugeni estava tan i tan capficat per la mala relació amb el seu fill Pau, que prestava menys atenció a en Xavier que abans. De fet, no sabia parlar d'altra cosa ni pensar en altra cosa que el seu fill. I la veritat és que feia llàstima escoltar-lo: el rebuig d'en Pau, l'actitud de la dona que volia impedir-li qualsevol contacte i aconseguir, legalment, la pàtria potestat... I l'Eugeni, que estimava tant el noi, es moria de dolor, de depressió, se sentia fracassat, se sentia amargat i humiliat: «És un crim, ser homosexual? És que som a l'Edat Mitjana, encara?» es preguntava, adolorit i apenat, un i mil cops al dia. En Xavier li feia costat, l'animava. Fins i tot li va aconsellar de telefonar al seu fill per demanar-li de parlar. Tot era inútil: en Pau, fos per la poca edat, fos per influència de la mare, li penjava el telèfon, l'evitava i, si podia, fins i tot l'insultava.

Així que en Xavier, impotent de fer res pel seu amic, passava més hores al *pub* i acceptava com un alleujament l'alegria encomanadissa de la Xaro. I això que sovint la renyava pel seu capteniment massa amistós i desinhibit amb els clients del pub. A la noia, tot el que venia d'en Xavier, li feia peça, i l'obeïa cegament quan ell la renyava.

Una nit, al pub, la Xaro va insistir que l'acompanyés a casa, que volia que provés un còctel que ella s'havia empescat. Com que estava una mica beguda, en Xavier va pensar que sí que devia acompanyar-la a casa. I a més, li feia gràcia aquella xicota tan xamosa i tan penjada per ell...

A casa d'en Manel i la Mercè, com que tots dos matinaven, era tot silenciós quan ell va arribar amb una Xaro excessivament alegre. Per més que ell insistia que no fes soroll, que en Manel i la Mercè podien sentir-los i que no estava bé trencar el son d'uns treballadors que tresquen tot el dia i que agafen el llit quan ja no poden més, la Xaro va tombar un vas i es va trencar.

Era una situació còmica, aquella. En Xavier la va resumir amb una sola frase que la descrivia a bastament: «Déu meu! L'últim que em podia passar! Acaben d'enxampar-me amb una dona!»

La Mercè, tot i que havia acollit aquella llogatera amb tota simpatia, estava ressentida de les mirades que en Manel no podia evitar de llançar-li. I és que la noia no era gens, però gens pudorosa: igual es passejava en sostenidors per la casa com es posava les mitges al menjador mateix, tot ensenyant aquell bé de cames tan i tan ben fetes. I els ulls se li anaven, al darrera. Així que la Mercè, engelosida per aquelles mirades d'un home que fins al moment havia tingut només ulls per ella, li va agafar antipatia a la pobra Xaro, que no era gens conscient de la tempesta domèstica que estava ocasionant, i ara l'anomenava, despectivament, la «Viuda Alegra»...

En un moment que la Mercè era al *pub* esperant que en Manel acabés, va «espiar» una conversa entre en Xavier i la Xaro que va malinterpretar. perquè la Xaro li estava explicant a en Xavier les estranyes preguntes d'en Martí i, en parlar de fugides i de viatges, la Mercè va creure que aquells planificaven fugir junts. I com que els havia enxampat una mica trompes al menjador de sa casa mateixa, va deduir que en Xavier estava traint l'Eugeni.

Pel que fa a la Xaro, la Mercè no s'equivocava gens. Feia tot el que podia per atreure en Xavier. I tant i tant li va insistir perquè sortissin junts una nit que a la fi ell va acceptar. La noia estava tan contenta que, ignorant completament l'estat d'ànim de la Mercè, va voler convidar-los, a ella i en Manel, a un sopar especial. Es va posar maquíssima, va preparar un bon sopar que la pobre Mercè no va poder pair, va estar glatint tot el dia amb la idea de tenir en Xavier per a ella, i quan, a l'hora de plegar del pub, en Xavier s'hi va presentar, quasi es desmaia en veure'l comparèixer amb l'Eugeni! Perquè en Xavier, que l'apreciava molt, a qui estimava era a l'Eugeni, i va pensar que encara que això fes mal a la noia, era urgent aclarir la situació.

Al marge d'això, en Xavier estava molt capficat amb la història de la Clàudia. Així que, un cop va haver lligat caps, va decidir seguir en Martí. I ho va fer tan bé que, sense adonar-se'n, en Martí el va conduir a un amagatall molt i molt familiar: el pis de la tieta Victòria.

Allà, en Martí i la Clàudia ultimaven els detalls de la fugida. En Martí, més nerviós que mai, molt insegur, molt espantat; ella, com sempre, decidida, però també nerviosa. Sobretot per una notícia que en Martí havia sentit a casa seva: que la Victòria i l'Andreu pensaven tornar abans del previst. A aquell meravellós rellotge que l'Andreu havia regalat a la Victòria, quan es veia perdut pel judici de la mort d'en Ricard, la Clàudia li va trencar la corda pels nervis continguts que tenia d'estar tancada i d'estar fent un pas tan important. Ni això ni els dubtes i les pors d'en Martí, però, la feien abdicar del seu propòsit.

—Jo a casa no torno! Si no véns amb mi, me n'aniré sola! Ara sí que no puc tornar.

I en aquesta situació van picar a la porta. I els dos, espantadíssims, van sentir la veu d'en Xavier que deia:

—Obriu-me. Sé que sou aquí.

I en Xavier, amb uns arguments sòlids, va ser l'únic capaç de convèncer la Clàudia de l'error que cometia.

—No sabeu el que us espera? No sabeu el que són els suburbis de Perpinyà, o de París?

Sense ell, allò hauria acabat malament. Perquè per més dura i intransigent que fos la mare de la Clàudia, el que era segur és que estava passant un autèntic calvari. I que estimava la seva filla, tingués ella el caràcter que tingués, era evident.

La Clàudia, doncs, va tenir el valor de tornar a casa, va tenir el valor de demanar ser escoltada i d'enfrontar-se als retrets dels seus pares. El seu tutor a l'institut, els altres professors, el seu mateix pare, intervingueren en favor seu. I en Martí, avergonyit, de la seva covardia, però absolutament feliç d'haver-se tret un compromís tan considerable de sobre, esperava a veure en què desembocava la situació de la Clàudia. I fins i tot es va deixar abraçar i petonejar per la Rosa, que no parava de dir-li com havia pogut arribar a pensar a marxar de casa i fer-la sofrir tant...

I això que la Rosa tenia molts motius d'alegria. Perquè el capteniment d'en Ferran va cessar, tot d'una, per un fet fortuït.

Tot el seu malhumor, tota la desesperació que traginava, com un vestit fúnebre, cada minut del dia, la seva hostilitat amb la Júlia. «Vull que es desenganyi de mi, la Júlia!» —es deia el noi a si mateix— «No vull que , per compassió, tingui per parella un invàlid com jo!». La seva nul·la esperança en la rehabilitació, només calmava quan l'Anna el visitava.

La noia, que es veia trista i una mica procupada, també s'animava en aquestes visites, i tots dos es tractaven com sempre: amb aquell ferm afecte i aquella unió que havien tingut des que ella era una nena. Una tarda, tots dos sols al pias, l'Anna va dir que se li feia tard, que se n'anava. En Ferran era ajegut al sofà. La noia va posar la cadira de rodes a l'abast del seu germà, per si volia aixecar-se, i també va deixar al seu abast el telèfon, tant per si ell volia trucar a algú —cosa impensable en el seu estat d'ànim— o per si algú trucava. Se'n va anar alleugerida de les seves cabòries després d'una conversa amical amb el germà.

Però quan en Ferran va ser sol, van trucar a la porta, a l'intèrfon. Com que era un timbre insistent i de so desagradable en Ferran va fer per aconseguir la cadira de rodes i obrir així la porta. Però el fre no estava posat i la cadira li va fugir de les mans. Amb l'esforç d'abastar-la, en Ferran va caure del sofà. Un cop a terra, anà arrossegant-se cap a l'aparell, acuitat pels trucs insistents. I, en arribar-hi, el seu braç no hi va arribar i, sense adonar-se, es va aixecar, tot repenjant-se en la paret, i així va pitjar el botó.

—Correu comercial! —va cridar una veu.

Entre llàgrimes i riures, en Ferran es va veure dret, sostingut per les seves pròpies cames i un esclat de joia va retrunyir dins de tot el seu ésser: tota la seva desesperança, tota la seva angoixa, tota la seva ràbia, van fugir entre llàgrimes i rialles. A partir d'aquell moment, va iniciar una recuperació realment sensacional, i hi va posar tot l'afany del que creu que, ara sí, s'havia salvat d'un horrible naufragi.

Per a la Rosa, per a l'Antoni, per a la matixa Júlia, el sol tornava a brillar al cel.

En Ferran va anar corrents a contar-li-ho, a la Júlia, i va voler que el perdonés, i ella li va obrir els braços, fins i tot va deixar de banda, per uns dies, aquell treball d'ecologia que feia, tan entusiasmada, amb en Xesc, el professor. I el professor, que es va alegrar de no veure-la tan pansida, va fer-li una llarga mirada que acariciava més que les mans; una mirada que parlava més que la boca.

L'Helena també va estar molt contenta, i no sols pel Ferran, a qui apreciava molt, sinó, sobretot, per la seva filla. Tot i l'alegria d'estar casada amb un home que estimava amb tota l'ànima, se li trencava el cor quan veia el posat de la Júlia. Aqulla recuperació d'en Ferran va ser com una salvació per a tots. L'Helena mateixa, que sabia que la Rosa, malgrat ser tan diferents les dues, podia comprendre tan bé com ella les veritats més elementals i més senzilles de la vida —les que resulten tan difícils a tanta gent!— li va dir, a la Rosa, si no podria fer-s'ho venir bé perquè aquell parell tinguessin una mica d'intimitat.

Les dues dones es van somriure i la Rosa va prometre que faria un sopar especial, que els deixaria sols i que faria que l'Antoni i en Martí no fossin a casa aquell dia.

—I tu, Helena, com estàs? Fa temps que no parlem...

L'Helena li va explicar com era de feliç, i els plans que tenia de presentar-se a votació al seu institut per aconseguir ser-ne directora, i com estaven arreglant el pis de dalt, que havia comprat en Daniel, per fer-ne un dúplex... i com era de pesada la seva sogra, que els havia espatllat el viatge de bodes que havien planificat i que es ficava absolutament en tot.

—Ara, que és bona dona, la Misericòrdia... però insuportable, Rosa! Insuportable!

I les dues dones van esclafir el riure.

Un riure que feia molt falta: aquelles parets havien sentit ja massa planys, s'hi havien vessat massa llàgrimes. Ara, la Rosa continmuava amb entusiasme la seva feina de plats preparats i volia que el súper recuperés la secció que ella havia abandonat. I també volia, sense dir-ho, que l'Antoni romangués amb ella.

Perquè el pobre Antoni, amb la recuperació d'en Ferran i el desig que aquest tenia de fer la vida d'abans, temia que li tocaria tornar a marxar, tal com de bon començament havien convingut. I la Rosa somreia misteriosa i amb coqueteria davant la cara pansida de l'Antoni quan s'exclamava:

—Tornar a viure sol! Tornar a cuinar per a mi, o a menjar en qualsevol lloc!

Tant en Martí com en Ferran, però, sabien que els pares dormien junts, els havien vist entrar al dormitori agafats de la mà i els deien picardies. Definitivament, aquella família semblava tota una altra.

Excepte l'Anna. Perquè l'Anna no era feliç. I cada cop n'era menys. En Marc era... Bé, no ho sabia definir. Només sabia que en Marc no estava interessat en el seu embaràs. No se sentia cuidada i protegida. Se submergia en la novel·la que estava escrivint, acudia a classes de conduir per obtenir el carnet i passava tota sola una por terrible al part. Només amb la Júlia s'atrevia a franquejar-se:

—Estic tan sola, Júlia! Em sento tan sola!

Era endebades que la Rosa intentés ajudar-la. Només li faltaven dos mesos per sortir de comptes, i la Rosa l'animava a comprar i triar la robeta de la criatura. A la Rosa no li agradava en Marc, i volia que la noia anés a casa a passar el que li quedava d'embaràs. Però no era això el que ella volia. Ella volia... No ho sabia pas. Només sentia por. Por del part. Por de què seria d'ella i d'aquella criatura... Por dels seus sentiments, que ella mateixa no comprenia pas.

Havia sabut per l'ecografia que seria un nen. Havia triat el nom de Guillem. Havia parlat amb la Cristina, que la tractava amb un despit no gens dissimulat. Havia intentat que en Marc, que no podia fer de pare, fes almenys de company. I en Marc, tot i dir-li manta vegades que l'estimava, no estava per ella pel que fa a l'embaràs.

En aquesta situació, en Jaume va tornar d'Estats Units. Es van trobar tots dos. Ell, cortès i interessat per la seva salut. I, com és lògic, res més. Com li hauria agradat que l'abracés, que algú celebrés amb ella aquell naixement imminent, que algú s'interessés pel seu estat d'ànim, que algú li esbandís les cabòries, les ansietats, les pors! En Jaume, però havia tornat només per raons de feina i amb gran tristesa va saber l'Anna que no seria a Barcelona quan nasqués la criatura...

Quan en Marc va saber que l'Anna i en Jaume s'havien vist, es va enfurismar. I això va fer que l'Anna se sentís més sola encara. Sola i amargada.

Potser per aquest motiu, és a dir, per causes psicològiques, va començar a trobar-se malament. De nit, no podia dormir. Sentia contraccions, dolors que no creia normals. I s'espantava encara més, temia tenir un nen prematur. I no trabava uns braços on aixoplugar-se. Amb els seus pares, per orgull, per no haver de parlar dels dubtes que sentia envers en Marc; amb el germà, perquè prou en tenia amb la seva fantàstica recuperació;. No: no tenia a ningú. I ho passava tot sola. I tenia por.

En Marc, com si rebutgés aquell embaràs, com si estigués format de dues persones —el Marc enamorat i el Marc violent o indiferent—, li va anunciar que havia de marxar a Madrid, que per fi havia aconseguit la concessió del seu invent per tot l'Estat i que això era molt important per a ell. Va ser inútil que ella li supliqués que no la deixés sola, que sentia dolors i contraccions, que necessitava la seva companyia. Ell va dir que això eren aprensions de dona embarassada i que només seria fora uns dies.

La nit abans que ell marxés, l'Anna es va despertar alarmadíssima i va dir a en Marc que la portés a l'hospital, que el nen anava a néixer. Va ser una falsa alarma, però, i l'Anna es va sentir avergonyida del silenci, una mica acusatori, amb què en Marc la va portar a casa. I encara es va sentir pitjor amb les paraules, d'altra banda ben sinceres, amb què en Marc li assegurava que no s'hi amoïnés, que ja enviaria en David per estar una mica més amb ella. Que l'estimava. Però una mena de gelor envers ell s'havia instal·lat en el cor de l'Anna.

28

LES MALES RELACIONS entre la Mercè i la Xaro feien difícil la convivència. En el fons, la Mercè sabia que no havia de patir per en Manel, però la Xaro era una preciositat de dona i, senzillament, li molestaven els ulls de be degollat del seu home quan la llambregava. A ella encara no se li notava l'embaràs, però estava en aquella situació típica de les dones prenyades, de mirar-se contínuament al mirall a veure si ja han perdut la figura; i, alhora, la cautela de comprovar que la seva parella no n'està menys engrescada que abans. Es tornen, les embarassades, molt vulnerables, i també contradictòries, perquè voldrien que, per una banda, la panxa no se'ls notés massa, i, per l'altra, que se'ls notés prou per poder vantar-se del seu estat. Els homes, absolutament desmanyotats per aquests afers, no comprenen res, diuen sovint. I és aquest estat contradictori i vulnerable el que hom pren per «capricis» i «antulls» d'embarassada: és la seva manera de reclamar l'atenció, d'exigir estima. És, fins i tot, un procés biològic, en què la vida reclama ser reclamada, en què la vida exigeix totes les atencions i tot el confort per arribar a bon terme...

La Xaro, que estava desil·lusionada pel moc que, intencionadament, havia rebut d'en Xavier, no parava gaire esment a les mirades furioses de la seva administradora, i volia, això sí, fer-se agradable perquè així era el seu caràcter, però, d'haver estudiat una mica les reaccions de la Mercè, hauria vigilat més el tracte amb en Manel i no hauria passat res.

No va passar res de greu, però: estant la Xaro i en Manel sols al pis, ella li va demanar de fer-li un massatge a l'esquena, perquè havia fet un mal gest en girar-se i li feia mal. Imaginem-nos l'escena: la Xaro, en sostenidors, estirada al sofà, i el Manel, fet un embull de nervis mirant de fer-li un massatge abocat cap a ella; i vet aquí que en aquell moment es presenta la Mercè al pis. Tot el malhumor pel que eren sols miradetes i prou li va pujar a la gola, i la va fer fora la Xaro.

Tot i el caràcter d'en Manel, això ho va trobar excessiu i injust i va treure el geni. Perquè malgrat que es fonia a les mans de la Mercè, tenia els seus cops de geni, com quan es va entossudir a impedir que la Mercè treballés a publicitat; al capdavall va guanyar ella, però no sense estratègies i rodeigs lents i pacients. Ara en Manel va fer igual: la va fer readmetre la Xaro i li va demanar, li va exigir, que fos amable, que s'havia comportat malament, i va reblar els seus arguments amb un de definitiu:

—Recorda que vas ser tu qui vas voler rellogats. I que jo no els volia. Vaig cedir, però ara has d'aguantar la nostra rellogada, tant si t'agrada com si no.

Com que la Mercè creia cegament en el seu home, va acceptar la Xaro, però hi havia mala maror. Un dia, tot fent números, la Mercè va veure que no podia comprar tot el que volia per al seu fillet. Així que va parlar amb la seva mare i aquesta, que ja passava prous estretors, li va donar la samarreta que havia portat ella en néixer. Era una preciositat i la noia n'estava molt contenta, del regal. Però tenia una taqueta —les típiques taques grogues que es fan a la roba blanca amb el pas del temps— que no sabia com treure. La Xaro, que sempre intentava ajudar, es va oferir a treure aquella taca, i la Mercè, rabiüda, li va dir que aquella samarreta no l'havia de tocar per res.

Estant sola la Xaro, va agafar la samarreta amb la idea de donar-li una sorpresa a la Mercè i va treure aquella taca, submergint-la en llet i amb un detergent suavíssim després, fregant amb molta cura. Un cop treta la va planxar, però, encaboriada pels seus problemes, la va cremar. Així que va pensar de comprar una altra camiseta per suplir aquella, i, com que no tenia diners, els va agafar —amb la intenció de tornar-los— de la caixa del *pub*. Si bé la Mercè, quan ho va saber, es va enfurismar perquè havia fet malbé la samarreta, el fet d'haver agafat diners del *pub* va tenir unes conseqüències més agradables.

En efecte, en Ferran, cada cop més recuperat, havia dit clarament a la Xaro que ara que ell tornava a ser-hi no la necessitava, però que podia fer unes hores a la nit, quan hi ha més feina, i això significava menys sou. Entre això i la impossibilitat de «reconvertir» en Xavier, la noia estava ensopida i preocupada, i es va repenjar en el Quim, sempre afable amb tothom. Van sortir algun cop i van fer-se més i més amics. Aquell dia, mentre en Quim i en Ferran transformaven el *pub* en un club de jazz —una idea que tenia entusiasmat en Ferran, tant que fins i tot havia demanat les darreres novetats a Estats Units—, es van quedar al capdavant del *pub* la Xaro i la Kati.

Perquè la Kati, després d'un temps d'absència, havia tornat a veure en Ferran. Ja no feia de cambrera i havia aconseguit alguns paperets, però encara conservava l'amargor pel magnífic paper que li havia arrabassat l'Esther, a la qual tenia travessada a l'estómac. Aquella tarda, i davant de la Kati, la Xaro va agafar uns diners de la caixa i va anar a comprar la famosa samarreta. A ella no li semblava incorrecte, perquè tenia la intenció de tornar-los, i la Kati, que ho va veure, va decidir callar. El cas és que en Ferran va notar la falta de diners i, en Quim, en adonar-se que només podia haver estat la Xaro, es va acusar a si mateix, per salvar la noia. Aquesta, interrogada, va dir amb tota tranquil·litat el que havia passat però es va emocionar amb el gest d'en Quim: d'aquí va venir, no ja una amistat, sinó quelcom de més profund entre els dos. Ara ella el cercava sovint, i el xicot, enlluernat per la seva gràcia i pels seus encants, se'n va enamorar. Aquell pobre noi que mai no havia perjudicat ningú, que treballava de valent per pocs quartos, que havia ajudat amb tota l'ànima en Ferran ocupant-se d'un negoci que no li era res, ara era un altre: exultava de felicitat. Les nits que havia estat amb la Xaro, tornava cansat i feliç al *pub* i aquella mirada entristida d'ença de la història de la Júlia ara pertanyia al passat.

La Júlia, però, bé hauria necessitat una mà amiga en aquells moments. Perquè tot i l'entusiasme d'en Ferran, tot i la seva ràpida recuperació, tot i el perdó que li va demanar per les seves paraules de rebuig, tot i que ella creia que ja havia passat tot el calvari que li havia caigut a sobre, la Júlia i en Ferran van acabar trencant. I, com en d'altres ocasions, la causa era l'Esther.

Són curiosos els camins estranys que segueixen els cors de les persones. D'odiar-la a mort, en Ferran passava a un estat ambigu respecte a l'Esther, i una flameta que jeia en el seu interior no ben colgada per les cendres, s'atiava i prenia força. No ho podia evitar: portava l'Esther clavada a l'ànima; la veia en somnis, es despertava desitjant-la; i, en recordar-la, una fiblada d'enyorança el travessava. No és que no estimés la Júlia, tot al contrari, però a l'Esther la tenia sempre present, malgrat els seus esforços per foragitar-la del seu cap. N'havia parlat amb l'Anna, que estimava la seva amiga i li dolia aquesta situació, però sabia per experiència pròpia com són d'inútils els esforços que fem de deixar d'estimar algú quan el nostre cor el reclama. La Júlia, és clar, no en sabia res. Engrescada amb el treball d'ecologia, molt unida al seu professor, animada per l'alegria que hi havia a casa, per la boníssima relació entre en Daniel i l'Helena, vivia en un estat de felicitat que la feia una mica cega per a tot. Tant és així que, quan en Ferran va dir als seus pares que ja estava bé, que tenia molts projectes i que volia tornar a casa seva, la Júlia va dir a l'Helena que anava a instal·lar-se al pis d'en Ferran, per donar-li una sorpresa.

L'Helena, que sabia com és de difícil conviure i com era d'independent aquell xicot que tant els havia fet patir a tots i tant havia patit ell mateix, li va aconsellar que li ho preguntés primer. Gràcies a aquesta precaució, la Júlia no va rebre l'amarga decepció que hauria tingut; perquè, en consultar-li-ho, en Ferran només hi va posar pegues: que si el pis era massa petit, que si estarien incòmodes... I la Júlia es va resignar, perquè va passar, després de tant de temps, una nit amb ell i l'amor li va impedir de veure res més. Només que, com tard o d'hora havia de passar, va descobrir que en Ferran portava una foto de l'Esthter a la cartera, i cap altra foto, i es va sentir profundament afectada i profundament ferida. Aleshores sí que va mirar en Ferran sense la bena de l'enamorament i es va adonar que, si bé, l'estimava a ella però desitjava l'Esther.

Altrament, el treball de pol·lució acústica que estava realitzant havia sortit esplèndid i això la compensava de moltes coses. O potser era que la seva amistat amb en Guillem era més forta del que ella mateixa creia. I no sols la hi unia això, sinó altres qualitats que li anava descobrint. Per exemple, quan li va comentar que en Ferran volia fer del *pub* un club de jazz, va resultar que ell n'era un bon coneixedor, i que, a més, tenia amistat amb alguns bons músics; i fins i tot, a la festa d'inauguració del pub, va tocar la guitarra i va cantar molt bé, davant l'entusiasme de la Júlia i les mirades assassines d'en Ferran. Ai, en Ferran! Volia l'Esther, però també la Júlia...!

El treball de pol·lució acústica li semblava tan important que va intentar que algun diari el publiqués, sense sort, però. Va ser la tieta Victòria, que, en tornar de València, continuava sent una font d'inspiració per a tots, qui li va donar la idea d'enviar el treball al butlletí del barri, una mica ensopit, i qui la va animar a revitalitzar aquest instrument de comunicació que hauria de fer millor servei a uns veïns tan solidaris quan s'esqueia.

Sigui com sigui, la fissura que aquesta vegada s'havia obert entre en Ferran i la Júlia feia tot l'aspecte de ser definitiva...

La Clàudia, com sabem, havia tornat a casa i els pares la van rebre amb enorme emoció. La intervenció del psicòleg de l'institut, del tutor de la noia i, sobretot, una carta molt oportuna de la Rosa, havien fet canviar d'actitud uns pares massa estrictes. I després de parlar com una família sense enganys ni secrets, i de franquejar-se els tres, la Clàudia va ser perdonada i els pares acceptaren relació amb en Martí.

Podem imaginar-nos l'alegria d'en Martí quan va veure el tomb que prenien les coses. Va tornar les vint-i-cinc mil pessetes al seu oncle Xavier —bé, totes no, perquè n'havien gastades una part, però en Xavier, generós de mena, va perdonar la resta...— i passejava feliç i alegre amb la Clàudia, tot parlant dels seus plans de ser dibuixant, uns plans que provocaven el desdeny de l'Antoni, que trobava que això de dibuixar no era ben bé una feina; si de cas, podia ser una afició, però una feina vol dir treballar segons un horari, cobrar un sou..

L'Helena, precisament, havia convidat la família Aiguader a sopar, per celebrar el seu casament i per celebrar la miraculosa recuperació d'en Ferran. Amb el seu tacte i el seu caràcter perceptiu, va poder saber, en aquell sopar, els plans d'en Martí i de seguida va veure la solució: fer el batxillerat artístic. Calia que el noi acabés segon de BUP, i que fes un autèntic batxillerat, però en el qual predominaven les assignatures artístiques. I no sols ho va proposar, sinó que va aconseguir informació, va portar el noi a veure el centre especialitzat que existia, el va posar en antecedents i el va animar a anar per aquest camí.

D'altra banda, en Martí i la Clàudia van ser obligats a fer una neteja del pis de la Victòria que havien ocupat uns quants dies. Però van necessitar el concurs de la Rosa perquè hi havia molta brutícia i la propietària era a punt de tornar del País Valencià. Precisament tot fent neteja hi van comparèixer la Victòria i l'Andreu, que van quedar molt estranyats de veure el seu pis ocupat per la família tot fent-ne neteja... Venia contenta i feliç del viatge, que havien escurçat a causa del mal temps, i renegant, això sí, amb afecte, d'un vici que havia descobert en l'Andreu: la seva tendència a llençar els quartos, la poca cura en les despeses.

Aviat la tieta va tornar a ser la columna vertebral d'aquella família. Absolutament emocionada per la recuperació d'en Ferran, posada al corrent dels tràfecs que havien passat al seu pis, va rebre amb alegria encara una altra bona notícia: que la Rosa i l'Antoni tornaven a viure junts, i no provisionalment, sinó per acord mutu. I no en cambres separades, sinó en la mateixa cambra. Una victòria de l'Antoni, que havia aconseguit reconquistar el cor de la Rosa i que n'estava més enamorat que mai. I això que els negocis de la Rosa el feien patir moltíssim: ara ella li deia que es planxés ell mateix la camisa, que ella tenia pressa, ara el deixava plantat a la festa d'en Ferran al pub, per una reunió de negocis, i coses per l'estil. I, si es queixava, la Rosa li responia:

—Antoni: no sóc la d'abans. Ara sóc una dona de negocis, i tinc moltes obligacions. Ho has d'acceptar...

I l'Antoni es conformava, és clar. I ja no tenia aquell caràcter esquerp que tantes desgràcies els havien portat a tots. Continuava mantenint una bona amistat amb la Cristina. I ella li feia confidències sobre la mala marxa del seu propi matrimoni: l'Eudald tornava a tenir una magnífica relació amb en Jaume, cosa que la feia feliç, però alhora continuava amb la seva afecció a les faldilles i ella patia per les seves contínues traïcions. I es confiava a l'Antoni, que, coses de la vida, ara només parlava de la Rosa...

La tieta va saber totes aquestes bones notícies amb el seu entusiasme habitual, tot criticant l'Andreu per la seva mà foradada. I continuava ajudant tothom, no sols la Júlia en aquell afer del butlletí del barri, sinó també la Mercè: no la volia fer fora l'Antoni, o tenir-la només com a minyona? Doncs això ella no ho consentiria, ara que la noia necessitava els cèntims més que mai. I va dir a l'Antoni que ara que era una dona casada pensava venir molt poc pel súper, que tenia altres obligacions, i que hi necessitaven una caixera...

En tornar de València havia anat a visitar l'Anna, tot portant-li com a regal un exemplar de *Nosaltres, els valencians* de Joan Fuster, i molt contenta d'un embaràs que ja entrava en la recta final. D'aquesta conversa va sortir una idea que només era possible que se li acudís a la Victòria: l'Anna, a causa del seu estat, havia deixat les classes de conduir i la Victòria va decidir començar ella a aprendre'n.

—Per què no? És que no en puc jo aprendre, de conduir? Ni que fos una vella! —s'exclamava. I estava ben decidida a fer-ho...

L'Helena també va visitar l'Anna, i va veure més coses que no havia vist la Victòria, perquè tot ensenyant-li alguns treballs que havia escrit, l'Anna li va confiar alguns secrets, el més important dels quals era que en Marc es comportava d'una manera estranya.

—No l'acabo d'entendre, en Marc, Helena. No l'acabo d'entendre!

I també els problemes i les pors que li ocasionava el seu estat. L'Helena li va donar bons consells, procurant, però, no ficar el nas més de l'imprescindible, dins d'uns problemes de parella que, com ella sabia molt bé, només poden resoldre els mateixos interessats.

—T'has de cuidar més. I fer repòs. Si obeeixes els metges, no t'has d'espantar, Anna. Necessites repòs, i no tenir cabòries. Ja veuràs com no serà prematur. I com l'estimaràs, dona...

També ella li va fer confidències a l'Anna. Algunes de banals, com que, atabalada per la molta feina que tenia, entre l'Institut, la seva candidatura com a directora, les traduccions que feia i ara amb dos pisos que menar, havia llogat la Xaro com a minyona.

—Ja veus, la seva casera, la Mercè, ja em va fer de minyona. Li pot explicar les meves manies i tot...

I d'altres de més serioses, com el suggeriment d'en Daniel que es fes una pròtesi de mama, perquè el temps prudencial ja havia transcorregut.

—A mi també em fa por el quiròfan. Però té raó, en Daniel. Em convé la pròtesi. Ja veus, ni tu ni jo no estarem més de tres dies ingressades, i mira quins canguelis que tenim...

I les dues dones van esclafir a riure.

L'Anna, però, tenia raò en les seves aprensions.

Tot treballant de valent amb en Bernat, la Rosa tenia plans per al seu germà Xavier. Mentre en Bernat no hi era, en Xavier havia hagut d'ocuparse dels clients i de fer números, i odiava aquest segon aspecte del negoci. Ara, amb en Bernat plenament incorporat a la feina, la Rosa volia que aquest s'ocupés de la comptabilitat i que en Xavier es concentrés en el clients, i, encara més, que mirés de fer nous clients, una tasca per a la qual estava segura que el seu germà servia més que ningú.

Gran, però va ser la seva sorpresa quan en Xavier li va dir que tenia altres projectes, i que, ara que hi era en Bernat, volia deixar el negoci.

—Però, per què, Xavier? Em pensava que t'agradava...

—No sóc home de rutines ni de suportar estar massa temps lligat a res.

Li va explicar que li havia passat pel cap fer un negoci amb cotxes. Els compraria de les subhastes i després els vendria amb un bon marge. Li feia molta il·lusió. El capital inicial no calia que fos gran cosa i pensava demanar-lo a l'Eugeni, que segur que no li fallaria.

La Rosa es va resignar i en Bernat es va afanyar a assegurar-li que la decisió d'en Xavier no era cosa d'ell, que s'hi havia entès molt bé i que en cap moment l'havia volgut fora. Li importava molt l'opinió de la Rosa, a en Bernat... I ella s'hi va resignar sense fer-ne escarafalls.

L'Eugeni, és clar, li va deixar a en Xavier la suma que aquest li va manllevar, mig milió de pessetes. Perquè sabia com era i que calia deixar-lo fer, i perquè estava una mica menys adolorit, o això aparentava, per la història amb el seu fill, en Pau. Havia decidit renunciar a en Pau, perquè totes les proves havien estat un fracàs, i un cop pres aquest determini va quedar més tranquil. Trist, això sí, però més tranquil. I li deia a en Xavier que havia d'acostumar-se a viure sense pensar en el seu fill.

No ho va aconseguir, però. Perquè es va donar el cas que al bar vell feien un campionat d'escacs i van demanar ajuda a en Xavier per portar-ne l'organització. I allà, a la llista de participants, mentre l'Eugeni la llegia, acompanyat d'en Xavier, va aparèixer un nom que el va trasbalsar moltíssim: Pau Comes, el seu fill.

L'Anna tenia motius per estar preocupada pel seu part. I no a causa d'en Marc, que era molt afectuós amb ella. Però havia d'anar-se'n a Madrid, un viatge que havia posposat per la falsa alarma que havia tingut l'Anna. Ella, en quedar-se sola, procurava sortir. Ho feia amb la Júlia, visitava la mare i no sabia estar sola, per no veure com l'assaltaven de nou els mals pressentiments. Passada la frontera dels set mesos d'embaràs, però, i quan ja era en el vuitè, el part es va precipitar. No cal dir que la Rosa hi acudí de seguida i que l'Anna fou portada immediatament a la clínica, on van adonar-se que seria un part dificultós. L'Anna no responia als intents de retardar-li encara unes setmanes, però, d'altra banda, tampoc no dilatava prou per parir ara, i tot patint, cridant i aguantant anaven passant les hores.

L'Antoni estava nerviosíssim, incapaç de fer res, i la Rosa estava enquimerada per si, en tot aquell tràngol, la criatura arribava a patir.

L'Anna, des dels primers moments, va demanar a la seva mare que telefonés a en Marc a Madrid. Li va dir que trobaria el telèfon de l'hotel a la seva agenda. I la Rosa, és clar, li va telefonar. Però el xicot no hi era i la Rosa no va deixar l'encàrrec.

En canvi, va fer una altra trucada. A Estats Units, a en Jaume. El seu telèfon també era a l'agenda de l'Anna. Tot i la distància, l'avió d'en Jaume va arribar primer que el d'en Marc, que no va rebre l'encàrrec fins l'endemà.

Quan en Jaume va entrar a l'habitació de l'Anna, ja mare, i va veure aquella criatureta que havia nascut amb tant treball, amb fòrceps i tot, i després de fer patir molt la mare, es va emocionar moltíssim. I es va produir, entre aquelles tres persones unides per llaços de sang, un corrent fortíssim que els lligava i els unia...

L'Antoni exultava, però se sentia molest que tothom hagués agafat el costum de dir-li «avi», una broma innocent —i certa!— que el mortificava com si fos la sentència que havia entrat en la vellesa; la Rosa no parava de contemplar aquella criatura tan preciosa, el seu primer nét. I el més alegre, el més feliç, el més entusiasmat amb aquell nounat va ser en Martí, que estrenava la condició de «tiet» amb un autèntic esclat de joia.

L'Anna havia demanat a la Júlia i a en Ferran que fossin els padrins del nen, d'en Guillem. I així va saber que havien trencat. I així va sentir que la Júlia murmurava: «Guillem, m'agrada molt aquest nom.» Com si la història es repetís: aquella parella que havien de ser testimonis del seu casament amb en Jaume i que hi van comparèixer emmurriats i enfadats, ara es trobaven en idèntica situació.

«Serà com l'altra vegada, i acabaran de nou junts? O ara és diferent?», es preguntava la feliç i jove mare.

També la va visitar l'Helena, molt contenta del feliç desenllaç d'un part tan problemàtic i conflictiu i per l'acabament de totes les pors de l'Anna.

I, a la fi, va com aparèixer en Marc.

Quan va entrar a l'habitació, va veure l'Anna al llit i assegut a la vora en Jaume, que miraven embadalits aquella criatura, el seu fill.

En Marc va mirar l'escena i un núvol de furor i de ràbia li va enfosquir tota la cara. Sense ni una carícia per al nounat, va parlar despistat a aquell que, fes ell el que fes, era el pare de la criatura i tenia tot el dret del món a ser en aquella habitació amanyagant aquella dona i aquell nen...

29

LA JÚLIA HAVIA trobat en en Guillem la mena de companyia que necessitava. Més forta que en el seu primer trencament, més curtida per tot el dolor que havia passat a causa de la vida d'en Ferran, que se li anava de les mans i s'hi desesperava, més encuriosida per la realitat que l'envoltava i, per tant, més dedicada als estudis, va superar la depressió d'un trencament que en altres ocasions no hauria pogut suportar. I en Guillem li va donar la mesura exacta, la dosi precisa d'afecte que li calia. No passava gens desapercebut per a qui els observés que a en Guillem, en mirar-la, se li il·luminaven els ulls; ella, però, de moment, es repenjava en l'amic que havia trobat. I tot treballant i parlant, l'amistat anà fent-se més i més profunda.

Ara feien un dinar a la platja, amb els altres condeixebles, també encantats del tarannà amistós d'aquell professor mallorquí, ara preparaven una excursió als Aiguamolls de l'Empordà per als alumnes de primer curs; ara repassaven i admiraven el magnífic treball de pol·lució acústica que tan acuradament havien acabat; ara parlaven de música, o passejaven, o, fins i tot, es contaven coses cada cop més íntimes... En qüestió de poques setmanes, la Júlia i en Guillem estaven molt units. Una situació delicada per a aquell home que no era sols amic sinó un professor; situació delicada també per a la Júlia, que no hauria suportat més decepcions. Però, delicada o no, una relació sòlida.

I va venir el primer petó.

I la Júlia va trencar mentalment amb en Ferran.

No cal dir que en Ferran n'estava molt, de la Júlia. Aquella passió que sentia per l'Esther era incomprensible per a ell mateix. És clar que estimava la Júlia! Però l'Esther era dins dels seus pensaments tot el dia. Fet un gran embolic, escoltava les paraules amistoses d'en Quim, que sentia llàstima per la Júlia –

ell que mesos enrera hauria fet qualsevol cosa per aquella noieta tan magnífica i tan preciosa!–, i que li repetia que es deixava escapar una gran noia; també escoltava les paraules d'en Xavier, que no sabia condemnar les febleses de ningú i que comprenia la gent, perquè escoltava i observava. En Xavier li deia que no era cap monstruositat estimar dues dones, que això li havia passat i li passaria sempre a molta gent. I que l'únic que havia de fer era ser horat amb ell mateix i amb les dones! –les dues!– que volia, cadascuna per un motiu diferent.

A la fi en Ferran va prendre una decisió: això de l'Esther, es deia, ja li passaria. Però perdre la Júlia! Se li feia un nus a la gola, només de pensar-ho... Presa aquesta decisió, va pensar que la millor cosa fóra parlar obertament amb la Júlia, fer-li comprendre l'embolic en què estava ficat, i demanar-li ajuda. Va anar a buscar-la, precisament el dia que la Júlia i en Guillem eren a la platja. I allà, en veure-la acompanyada, va treure aquella agressivitat que tant de mal li havia fet sempre. En Guillem se n'anà perquè parlessin. Però, la Júlia, ja l'havia perduda.

–Això nostre s'ha acabat, Ferran.

No eren només paraules, ni una actitud fruit del despit. Era una veritat tan senzilla com profunda. La Júlia, ara, estimava en Guillem. I hi tenia moltes coses a compartir. En Ferran l'havia perduda. I, de moment, no ho va pair prou bé. I el mal era que no podia trobar recer en l'Esther, ara fora de Barcelona.

Això que li deia en Xavier a en Ferran, que de vegades un home pot estimar dues dones, es podia aplicar també a en Manel. Potser fóra exagerat parlar, en aquest cas, d'estimació, però la Xaro l'atreia molt més del que ell es confessava a si mateix. I la Mercè ho notava i patia, patia moltíssim. Fins que va saber, per mil i un detalls, que en Quim i la Xaro sortien... i feien molt més que sortir. Quin alleujament va sentir la Mercè amb aquesta notícia! Una alegria inversament proporcional als sentiments d'en Manel, que fins i tot va esbroncar en Quim per «aprofitar-se» d'una bona noia desorientada com la Xaro. Pobre Quim! Ell que se sentia acomplexat i que estava boig d'alegria amb l'enamorament de la Xaro, que hauria fet qualsevol cosa per ells, sentir que li deien que «se n'aprofitava!». Perduda, doncs, aquesta partida, en Manel, cada cop més malhumorat i més poc atent amb la Mercè, que feia els possibles per atreure'l com abans, un dia que la va trobar sola va reptar la Xaro. I la Xaro, que no tenia consciència d'estar fent res mal fet, tipa de les males cares d'aquella casa on abans havia estat de gust, va decidir de bursada marxar i buscar un altre aixopluc no tan esquerp.

Una decisió que havia de causar molts problemes, i no precisament sentimentals. Perquè, de sentimentals, ja n'estava causant prou: la pobra Mercè li confiava a la Victòria la seva tristesa, i amb el desànim que sentia i el seu embaràs va perdre l'alegria i el seu cos va reaccionar exigint cada cop més aliment. Vet aquí, doncs, que la noia es passava el dia menjant, i posava en gran perill el seu metabolisme en uns moments en què calia parar-hi tanta atenció.

Però no, la marxa de la Xaro va ser preocupant per un altre motiu: en Xavier havia sabut que l'Abel s'havia escapat de la presó, i va imaginar, encertadament, que la primera cosa que faria aquest home seria empaitar la Xaro. I estava segur que li faria mal. En no trobar-la a casa de la Mercè i en Manel, en Xavier encara es va preocupar més, i li va explicar la història a un Quim astorat, que ni tan sols sabia que la Xaro tingués un marit: ell era dels que creien que la xicota era vídua. Tanmateix, va decidir protegir la Xaro. És clar que la van trobar, però abans l'havia trobada l'Abel, i si la xicota aquesta vegada se n'havia pogut escapolir, tot presagiava que el setge continuaria i que podia acabar molt malament. Així que es dedicaren a protegir-la, i a acompanyar-la allà on anés. A la llarga, però, la noia es va cansar d'aquesta protecció que considerava excessiva.

I l'Abel va saber aprofitar l'ocasió...

Mentrestant, la tieta Victòria estava capficada en l'ús que havia de donar als diners de les joies. Venudes a la fi a menys preu del que primer havien considerat, es va posar a rumiar quina cosa seria més útil per al barri: una biblioteca? Un casal d'avis? —Ai, la pobra Madrona, cada cop més vella i amb un nét com en Miquel que cada dia anava amb pitjors companyies! Com la planyia la tieta i com li hauria agradat que hi hagués un bon casal on aquella tafanera, però tan bona dona, pogués distreure's!—, uns equipaments esportius? Per més que hi donava voltes, la tieta, la pega era sempre la mateixa: els poc més de seixanta milions que n'havien tret, de les joies, no arribaven per a cap d'aquells projectes.

Després d'una llarga xerrada amb l'Andreu, tots dos van decidir que triessin el que triessin havia de ser una obra social, i havia de ser feta en homenatge a Llibert Ferrer. Precisament en aquella xerrada, la Victòria va esbrinar que la pensió que tenia l'Andreu era molt baixa, molt més del que ella es figurava. I va quedar esgarrifada de la mà foradada d'aquella bellíssima persona que estava tan engrescat amb ella que li hauria regalat el món sencer, si això fos possible. Així que va decidir de posar la llibreta on tenia aquests milions a nom de tots dos: més que res, per donar-li confiança al seu home. Ja vigilaria ella que no tingués tanta pressa a gastar-se uns quartos que abans estalviava sense recança.

I aquest cop es va equivocar, la tieta. Perquè l'olor dels diners és molt forta, i hi ha gent que l'ensuma de seguida.

Per exemple, l'Eudald Balcells. Quan va saber que la Victòria comptava amb un capital important, i preocupat per la marxa del seu negoci, desprestigiat d'ençà del programa televisiu en què l'Andreu havia escampat el dubte sobre la seva honorabilitat, maldava per fer un bon negoci que li permetés redreçar la seva empresa d'arquitectura. Ara mateix tenia un projecte al cap que podia donar molts beneficis, però li mancava capital. Es tractava d'un solar, a cavall del barri nou i del barri vell, on es podia edificar. La inversió era gran, però els beneficis serien importants. Com que quan un està en mala situació econòmica perd les possibilitats de crèdits bancaris importants, es trencava el cap pensant quin soci capitalista podia estar interessat en un negoci tan suculent. I aleshores va saber d'aquells milions de la Victòria.

Tanmateix, la dona, que no sabia què li volia un home que li era tan antipàtic, no el va voler ni rebre, i ni tan sols l'argument de ser, tots dos, família —el nen de l'Anna, en Guillem, era un lligam molt fort— la va ablanir.

—Veges tu, aquest, ara, que diu que em vol proposar un negoci. Mala cosa deu ser, venint d'ell!

Però l'Eudald era home tossut i aleshores, malgrat tot el que havia passat, va pensar que l'Andreu no seria tan esquerp a la vista d'un bon negoci com ho era la Victòria. És clar que al principi l'Andreu es malfiava moltíssim de l'Eudald Balcells, però en escoltar-lo se li va encendre una llumeta: ¿no estava tan preocupada la Victòria per fer una obra social? ¿No havien demanat pressupost per rehabilitar el casal d'avis i els havien dit que calien cent vint milions? Si ell anava amb compte que l'espavilat de l'Eudald no l'enganyés... Imaginava amb plaer la cara de sorpresa i de satisfacció de la Victòria en saber que ell havia duplicat el capital i que ja podia rehabilitar el casal. Així que va escoltar atentament l'Eudald i va anar a demanar consell a la persona en que més confiava: la seva advocada, la Miralles.

La Miralles va estudiar el projecte de l'Eudald i no hi va trobar pegues, també va ser informada que l'Andreu tenia accés als diners per aquella llibreta conjunta que havien fet. I també va saber que l'Andreu no volia que la Victòria en sabés res: es tractava d'una sorpresa.

—Però tard o d'hora mirarà la llibreta, i sabrà que hi manquen molts quartos...

—D'això, ja me'n cuidaré jo —va contestar decidit l'Andreu.

I la Miralles va dir que el negoci era correcte i les expectatives de guanys eren molt bones.

La tieta, com és lògic, no va sospitar res: estava prou engrescada a reanimar el butlletí del barri, on, encantats, havien publicat el treball de la Júlia, i on començava a publicar alguns còmics en Martí.

En Martí, tot fent aquesta feina, estava entusiasmat dels seus dots per al dibuix, i ja havia aconseguit un sí una mica a contracor de l'Antoni pel que fa a estudiar el Batxillerat artístic. A condició d'aprovar tot el segon de BUP: una sola assignatura suspesa, i hauria de continuar a l'institut de sempre. I en Martí, qui ho havia de dir, estudiava com mai no ho havia fet: de vegades els estímuls vénen d'on menys s'ho pensen pares i mestres.

Una història que només desagradava a una persona: la Clàudia. Ella hauria canviat d'institut de no ser per en Martí, i no comprenia que ell esperés amb impaciència el moment d'anar-se'n a un centre molt llunyà, on no es podrien veure. Va estar de morros un grapat de dies, i en Martí maldava per fer-li entendre que això era molt important per a ell.

—No hi ha qui les comprengui, les ties! —li deia a en Xavier.

Ni als tios, perque a qui no hi havia manera d'entendre era a en Miquel. Se'l veia cada dia més embolicat amb colles no gens recomanables, fins i tot en Martí mateix havia vist com li robava violentament diners a la seva àvia, i havia assistit a un penós espectacle d'en Miquel i la seva colla fent befa de les seves il·lusions pictòriques i, el que era inacceptable, insultant el seu tiet Xavier.

És clar que en Xavier no en va fer gens de cas: ja s'ho trobarien, aquells desgraciats, es deia. I es tornava a capficar en tots els problemes que tenia aquells dies: la seguretat de la Xaro, el seu nou negoci de vendre cotxes comprats a subhastes, i que no havia començat gens bé —si n'és, de difícil, trobar compradors de cotxe!—, i, també la situació de l'Eugeni. Ell sempre havia confiat que la seva relació amb en Pau acabaria arreglant-se, però al campionat d'escacs del bar vell va poder comprovar que aquell vailet de dotze anys negava tenir cap pare i cap altre cognom que el de la mare.

Com també tenia problemes l'Helena. Perquè un dia se li van presentar a casa la Misericòrdia i en Daniel plegats i molts alegres, tot dient-li que tenien molt bones notícies i que la sogra els convidava al teatre i a sopar, per celebrar-ho.

Unes bones notícies que a ella no li ho van semblar gens: a en Daniel li havien oferit una magnífica feina als Estats Units, a Boston, i n'estava legítimament orgullós. Amb el seu coratge habitual, l'Helena va suportar la vetllada, però l'endema va voler parlar amb en Daniel.

—Em va doldre que una cosa tan important la sabés primer la teva mare que jo, Daniel.

—Va ser per causualitat, Helena. No em diguis que tens gelosia de ma mare, perquè això no fa per a tu!

No, gelosia no ho era, peò sí una decepció. Això ho oblidaria de seguida. Però restava una altra qüestió:

—Si te'n vas a Boston, què passarà amb mi?

—Puc anar i venir.

—De Boston?

—O pots venir tu amb mi...

Però l'Helena no estava disposada a ser només una ociosa dona casada que no té vida pròpia: havia guanyat les eleccions a directora de l'institut, tenia molts projectes, li agradava moltíssim la feina de docent. No: ella no seguiria en Daniel. El que li dolia, doncs, era que en Daniel hagués fet plans sense comptar amb ella, que hagués acceptat sense discutir, tots dos, els pros i els contres. La Misericòrdia? Era pesada, però no sentia gelosia. El futur els pertanyia a tots dos, a la parella. D'ell i d'ella. S'hi fiqués la sogra pel mig o no, en Daniel havia trencat el que ella considerava un deure de lleialtat mútua. I això l'amargava molt. Moltíssim.

—Això és que estàs nerviosa per l'operació de pròtesi...

I aquestes paraules d'en Daniel també li van doldre. Era com dir-li que no tenia raó, que tot era qüestio dels nervis. Com si ella fos una doneta espantadissa i ell, el mascle, l'únic que sabia què calia fer en aquesta vida...

També tenia problemes l'Antoni, si bé no tan grossos. Sobretot per la independència de la Rosa que li resultava excessiva, especialment per les molèsties que li ocasionava. Però és que, a més, en Marc, malhumorat pel tomb que estava prenent la seva relació amb l'Anna, havia tingut unes paraules amb ell,. i l'Antoni, orgullós de mena, va fer una hipoteca sobre la casa per tornar-li tot el que li devia.

El malhumor de l'Antoni es va agreujar quan la Rosa li va dir que ella i en Bernat anirien a Tolosa del Llenguadoc i visitarien una fira de cuines industrials, cosa que els aniria molt bé en un negoci com el seu que anava vent en popa.

—Tres dies a Tolosa? —s'exclamava—. Sola amb el poca-solta d'en Bernat? I al mateix hotel! Et penses que em mamo el dit?

Li agradés o no li agradés, la Rosa estava decidida a anar-hi. I no estava gens enquimerada per la proclivitat amatòria d'en Bernat, que no sols estava molt absorbit per la seva filleta Rut sinó que pràcticament li havia confessat que festejava amb la mestra de la nena, una noia que es deia Concepció i amb qui estava molt unit. Coses de la vida: la Rosa no va estar gens contenta d'aquesta confessió, tot i que era absurd pensar que en Bernat li pertanyés de cap manera.

Mentrestant, la Cristina feia cauteloses aproximacions a l'Antoni. Quan va néixer el nen de l'Anna, mentre la Cristina era a la clínica, amb la Rosa i en Martí, va saber que l'Antoni era sol a casa. I s'hi va presentar amb una ampolla de cava i una safata de canapès per celebrar-ho els dos. El cas és que l'Antoni tenia prohibit de beure i estava molt amoïnat per la Rosa, i no li va fer cas, però és que a més la Rosa i en Martí van tornar de la clínica abans del previst, i la Rosa va veure de seguida el tripijoc que seguia la seva consogra.

Quan se n'anà la Rosa, l'Antoni i en Martí intentaven cuinar i ho feien tan malament com era possible, i aleshores va ser l'Antoni qui va animar en Martí a sortir a comprar un entrepà i ell va telefonar a la Cristina perquè l'ajudés en la destrossa que havia fet a la cuina.

I aleshores sí que es va produir un xoc elèctric entre ells. A l'Antoni sempre l'havia atret aquella dona, i ella, que abans l'havia rebutjat, ara, que se sentia sola, li donava facilitats. Si no arriba a ser perquè en Martí va tornar tot de sobte, aquell cop sí que hi hauria hagut molt entre els dos. L'Antoni, a més de sentir-se'n atret, estava furiós contra la Rosa pel seu viatge a Tolosa, i ella, la Cristina, estava sola i cansada de suportar les infidelitats del seu home.

Quan l'Anna va poder parlar tranquil·lament amb en Marc, aquest va haver d'acceptar que ella no tenia cap culpa que en Jaume hagués arribat primer que ell. Lamentava, això sí, la mania que li tenia tota la família d'ella, però li va assegurar que seria un bon pare per a en Guillem.

En David, el seu soci, que tenia experiència com a pare, i que sabia perfectament com és de dur aguantar plors a la nit, estar atent al rellotge per als àpats regulars dels nadons, la feina que donen tot el dia, li va aconsellar que realment ajudés l'Anna, no importa si era fill seu com si no ho era. I en Marc va extremar les seves atencions a l'Anna i a la criatura. Cosa que va alegrar moltíssim l'Anna.

Falta li feia, perquè travessava allò que els metges anomenen, amb encert, la depressió post-part, que tant estranya les mares noves de trinca que no entenen per què els agafa una plorera per qualsevol cosa, tant que estimen la criatura i tan contentes que estan de veure-la sana i feliç. La pobra Anna, sola per cuidar el nen, unia aquesta depressió a un terrible cansament per no dormir, i algun cop havia hagut de demanar ajuda a la seva mare i tot, i la Rosa feia per ella tant com podia, això sí, sense estalviar-li crítiques a en Marc i dolent-se sempre que el veritable pare no fos el seu company.

Per això, les atencions d'en Marc van arribar en el moment més propici, i l'Anna el mirava amb gratitud i joia, dient-se que les seves cabòries de no entrendre'l i de no estar segura dels seus sentiments per ell s'havien evaporat i anaven a ser una parella feliç i molt ben avinguda.

Però en Jaume va tornar. I va tornar per demanar una cosa que a ell li semblava naturalíssima: poder veure el seu fill. Poder tenir-lo amb ell una estona al dia. A l'Anna això li hauria agradat i tot, i a més estava convençuda que en Jaume estava en el seu dret i que així ho havien pactat de bon començament.

Però el cas és que en Jaume no estava sol. Ara tenia una companya, una americana anomenada Betty, la presència de la qual a l'Anna li va resultar molt desagradable. Una mena d'estranya gelosia, d'antipatia incontrolable, es va despertar en l'Anna. Sense pensar que més difícil de suportar era per a en Jaume la presència d'en Marc, sentia que aquella noia ameriacana era una intrusa, una persona que li arrabassava alguna cosa i que la neguitejava com si estigués usurpant el seu lloc.

Un dia que ella portava en Guillem a l'estudi d'en Jaume, es van trobar les dues soles. La Betty estava desmuntant tot el pis, canviant les coses de lloc, donant-li la seva empremta, cosa ben natural si pensem que hi anava a viure i que a tothom ens agrada fer les cases on vivim a la mida nosaltres mateixos. Però per a l'Anna va ser un xoc: aquelles parets que havien estat el recer on havia crescut el seu amor per en Jaume, l'alegria i l'entusiasme amb què havien decorat a gust dels dos aquell piset, el que significava cada moble, cada objecte... Incapaç d'expressar amb paraules els sentiments que l'agitaven, l'Anna veia amb estranyesa pul·lular la Betty en aquell lloc amb tota desimboltura i sentint-se'n propietària.

A terra, hi havia els objectes que la Betty havia considerat que no lligaven i que calia llençar a les escombraries. I, entre aquests objectes, hi havia aquella preciosa fotografia antiga que li havia regalat l'Andreu amb motiu del seu casament. Es va ajupir, l'Anna, i va agafar aquella foto, entristida i revoltada alhora. La Betty xerrotejava sobre els projectes de decoració que tenia i desdenyava evidentment aquella foto. L'Anna, aleshores, li va dir que se l'emportava, que de fet la foto era seva. I la Betty va considerar que això primer caldria consultar-l'hi a l'amo del pis, a en Jaume.

Quina bufetada per a l'Anna! Com es va haver d'empassar l'orgull i com va haver de marxar cuita-corrents per no insultar aquella dona! La tristesa es va transformar en ira, l'antipatia en avorriment.

No era la foto en si: era la situació secundària a què es va sentir relegada. Com si fos cosa de família, i igual que en Ferran estimava dues dones, l'Anna es trobava entre dos homes. I no volia renunciar a cap. I això, que no ho podia explicar a ningú, que ni tan sols s'ho podia justificar ella mateixa, li produïa un neguit intern imcomprensible per a tothom. Imcompresible per a en Marc, que maldava per ser el més atent possible, malgrat l'amargor que suposava ser un personatge en segon terme, pel que fa a la criatura, incomprensible, també per a en Jaume, que passava amb tota dignitat la prova de ser el pare d'una criatura que no li pertanyia. Més motius tenia ell per sentir-se engelosit d'en Marc, i ho aguantava amb gran serenitat.

L'estona que, amb tot el dret, havia de passar el nen amb el seu pare, que, de bon començament li havia semblat molt bé a l'Anna, significava que el seu fill estaria en braços d'aquella Betty. I això sí que la turmentava. Precisament després d'allò que havia passat amb la fotografia, un dia es va presentar la Betty a casa l'Anna a reclamar la criatura per al seu pare, que estava en una reunió de feina i no podia recollir-la personalment.

—Això sí que no! Jo el meu fill no l'entrego a una desconeguda!

I li va fer petar la porta als nassos.

Quan en Jaume ho va saber, va parlar amb l'Anna i li reclamà serenitat i equanimitat.

—Venia a buscar en Guillem per guanyar temps, Anna. En arribar ella, jo ja seria a casa. És la meva companya. Jo no faig escarafalls que en Marc cuidi el meu fill...

—Però per què li he de donar a ella? És el meu fill!

—I el meu. I la Betty és la meva companya. Si se li han de canviar els bolquers, ho farem els dos, la Betty i jo; si se li ha de donar menjar, ho farem els dos; si l'hem de treure a passejar, també ho farem tots dos.

—No té cap dret a tenir el meu fill!

—Que no? Per què? La situació és la que tu has triat. Tu, Anna, no jo. El que passa és que et va saber greu que no et donés aquella fotografia...

—No comparis el meu fill amb una foto!

Raonés el que raonés, l'Anna prou veia que els seus arguments no tenien cap força i que en Jaume hi tenia dret. Que tingués una companya, era cosa d'ell, com ella tenia també un company.

Però a l'Anna, tot plegat, no li agradava gens.

I aquell mateix dia, quan més enfurismada i confusa estava, en Marc va arribar per dir-li que el seu invent el volien exportar al Japó i que calia que hi anés una temporada...

30

MALGRAT LES DECEPCIONS, malgrat els cops de geni d'en Marc, malgrat la inquietud que li produïa a l'Anna la presència de la Betty, s'afanyava a avisar en Jaume cada cop que el petit Guillem tenia algun lleuger malestar: si plorava a les nits amb insistència, si estava refredat, si no mostrava la gana de sempre... «És el seu dret. I la meva obligació», es deia a si mateixa, o li ho deia a en Marc cada cop que aquest s'enfadava o s'entristia per la inevitable presència d'en Jaume. Per a en Marc la situació era molt difícil, perquè si ja li costava prou d'acceptar la maternitat de l'Anna, ara havia de claudicar quan veia que en Jaume també s'interposava entre ells dos. S'adonava que en Jaume no feia res per ofendre'l; acceptava que l'Anna tingués al corrent en Jaume de les incidències del fill dels dos, però no podia suportar veure una Anna tan llunyana, tan abstreta, tan aliena. I maldava per recuperar-la, per retrobar una felicitat que, n'estava segur, podien teixir entre els dos.

Hi havia la novel·la que l'Anna havia acabat, en les llargues hores que passava a casa cuidant el nen; hi havia els projectes d'ella —i només d'ella— en què no sabia o no podia participar: la idea de reemprendre la carrera, la necessitat d'obtenir el carnet de conduir, les confidències entre l'Anna i el seu germà Ferran, la importància que ella donava a aconseguir mantenir-se i no dependre d'ell... De mica en mica, cadascun dels dos, malgrat l'amor que es tenien, esdevenia un estrany per l'altre. Perquè l'Anna tampoc no s'interessava gens pels projectes d'en Marc, per la seva feina, pels seus maldecaps. Per exemple, la novel·la de l'Anna, no és que en Marc no l'hagués llegida, és que ni tan sols l'havia fullejada, és que ni li havia preguntat de què tractava. Altrament, ell, engrescadíssim en el progrés palpable del seu invent, construïa plans sòlids que li permetrien escampar el mercat. Ara mateix tenia una oferta japonesa que l'havia d'obligar a anar a Tòquio un parell de setmanes. «Si pogués convèncer l'Anna que m'acompanyés! El nen podria quedar-se amb la seva mare. O amb el Jaume dels collons...»

Quan li ho va proposar, l'Anna, que estava amoïnada per una otitis del nen, el va mirar amb una mirada buida, inexpressiva. Com si algú d'un altre planeta li proposés un viatge completament absurd.

—Però, si no puc, Marc! No veus que hi ha el nen...

—En Jaume estaria encantat de tenir-lo. Pensa-t'ho, Anna. Ens ho passaríem tan bé! Seria com un viatge de noces. Estaríem sols, tot el dia junts. I tu m'ajudaries a entendre'm, perquè jo, l'anglès, ostres, em costa molt...

—Així, em vols d'intèrpret?

Com havia canviat, l'Anna! ¿Com podia no veure l'important que era per a ell recuperar-la, treure-la d'aquell ambient que la xuclava, esfondrar la muralla que aquella criatura innocent havia aixecat entre tots dos...?

I, en canvi, en Jaume, de mica en mica, era més amic de l'Anna. Tot cuidant la criatura, a casa d'en Marc, mentre l'Anna era a les classes de conduir, va veure el manuscrit de la novel·la i va anar llegint-la. Ell mateix no havia estat massa amatent a les cabòries literàries de l'Anna quan vivien junts, i ara, tot llegint, anava entenent millor aquella noia tan introvertida. Hi veia una immensa sensibilitat, una capacitat de fabulació, i, alhora, de descripció acurada d'un temps i una època que semblaven vius; hi veia tot un univers, una profunda càrrega d'humanitat, unes idees lúcides sobre les relacions humanes, sobre el clam que les injustícies aixeca en els febles... Hi veia una gran profunditat, una intel.ligència desperta, una abassagadora tendresa per la petita aventura de les persones més humils...

Quan en Jaume va acabar la novel·la de l'Anna, tenia els ulls lluents i respirava feixugament, com aquell que acaba de fer un esforç físic i parla panteixant. Tot el que havia descobert li provocava una inexplicable alegria, tan viva i forta que es veia incapaç de guardar-la per si sol. Així que li ho contava a la Betty: tan orgullós estava d'haver «descobert» el cor d'una dona que no s'adonava de la decepció que el seu entusiasme causava en la seva companya. La Betty hi posava paciència, i es deia que aquell nen havia unit aquells dos més del que ella havia imaginat, però li dolia sentir sempre coses de l'Anna, les virtuts de l'Anna, les qualitats de l'Anna...

Va ser la Cristina qui, un dia, li va contar tot el que havia passat entre en Jaume i l'Anna. La Betty ignorava que havien estat a punt de casar-se, i que, si no ho van fer, va ser per causa de l'Anna; va saber que això havia destrossat en Jaume i que aquest era el motiu d'haver «fugit» a Estats Units. I aleshores es va adonar clarament de quin havia estat, i era, el seu paper: un refugi per a una decepció amorosa; una substitució, un relleu. Una espatlla on plorar. Quan se'n va adonar, tot i que li agradava molt en Jaume i tot i que estava segura que tots dos mantindrien una relació molt estable –tantes coses que tenien en comú!, tant que s'assemblaven i es comprenien!–, va decidir tallar immediatament. Se'n tornava a casa, i que ell s'hi quedés, enamorat d'un infant i d'una dona que, de ben segur, acabarien destrossant-li el cor.

No cal dir que en Jaume, quan va saber que la Betty el deixava, va quedar molt afectat, i més encara de les raons que ella li donava. Li va saber greu, és clar, i va intentar dissuadir-la, però no va acceptar que ell l'estigués tractant com una persona secundària: ell mateix no s'adonava de com era de clar, per a tots els que el coneixien, el seu embadaliment per l'Anna!

Abans, però, que la Betty el deixés, el xicot havia volgut parlar amb l'única persona que sabia que podia entendre la validesa literària de la novel·la de l'Anna: l'Helena. L'Helena va llegir la novel·la i va estar completament d'acord amb en Jaume: l'Anna havia trobat el seu estil; aquella novel·la, basada en la vida del barri, s'esqueia a la seva manera d'escriure com si fos la pell de la seva ànima. Com si fossin dos conspiradors, en Jaume i l'Helena van decidir d'intentar publicar-la. Gràcies als contactes de l'Helena, podien trobar un editor que es volgués aventurar amb una autora desconeguda: la qualitat de la novel·la era l'únic aval que tenien.

L'Anna era ben aliena a tot plegat. Pasava el dia abocada en el nen, intentant ser una bona mare –i se'n sortia força bé, val a dir-ho–, deixant-lo en mans d'en Jaume tant com aquest volia, i, si de cas, confiant-lo a en Martí: en Martí, en fer-li de cangur, cobrava com a tal, però, en el fons, li agradava la responsabilitat de cuidar del seu preciós nebodet; també li agradava parlar amb l'Anna: abans només es barallaven, i ell es deia que és que havia madurat molt... sense adonar-se que una noia que als divuit anys ja havia escrit un llibre i havia tingut un fill, per força havia de ser més gran del que li corresponia per l'edat.

Precisament per aquest motiu, la Júlia li va fer un regal que li va agradar moltíssim: un petit arbre per tenir-lo a la terrassa, on havia de créixer ufanós si l'Anna el cuidava bé:

–Te n'adones, Anna? Un llibre, un fill i un arbre! Et faltava l'arbre! No sé com t'ho has fet per ser capaç de tantes coses. Jo que només començo ara a fer-ne, de coses!

L'examen de conduir, però, li va donar un disgust a l'Anna: s'examinava de pràctiques el mateix dia que l'animosa tieta Victòria s'examinava de teòrica i, mentre la tieta aprovava, a l'Anna la van suspendre. Aquell mateix dia, cansada i decebuda, en Marc la va instar a decidir-se a acompanyar-lo a Tòquio.

—Ho has de decidir ja. He d'encarregar els bitllets. Va, preciosa! Anima't! Em faria tanta il·lusió!

I l'Anna li va dir que no.

La violència, però, també niava al barri. És a tot arreu, la violència, com la injustícia, com la maldat; i també és a tot arreu la bondat i la comprensió, en aquesta estranya barreja d'àngel i de dimoni de què està format el ser humà. Allà on hi ha persones, a tots els indrets del món, hi ha bondat i hi ha maldat. I cap de nosaltres no és enterament ni una cosa ni l'altra. Hom veu un home com l'Andreu, tot encaboriat amb la decisió de guanyar diners per fer feliç la seva dona i per fer feliç el seu barri, i es diu: vet aquí un bon home; hom veu l'Helena, arreplegant coratge per passar l'operació de pròtesi de mama i, tanmateix, amatent a en Martí i el seu batxillerat artístic, amatent a la novel·la de l'Anna, amatent als maldecaps de la Júlia, amatent als problemes del seu institut, i es diu, vet aquí una bellíssima persona. I així tants d'altres. I hom veu, tanmateix, aquell odiós Abel, a l'aguait de la Xaro: vet aquí les contradiccions i els contrastos de la vida.

Perquè l'Abel havia decidit aconseguir cèntims per poder fugir, i l'únic lloc on podia arriscar-se era a la casa on vivia la Xaro: a casa de la Mercè i en Manel. Sabia que li feia por, imaginava que tenia un raconet i s'arrogava uns drets com a marit; així que va entrar forçant la porta i es va quedar a la fosca esperant que hi arribés la Xaro.

La noia venia acompanyada d'en Quim, un dels guardians perpetus que tenia d'ençà que l'Abel havia fugit de la presó. Dissortadament, en Quim es va quedar a esperar-la a baix mentre ella pujava a canviar-se de roba. I la noia va entrar confiada a la casa: quan va veure la porta espanyada, en comptes de marxar, o de cridar, com que no era gens covarda, va entrar de bursada i va encendre el llum; aleshores va fer un crit d'horror: els mobles eren tombats, els calaixos esventrats, tot de piles de roba amuntegades, papers per tot arreu i una trencadissa general. I, de seguida, va sentir la mà garfiüda de l'Abel que la comminava a donar-li tots els diners que tingués.

—Els que em vas robar a mi, mala pècora— li cridava.

Qualsevol resistència per part d'ella hauria estat endebades. Va voler fugir i l'Abel li va pegar; no content amb això la va violar, mentre ella gemegava i plorava, i li jurava que no tenia res.

Quan es va convèncer que no en trauria res, l'Abel va marxar. Però la Xaro, absolutament furiosa i vexada, va agafar la primera cosa que va trobar i va estabornir-lo, per aturar-lo: mentre estigués en llibertat, ella no tindria un moment de pau. I estava tan adolorida i humiliada per haver estat forçada per aquell bèstia! En Quim no era un home forçut, ni tan sols era un valent, però quan va veure aquell Abel baixant l'escala i la Xaro darrere intentant atacar-lo, va reaccionar immediatament: entre els dos van aconseguir estabornir-lo, i, un cop inconscient, van avisar la policia.

Aquesta vegada, com a pres perillós i violent i expert en fugues, anirien amb molt de compte perquè no es tornés a escapar. Això va produir un gran alleujament en el cor de la Xaro, però el que més la va commoure va ser l'actitud d'en Quim: ara era el seu heroi. I en Quim estava orgullosíssim de la seva gesta. Els petonets entusiàstics de la noia eren el premi que, es deia a si mateix, tenia ben merescut...

No va ser alegre, però, precisament, la cara que van fer la Mercè i en Manel quan, en tornar a casa, veieren les destrosses que hi havia. Tot al contrari. Especialment la Mercè, que va posar el crit al cel. L'únic que ella sabia és que havia admès a casa, com a llogatera, una perfecta desconeguda; que aquesta havia enllaminit el seu home; que es deia vídua i de sobte resulta que era casada, i que, a més de tots els maldecaps que li causava, ara, la casa que amb penes i treballs ella i en Manel havien arreglat, moblat i decorat, estava feta una llàstima.

Tota la malvolença, tota l'antipatia acumulada, totes les males estones que, per causa d'aquella Xaro, havia passat, li van brollar de sobte. Enfurismada, li digué dures paraules que es resumien en una sola idea; que marxés de casa, immediatament, que es perdés de vista per sempre.

I la Xaro va acotar el cap i va assentir.

Va ser inútil que en Manel li digués que havia exagerat, que era una veritable llàstima que els haguessin trencat tantes coses, però que la víctima era la Xaro, i que no es mereixia ser despatxada com una delinqüent.

La Xaro era una dona curtida per la vida, i n'havia passades de tots els colors. Li havien pegat, l'havien humiliada, havia passat fred i gana, havia rebut més puntades de peu que no altra cosa, però aquelles violentes paraules de la Mercè la van afectar. Al pub, on es trobava entre amics, va explicar què havia passat i que havia de marxar de casa de la Mercè i en Manel. Però que, ni que li costés més del que es podia permetre, volia deixar la casa sense ni un sol desperfecte. I els seus amics es van commoure i es van oferir de seguida a ajudar-la.

—Ja veuràs, Xaro —li va dir en Xavier— com en un no-res i amb molt poques despeses, ho deixem tot com nou.

I, en efecte, en Xavier, en Quim i la Xaro es van posar a la feina: en Xavier canviava el pany espanyat, en Quim anava posant màstic i ella pintava, amb tanta energia i bon humor que en molt poca estona la casa va fer un canvi radical.

Hi havia, però, una persona que sabia moltes més coses de la Xaro que la Mercè, i que a més tenia molta ascendència sobre ella: la Rosa. La Rosa havia vist, horroritzada, l'esquena de la Xaro, els senyals de pallisses, i d'aleshores ençà li tenia una forta compassió i se'n sentia solidària. Quan va saber que la Mercè l'havia treta de casa, va voler aclarir-li algunes coses. I a ella sí que la va escoltar la Mercè. Incrèdula al principi, afectada a continuació i avergonyida de la seva actidud injusta, la Mercè va reaccionar com el que era: com una magnífica persona.

Així que, quan tornava a casa amb el Manel, decidida a aclarir les coses amb la Xaro, va veure aquells tres adobant la casa amb tota alegria: era tan bonic veure un gest tan generós! Allà mateix va abraçar la Xaro, va donar les gràcies als dos homes, va pregar a la noia que es quedés a casa, i, el que són les coses, van acabar, ella i la Xaro xerrant, fent-se confidències i esdevenint autèntiques amigues...

Mentre passaven totes aquestes coses, l'Helena s'havia operat —per fi ho havia passat!—, i la Júlia i en Daniel la van obsequiar amb un biquini preciós que ara, amb la pròtesi, podria lluir igual que abans. Continuava havent d'aguantar la Misericòrdia, que dia sí dia també li insistia que l'obligació d'una dona és seguir el seu home i que haria d'anar a Boston amb el seu fill. Déu, i que n'era de pesada, aquella dona! Quina manera de ser més empipadora! Quina manca de respecte als sentiments i a les idees alienes! És extraordinari, es deia l'Helena, que hi hagi persones que estan tan segures de tenir la raó i de menar una vida impecable que es permeten immiscir-se'n en la dels altres i assenyalar-los el camí. Per a aquella dona independent i tan respectuosa amb els altres, aquell caràcter li resultava un autèntic enuig, i, si l'aguantava i procurava no discutir —que és el que buscava aquella dona—, era per consideració a en Daniel.

Però l'Helena esbandia del cap aquella dona que, si bé suportava, no li interessava gens, i es concentrava en el seu home i en la seva filla. Perquè la Júlia la preocupava.

La Júlia li havia contat sense embuts, com era costum entre aquelles dues dones franques, que s'havia enamorat d'en Guillem i que havien fet l'amor. I, deia la Júlia, havia oblidat del tot en Ferran i el molt que l'havia fet patir. Però l'Helena, tot i estar contenta de veure tan engrescada la noia, no ho veia clar. De fet, mentre ella havia estat a la clínica, en Guillem s'havia quedat una nit a casa seva i allà va fer l'amor amb la Júlia, amb la mala fortuna que, estant junts i molt abraçats, va arribar en Daniel a cercar alguna cosa. En veure la parelleta tan encaramelada, en Daniel va demanar perdó, tot atabalat, i va fugir. Quan l'Helena ja era a casa, i ignorant la franquesa que hi havia entre mare i filla, va trobar l'ocasió per dir-li a la Júlia que confiés en ell, que no li diria a l'Helena el que havia vist, cosa que va provocar les rialles de la Júlia i la perplexitat del metge.

L'Helena, doncs, va demanar a la Júlia que invités en Guillem a sopar a casa, perquè el volia conèixer, i la Júlia va acceptar tota riallera. Tanmateix, en Guillem va ser reticent a acceptar la invitació: no el comprometia massa, aquell sopar? No estaven corrent massa, ell i la Júlia? Una reticència que a la Júlia, massa engrescada per ser imparcial, li va passar desapercebuda. Va acabar convencent-lo, però, durant el sopar, l'Helena, que sí que podia ser imparcial, va percebre-hi una certa covardia moral que no li va agradar gens. Tot i que això havia d'empipar la Júlia, no va mostrar-se afectuosa amb aquell professor tan caute, i es va excusar en la seva recent operació sense convèncer ningú...

L'Andreu Molins, per altra banda, havia entrat en el negoci d'en Balcells amb les millors intencions del món; els pisos en què havia d'invertir eren nous i tanmateix els preus eren inferiors als habituals del mercat. Tot feia suposar que l'operació era una bona oportunitat, però temorós de la reacció de la Victòria, l'Andreu només hi va invertir el que li quedava de la indemnització —al voltant de mig milió de pessetes— més quatre milions del que havien tret de les joies. Semblava, doncs, que havia obrat assenyadament. Però no estava tranquil, i menys després d'un comentari casual de la Victòria: ella no es fiaria mai d'en Balcells ni s'embolicaria en res relacionat amb ell. I el pobre Andreu, que ja passava prou ànsies per evitar que la Victoria fes una ullada a la llibreta comuna, va tenir una xerrada amb en Balcells per assegurar-se que no havia ficat els peus a la galleda; de moment, però, el negoci semblava rutllar...

D'altra banda, la relació entre la Rosa i l'Antoni anava deteriorant-se. La feina d'ella era cada vegada més absorbent i l'Antoni no acabava d'assumir la nova situació a la qual, almenys amb la intenció, volia doblegar-se. El que més l'empipava era aquell Bernat que estava tot el dia amb la seva dona. Imaginava fins i tot una relació amorosa que era inexistent. És cert que en Bernat i la Rosa s'havien fet molt amics i que ell li havia contat coses íntimes, per exemple que aquella Concepció amb que sortia no li acabava de fer el pes. També imaginava l'Antoni —la gelosia és mala consellera— que aquell parell havien fet fora en Xavier per estar més lliures, i la Rosa, sense tòrcer la seva voluntat, mirava de fer-li entendre que ella era una altra i que no estava disposada a aguantar els estirabots que li havia suportat en el passat. En aquesta situació, l'Antoni va rebre una trucada telefònica per a la Rosa —coses de la feina— en què un desconegut l'anomenava «senyora Sabater» i això el va treure de polleguera. Senyora Sabater!, es deia enfurismat, no Rosa Miró o senyora Aiguader, sinó que hom la suposava la dona d'aquell odiós Bernat. I d'una cosa passava a l'altra i els imaginava junts a l'hotel de Tolosa i se li encenia la sang.

Aquestes discussions i aquest malestar a casa per força havien de transcendir en les converses amicals que sostenien la Rosa i en Bernat, i aquest, tot de sobte, li va aconsellar —ell que mai no es ficava en la vida d'ella— que se separés de l'Antoni, que havia estat un error tornar a viure junts. I hi havia, en la mirada d'en Bernat mentre aconsellava la seva amiga, un cert rubor més apassionat del que la Rosa esperava trobar-hi...

Per la seva banda, l'Antoni, amargat i disgustat, intimava cada dia més amb la Cristina. El pas de l'amistat a la intimitat era imminent.

En Xavier que, com sabem, havia marxat voluntàriament del negoci de la seva germana, ara intentava col·locar cotxes de segona mà a les seves nombroses coneixences. Fins i tot va aconseguir vendre-li'n un a la Kati, a un preu molt i molt bo. I continuava fent com sempre: ajudant aquest o aquell. Com ara la feina que havia fet al bar vell en el concurs d'escacs. Un concurs que, com ja sabem, havia permès que conegués en Pau, el fill de l'Eugeni, i no sols això, sinó que va significar una autèntica revelació per al marrec. Perquè, ignorant de la relació que hi havia entre aquell home magnífic i humaníssim que era en Xavier i el seu pare, en Pau sentia una autèntica admiració per en Xavier. Una situació que, pensava en Xavier, permetria que el noiet acabés acceptant la condició d'homosexual del seu pare. Ara, però, calia posar-hi paciència. L'admiració d'en Pau per en Xavier era lògica: tot i ser un adult, en Xavier sabia comprendre els joves. Però és que, a més, el caràcter i la conducta d'en Xavier eren, en llenguatge juvenil les d'un *tio molt legal.* Per exemple, un dia que jugaven a escacs en Xavier i en Pau al bar vell, i que era amb ells en Martí, vet aquí que va entrar un magrebí que venia flors. Precisament, l'Anna havia aconsellat al seu germà petit, que patia per la Clàudia, que li fes un obsequi, un detall que simbolitzés com l'estimava.

—És natural que estigui disgustada perquè vulguis canviar d'institut. Però la Clàudia és una tia molt ferma i acabarà comprenent-ho. Compra-li unes flors, Martí, i ja veuràs la il·lusió que li fa —li havia dit.

Així que en Martí, aquell dia, va comprar un ramet de flors al magrebí. En aquell moment, va entrar en Miquel amb la colla amb que ara solia anar, i tots plegats van començar a escarnir el magrebí i fins i tot van intentar agredir-lo. Veure-ho en Xavier i posar-se immediatament a defensar aquell pobre home que es guanyava honradament la vida, va ser tot una. I l'amo del bar va treure aquells indesitjables que se n'anaren amb les més grotesques manifestacions racistes imaginables. A en Martí va caure l'ànima als peus del seu ex-amic, però en Pau va obrir uns ulls com unes taronges: quin home més formidable que era en Xavier!

Un dia es van presentar al *pub* d'en Ferran un parell d'individus d'aspecte desagradable. Eren, sens dubte, de la banda mafiosa que l'havia agredit i que va estar a punt de matar-lo. Amb posat xulesc, li recomanaren que anés amb compte amb el que feia, que ja tenia proves de com les gastaven ells. Es referien, sens dubte, al proper judici dels detinguts per l'atemptat a la seva persona i en el qual en Ferran era un testimoni d'importància. Li estaven, doncs, ordenant que no reconegués els detinguts si no volia tornar a tastar els seus procediments. En marxar, llançaren una cartolina sobre el mostrador: era una fotografia de l'Esther amb una ratlla vermella, feta amb retolador, que li travessava el coll.

En Ferran es va ensorrar. Sentia autènticament espantat. Ja no era l'inconcient d'abans que aixecava el gall quan algú es posava amb ell: havia passat massa amargors per no espantar-se. A sobre, a en Ferran l'atemoria la seva pròpia por: és a dir, s'avergonyia del fet naturalíssim de sentir por d'uns malfactors que li havien destrossat els ronyons.

Es trobava, doncs, en una autèntica cruïlla: per una banda, el seu desig d'apartar de la societat aquells malvats, i no sols com a revenja personal, sinó perquè eren realment perillosos per a tots, i, a més a més, el compromí moral que tenia per tal que es fes justícia; per una altra banda, la por, el terror, el pànic a una nova pallissa que el paralitzava i que el feia cargolar-se, com un cuc, quan era al llit. «Si declaro, em faran la pell; però si no ho faig, sentiré vergonya de la meva covardia tota la vida», es deia a si mateix.

Per als seus amics, que no en sabien res, la seva actidud era incomprensible: bevia massa, estava de malhumor, i es captenia tot estrany. Quan la Kati va saber per què es comportava així, li va dir que declarar en aquelles condicions era un suïcidi, i que ja havia passat prou problemes: senzillament, li aconsellava que no declarés.

—Si callo seré un covard, Kati...

I la noia es va afanyar a explicar-li la diferència que hi ha entre el valor i la temeritat, però sense convèncer-lo.

Finalment, i odiant-se a si mateix, en Ferran no va declarar en contra dels mafiosos. Va tornar de comissaria com derrotat després d'una batalla; se sentia amargat pel que no havia estat capaç de fer.

Tanmateix, una altra persona sí que anava a declarar en contra dels mafiosos: l'Esther. En efecte, arribat el moment, va tornar d'Estats Units, on parava a causa de la Fundació del seu marit, i, essent com era el testimoni principal; car ella havia estat que havia posat la denúncia, no va vacil·lar a identificar aquells sospitosos. I no és que ella no tingués por: en tenia, i moltíssima. En una entrevista que va tenir amb en Marc li deia que es delia por tornar a marxar, perquè aquella banda li faria mal si s'hi quedava.

Tenia tota la raó, l'Esther.

Un nou personatge, i alhora un vell conegut nostre, anava a entrar en escena: Ramon Barrios, el pare de la Júlia. Per a alegria d'aquesta, un dia en Ramon li va telefonar per dir-li que havia liquidat els seus negocis a l'Argentina i que es quedava a viure a Barcelona. Que, malgrat tot el que havia passat, continuava desitjant ser un bon pare per a ella, que es moria de ganes de tornar-la a veure i que era millor que no li ho digués a l'Helena.

La Júlia havia canviat molt, d'ençà que en Ramnon s'havia presentat per primer cop a casa d'ella. No condemnava el seu pare, pel que havia fet en el passat, ni tampoc per tot el que l'Helena li havia contat. Sabia que no s'havia portat bé amb ella ni amb la seva mare, però aquell tardà amor per ella li emplenava l'ànima. Es van veure, doncs, l'home li explicava que ara es podrien veure sovint i que de jove havia fet moltes animalades, però que ara era un home de bé; i ella, feliç de retrobar-lo, desitjosa de restituir, amb el seu afecte, l'absència forçada de tants anys.

Quina raó que tenia l'Helena quan li deia que en Ramon era una mala persona! Quin bon consell, quan li deia que no es fiés d'ell! Perquè el mateix dia que en Ramon s'entrevistava amb la Júlia, havia mantingut una conversa de negocis amb la banda dels mafiosos que havien agredit en Ferran. Ramon Barrios, amb una fitxa policial llarguíssima a l'Argentina, aquí no tenia antecedents, i els mafiosos necessitaven persones així per als seus «treballets» més arriscats. Havien decidit liquidar l'Esther, per haver-los delatat. I aquell nou membre de la banda era l'indicat per fer-ho.

A la tarda, en Ramon, havent acceptat l'encàrrec, es presentà al *pub* per assegurar-se que en Ferran era a casa, odiant-se i ple de frustració. En Ramon, amb aires de pinxo, va passar-li l'encàrrec a en Quim, tot retorcent-li furiosament la mà perqué sabés amb qui tractava. En una conversa d'aquelles tan estranyes que té la vida, la Júlia li explicava a en Quim que aquell dia havia estat amb una persona que estimava molt i que h'havia tingut una gran alegria; i en Quim li comentava a la Júlia que aquell dia havia conegut un ésser infecte que era un pinxo; sense saber-ho, tots dos estaven referint-se a la mateixa persona...

Quan en Ferran va saber les amenaces que havia rebut per via d'en Quim, la primera cosa que li va venir al pensament va ser l'Esther. I no ja l'Esther que l'atreia, la dona bonica en qui pensava sovint, sinó l'amiga que, en saber que ell estava en perill, va córrer a avisar-lo. S'havien canviat tràgicament els papers: en Ferran ara corria a avisar l'Esther, corria a protegir-la. També, per impedir que s'arrisqués d'aquella manera.

Quan l'Esther va veure arribar en Ferran, corrent adelerat cap a ella, va anar al seu encontre amb els braços oberts.

La Kati hi arribava també, panteixant i angoixada.

En aquell moment va passar, lentament, un cotxe.

Al volant del cotxe hi havia Ramon Barrios.

A punt d'abraçar-se, i davant l'horror histèric de la Kati, del cotxe va sortir una bala.

El cos bellíssim de l'Esther es va desplomar a terra.

Quan en Ferran es va precipitar sobre ella, l'Esther ja era morta.

31

LA MORT DE L'ESTHER havia deixat en Ferran en un estat d'estupor total: la ràbia, la pena i, alhora, la por, es barrejaven al seu cervell. En aquest estat de confusió va anar on sempre trobava recer: a veure l'Anna. Li va fer tant de bé plorar lliurement! Va agrair tant les paraules plenes de tendresa de la seva germana!

A l'enterrament hi va haver molta gent, fins i tot periodistes, i en Ferran hi era amb ulleres fosques i pàl·lid com un mort. Els seus pares, la Rosa i l'Antoni, patien per ell, però no sols per la seva pena, sinó perquè temien que estigués en perill. Perquè en Ferran, profundament afectat per la tragèdia, havia corregut a comissaria a declarar contra els mafiosos. «Això li ho dec, a l'Esther! Ella va morir per mi, perquè si els va denunciar, va ser per mi, si va declarar, va ser per mi. I ara ja no hi és. Ja no la tornaré a veure. Mai. Mai...» Potser sí que era una quixotada, i potser tenien raó l'Antoni i la Rosa en dir que s'havia arriscat excessivament i que ara podien atacar-lo a ell –la discreta vigilància que feia la policia no era prou per allunyar una organització com aquella–, però el cert és que haver declarat li va retornar la pau. El fet de sentir-se culpable i covard l'havia turmentat. I, a més, sentia que, d'alguna manera, estava pagant la generosa actidud de l'Esther. El que li sabia greu és no haver pogut veure l'agressor. En aquest sentit, no va poder ser de cap utilitat a la policia.

Qui sí que ho havia vist tot i, presa de pànic, ho havia callat, era la Kati. Ella havia corregut rera en Ferran, amb la intenció d'evitar que ell s'arrisqués per l'Esther. Ara s'avergonyia de la tírria que li tenia a aquella antiga amiga, i plorava per l'Esther, pel Ferran i per ella mateixa.

Però li importava massa en Ferran per callar més temps. Perquè, tot intentant consolar-se mútuament, contant-se els seus sentiments, la Kati li va dir que ella havia vist perfectament els agressors:

—Un era cepat i calb, i el que va disparar portava els cabells curts, foscos...

—Els reconeixeries?

—Sí, segur. Però no penso emmerdar-me, Ferran. Em pelarien a mi. Estic morta de por.

Sí: estava morta de por, però la súplica apassionada d'en Ferran —a ella li importava tant, en Ferran!—, els seus arguments que se sentiria millor si declarava, com li havia passat a ell, l'apel·lació al seu sentit ètic, tot plegat, si no la va convèncer sí que la va vèncer.

I la Kati declarà: la seva descripció dels individus del cotxe era una base sòlida per a la investigació. En Ferran estava orgullós d'ella, però també preocupat per la seva seguretat.

—Me'n vaig, Ferran. La mateixa policia m'ho ha aconsellat. Aquí no puc dormir, no paro de donar-li voltes... Estic tan espantada! Em veig a terra, com l'Esther. Sento el dolor del tret, aquí al pit, sento com em fuig la vida en un sospir...

Se'n va anar, doncs, a Lleida, on tenia una amiga. Que ella hagués declarat, només ho sabia la policia, i, és clar, en Ferran. També ho va saber en Quim, perquè ell va veure com sortia disparada rera en Ferran, i ho va sospitar de seguida. Però ningú més: aquesta discreció era la millor protecció que podia tenir la noia. Però la Kati no va aguantar gaire temps a Lleida: s'hi trobava sola i no li minvava la por ara que era fora de Barcelona. Quan va tornar, va anar directament a casa d'en Ferran, que va tenir un bon ensurt en sentir picar precipitadament a la porta. Units per la por comuna, tots dos es van abraçar i van parlar amb gran afecte. En Ferran no volia que ella anés a casa seva ni que es quedés a casa d'ell: eren els dos llocs més perillosos de tots. Però la va acollir per una nit, deixant-li el seu llit. Quan la Kati es va despertar, va veure la càlida preocupació d'en Ferran per ella, va veure que havia dormit a terra per cedir-li l'únic llit, i tota la por se li va evaporar en una onada de tendresa...

A més dels seus pares, en Ferran va trobar altres mans amigues en aquells moments difícils: l'Anna, és clar, en primer lloc. I la Júlia, també. Perquè per més que la Júlia estigués molt engrescada amb en Guillem, va voler manifestar-li l'autèntica amistat que sentia per ell. Les paraules i la presència de la Júlia van ser precioses per a en Ferran.

—L'havia arribada a estimar, l'Esther. Va fer tant per tu! Tots ho hem lamentat. Tu mateix no et pots imaginar el que va patir per tu. La trobarem a faltar.

Que la mateixa Júlia fes aquest homenatge a l'Esther, que havia estat la causa involuntària de la seva ruptura, era un gest magnífic. És clar que davant la mort tots tendim a perdonar i oblidar, però en el to de la Júlia hi havia una sinceritat total, una autèntica pena i una profunda amistat.

Una altra persona que el va ajudar a passar aquell tràgic tràngol va ser en Mateu, aquell noi paraplègic que havia conegut a l'hospital. Havia tingut ocasió de conèixer l'Esther, però no havia arribat a tractar-la; si va venir a visitar en Ferran va ser perquè sabia, per les mirades que havia vist, que el seu amic n'estava molt, d'ella. I en Mateu li va dir les paraules justes, les que necessitava sentir: tot recordant-li que ell havia anunciat que en Ferran tornaria a caminar, i, per tant, considerant-se creditor a ser escoltat, li digué:

—Oblida l'Esther.

Volia dir: no et torturis més. No et recreïs en un record que no et farà cap bé. Continua vivint. No et sentis en deute: ella va fer el que va considerar que havia de fer. Lliurement, sense pressions de ningú.

Per altra banda, Ramon Barrios havia d'amagar-se fins que «es refredés» l'assasinat: una pràctica comuna entre delinqüents. volia, doncs, acomiadar-se de la Júlia.

La Júlia mirava amb molta tendresa aquell pare que li havia plogut del cel. Qui li havia de dir que era l'home que havia premut el gallet contra l'Esther! Amatent als desitjos d'ell, no havia comentat a la seva mare que en Ramon era a Barcelona i que s'havien vist un parell de cops. Ara, en Ramon, en acomiadar-se per qüestions de negocis, com li havia dit, li va fer un bon regal: un vídeo de ciències naturals molt sofisticat.

I l'Helena, que no ensumava res, va veure amb disgust aquell regal massa car i va pensar que era cosa d'en Guillem. Així va esclatar una nova baralla entre elles dues. Perquè l'Helena va dir sense embuts que no li agradava en Guillem, i a la Júlia li va doldre, primer, perquè considerava injusta l'actitud de la seva mare, i segon, perquè no acceptava que es fiqués en la seva vida. I l'Helena, per protegir-la, però també enrabiada per l'actitud hostil de la Júlia, li va contar que li havien parlat malament d'en Guillem: que era d'aquells que sempre surten amb una alumna o altra i que tenia mala fama per aquest motiu.

La Júlia va protestar i va defensar en Guillem, però coneixia prou l'Helena per saber que, de no estar certa del que li deia, no li n'hauria parlat, i va interrogar en Guillem. Aquest va dir que sí, que havia sortit amb algunes alumnes, però que a ella l'estimava. Només a ella.

La Júlia es va creure en Guillem. Tanmateix, aquella relació que la feia tan feliç ja no era tan neta, tan cristal·lina i alegre com al principi. En l'interior de la Júlia va quedar el rastre d'un dubte. I el seu propi dubte l'enrabiava prou per mostrar-se tancada i allunyada de l'Helena.

Això a l'Helena la entristia. Ja en tenia prou d'haver de suportar la marxa d'en Daniel a Boston. Encara no era imminent, però de moment hi havia d'anar uns quants dies per establir els primers contactes. I ja en tenia prou d'aguantar les crítiques de la seva sogra, la Misericòrdia, que no parava de burxar-la perquè complís la seva obligació d'esposa i acompanyés el seu home a Boston. Veure, però, la seva Júlia emmurriada i trista li amargava la vida. I va tenir una idea:

—Per què no t'emportes la Júlia amb tu, Daniel? Estic segura que a ella, si no sap que és cosa meva, li encantarà. I li servirà de descans, que aquesta noia ja ha sofert prou aquests darrers mesos...

Quan en Daniel li ho va proposar, la Júlia va acceptar encantada: poder anar a Amèrica! i lliure! Perquè en Daniel estaria tot el dia per feina i ella podria visitar una ciutat que tothom diu que és un de les més boniques d'Estats Units.

Quan la Misericòrdia ho va saber, por a sorpresa de l'Helena, va fer uns comentaris malèvols que van desconcertar-la:

—Una noieta de dinou anys, i tan bonica, i el meu fill, completament sols... Ja saps el que et fas, Helena?

—Jo tinc plena confiança en Daniel. I en la Júlia.

Aquell comentari, però, li va deixar una amarg sabor de boca...

I això que l'Helena no parava. Sempre la mateixa, era al costat de tots els que estimava, ferma com una roca, amb un criteri recte i just: havia arranjat la publicació de la novel·la de l'Anna, havia solucionat el tema del batxillerat artístic d'en Martí i ara feia costat a la Xaro, la seva actual assistenta.

Perquè la Mercè, tot bescaviant unes amistoses paraules al súper, li havia comentat que el marit de la Xaro l'havia violada, i que la pobra noia no volia que això ho sabés en Quim.

—Com dius? Que la va violar? I no ha denunciat?

—Denunciat? Però si l'Abel és el seu home!

Per això l'Helena va voler parlar amb la Xaro: per fer-li comprendre que cap home no pot forçar una dona, que això és un delicte, i que tant hi fa si és el seu home com si no ho és. I que moltes dones no saben ni els drets que tenen. Va parlar, doncs, amb aquella mossa, i la va animar a denunciar l'Abel. Era masa tard, perquè, sense un reconeixement mèdic immediatament després de la violació, l'acusació tenia poc valor, però valia la pena fer-ho, perquè això equivalia a no empassar-se una humiliació tan gran. La Xaro li va fer cas, i sort en va tenir que una dona policia li fes costat en la denúncia...

Pel que fa a la novel·la de l'Anna, la conspiració entre l'Helena i en Jaume havia donat bons resultats: un amic de l'Helena era director literari d'una petita editorial, i l'Helena li va donar a llegir el manuscrit de l'Anna. El judici d'aquest editor va ser el mateix de l'Helena i en Jaume: era una novel·la magnífica i volia publicar-la.

Amb quin delit en Jaume es va posar en contacte amb l'Anna! Ell i l'Helena estaven tan contents com si la novel·la l'haguessin escrit cadascun d'ells. Li ho van dir plegats, i li van mostrar el contracte per firmar i que tenia encara en blanc el títol, que ella no havia acabat de decidir. Eren les dues persones més capaces d'adonar-se de com era això d'important per a l'Anna, i la sorpresa d'ella, la feliç incredulitat, l'enorme il·lusió de la noia els va compensar dels esforços fets.

—Ara només falta que hi posis un títol...

—Sóc una escriptora! Ho he aconseguit! Títol? No ho sé... Què us sembla si li posava *Poble Nou?* És la història d'aquest barri...

L'Anna va anar exultant a casa els pares a dir-los la feliç notícia. La incredulitat que havien sentit quan s'esforçava tant a escriure es va esvanir de seguida i van compartir la seva alegria.

Absolutament commoguda pel gest d'en Jaume i amarada d'agraïment, l'Anna, en anar a casa en Jaume a recollir el petit Guillem, portava el famós collaret que ja no s'havia tornat a posar. En Jaume ho va notar i se'n va sentir afalagat. La va convidar a sopar, al seu estudi, que tots dos havien compartit feia tan poc temps i tanmateix semblava que feia segles. La vetllada va ser molt especial. Aquell ambient que era d'ells dos i de ningú més, l'alegria de la publicació de la novel·la, el collaret que els portava tants records, la mútua estima que es tenien... Quan es van fer un petó, tots dos sabien que farien l'amor. Sense voler pensar en en Marc, l'Anna es lliurà a en Jaume amb tot l'ardor de la seva feminitat apassionada.

L'endemà arribà en Marc de Tòquio.

En Marc arribava ple d'entusiasme per la marxa dels seus negocis i enyoradíssim de l'Anna. Ella, en canvi, se sentia culpable, se sentia en fals, i, tot mirant-lo a ell, sentia la veu d'en Jaume, sentia els petons d'en Jaume, se sentia compenetrada amb en Jaume. En Marc, ara, li resultava un estrany.

Li va donar les dues notícies: que li publicarien la novel·la i la mort de l'Esther. A la primera, en Marc va reaccionar amb una certa indiferència; la segona el va trasbalsar moltíssim: era amic de feia molt temps de l'Esther Giralt. Però quan va saber com i per què havia mort, es va encendre d'ira contra en Ferran:

—Ha mort per aquest miserable! Pel poca-pena del teu germà!

Les seves paraules van glaçar el cor de la noia. Quan a la nit, ple d'ardor amorós, se li atansar, l'Anna va al·legar un mal de cap. Si alguna cosa al món li desagradava més en aquell moment era el contacte d'en Marc. Ell, decebut i enutjat, es va referir a la seva salut: sentia que el cap li anava a esclatar. Cap dels dos no podia sospitar que era el principi d'un final.

La Victòria i l'Andreu, d'ençà que eren casats, no havien parat de moure's en tasques cíviques. Primer havia estat allò d'invertir els diners de les joies; després el butlletí dels veïns, que es revifava amb les aportacions de la Júlia, d'en Martí i de tot de gent benintencionada i generosa. Ara s'ocupaven de transformar una àrea del barri en zona de vianants, i a tal efecte recollien firmes. No cal dir que l'Antoni veia amb molt mala cara aquesta iniciativa, ja que imaginava que si la zona del súper era vetada als cotxes minvaria la clientela, i fins que no va saber que el seu carrer no en quedaria afectat hi va estar en contra. La Victòria l'escarnia amistosament pel seu egoisme, però és que l'Antoni passava una mala ratxa: les seves relacions amb la Rosa no eren gaire bones. I, de retruc, la seva amistat amb la Cristina s'havia incrementat...

Precisament per aconseguir la zona de vianants, la Victòria i l'Andreu van haver d'entrevistar-se amb en Balcells, cosa que neguitejava molt l'Andreu, perquè la Victòria no parava de manifestar l'antipatia que li tenia a aquell home. Tanmateix, l'Andreu, d'amagat de la seva dona, va veure aviat els resultats de la seva inversió: Eudald Balcells li havia donat un taló de set milions de pessetes, gairebé el doble del que hi havia invertit. I això no sols el va tranquil·litzar sinó que el va fer creure completament en la bondat del negoci, i, pres d'un gran optimisme, va avisar en Balcells que, ja que era tan bon negoci allò del pisos, volia invertir-hi vint-i-cinc milions...

Altrament, com que la tieta era a punt d'examinar-se de pràctiques de conduir —un examen que l'Anna ja havia suspès dues vegades—, i ell estava segur que aquella dona magnífica aprovaria, eufòric amb els guanys, va voler comprar-li un cotxe, i com que en Xavier es dedicava a aquest negoci li va demanar a ell. Només de pensar en la cara de feliç sorpresa de la Victòria se li reblania el cor de felicitat! I quan ella sabés com havia estat de llest per fer un negoci tan rodó, i com estava a punt de doblar tot el capital...!

Precisament tot discutint la conveniència o no de la zona de vianants, la Cristina va comparèixer al súper. Estava tan maca, aquella dona! A l'Antoni li feien pampallugues els ulls, tot mirant-la. Fins i tot va firmar en el paper de la sol·licitud de la zona de vianants, i l'Antoni va aprofitar per dir-li, tan baixet com va poder, que volia veure-la i la va convèncer per aconseguir una cita discreta.

En aquell moment va arribar la Rosa, i no va trigar gens a lligar caps: per aquest motiu van tenir una bona discussió. Decididament, la lluna de mel idíl·lica que havien passat per segon cop, s'havia evaporat completament...

De la cita amb la Cristina en va venir una altra, aquesta de debò: un hotel discret. Una mica espantada pel pas que anava a fer, però turmentada per la infidelitat i la indiferència del seu home i afalagada per la devoció de l'Antoni, aquella dona es va lliurar a l'Antoni i hi va trobar un plaer físic que creia oblidat per sempre. Persones tan diferents com ells dos, eren, tanmateix, una parella que funcionava: s'entenien a la perfecció. I s'agradven moltíssim. En aquesta situació, i com que se sentia culpable, l'Antoni va assuaujar la seva relació amb la Rosa...

L'Antoni va voler fer un regal íntim a la Cristina i li va comprar un preciós *deshabillé.* Tanmateix, la Rosa el va trobar i no va tenir altre remei que dir-li que l'havia comprat per a ella, per refer la seva deteriorada relació. La Rosa estava força perplexa: ella creia que coneixia l'Antoni com el palmell de la mà i ara li trobava unes reaccions inexplicables...

En Jaume i l'Anna havien estat parlant del bateig del nen, i pensaven que, tot i que ho havien proposat a en Ferran i la Júlia, com que estaven tan distanciats, fóra millor fer-ho a la manera tradicional:

—Així, el meu pare i la teva mare? —va preguntar en Jaume.

—O millor, la teva mare i el meu pare.

Quan l'Antoni i la Cristina van saber que serien parella al bateig van estar contentíssims, i van dissimular-ho sota el pretext de l'alegria que fa batejar un nét.

I és que veien la vida de color rosa, l'Antoni i la Cristina. Tant, que l'Antoni no va protestar quan va saber que la Mercè faltaria a la feina perquè, malgrat les reticències d'en Manel, havia tingut una oferta de l'agència de publicitat on ja havia treballat: necessitaven una dona embarassada? Amb agafar qualsevol noia i posar-li un coixinet sota la roba..., deia la Xaro divertida de la situació, tot escoltant les confidències de l'ara íntima amiga Mercè...

Tampoc l'Antoni va parar l'esment en les coses d'en Martí, perquè ell vivia ara en un núvol de felicitat. I això que en Martí havia passat un bon disgust. Perquè al barri havien organitzat un concurs de ball de saló, i ell aprenia a ballar en els braços de la Clàudia i estava orgullosíssim dels seus progressos. Tanmateix, aquell ball que els engrescava tant no s'havia de celebrar: la colla d'en Miquel, amb la qual aquest estava perfectament identificat, burlant-se i befant-se d'aquell ball, hi van anar i hi van fer una gran destrossa. A en Martí li va saber molt greu, perquè n'estava il·lusionat, però el que més el va enquimerar va ser el camí que estava agafant en Miquel, i li dolia que aquell que havia estat el seu millor amic, ara fos un brètol capaç d'aquella salvatjada.

Però l'Antoni se sentia al marge de tot. La llàstima és que la segona cita íntima amb la Cristina la va espatllar l'Eudald: com feia sempre que tenia un acte oficial en què es podien portar les dones, volia presumir de la seva i, alhora, que aquesta repartís les gentileses com estava avesada a fer-ho: en això, la Cristina era insubstituïble. Ella, però, li va prometre a l'Antoni que ja trobarien una altra ocasió per veure's...

Bé, no en tot estava absent l'Antoni. Malgrat les males relacions que hi havia entre ell i el seu cunyat Xavier, li va fer costat i li va demostrar un autèntic afecte fraternal.

En efecte: en Xavier passava la pitjor de les angoixes.

L'Eugeni era un gran afeccionat a la vela, i havia demanat manta vegades a en Xavier que, ni que fos un cop, l'acompanyés.

—Ja veuràs com t'agradarà: el mar és un altre des d'un veler. És una experiència maquíssima, ja ho veuràs.

I sí, ho va fer. Però en Xavier decididament no servia per a navegant: va tornar refredat, marejat i malhumorat i va renegar de la vela per sempre més. Així que, a la sortida següent, en Xavier va quedar a terra ferma i l'Eugeni va partir amb uns amics. I va esclatar una gran tempesta que va enquimerar en Xavier.

Era el dia en què al bar vell hi havia les proves finals del concurs d'escacs. En Pau, cada dia més amic d'en Xavier, estava contentíssim perquè havia estat seleccionat, i, en aquell precís moment, a la televisió del bar van donar la terrible notícia: la barca on navegava l'Eugeni Comes havia desaparegut i l'equip de rescat havia fet algunes sortides infructuoses que feien témer el pitjor.

La reacció d'en Pau va ser immediata:

—És el meu pare! El meu pare!

Recordem que ell havia dit a en Xavier que no tenia pare. Aquesta reacció, doncs, va commoure profundament en Xavier, que se sentia angoixat per l'Eugeni en aquells moments. Va fer, doncs el cor fort, i va compartir l'angoixa d'en Pau, completament penedit de tot el que li havia dit al seu pare i del rebuig amb què l'havia tractat. En Xavier s'empasava les llàgrimes per no plorar davant del noiet, i així va saber aquest que en Xavier era el company del seu pare. I, sense vacil·lar, va acceptar-ho amb tot el cor. Ara l'únic que volia era recuperar el seu pare.

En Xavier, de seguida, va anar al port, i va tornar xop i mullat —la pluja era cada cop més forta— i molt més refredat que abans. Al port no va trobar cap notícia de l'Eugeni.

Per acabar-ho d'adobar, la notícia que van trametre al vespre era encara més terrible: del vaixell desaparegut només se sabia que un dels tripulants havia caigut a l'aigua. A en Xavier li va semblar que es tornava boig de desesperació, i les paraules d'esperança de la Rosa i de l'Antoni no el consolaven gens: l'estimava tant, l'Eugeni!

Va telefonar, va córrer a l'hospital, va intentar saber alguna cosa, però tot endebades. Quan retut, enfebrit pel refredat i malalt d'angoixa va tornar al vespre al bar vell, no es va poder aguantar les llàgrimes. Plorava per aquell amic únic que estimava tant. Plorava sense importar-li que el veiessin, i sense abaixar la veu per proclamar que n'estava bojament enamorat. I aleshores una mà es va posar en la seva espatlla.

Era l'Eugeni, sa i estalvi, que havia tornat a casa. Allà mateix, els dos homes es van fondre en una emocionadíssima abraçada.

—I ara anem a casa, Xavier. Estic mort. No m'aguanto de cansament. No saps tot el que he passat...

Tanmateix, en Xavier va tenir una idea: donant-li llargues, malgrat les protestes de l'Eugeni que desitjava canviar-se de roba, prendre un bany calent i reposar, va a conseguir retenir-lo. El temps suficient per, prèvia una breu telefonada, esperar en Pau.

Quan en Pau va entrar al bar vell, només va dir un mot:

—Pare!

I l'Eugeni es va girar i va mirar aquell homenet que, plorós, avançava cap a ell amb els braços oberts.

Els presents no podien contenir les llàgrimes. Aquell pare i aquell fill s'havien retrobat al fil d'una tragèdia a la mar...

32

QUAN LA JÚLIA i en Daniel tornaren de Boston, alguna cosa, subtil com un fil de seda, gairebé invisible, però real, s'havia trencat. I no per part de la Júlia, que tornava amb els ulls lluents i el cervell oxigenat pel viatge, i, per això, altre cop apropada a l'Helena; tampoc per part de la mateixa Helena, que veia amb gran alleujament que la Júlia tornava a ser la d'abans i se sentia molt agraïda al seu home per haver-se-la emportada. Però en Daniel Boix, el magnífic metge, l'home d'una peça que havia arribat al fons del fons del cor de l'Helena, la persona íntegra i noble, era diferent. No és que les dues dones ho notessin, de tan subtil com era el canvi, però, d'haver estat alertades, haurien trobat en els seus ulls una certa manera furtiva de mirar i un neguit que la seva polida cortesia aconseguia dissimular.

En Boix s'arborava mirant la Júlia. Ell mateix n'apartava la vista, i foragitava pensaments estranys al seu cervell, i, de seguida, tornava a mirar la noia, i li tremolaven un xic els llavis; d'haver-lo auscultat, hom hauria comprovat que el ritme cardíac galopava en aquelles mirades...

Li havien portat un regal a l'Helena —un preciós rellotge esportiu—, li havien explicat com havia anat de bé el viatge i la Júlia li contava, afectuosa, com era la ciutat de Boston. Quan, tots dos sols, l'Helena manifestà el seu agraïment a en Daniel per haver estat tan amatent amb la Júlia, ell s'empegueí i es regirà nerviós en el seient. És clar que no tenia res a amagar, perquè els pensaments no són accions, però, tot d'una, aquell home enamorat de l'Helena defugí el contacte carnal amb ella. L'Helena, segura del seu amor compartit, no hi parà esment...

Entre la mare i la filla, malgrat aquella treva, estava a punt d'aixecar-se, un altre cop, el mur de la incomprensió. I no a causa dels secrets desitjos d'en

Daniel, sinó, com ja els havia passat, a causa de Ramon Barrios.

Resulta que en Guillem estava recelós per algunes contradiccions que havia descobert en la Júlia: és clar, com que ella es trobava d'amagat amb el seu pare i aquest li havia demanat discreció, algunes vegades en Guillem l'enxampava amb una mentida, i la va burxar manifestant gelosia. Ella, aleshores, li va dir que sí, que es veia amb un altre home, i que l'hi volia presentar. En Ramon, fent-se el pare amatent i afectuós, havia sabut les il·lusions que la Júlia havia posat en Guillem i també que aquest no li queia bé a l'Helena i havia demanat de conèixer-lo. Quan en Guillem va veure Ramon Barrios i va saber que era el pare de la Júlia es va treure un pes de sobre. Aviat sabria la història del naixement de la Júlia i la rocambolesca història que, acabada de néixer, va haver de viure. També sabé l'antipatia sòlida, com una pedra, i compartida, entre l'Helena i en Barrios. Tanmateix, aquell home no li agradà gens. D'entrada va descobrir que mentia sobre els seus mitjans de vida. A la pregunta innocent de en què treballava, Barrios mostrà massa afany a eludir la resposta, i en Guillem, amb més experiència que la Júlia, hi insistí. Així que l'home digué, a l'atzar, el nom d'una empresa, i en Guillem, desconfiant-hi, li parà un parany:

—Aquesta empresa va fer fallida... —inventà sobre la marxa.

I en Ramon va fer confuses explicacions sobre una filial que romania oberta, etc., etc. En aquell moment, en Guillem va estar segur que el pare de la Júlia mentia. I s'enquimerà per la Júlia.

Va resultar, però, que anà un dia a casa d'ella a portar-li uns llibres de biologia i la Júlia no hi era. Ell sabia que no li queia bé a l'Helena, però en trobar-la sola a casa, va temptejar el terreny: veia molt més clara la vida de l'Helena que no la de Barrios. Ella, tot de sobte, sense poder aguantar-se un retret que tenia al pap, li va comentar que no estava bé que fes regals massa cars a la Júlia —perquè, a més del vídeo, en Ramon li havia regalat a la Júlia un magnífic fermall de molt de preu—, i ell aprofità l'ocasió per dir el que havia promès ocultar: l'aparició del pare de la Júlia a Barcelona, i l'autor, també, d'aquells presents.

No cal dir l'ensurt que tingué l'Helena quan sabé tan males notícies i com s'alarmà per la influència nociva que en Barrios podia exercir sobre la seva filla, sospites que semblaven confirmades pel secret amb què es veien pare i filla. Així que, quan arribà la Júlia, ella li digué que sabia que es veia amb el seu pare. És clar que no li va dir que sabés la informació per en Guillem, però els llibres de biologia eren sobre la taula i era fàcil deduir qui havia estat el delator. La noia s'ho va prendre molt malament: no suportava ser controlada, no acceptava la «mania» que l'Helena sentia per Barrios, i l'enfuria, sobretot, que en Guillem l'hagués traïda i que fos tan bocamoll per explicar les trobades amb el seu pare precisament a qui menys ho havia de saber. Molt i molt disgustada, va fer el que havia fet la vegada anterior: agafar les seves coses i marxar de casa. L'Helena se sentí abatudíssima: ¿com podia fer-li comprendre que aquell home era una mala persona? ¿Com ficar-li al cap que en les seves paraules no havia altra cosa que engany? Tot el que havia intentat era endebades, i es desesperava buscant una solució, una manera d'obrir-li els ulls a la Júlia. Així que, com també havia fet l'altra vegada, es va dir que havia de parlar amb Barrios, intentar fer-li entendre que, si li quedava una engruna de decència, havia de deixar d'influir en la Júlia. No tenia gaires esperances, però era l'única cosa que podia fer.

Mentre la Júlia ficava, plorant, les seves coses en una bossa, ella remenà la motxilla i trobà la seva agenda: així va aconseguir el telèfon de Ramon Barrios.

Entristida i neguitosa, tingué l'entrevista amb ell, però, com ja suposava, ell a cada súplica es creixia, a cada amenaça, amenaçava el doble, i, a sobre, hagué d'aguantar que marxés de l'entrevista triomfal pel fracàs de l'Helena: la cosa que ell més desitjava al món.

La marxa de la Júlia portà molt de dolor: en primer lloc, a l'Helena; però també en Daniel quedà com ensorrat i fins i tot culpà mentalment l'Helena per aquesta separació que li resultava insuportable. També va ser dolorosa per a en Guillem, a qui la Júlia reptà molt durament per la seva delació. Indignada, li explicava al seu pare que en Guillem no era com ella suposava, i el pare, que havia reaccionat uns segons tard al parany d'en Guillem, però que de seguida el va captar, animà la Júlia en les seves sospites, tot dient-li que aquell home no li agradava gens.

Però de tot aquest embolic, de tots aquests disgustos, sobressortia, per la seva transcendència, una catàstrofe que, inconscientment, anava a desencadenar la Júlia:

Recordem quina era la situació de la Kati: passava tanta por que, sense el consol d'en Ferran, no ho hauria aguantat. Però, alhora, estava massa enamorada d'en Ferran per permetre's a ella mateixa de viure amb ell.

—Jo per a ell només sóc una cosa transitòria —li explicava al Quim—, i, en canvi, ell és molt important per a mi. Si em quedo a casa d'ell, i el vol dormir amb mi, jo no sabré negar-m'hi, i patiré molt, perquè me n'enamoraré més encara i a sobre hauré de resignar-me quan ell se'n cansi...

Tot i això, els propòsits de la Kati no es varen complir: els seus tendres petons, les seves paraules dolces, la van fondre i va ser incapaç de rebutjar l'aixopluc que ell li oferia. Ell intentava que comprengués que no havia d'estar tan espantada:

—Ningú no sap que tu els vas reconèixer, i per tant, ningú no es venjarà en tu. A més, tenim protecció policial. Més pelut ho tinc jo, bonica, perquè, la meva cara, aquells mafiosos la coneixen de memòria.

Tanmateix, la Kati continuava espantada. Un dia, llegint el diari, va saber la notícia que una altra banda de mafiosos del narcotràfic havien matat un testimoni de càrrec, i es deia a ella mateixa que, per més discreta que fos la policia, podia haver-hi un o altre que parlés més del compte. I tornava a acovardir-se i a passar una nit sencera sense poder dormir.

El que no sabia la Kati és que el seu delator havia de ser ella mateixa.

Perquè estant un dia ella al pub, amb en Ferran i la Júlia, renyava en Ferran per desaparèixer i fer-li passar tantes ànsies:

—D'ençà que vivim junts, ens han eliminat un dels dos policies que ens protegien i per això hem d'estar sempre junts: si tu te'n vas i desapareixes, et quedes sense protecció, i això és una irresponsable temeritat, Ferran, és que no ho veus? I a sobre, avui quasi em moro de por perquè he vist un dels dos individus que mataren l'Esther: aquell que és calb. Estic segura que era ell, l'he reconegut de seguida. Veges tu si ja m'ha localitzat, perquè, si no, ja em diràs què feia per aquest barri...

Algunes paraules, dites a cau d'orella, arribaren a la Júlia i es girà a preguntar de què estaven parlant. Com que es tractava de la Júlia, és a dir, d'una persona de tota confiança, la Kati trobà molt natural explicar-li que havia estat testimoni de l'assassinat. La Júlia comprengué aleshores els ensurts que demostrava la Kati i tingué un viu sentiment de simpatia envers ella, admirada pel valor que havia demostrat en declarar:

—Com t'ho deus estar passant de malament, pobra Kati! —li deia, molt amistosa i cordial.

Tanmateix, era fatal que la Júlia sabés qui era el testimoni que havia delatat aquells criminals. Perquè, estant amb el seu pare, com que acostumava a explicar-li tot el que pensava amb total innocència, esmentà la greu malaltia d'en Ferran i el que l'Esther havia fet per ell. El pare aixecà de seguida les orelles, i, amb gran habilitat, fingint una indiferència que estava lluny de ser autèntica, i amb paciència, li anà arrancant la història sencera. La Júlia li explicà l'esgarrifós assassinat i afegí que aviat caçarien aquells criminals:

—Hi ha una noia, saps?, que ho va veure tot. I sense que ho sàpiga ningú, va declarar a la policia i espera poder identificar-los aviat.

I, sense voler, va esmentar el nom de la Kati...

La Victòria havia aconseguit l'aprovació municipal de la zona per a vianants que tant s'havia afanyat a reclamar. N'estava d'allò més cofoia, però, per a disgust de l'Andreu, es va enfurismar amb en Balcells, perquè aquest, en unes declaracions a la premsa, havia dit que la idea havia estat seva, posant-se medalles de cara a tenir una ascendència entre el veïnat. Va ser inútil que l'Andreu intentés apaivagar la Victòria, perquè ella estava indignada de la falta de sinceritat d'en Balcells i volia «cantar-li la canya». Perquè l'Andreu havia invertit vint-i-cinc milions, així, de bursada, sense assegurar-se amb la Lluïsa Miralles si havia fet ben fet o no, com la primera vegada, que sí que va procedir amb tanta cautela. I és que els diners enlluernen: que ell va veure que havia estat capaç de quasi duplicar la primera inversió, va perdre tots els recels i confià aquella suma a en Balcells sense cap paper, sense cap garantia, sense saber què en faria, sense esperar el parer de la Miralles... I ara, confiadíssim en la bona salut del negoci, el neguitejava que la Victòria es barallés amb l'Eudald Balcells. Però ja la coneixia per saber que ella no podia, en cap ocasió, callar quan estava justament indignada. El van trobar al bar vell i la Victòria no li estalvià cap epítet, i no va reblar el clau perquè l'Eulald s'acomiadà tot de sobte al·legant que no es trobava massa bé.

Per la seva banda, l'Antoni estava cada dia més encès de desig per la Cristina, i aquesta, fent-se la primfilada, li corresponia. Així que havien quedat de trobar-se en un hotel discret, com la primera vegada, i l'Antoni estava tan nerviós com si tingués punxes a la pell...

Aquell dia que s'havien de trobar era una ocasió perfecta per a tots dos. En Balcells era fora, i la Rosa, per conèixer un client, volia anar a Amposta amb en Bernat.

—Així, de passada —li havia dit en Bernat—, coneixeràs la Rut, la meva petita... Mira, hi farem un bon dinar tots tres.

La Rosa sabia que l'Antoni es posaria furiós quan li digués que marxava tot el dia a Amposta amb en Bernat. Quina va ser la seva sorpresa quan, en dir-li-ho, aquest va somriure i li va dir que feia ben fet, que s'havia d'estar pel negoci. Caram! Quina sorpresa...! I a més hi va agegir que el perdonés per les seves estúpides sospites i que era un animalot: que anés, doncs, a Amposta i que en tornés tan tard com volgués.

Perquè era el mateix dia que havia quedat amb la Cristina. El pobre Antoni estava ben lluny de sospitar que aquell precís dia, a Amposta, en Bernat li diria a la Rosa, francament, mirant-la als ulls, que aquella Concepció amb que sortia no li importava gens ni mica, i que hi tenia amistat perquè havia lligat molt bona relació amb la Rut, i per res més.

—Perquè estic enamorat d'una altra dona, Rosa. Estic enamorat de tu. No pateixis, que això no canviarà res en la nostra relació comercial ni deixarem per això de ser amics, però volia ser noble amb tu: t'estimo, Rosa.

Així que mentre l'Antoni es passejava per la cambra d'aquell hotel, esperant impacientment la Cristina, en Bernat havia «passat a l'atac», com hauria dit ell mateix, això sí, amb tot el respecte. Perquè en Bernat era una bellíssima persona, i si havia parlat amb la Rosa ho havia fet sense esperar res a canvi: només per no haver de fer comèdia. La Rosa li havia agradat sempre, i admirava la seva manera abnegada de treballar. Ara, com a dona, no sols li agradava sinó que estava completament boig per ella.

L'Antoni, mentrestant, s'impacientava. Però la Cristina no aniria a la cita.

Abans de venir a l'hotel on havien quedat, la Cristina va voler fer una breu visita a en Jaume. I allà va trobar l'Eudald, que havia tornat tot de sobte i que estava intentant convèncer el seu fill que es presintés a unes oposicions a arquitecte municipal, una feina molt més segura i estable que el seu taller d'aquitectura alternativa, que ell trobava una criaturada. I en Jaume no sols no es deixava convèncer sinó que trobava enutjosa una conversa com aquella, que no li interessava gens. En entrar la Cristina, l'Eudald li digué que tenia ganes de sopar amb ella, d'estar una vetllada junts. De parlar. En Jaume va marxar, en veure que hi hauria confidències matrimonials. Però la Cristina, que havia pregat perquè un dia el seu home s'obrís a ells, que havia esperat recuperar la confiança mútua i refer un matrimoni malmés, feia temps que havia tirat la tovallola i havia deixa't de creure'l. A més, estava impacient d'anar a buscar els braços de l'Antoni. Així que tingueren una breu discussió i ella li va dir que havia quedat amb unes amigues i que no comptés amb ella aquell vespre:

—Has fet tard, amb mi, Eulald.

I en aquell precís moment, l'Eudald es va portar la mà al pit, va fer un crit, va fer aletejar les mans com les d'un colom que vol fugir, i va caure rodó a terra: l'Eudald Balcells acabava de morir d'un atac de cor.

Aquella mort va torturar molt temps tant en Jaume com la Cristina. «Si hagués escoltat el que em volia dir», es dia ella; «si hagués tingut més paciència, si li hagués explicat per què no m'interessa ser arquitecte municipal...» Se sentien obscurament culpables de no haver oferit una mà a aquell home que, a la seva manera, els havia estimat tots dos.

La mort: l'argument definitu. Inapel·lable.

Per a l'Andreu va ser una bomba la notícia de la mort d'en Balcells, i no sols per sentiments humans, com la mateixa Victòria que, tot i tenir-li mania, deia que això no li ho desitjava a en Balcells ni a ningú d'aquest món, sinó pels diners invertits. Per a l'Andreu s'iniciava un calvari: què s'havia fet dels seus vint-i-cinc milions?

La Lluïsa Miralles va ser taxativa: no tenia comprovants, més que un ridícul paper que no tenia cap valor, no sabia en què anava a invertir-los, ni com es deia l'empresa ni qui era el notari que havia fet els papers. No tenia res.

—Si la seva vídua no pot trobar cap paper sobre aquest afer, em temo, Molins, que ha perdut el vint-i-cinc milions.

L'Andreu va sentir que el món li queia a sobre. Desesperat, intentà parlar amb la Cristina, però ella no sabia res dels negocis del seu home ni estava en disposició anímica per posar-se a remenar papers. I en Jaume li va demanar, educadament, que deixés en pau la seva mare en aquells moments. L'atribolada Cristina no pensava més que en la brusquedat amb què havia tractat el seu home, i es penedia de la relació que mantenia amb l'Antoni que es jurava a si mateixa tallar a l'acte...

De resultes d'això, l'Andreu va caure malalt, amb gran preocupació de la Victòria i desconcert del seu metge, que no trobava cap causa d'una malatia tan misteriosa...

La Rosa va escoltar la declaració d'en Bernat amb una barreja de sorpresa i d'afalagament. Ella havia volgut refer el seu matrimoni; darrerament les coses no anaven gaire bé entre ells, però tenia les esperances posades en un canvi en l'Antoni, que s'adonés que ara era una dona independent i que com a tal havia d'actuar. Sabia que les relacions humanes en general són difícils, i amb l'Antoni, en particular, encara més. Sabia també, quan se sincerava amb ella mateixa, que aquella tendresa que havia sentit per l'Antoni quan en Ferran estava greu, s'estava evaporant. Però tot i això estava disposada a lluitar pel seu matrimoni. D'altra banda, en Bernat li agradava com a persona: la seva honradesa, el suport que li havia donat en els moments difícils, la confiança que hi havia dipositat, i, sobretot, el seu tracte enèrgic i amable alhora, eren motius sobrers per tenir-li afecte. A més, s'havien entès sempre bé. Sí: li tenia afecte, simpatia i amistat. I, per què no?, com a home no li desagradava gens, tot el contrari...

Així que va visitar l'Helena per explicar-li la declaració d'en Bernat: el fet de contar-ho, i a una persona com l'Helena, li ajudaria a aclarir les idees. I no és que l'Helena li hagués de donar consells, perquè això no solia fer-ho, però l'escoltaria, li faria preguntes directes. Per exemple:

—I tu, Rosa? Tu l'estimes a ell? T'agrada?

Això significava dir un «no ho sé» tímid, però també significava una necessària reflexió, en veu alta i a una persona de tota confiança.

Per la seva banda, l'Helena, que era la dona menys tafanera imaginable, callà, per discreció, les pròpies confidències: resulta que el barri anava ple de la notícia, inventada, que en Xavier tenia la SIDA; i l'Helena, que no creia mai en els rumors, hauria volgut preguntar-li-ho a la Rosa. Li privava de fer-ho l'actitud de la Rosa: de ser cert, la Rosa no hauria estat parlant de declaracions d'amor. I si era cert i no ho sabia, no era ella qui li donaria el disgust de conèixer uns rumors tan verinosos.

Quan la Rosa ja marxava i l'Helena li donava records per tothom, es va limitar a preguntar-li:

—I en Xavier? Fa dies que no el veig. Està bé?

—Sí, és clar, com sempre. En Bernat i jo voldríem que tornés a ser soci nostre, i a ell no li agrada la feina. Així que hem pensat demanar-li que ans ajudi temporalment: tenim una convenció que ha llogat els nostres serveis, i hem de fer dos-cents plats! Espero que en Xavier ens digui que sí...

Era evident, doncs, que la Rosa, tant si el rumor era cert com si no ho era, no en sabia res.

A l'Antoni, que, fracassats els seus intents d'aproximació a la Cristina, volia reconciliar-se amb la Rosa i mirava de tornar a ser un bon marit, li van arribar aquests rumors per un comentari de la Mercè i en Manel. Resulta que en Xavier, per aconseguir el cotxe que l'Andreu volia regalar a la Victòria, va tenir una petita baralla amb la trepa dels subhastadors de cotxes, i havia rebut un cop que li havia fet una petita ferida a la cara. Això i el refredat que arrossegava d'ençà l'aventura de la vela, havia fet exclamar a algú que eren símptomes de la sida. I ara tothom ho donava per cert. Quan l'Antoni ho va saber, el primer pensament que va tenir és que això se'ls podia encomanar i que calia allunyar-se d'en Xavier. I, amb aquests pensaments, va entrar a casa i va veure en Xavier que tenia als braços el seu nét, el petit Guillem. Li va arrabassar, per a estranyesa d'en Xavier, i no va deixar que el tornés a agafar. Quan en Xavier se n'anà, l'Antoni li explicà a la Rosa el que li havien dit i el perill que corria el nen i que calia que no s'hi acostés mai.

De nou la Rosa va picar a casa de l'Helena i li va dir, tot plorosa, el que l'Antoni havia contat. L'Helena li va explicar què és la SIDA, i com és d'irracional el terror que hom sent per aquesta cruel malaltia:

—No s'encomana ni per petons, ni per la respiració, ni per una tovallola ni per res de tot això. Només s'encomana per la sang i per via sexual. A més, Rosa, jo no m'ho crec: la gent parla molt. Pregunta-li-ho a ell. Veuràs com tot són xafarderies.

La Rosa va seguir el consell i en Xavier es va empipar com poques vegades ho havia fet: que parlessin! Ell no pensava desmentir-ho. I va estar malhumorat i enfadat, furiós contra la tafaneria, que pot ser una terrible arma en mans de persones desocupades i espietes.

Més feina tenia ell a donar-li suport a en Martí, que estava molt amoïnat per en Miquel havia anat a parar a comissaria i va haver de pagar una bona multa. I això, en comptes d'escarmentar-lo, li havia fet empitjorar l'actitud. Fins i tot era fàcil veure'l, a ell i als indesitjables dels seus amics, perseguint i insultant moros i negres i cridant consignes clarament racistes. I a en Martí i la Clàudia els rajava el cor de pena en veure el seu amic convertit en un ésser tan indigne...

Un tomb substancial anaven a fer les relacions entre l'Anna i en Marc. Aquest, quan va tornar de Tòquio, com recordem, va ser rebutjat per l'Anna en la seva intimitat, i s'hi va avenir; però a la següent aproximació va passar el mateix, i en Marc es va enfurir i va sospitar el que era cert: que ella i en Jaume s'entenien.

Precisament l'Anna havia estat amb en Ferran i aquest li havia dit que la relació entre la família i en Marc no podia continuar així i li havia pregat que el convidés a sopar a casa d'ella per poder fer les paus amb en Marc. En unes altres circumstàncies, això l'hauria feta molt feliç. Ara que sabia que estimava en Jaume i que estava completament allunyada d'en Marc, li va agradar, sí, però més pel que significava per part d'en Ferran: era un bell gest, i això sí que ho agraïa.

La segona vegada que l'Anna va rebutjar en Marc va ser a causa de la pressa que ella tenia: tornava a estudiar, intentava aprovar l'examen de conduir i havia de cuidar d'en Guillem. I en Marc, aquesta vegada, es va enfurismar tant que ella es va espantar i va fugir del pis. Perquè, a més, en Marc havia vist les claus del pis d'en Jaume en poder de l'Anna i això l'encegà. Com podia ella, en aquelles circumstàncies, dir-li la veritat? No, l'Anna, malgrat que no era una dona covarda, es va limitar a fugir, turmentada pels sentiments.

En Marc, penedit de la seva violència, li havia de dir a en David, l'únic amic en qui confiava, que no sabia per què perdia els nervis i perdia també el control:

—De vegades, m'espanto de mi mateix...

En David, com a bon amic, li repetia que aquell distanciament que s'havia produït entre ell i l'Anna només s'arreglaria amb dolçor i tacte, que amb la violència perdria l'Anna definitivament. I en Marc ho comprenia, li donava la raó... però arribat el cas no sabia controlar-se i li sortia una ferotgia irracional que no sabia com parar-la. «Potser tinc algun mal... Potser he heretat la malaltia de la mare...» La sospita era tan terrible que se l'havia de treure del cap per no espantar-se de debò.

Penedit, cercava l'Anna per demanar-li perdó, i en no trobar-la, la gelosia el tornava a enfurir. Aquell dia li va trucar a l'estudi d'en Jaume i s'hi va posar aquest.

—Sí, l'Anna és aquí, amb el nen.

I va tornar a esclatar. Era precisament el dia que havia de venir en Ferran a sopar, i l'Anna, preocupadíssima, va intentar avisar el seu germà que no vingués, que no era un bon moment. En no trobar-lo va deixar l'encàrrec a en Quim; però en Quim no va veure en Ferran i no li ho va poder dir. Va ser una sort, perquè, en tornar l'Anna a casa, va trobar en Marc completament embogit, tant que li va pegar i tot. Li va pegar quan ella li va demanar que no s'acostés a ella, perquè li feia por... I, amb la veu trencada, la pobra noia va afegir:

—No t'estimo, Marc. Ja no t'estimo.

La reacció d'en Marc va ser terrible. Sort que en aquell moment va arribar en Ferran. Va apartar en Marc de davant l'Anna, va protegir-la a ella i al nen i se'ls va endur a casa dels seus pares.

En Marc aleshores va iniciar una autèntica persecució de l'Anna trucant al timbre contínuament, fins a desfer els nervis a tota la família, que estaven molt contenta de tenir l'Anna a casa i també aprovava que hagués trencat amb en Marc. El setge va ser un autèntic martiri, fins que l'Antoni es va citar amb en Marc per aclarir les coses: ell no parava de repetir que tenien segrestada l'Anna.

En David va intentar fer-lo reflexionar, fer-lo comprendre que no havia d'actuar així, que mai recuperaria l'Anna amb l'ús de la violència; i aleshores, en Marc es va regirar contra ell:

—És que m'estàs dient que estic boig com la meva mare? —li va cridar.

Dissortadament, en Marc s'havia trastornat.

Va ser inútil que l'Antoni li digués que els deixés en pau, que l'Anna era voluntàriament a casa, que no volia saber res més d'ell: en Marc no el creia. Així que l'Antoni el va fer pujar a casa.

—Tu no pateixis, Anna, que entre nosaltres estàs segura i aquest sonat no et farà res. Però li ho has de dir tu, que no vols tornar. A mi no em creu.

Quan en Marc va rebre de llavis de la mateixa Anna la sentència que no volia tornar amb ell, que no l'estimava i que ningú no la retenia a casa els pares més que ella mateixa, se'n va anar cap a la porta, tentinejant com si hagués begut, i en arribar a la porta es va girar, va mirar l'Anna, va mirar tota la família i va somriure:

—Em venjaré, Anna. I tots vosaltres sabeu que, quan vull, sé molt bé com venjar-me...

I se'n va anar.

L'Anna va respirar d'alleujament. Però no va poder foragitar la por que les paraules d'en Marc li havia ficat al cos.

No cal dir que en Jaume va rebre amb una gran alegria la notícia d'aquella separació i li va demanar de seguida que tornés a viure amb ell.

—Tenim casa, tenim un fill i ens estimem.

—I la Betty?

—La Betty és als Estats Units. Se'n va anar. Tenia gelosia de tu. I, la veritat sigui dita, ho encertava...

L'Anna dubtava: ¿quina mena de persona era ella, que havia desfet una boda, després se n'havia anat amb un altre i ara tornava amb el primer? Ho desitjava, això sí. Havia descobert que el seu amor per en Jaume era sòlid com una roca, que sempre ho havia estat, i que s'havia enganyat a ella mateixa creient que l'amor per en Marc s'hi interposava, si bé es tractava només de l'atracció pel prohibit. No: estava completament segura dels seus sentiments. Però, i els altres? Què pensarien d'ella? Què diria la Cristina? Dirien que era una noia frívola, una insensata, una inconstant.

—Que diguin el que vulguin, maca! —li va etzibar la sempre expeditiva tieta Victòria—. Tu l'estimes? Ell t'estima a tu? Doncs no ho dubtis ni un moment. I els altres, si volen parlar, que parlin. Veges tu si t'hauràs de sacrificar pel que diguin els altres! En amor, els únics que compten són les dues persones que s'estimen!

Gratificant parlament, el de la tieta! Perquè l'Anna, els ulls enfosquits de por i de dubtes, nerviosa i atabalada pel que havia passat, es va sentir, tot de sobte, completament serena.

Aquell mateix dia es va presentar a casa en Jaume. Les parets, els mobles, els objectes, fins i tot la mena de llum càlida que banyava l'estança, la van rebre amb alegria, com si ella i els objectes de l'estudi d'en Jaume s'hi avinguessin, s'hi amotllesin.

L'abraçada d'en Jaume va ser la curació total de tots els dubtes. Definitivament, l'Anna acabava d'entrar a casa. A casa seva.

33

NO ERA DIFÍCIL D'IMAGINAR quina seria la reacció dels assassins de l'Esther després de la innocent delació de la Júlia: en Manuel —el que la Kati anomenava «el calb»— i Ramon Barrios van decidir de seguida que calia eliminar la Kati. Tanmateix, en Manuel, que no havia disparat l'arma, va deixar clar que aquesta era feina per a Barrios: la banda havia confiat un desconegut, i aquest havia fet la «feina» a mitges, car l'existència d'un testimoni no era prevista. No podia, per tant, posar en perill tota l'organització. No: era Ramon Barrios qui s'havia d'encarregar d'aquell testimoni tan molest, i després tots podrien respirar tranquils.

Com que en Ramon tenia suficient informació a través de la Júlia, sabia que aquella noia parava molt al pub, i que en Ferran era el seu amic i protector. Imaginava, a més, que un testimoni no estaria al carrer sense protecció, així que va parar una discreta vigilància al pub i aviat va comprovar que, en sortir en Ferran, un policia el seguia procurant no fer-se notar, però no amb prou habilitat per enganyar un home d'ambients delictius com era en Ramon. Un cop sabut això, també va imaginar que si el policia seguia en Ferran és que la Kati era al pub, entre els seus amics.

Les deduccions d'en Ramon eren encertades. La pobra Kati estava ben lluny de suposar que aquell dia podia ser fatal per a ella. El cas és que va tenir la immensa sort que, quan en Barrios va entrar al pub a buscar-la, ella era a dins buscant una caixa de cerveses. Quan sortia carregada amb aquesta caixa, va sentir veus i l'instint li aconsellà de ser prudent: des de la porta del magatzem va poder veure l'home que havia disparat a l'Esther i aguantant-se la respiració, escoltà la conversa. La Kati estava morta de por, però l'instint de conservació la va fer ser prudentíssima, i, com va poder, sense fer el més mínim soroll, es va esmunyir al despatxet del súper.

En Barrios, en entrar al pub i veure que no hi era la Kati, es va atansar al taulell i va demanar un whisky. Naturalment, en Quim, que el coneixia, es va esverar i va témer que la Kati sortís en aquell moment. A les preguntes d'en Ramon, va contestar que allà no hi havia cap Kati ni coneixia ningú d'aquest nom, tot aguantant-se les ganes de girar-se a comprovar si la noia sortia del magatzem. Aleshores en Ramon va fer una desagradable rialla i entrà al magatzem per a ensurt d'en Quim, i va trobar que no hi havia ningú. I en aquell moment, en aquella tensa situació, va aparèixer la Júlia a la porta del pub.

La Júlia va quedar parada de veure el seu pare al pub i s'hi va adreçar amb tota naturalitat, pensant que devia buscar-la a ella. En Ramon, que acabava d'amenaçar en Quim, va fer-se escàpol inventant una pressa imaginària i va deixar la Júlia completament perplexa.

De seguida, en Quim anà a cap al súper, on trobà la Kati tremolant de por, fins a l'extrem que li petaven les dents i tot com si tingués febre. La va agafar per les espatlles, la va abraçar, li va dir que havia estat molt llesta i va procurar calmar el pànic que, tan justificadament, sentia la pobra noia.

Mentrestant, la Júlia intentava esbrinar què passava i no entenia absolutament res de les paraules entretallades de la Kati i les de consol d'en Quim. I en això va entrar en Ferran, preocupadíssim per la Kati. Quan tots tres van tenir esma de contestar les impacients preguntes de la Júlia, es van limitar a dir que aquell home que acabava de sortir era l'assasí de l'Esther. La seva reacció va ser negar-ho rotundament:

—Però si és el meu pare!

Com si la paraula «pare» equivalgués a honrat, a bona persona, a net de tota sospita... Pobra Júlia! De quina manera tan terrible hagué d'assabentar-se que els advertiments de l'Helena sobre el seu pare no sols no eren exagerats sinó inferiors a la sinistra realitat!

La Kati, aquell mateix dia, sabent que ja la coneixien i que a més l'havien localitzada, anà a amagar-se a casa de la seva germana. I la Júlia va veure el seu pare per tenir-hi una explicació. Ella no parava de dir que no podia ser, que el seu pare no era un assassí, però aquelles persones eren amics de sempre, els coneixia bé, i al seu pare... En el fons, ella temia que tinguessin raó. I, tot jurant-li que l'estimava tant, en Ramon va donar a entendre que els seus amics no l'havien enganyada. D'aquella conversa, a la Júlia li va quedar, enganxada a l'ànima, la viscosa sensació que el destí l'havia ferida en el racó més vulnerable de l'ànima. Regalimant-li les llàgrimes per la cara, en arribar a casa es va posar a trencar els vídeos que en Ramon li havia regalat. Sentia ràbia, una furiosa decepció i, enmig de tot, sentia vergonya, com si ella fos responsable de la conducta criminal del seu pare, com si els llaços de sang fossin també llaços de consciència.

I aleshores va entrar en Daniel. Entre plors, ella li va contar el que havia passat, i en Daniel la va abraçar per donar-li confort; però tot ell tremolava, tot ell estava trasbalsat pel contacte físic amb un cos tan jove i atractiu. La Júlia, en el seu desesper, no era conscient de l'estat d'ànim d'en Daniel. però l'Helena, que va comparèixer quan estaven tots dos abraçats, va entendre d'una sola llambregada els sentiments d'en Daniel. I el cor se li va fer a miques.

La primera cosa de totes, era la Júlia. L'Helena no era d'aquelles persones que, quan tenen raó, no resisteixen poder dir «ja t'ho havia dit», sinó de les que, davant l'angoixa dels qui estimen, són a punt per ser com una roca on aquests puguin estintolar-se.

Però a la nit, marit i muller junts, l'Helena, amb la veu trencada, va interrogar en Daniel. En Daniel era, com sabem, una bellíssima persona, i la passió que sentia per la Júlia l'avergonyia, i, tanmateix, no la podia vèncer. Així que li ho va confessar tot a l'Helena, i li va dir, amb total sinceritat, que ell no havia buscat aquella atracció, però que tampoc no podia sufocar-la.

L'Helena no aixecà la veu, no plorà, no l'acusà ni va fer cap gest dramàtic. Hi havia, per una banda, la preocupació per la Júlia, i, per l'altra, la seva serena presència d'ànim, aquell refinament espiritual que la feia tan i tan especial per a tothom.

—Vés-te'n a Boston, Daniel. Allunya't un temps...

I hagué de sortir de la cambra perquè se li trencava la veu. Aquella decepció, amb un home que estimava amb tota l'ànima, era una autèntica prova per a ella, i l'Helena temia perdre els nervis d'un moment a un altre.

Per a la Júlia, que en Daniel marxés a Boston, no era sorprenent, i no va fer preguntes. Això sí: se sentia fatal en adonar-se que ella havia delatat la Kati i li va facilitar a aquesta les claus de la casa de Daniel a la Cerdanya, on no la trobaria ningú. Aleshores, la Júlia es va reconciliar amb en Guillem, perquè les seves acusacions de deslleialtat per haver parlat a l'Helena de la presència de son pare a Barcelona, ara eren motius més d'agraïment que no d'enuig. I també va voler trobar en Ramon per demanar-li una explicació, per forçar-lo a lliurar-se a la policia, per dir-li a la cara el que en pensava, per... Per escopir tot el fel que aquest home innoble li havia fet beure.

També anà a comissaria, a explicar tot el que sabia, humiliada d'escoltar coses terribles del seu pare, angoixada per sentir-se, alhora, entre les víctimes i els botxins. Però en Barrios no se'l trobava enlloc: s'havia esfumat a l'aire. I en Guillem ja no sabia quines paraules trobar per calmar aquella pobra noia tan terriblement sacsejada per uns fets cruels i despietats.

Tanmateix, la policia va enxampar en Manuel, i estaven segurs que, quan l'interroguessin, sabrien on parava en Ramon: el cas, anava per fi a resoldre's.

La Júlia no va poder, doncs, notar tot el que estava passant l'Helena. A sobre de la pena que sentia per la seva situació matrimonial, l'Helena havia començat a notar molèsties al pit, i temia que el mal s'hagués reproduït. No és que l'Helena fos dona per anar a repenjar-se en els altres quan tenia problemes, però quan la seva sogra, la Misericòrdia, la renyava per no estar al costat del seu home, ella no va poder més i li va explicar el que havia passat. Se'n va penedir de seguida, però, per a sorpresa seva, la Misericòrdia la va comprendre perfectament i va acusar el seu fill de ser un faldiller impenitent. Sorpreses de la vida: aquella dona que representava tot el que a l'Helena no li agradava, va resultar en aquesta ocasió solidària i comprensiva. I això li va fer un gran bé a ella.

Pel que fa al malestar al pit, l'Helena s'havia confiat només a la Rosa, perquè a hores d'ara aquelles dues dones no tenien secrets una per l'altra. Però en veure la reacció de la Misericòrdia, també li ho va contar, i aquesta va dir que el que havia de fer era sortir de dubtes i fer-se unes proves: ella mateixa l'acompanyaria. Però la Misericòrdia encara havia de donar més sorpreses agradables a l'Helena.

Aquestes sorpreses estaven relacionades amb en Xavier i l'insidiós rumor que corria sobre la seva salut. Perquè l'Eugeni no havia convençut en Xavier que desmentís que tenia la SIDA, i aquest estava molt amargat per les reaccions de la gent. Precisament va presenciar l'actitud d'en Miquel i la seva trepa amb el pobre marroquí de les flors, i va comentar entristit a en Martí:

—Hi ha gent que és racista. Són els mateixos que et discriminen per no tenir la seva religió, la seva sexualitat o la seva pell...

Es referia al seu propi cas. Però també comprovava, en Xavier, que hi havia gent de molta mena: els qui et condemnen per tot i els qui ho comprenen tot. O quasi tot.

Per exemple, la Xaro: per a desolació d'en Quim, la noia havia de marxar al seu poble, car la seva mare estava malalta i els germans l'havien avisada. Recordem que la malaltia imaginària d'en Xavier era propagada per la Cristina, però també, si bé en menor grau, per la Mercè i en Manel, que no hi posaven malícia sinó ignorància. Doncs bé, quan a la Xaro li van arribar a les orelles aquests rumors, va voler fer un petó a la boca ben fort a en Xavier, en públic i davant dels ulls astorats de la Mercè i en Manel... Era un gest d'aquells que escalfen el cor. La mirada d'en Xavier, rera el petó de la Xaro, era la mirada d'una persona a una altra, d'un ésser humà a un altre: una mirada neta i solidària. I això valia per totes les amargors que el pobre Xavier havia d'aguantar.

Doncs bé, el súper, la Misericòrdia va trobar la Cristina, la qual, tafanera de mena, es va afanyar a contar-li malaltia d'en Xavier i a exclamar-se que era una poca-soltada que la Rosa consentís que ajudés en el negoci dels plats cuinats un home «contaminat» com aquell... I això a la Misericòrdia no li va agradar gens ni mica. Tot el contrari del que li va passar amb l'Helena, perquè quan totes dues eren al bar vell, l'Helena li va presentar en Xavier i li va fer una forta i amical abraçada. La Misericòrdia ho va aprovar amb un somriure, i no sols això, sinó que va decidir donar-li una lliçó a la Cristina.

Així que va proposar a la seva jove de fer un dinar a casa seva i convidar la Cristina. Va ser magnífic: perquè aquell dinar la Misericòrdia l'havia encarregat en Xavier, amb el prec explícit que fos ell qui el portés i qui el servís. I ell hi va col·laborar encantat de la vida.

La cara que va fer la Cristina, quan va veure en Xavier tot somrient servint el dinar, era tot un poema. I més encara quan aquest, rialler i agraït, li va dir a la Misericòrdia:

—Misericòrdia: vostè és tota una senyora...

Però no sempre podia comptar en Xavier amb aquesta mena de compensacions. Una de les que més li va doldre va ser que al campionat d'escacs no es va presentar cap nen. Ni un. Bé, excepte en Pau, el fill de l'Eugeni, cada dia més unit al seu pare. El somriure amarg d'en Xavier mirant les taules buides era tristíssim. I no culpava els nens, no: culpava els pares, una societat poruga, la ignorància. la misèria moral que, dissortadament, és present arreu del món...

A tot això, l'Helena, amb la sogra, s'havia fet l'analítica per comprovar l'estat de la seva salut, amb el fantasma del càncer altre cop ennuvolant-li les nits.

I no: l'Helena no tenia càncer. No s'havia reproduït i el seu pit estava en magnífic estat. Però l'Helena estava embarassada...

La Cristina, després de l'enterrament del seu home, va anar uns dies a un balneari a descansar. Semblava una vídua inconsolable i es jurava a si mateixa que li guardaria eterna memòria. En tornar a Barcelona, però, li esperaven dues desagradables sorpreses:

La primera era que l'Anna i en Jaume vivien junts. És clar que se n'alegrava pel petit Guillem, però alhora trobava insuportable l'Anna i li guardava rancúnia pel ridícul que havia passat a la boda del seu fill. S'hi va haver de resignar, és clar. Més malament es podia resignar a la segona sorpresa: el seu home ho havia deixat tot hipotecat. No hi havia un duro i ella estava arruïnada.

Malgrat aquell jurament de fidelitat al seu difunt, el primer pensament va ser per l'Antoni. En efecte, va córrer a refugiar-se als seus braços, li va explicar la seva situació, va dir que el seu home era un desgraciat i un poca-vergonya, i, en part per atracció cap a l'Antoni, en part per desig de venjança, van iniciar unes relacions íntimes més freqüents i estables que les anteriors. En aquestes trobades es va assabentar per l'Antoni, a qui la Rosa havia posat al corrent, que en Xavier no tenia la SIDA ni res que se li assemblés...I, pel que fa a la seva situació econòmica, com que tenia un bon racó propi, va decidir de posar una perfumeria i guanyar-se bé la vida. En quinze dies, aquella dona havia passat d'un extrem a l'altre: ara era una vídua alegre i plena de projectes i esperances...

Més s'hauria sorprès si arriba a saber que l'Anna, absolutament feliç per viure amb en Jaume, il·lusionada amb la publicació de la novel·la, per la qual ja havia rebut un xec que la va fer ballar d'alegria, més pel que significava que no pel seu valor, i alliberada de les tensions que havia suportat amb en Marc, un bon dia va dir a en Jaume, tota formal i cerimoniosa:

—Vols casar-te amb mi?

I en Jaume va fer un sí com una casa de pagès. Això sí, havien de casar-se en secret, sense cap mena de cerimònia, perquè el record de la cerimònia anterior encara enterbolia el seu record, i no volien cap ombra en la seva nova i lluminosa relació.

Acabada la cerimònia, es van presentar, ja marit i muller, al pub a donar la bona notícia. Hi havia en Quim i la Júlia, ja una mica refeta del seu disgust, que els van felicitar de tot cor. En Ferran no hi era perquè ell també havia anar a la casa de la Cerdanya d'en Daniel, i hi era amagat amb la Kati. En tornar a casa, aquell jove i feliç matrimoni van donar la notícia a qui feia de cangur del seu petit: en Martí. I la Clàudia, que havia anat casa d'ells a fer-li companyia i ajudar-lo amb el petit. També els dos joves es van alegrar, en saber de la boda. Però la Cristina, en canvi, quan ho va saber, s'ho va prendre com una ofensa personal, i, furiosa i indignada, va marxar a Planoles, aquella casa on havia estat l'Eudald aquell dia que va morir... Tanmateix, aquesta rebequeria no els va afectar massa, ni a en Jaume ni a l'Anna: eren tan feliços! Acabats de casar, a casa d'ells, s'abraçaven enamorats i tendres. I va sonar el telèfon.

No contestava ningú, en despenjar. Però se sentia una respiració, un panteix. L'Anna, que era qui havia contestat, va sentir que la pell se li posava de gallina: en aquell panteix hi havia alguna cosa sinistra i amenaçadora. I el nom d'en Marc li va venir als llavis sense adonar-se'n.

Aquell mateix dia que havien fet de cangurs, en Martí i la Clàudia parlaren llargament d'en Miquel. L'havien volgut ajudar, i ell s'havia burlat d'ells; havien condemnat l'actitud racista i agressiva del qui abans era tan amic;

intentaven comprendre què li havia passat, per què es comportava així, i es deien que l'havien destarotat aquella colla de salvatges amb qui es veia.

Però és que les coses havien empitjorat: el pobre marroquí de les flors, un bon dia, va ser trobat a terra, banyat en sang, víctima d'una terrible pallissa. Ara era ingressat a l'hospital, en estat greu. I això sí que no: en Martí es va indignar amb en Miquel i va jurar que o bé no li tornaria a parlar en la vida o bé li faria una cara nova. Ja havien tingut prou paciència amb ell. Havien intentat parlar-li moltes vegades. El mateix Xavier havia intentat fer-li veure com era d'injustificada i de detestable la seva actitud. I tot havia estat endebades.

Però una pallissa així a aquell pobre home, això no era admissible.

Aquell dia, en tornar a casa, en Martí es va trobar en Miquel. Semblava un altre: estava arraulit, amb els ulls vermells de plorar. Se li va acostar com aquell qui demana almoina, amb tota humilitat, i li va dir:

—Martí, ajuda'm.

Ajudar-lo? A aquell racista? ¿A aquell individu capaç d'apallissar un pobre home que no feia mal a ningú? ¿A aquell covard que atacava en colla un home sol? Ah, no! I en Martí el va rebutjar amb tota la duresa que va saber trobar.

Tanmateix, gràcies a la Madrona, l'àvia d'en Miquel, en Martí i la Clàudia van saber que en Miquel havia anat a l'hospital a visitar el pobre marroquí. I, segons deia la bona dona, en Miquel estava profundament penedit del que havia fet. Això va fer diana, i aquella parelleta van considerar que potser en Miquel havia reaccionat a temps, i que potser valia la pena donar-li el benefici del dubte.

Que no és fàcil de donar, sobretot quan estem indignats. Si no, mirem la Victòria, que no pot més d'indignació contra l'Andreu.

Perquè l'Andreu, que ja no podia més de l'angoixa que pasava amb aquells diners que no es trobaven enlloc, li ho havia confessat tot, i havia parlat amb en Jaume i l'Anna. En Jaume li va prometre que miraria d'ajudar-lo, que no escatimaria esforços per trobar alguns papers relacionats amb la inversió entre les coses del seu pare. I l'Anna va córrer a trobar la tieta. Havia estat un cop molt dur per a la pobra dona: que ho fes d'amagat i que es confiés a un home com en Balcells, eren dues coses que no li cabien al cap. Se sentia decebuda, furiosa, desenganyada, derrotada. I, sobre totes les coses, no volia saber res més de l'Andreu.

Quan l'Anna va anar a veure-la, la va trobar encara més furiosa del que havia imaginat per les paraules de l'Andreu. Intentà fer-li comprendre que l'Andreu s'havia enlluernat amb els primers guanys, que ho havia fet per donar-li una meravellosa sorpresa, que en ell hi havia hagut imprudència, però no mala fe, que l'home estava desfet, que en Jaume intentaria recuperar aquells diners...

—Ai, Anna! Que em passi això a mi, a la meva edat i amb la meva experiència! Ja em va engalipar en Ricard i ara aquest...!

—Tieta, no digui això! ¿Com pot comparar en Ricard amb l'Andreu, que és una bellíssima persona i l'estima tant?

Mentrestant, com si hagués envellit deu anys, l'Andreu feia la maleta i se'n tornava amb els nebots. Tenia una llàgrima als ulls quan va tancar la porta de casa la Victòria.

Els nebots el van rebre amb tot l'afecte, però també preocupats per un trencament que ningú no hauria previst mai, i entristits pels mals moments que travessava aquell entranyable matrimoni. Allà va ser testimoni de l'anunci de la Mercè a la televisió, tot ensenyant la panxa. En Manel es volia morir de vergonya, però la Mercè estava encantada dels diners que havia guanyat i del sentit de l'anunci: era per demanar a les embarassades que no fumessin, que no beguessin alcohol i que no oblidessin les revisions ginecològiques.

—És per una bona causa, home!

Li deia ella a en Manel, tota riallera. I tenia tota la raó, perquè la premsa es va fer ressò d'un anunci tan ben pensat i van començar a ploure-li les ofertes i els diners. Tant, que es va acomiadar del supermercat per dedicar-se a la carrera de model. I n'estava tan il·lusionada que no va poder resistir la temptació de comprar-se, per a ella i per al nen que esperaven, un munt de coses. En Manel estava esverat, però ¿qui podia resistir l'alegria contagiosa d'aquella doneta tan simpàtica?

Tot preparant la convenció, en Bernat i la Rosa treballaven de valent. Volien que tot quedés perfecte. Volien que es parlés de les seves habilitats i de la qualitat del seu negoci. S'havien embarcat en una bona aventura, però el fet que en Xavier els ajudés i que tots dos s'entenguessin perfectament, els animava. La Rosa estava tot el dia sufocada amb la feinada que els havia caigut a sobre, i per això l'Antoni aprofitava per trobar-se, furtivament, amb la Cristina. En Bernat, que se sentia feliç al costat de la Rosa, no parava d'animar-la dient-li que era capaç d'això i de molt més:

—Mestressa: ets una fora de sèrie, tu.

En Bernat la mirava i es deia que una dona així no havia d'estar amb un brètol com l'Antoni. I que havia de conquistar-la. Perquè en Bernat havia vist l'Antoni i la Cristina sortint abraçats d'un hotel discret, i era massa cavaller per dir-li-ho a la Rosa. Però sabia que això significava que aquell matrimoni no rutllava, i havien augmentat les esperances, més aviat minses, que tenia d'enamorar la Rosa.

La Rosa, per al primer plat de la convenció, volia fer una salsa de garotes i havia calculat malament la quantitat, així que va encarregar, a corre-cuita, cinquanta garotes més. Però ella havia de sortir. Això que li va demanar a l'Antoni, que era a casa, que, en arribar les garotes, les posés ràpidament a la nevera, perquè es fan malbé de seguida. I sí, l'Antoni va rebre les garotes, just en el moment que li telefonava la Cristina citant-lo per veure's, i va perdre el cap i va marxar de bursada. Les garotes van quedar sobre la taula.

A la nit, ja ben tard, en tornar l'Antoni a casa, va arribar en Martí i li va preguntar què era aquella capsa sobre la taula, i l'Antoni es va afanyar a ficar les garotes a la nevera: havien estat moltes hores a temperatura càlida.

Acabada la convenció, en Bernat i la Rosa, que havien triomfat en els seus serveis, que havien estat efusivament felicitats pels participants i els organitzadors, varen preparar una festa de celebració: se l'havien guanyada.

Una festa que no es va arribar a celebrar. Perquè una trucada telefònica els va informar que molts dels participants a la convenció estaven hospitalitzats. El diagnòstic era: «Intoxicació per aliments ingerits en mal estat.»

34

LA MISERICÒRDIA, però, no era una dona moderna com l'Helena. L'actual situació del matrimoni del seu fill l'amoïnava d'allò més, i insistia prop de l'Helena a adobar les coses. Que en Daniel era un faldiller? I què? Els homes, ja se sap... Que ell mateix havia confessat que li agradava la Júlia? Home, la culpa era de l'Helena, per permetre que viatgessin junts i tot. Que l'havia decebuda? Ai, filla, totes les dones han de tenir paciència i han de saber perdonar: el matrimoni és per damunt de tot, a costa del que sigui... Tal era la mentalitat de la dona, i així li parlava a l'Helena. Però és que, a més, hi havia la notícia, l'esplèndida notícia de l'embaràs de l'Helena, i aquí sí que la Misericòrdia ho veia clar com l'aigua: si les dones han de perdonar, les dones prenyades han de perdonar i a més mirar de no perdre el marit.

No cal dir que estava contentíssima de saber que tindria un nét, perquè hores d'ara ja havia renunciat a un feliç esdeveniment. Però ja que el nét estava en camí, veia imprescindible que l'Helena afluixés i perdonés en Daniel.

Però l'Helena estava pastada d'una altra manera. Per a ella la vida no era qüestió de perdons ni de penediments, ni molt menys de dobles morals, una per a homes i una altra per a dones. És probable, es deia a ella mateixa, que acabés «perdonant» en Daniel, perquè almenys no se n'havia amagat ni havia fet res d'irreparable; però la qüestió no era aquesta. La qüestió era una confiança perduda. Ella ho veia de la següent manera: l'amor és ple o no és tal amor. Les mitges tintes, els afectes tebis o circumstancials estan bé per passar l'estona, però no són amor. El que ella sentia per en Daniel era sòlid com una roca. Per a ella, els altres homes, en el sentit amorós de la paraula, no existien. Podia ser —això no es pot descartar mai— que un bon dia se sentís atreta per un altre home. Però estava segura que entre els braços d'en Daniel aquella atracció es dissoldria com sucre dins l'aigua. I es negava a acceptar que els homes fossin diferents.

D'altra banda, en Daniel no havia fet res mal fet, ni s'havia deixat arrossegar per la passió que li havia desvetllat la Júlia. El que la sorprenia és que sentís aquesta passió: no feia tan temps que estaven junts. Pel que fa a l'embaràs, per a l'Helena era, bàsicament, qüestió d'ella mateixa. Acceptava i respectava la paternitat, però dintre seu es deia que els fills pertanyen, primordialment, a la mare.

Així que la xerrameca de la Misericòrdia sobre perdons i comprensions femenines li resultava aliena. La lleialtat era, per a ella, absolutament bàsica; i el fet que ell se sentís atret per una altra volia dir que el seu amor no era tan inquebrantable com el d'ella mateixa. Ultra la tristesa que sentia per l'absència d'en Daniel, la qüestió que l'amoïnava era si volia aquell fill. Hi havia el perill d'un embaràs a la seva edat, i hi havia una parella que, ni que sigui momentàniament, no era el que ella havia pensat que seria. Però ella, ella sola, el volia, aquell fill? I una resposta li pujava a la gola, lluminosa i ferma: «Sí, el vull». I el tindria. Amb en Daniel o sense en Daniel. I aleshores s'acariciava la panxa i un somriure se li dibuixava als llavis, un somriure d'una felicitat biològica, com si les arrels de la seva personalitat, en fructificar, esclatessin de goig.

D'aquest afer, la Júlia en romania completament ignorant. Enyorava en Daniel, amb qui s'entenia molt bé, i vivia al marge de les dissorts i alegries que sacsejaven la seva mare. El disgust de saber com era el seu pare l'anava superant amb l'ajut de la gent que l'estimava. La seva relació amb en Guillem tornava a ser bona i havia aconseguit mantenir una bona amistat amb en Ferran. Al *pub*, ella i en Guillem parlaven sovint d'en Ferran o en parlaven a en Quim —un Quim entristit i amargat pel llarg silenci de la Xaro, que no entenia: la seva poca confiança en ell mateix esperonava l'angoixa de creure que la Xaro l'havia oblidat —. Un dia, van telefonar a en Ferran a la Cerdanya, i tots tres van participar en una trucada plena d'amistat i d'alegria de saber-lo, en aquella casa d'en Daniel, perfectament sa i estalvi.

Tard o d'hora, però, la Júlia havia d'advertir que l'absència d'en Daniel es prolongava massa, i va comentar-ho a l'Helena. Aquesta, incapaç de mentir-li, però amatent a no fer-li cap mal, i per tant, impossibilitada de contar-li la causa del distanciament entre ella i en Daniel, li va ser tan franca com va poder:

—En Daniel no tornarà, Júlia.

La notícia la va sorprendre moltíssim: si algú li hagués preguntat quina era la parella ideal, hauria contestat sense dubtar que la d'en Daniel i l'Helena. Però no va poder saber-ne els motius.

—És possible que ens separem definitivament —va afegir l'Helena.

La noia es va sentir entristida amb la notícia, i s'imaginava que un home com en Daniel no podia haver fet res de mal. L'experiència, però, durament apresa, li indicava que l'Helena no era dona de jutjar precipitadament els altres i que, pel que ella recordava, sempre havia tingut raó quan rebutjava algú. Així que va respectar el silenci de l'Helena, no sense tristesa. El que ella no sabia era que l'Helena estigués embarassada: un estrany pudor sobre aquesta circumstància empegueïa l'Helena i s'adonava que li costava de dir-ho. Després s'enfadava amb ella mateixa: «És que és ridícul voler un fill a la meva edat? Oi que no? Així, per què em costa tant de dir-ho?», es preguntava.

Finalment va arribar en Daniel de Boston, i la primera cosa que va fer va ser anar a parlar amb l'Helena: havien d'arreglar les coses, havien de començar de nou. Ah! l'estimava tant, a l'Helena! Li dolia tant de veure la decepció en els ulls clars i honrats de l'Helena!

Li va demanar perdó. Amb humilitat, però, sobretot, amb sinceritat: allò de la Júlia era una cosa passatgera, sense transcendència, i era ben capaç de superar-ho. L'Helena el va mirar als ulls, i més enllà dels ulls, a dins de l'ànima: hi veia també l'home a qui hauria de vigilar, de qui no es podria refiar en el futur, i, rajant-li sang del cor, li va dir que no, que no volia continuar com si no hagués passat res. Que, sisplau, que marxés. Que se'n tornés a casa seva. En Daniel no va insistir, se'n va anar amb l'ànima als peus i amb un pensament per sobre de tots els altres: havia de reconquistar l'Helena. Perquè la vida sense ella, ell no la volia. Ignorava del tot que estigués embarassada.

A partir d'aquell dia, i com ja havia fet abans, quan l'Helena era una dona espantada per la salut trencada i carregada de complexos com a dona, li va enviar una rosa cada dia. Cada rosa era inexorablement llençada a la galleda d'escombraries. Però un dia que la Júlia era a casa, en arribar una rosa, la noia va entendre de seguida què passava: per més que li resultés increïble, en Daniel li havia fallat en alguna cosa a l'Helena, i ara la festejava com abans. Olorant la rosa abans de lliurar-la a l'Helena, la Júlia va estar convençuda que en Daniel reblaniria la seva mare. «No és res d'irreparable —va pensar— hagi fet el que hagi fet, és un home fantàstic i l'Helena n'està molt, d'ell.»

Va deixar de preocupar-se, doncs, per la separació momentània de l'Helena i en Daniel, perquè un altre tema va absorbir-li tota l'atenció: resulta que en Guillem li va dir, un bon dia, que estava molt content per haver aconseguit una cosa que desitjava moltíssim: feina a la Universitat de Mallorca. Feia temps que ho havia demanat, perquè enyorava casa seva, i perquè el que ell volia era una feina que li permetés d'investigar, fer treballs com aquell sobre la pol·lució que havia fet a Barcelona, projectes que, avalats per la universitat, responguessin a les seves curiositats científiques i a la seva manera de contemplar la Biologia. Quan li ho va dir, ni tan sols es va adonar que una ombra cobria el front de la Júlia:

—Això vol dir que te'n vas a viure a Mallorca? Que deixes Barcelona?

—I és clar. I que tu véns amb mi. Perquè t'estimo molt, Júlia: vull que vinguis amb mi. I vull que vivim junts, tu i jo...

Ho volia això, la Júlia? S'estimava en Guillem, però marxar de Barcelona... Viure junts... I es va adonar que ella no ho tenia gens clar. L'alternativa era renunciar a en Guillem, i això tampoc no li abellia gens. Què havia de fer, doncs? L'Helena estava deprimida i entristida, i no era el moment per consultar-li res. En Ferran era a la Cerdanya. L'Anna, per les raons que de seguida veurem, no estava en condicions d'aconsellar ningú. Amb qui podia parlar? De fet, més que el consell dels altres, el que la Júlia necessitava era pensar en veu alta, aclarir els seus propis sentiments.

Un nom li va venir al cap de seguida: qui millor posia aconsellar-la era en Daniel. Per més enfadats que estiguessin ell i l'Helena, en Daniel era l'home poderat i amable de sempre i la coneixia prou per saber què li convenia. Així que es posà en contatcte amb ell i li ho contà tot.

—Tu l'estimes, Júlia?

—A en Guillem? Sí. Sí que l'estimo.

En Daniel la va mirar. Veia la noia bonica de sempre i la veia sense passió. Vet aquí una noia en una cruïlla de la vida, es deia, i que no sap cap on tirar: no, no hi va haver càlcul en les seves paraules. No li va contestar el que li va contestar per demostrar-se a si mateix que ella ja no l'atreia, ni per quedar bé amb l'Helena. Li va parlar amb honradesa i objectivitat:

—Si l'estimes, si l'estimes de veritat, no ho dubtis: vés-te'n amb ell. Si no, et penediràs d'haver-lo perdut.

Per a la Júlia aquell consell equivalia a prendre la determinació de marxar. I és un bon alleujament, quan estem dubtant, prendre una decisió, sigui la que sigui. Així que va arribar contenta i animada a casa, i, amb total innocència, li va dir a l'Helena que havia estat amb en Daniel.

Que s'havien vist? Tots dos sols? L'Helena es va alarmar de seguida i va pensar el pitjor.

—Per què us heu vist?

—Li ho vaig demanar jo. Volia que m'aconsellés.

—A tu? En Daniel? I es pot saber sobre què li has demanat consell? I la Júlia li ho va contar tot.

—Naturalment, ell t'ha dit que més val que et quedis aquí: que si els estudis, que si els teus amics... Oi?

—No! M'ha aconsellat que me'n vagi!

L'Helena va fer un imperceptible somriure: aquell era el Daniel de sempre, el «seu» Daniel. I això volia dir que ja no estava obsessionat per la Júlia. I en aquell moment, van picar a la porta i la Júlia va entrar amb la rosa que rebia cada dia, i que inexorablement llençava a les escombreries.

Aquest cop, però, l'Helena es va acostar la rosa al nas i va aspirar-ne l'aroma. Tot somrient, va agafar un gerro i va posar la rosa en aigua...

El judici dels agressors d'en Ferran s'atansava, i la citació era concreta: aviat tornarien en Ferran i la Kati, aviat s'hauria acabat el malson, quan aquells assassins fossin engarjolats. La Júlia ho vivia amb la mateixa excitació i aprensió que els mateixos protagonistes. Parlant-ne amb l'Helena, però, va veure que aquesta es marejava i no ho va entendre. Per més solidària que fos l'Helena en aquest afer tan dramàtic i perillós, marejar-se no feia per ela, i es va alarmar. L'Helena, per tant, no va tenir més remei que confessar-li el seu estat.

—Que tindré un germanet?

—Exacte.

—I el podré cuidar?

—I és clar, dona!

L'abraçada que li va fer a l'Helena va ser fenomenal. Boja d'alegria, no parava de felicitar l'Helena i s'imaginava un futur proper tan ple d'alegries com el que, en el fons, li envejava a l'Anna... No es tractava d'un fill d'ella, sinó d'un germanet, una cosa que havia desitjat tota la vida.

—Així, no me'n vaig a Mallorca!—va exclamar.

Una de les persones a qui la Júlia havia confiat els seus neguits sobre la marxa d'en Guillem a Mallorca era, naturalment, l'Anna. Un dia que eren juntes, l'Anna li va dir que havia de tornar a examinar-se de pràctiques de conduir i que estava molt nerviosa. Però la Júlia trobava que estava massa nerviosa per a una cosa com aquesta i li va preguntar què li passava. I l'Anna li va dir que rebia contínues trucades telefòniques en què no contestava ningú, i que això li estava destrossant els nervis.

—Algun sonat, dona! No en facis cas...

—És que estic segura que es tracta d'en Marc.

La Júlia coneixia en Marc perfectament. Temps enrera hauria dit que això no era possible. Però havien passat tantes coses! Tantes, que la Júlia no va descartar aquella idea de l'Anna i es posà en el seu lloc i de seguida va comprendre la seva amiga: era natural que l'Anna sentís por d'en Marc i que el considerés una amenaça. Li va donar, doncs, ànims i va intentar esbandir-li una angoixa que endevinava més gran que la que confessava: feia unes ulleres que denotaven falta de son i l'excusa que el petit Guillem no la deixava dormir era feta en veu massa blana per ser certa.

L'Anna, aquell dia, estava sola amb el nen perquè en Jaume era fora. Havia hagut d'anar a Planoles, hi tenien una casa: era aquella casa on per primer cop ell i l'Anna havien fet l'amor, i el noi s'estimava la casa com si fos un lloc sagrat. Tanmateix, la situació econòmica en què el seu pare havia deixat la Cristina, l'obligava a vendre tot el que tenien. Ella, però, excusant-se en la feina que tenia en la perfumeria que aviat inauguraria, li va pregar a en Jaume que anés a Planoles a veure l'estat de la casa, a buscar uns papers i a iniciar el procés de venda. No era un encàrrec fàcil per a en Jaume; en primer lloc, perquè li dolia moltíssim vendre-se-la; i en segon lloc, perquè li recava deixar sola l'Anna en uns moments en què aquesta estava atemorida per aquelles maleïdes trucades telefòniques. Però no va poder negar-s'hi.

A Planoles, que era l'últim lloc on havia estat l'Eudald abans d'aquell atac de cor que havia tingut al seu estudi, en Jaume va fer una troballa que va considerar meravellosa i providencial: els papers, perfectament en regla, del negoci que havia emprès el seu pare amb l'Andreu. Només d'imaginar l'alegria que tindria l'Andreu i com l'ajudaria a resoldre els seus conflictes amb la Victòria, li feia cantar el cor.

Perquè la Victòria i l'Andreu continuaven separats: ell vivia amb els nebots i ella el trobava a faltar cada dia més i més. La Victòria li havia dit a l'Anna que el disgust ja li havia passat i que volia estar amb l'Andreu i que no sabia com fer-lo tornar:

—És com si l'ofès fos ell, ja veus quines coses. I jo morint-me de ganes d'abraçar-lo. L'estimo tant, a aquest beneit! Mira, sí, té la mà foradada, i què hi farem. Però és que tots tenim defectes, oi que sí?

—I tant que sí —li va contestar l'Anna, de tot cor. I va animar la tieta a fer les paus de seguida: dues persones que s'estimen, per què han d'estar separades i passar-se el dia desitjant estar juntes.

Així que la Victòria va anar a casa de la Mercè i en Manel i va demanar a l'Andreu que tornés a casa, que l'estimava moltíssim i que no podia viure sense ell. I l'Andreu, com és lògic, va tenir una immensa alegria i va acceptar a l'acte. Se sentia, però, tan culpable!

En Jaume, acabat de tornar de Planoles, va trobar la seva mare a casa, amb l'Anna, i allà mateix els va dir a les dues dones les boníssimes notícies que implicaven per a l'Andreu la recuperació dels vint-i-cinc milions.

La sorpresa d'en Jaume, però, va ser majúscula: la Cristina considerava que aquells diners i aquell negoci li pertanyien i que, en haver quedat escurada per la manca de previsió de l'Eudald, tot el que s'hi trobés era d'ella i ben d'ella. En Jaume la va mirar irritat i li va dir que una cosa així no la faria mai. Va ser inútil que la Cristina s'enfadés, que cridés i que es queixés: una porcada així en Jaume no la faria mai. Així que, acabats de reconciliar la Victòria i l'Andreu, va anar a donar-los la bona notícia. I no sols això, sinó que, dies després, comprovada la regularitat del negoci en què s'havia ficat l'Andreu, va resultar que hi havia bons beneficis: total, que la Victòria va acabar dient que un altre cop s'ho repensaria molt abans d'enfadar-se amb l'Andreu:

—Si resultarà que el meu Andreu fins i tot té bona mà per als negocis! —va exclamar riallera i més enamorada que mai.

La Cristina, però, estava enrabiada i furiosa amb el seu fill per haver tornat a «un no-ningú» la seva legítima propietat. I això a en Jaume li va doldre moltíssim.

L'Anna, finalment, havia aprovat l'examen de conduir, i la Victòria li va deixar el cotxe perquè fes pràctiques. Sigui, però, pels nervis que passava a causa de les trucades telefòniques, sigui perquè era d'aquelles persones que tenen un invencible pànic als cotxes, el cas és que l'Anna, ni amb tota la paciència d'en Jaume, va voler fer cap pràctica:

—No serveixo per conduir! No importa que hagi aprovat: no en sabré mai. Em fa por. No vull conduir.

I es va tancar en banda.

En Jaume, d'altra banda, estava content que ella hagués decidit de reemprendre la carrera i l'animava tant com podia. El mal era que el petit Guillem necessitava qui el cuidés, i tots dos van pensar buscar un cangur de tota confiança. Com que en Martí —el cangur ideal— s'havia transformat en un model de bon noi perquè estudiava de valent —l'única manera que tenia d'aconseguir que el matriculessin al batxillerat artístic—, van pensar que podien llogar la Clàudia, que no sols era una noia molt formal i responsable, sinó que s'estimava molt aquella criatura. Estant la Clàudia a casa amb el nen, va saber de les misterioses trucades i la noieta va poder adonar-se de l'estat de nervis en què estava negada l'Anna. Tot aquell que l'observés, podia veure que tenia els nervis greument alterats. Ara tenia tot el dia el telèfon despenjat, però això impossibilitava que en Jaume pogués estar en contacte amb ella, o que la mateixa Clàudia pogués avisar d'algun incident amb el nen. No: en Jaume va creure més segur i convenient, malgrat que no creia que es tractés d'en Marc i que pensava que la mesura era una exageració, denunciar el fet i demanar a la telefònica que els canviessin el número.

Quan finalment els van canviar el número de telèfon, l'Anna va poder tornar a respirar tranquil·la. Però només uns quants dies. Perquè en Marc, que havia jurat venjar-se, tenia en el seu poder les claus del pis d'en Jaume, que havia agafat de la bossa de l'Anna i que, en la seva fugida, ella no va pensar a reclamar-li. Així que, estant la casa sola, en Marc hi va entrar, i va mirar amb odi aquell «niu d'amor»: la seva mirada, era la mirada extraviada d'un boig. Ell volia respirar l'ambient on vivia l'Anna, recuperar-la, així, simbòlicament. Volia ser allà. No havia pensat res més. Però va veure una foto de l'Anna i en Jaume amb cara d'enamorats i es va enfurismar: va tirar la foto a terra, i la va trepitjar amb tota la fúria i la ràbia que l'ofegaven i, fet això, va marxar.

Al vespre, en tornar, l'Anna i en Jaume no van veure aquella foto indubtablement trepitjada a voluntat: venien massa contents. Perquè el llibre de l'Anna estava editat i havien anat a l'editorial a recollir els exemplars d'autor. Portaven aquella caixa com un objecte sagrat, i tots dos, impacients per veure com havia quedat el llibre, somreien satisfets. En el moment d'obrir la caixa, però, l'Anna va veure la foto. Es va quedar pàl·lida com un mort: es va ajupir i va examinar la manera com el vidre de la foto estava trencat. I, mig marejada, va mirar, els immensos ulls blaus velats de llàgrimes, en Jaume i va dir, morta d'angoixa:

—Jaume: en Marc ha estat aquí.

Si l'Antoni continuava veient-se amb la Cristina i fent, per tant, una doble vida, qui havia canviat força, per a alegria dels seus amics, era en Miquel. Després del que havia passat amb el pobre marroquí, el noi va recapacitar. Els remordiments se'l menjaven de viu en viu, i va prendre una decisió: separar-se d'aquella colla de brètols que li havien xuclat el «tarro» els darrers mesos, i, alhora, recuperar l'amistat de la Clàudia i en Martí. Decidit, doncs, a canviar de vida, va buscar feina i va trobar un lloc de treball a Baqueira, on havia de fer de monitor d'esquí dels escolars que s'apuntessin als cursets de neu que organitzen escoles i instituts. El comiat amb en Martí i la Clàudia va ser simpàtic i entranyable, i encara més, la primera foto que els va enviar amb un text alegre, en què demostrava ser el Miquel d'abans. Per a la Clàudia i per a en Martí la recuperació de l'amic va ser una de les millors experiències que els havia passat i es van sentir feliços de com s'havien desenvolupat les coses.

També se sentia feliç l'Eugeni d'haver recuperat el seu fill Pau. A l'Eugeni només li faltava un últim acte de valor: explicar a en Pau que vivia amb en Xavier, i que era el seu company. Se li feia un nus a la gola, però s'havia jurat que seria completament honrat amb el seu fill. Volia aprofitar un cap de setmana que passarien junts pare i fill, en el qual en Xavier havia de marxar de casa.

Però l'Eugeni s'equivocava: en Pau era molt perceptiu i s'havia adonat que en Xavier i l'Eugeni eren parella. Com que els rumors que corrien sobre la malatia d'en Xavier no havien cessat, un dissabte es van trobar en Xavier i en Pau completament sols: el campionat d'escacs s'havia acabat perquè ningú no s'havia presentat a participar-hi.

En Xavier mirava furiós el rellotge, i maleïa l'estupidesa humana, i en Pau li feia una lleial companyia. A la fi es va presentar un concursant —un de sol—, un noi que es deia Killian.

—Mira, ja tens amb qui jugar una partida, Pau —va dir malhumorat.

Però acabada la partida, en Pau li va dir dues coses sorprenents: en primer lloc, que si els nois no havien acudit no era per iniciativa pròpia, sinó pels prejudicis, manies i ignorància dels pares, i que tot i això, un noi sí que s'hi havia presentat: que considerés que una cosa anava per l'altra i que no s'ho prengués malament. I és que era un noi fantàstic, en Pau. En Xavier li va enviar un somriure d'agraïment i va convenir que tenia tota la raó del món. Però la segona cosa que li va dir era encara millor:

—Aquest cap de setmana el passaré amb el meu pare. M'agradaria molt que tu hi fossis, també.

—Però, Pau, jo...

—Sé que sou parella, tu i el pare. I em sembla bé. Molt bé. Si hi som tots tres, ens ho passarem encara més bé.

No cal dir la cara que va fer l'Eugeni quan ho va saber. Perquè en Xavier li va dir que aquell cap de setmana es quedava a casa.

—Home, Xavier, ja saps com t'estimo, però és que no pot ser. Hi haurà en Pau.

—És ell qui m'ha convidat...

La Rosa estava desfeta a causa de la intoxicació. Significava, és clar, el desprestigi de l'empresa que tant li havia costat d'aixecar. Significava que ella s'havia equivocat. Que no servia per portar cap mena de negoci. Deprimida, estava tot el dia en bata, incapaç de fer res, ni les coses més elementals de la casa, i l'únic que volia era desfer-se d'aquell negoci, proposar-li a en Bernat que li comprés la seva part. I deixar-ho córrer tot. Que en Xavier, l'Anna o el mateix Martí, i fins i tot l'Helena l'animessin no servia de res: el sentiment de culpabilitat, la sensació d'haver fracassat, s'havien apoderat de la seva persona.

L'Antoni, tot i que rondinava per no tenir una casa que rutllés com sempre, aprofitava l'estat d'ànim de la Rosa per veure's amb més freqüència amb la Cristina.

—El que has de fer és tornar al súper –li deia a la Rosa—, una cosa que no havies d'haver deixat mai.

En el fons, a l'Antoni li agradava que la Rosa hagués fracassat i li encantava la idea de tenir una empleada abnegada que no cobrés salari. Perquè la Victòria hi anava poc d'ençà que s'havia casat, i la Mercè, amb allò de la campanya publicitària, ja li havia dit que deixava el súper. Pitjor encara: la Mercè havia convençut primer la casa publicitària i després a ell mateix, i havia aconseguit que en Manel anés amb ella a Eivissa. L'única pega era el terror que li feien els avions al pobre Manel... L'Antoni es va enfurismar en saber-ho, però la Victòria li va dir que ella i l'Andreu treballarien al súper perquè aquella parelleta poguessin anar a Eivissa junts:

—Pensa que no han tingut viatge de nuvis. I que s'ho mereixen, conxo! No cal dir, doncs, que l'Antoni maldava perquè la Rosa es decidís a treballar al súper.

Però és que, a més, la perfumeria de la Cristina li donava a l'Antoni molts maldecaps. Ella, amb tota murrieria, li havia demanat que l'ajudés «perquè jo no entenc en papers ni coses d'aquestes», i des dels tràmits fins a les obres, tot anava a càrrec de l'Antoni.

Quan la Rosa va saber que hi havia dos intoxicats greus, que es temia per la seva vida, encara es va ensorrar més i ni els discursos de la Victòria i d'en Xavier la feren desdir: volia vendre's el negoci, i va convocar en Bernat.

En Bernat, com és natural, va fer els possibles per convèncer-la: que un entrebanc el tenen tots els negocis, que, excepte aquelles dues víctimes, tots els altres ja eren al carrer perfectament sans, que ella servia per a aquell negoci i que a més era imprescindible... Tot el que va saber dir, ho va dir, però endebades. I no era sols la força de la raó el que l'induïa a convèncer la Rosa, sinó l'amor que sentia per ella. Volia ajudar-la i fer-li superar aquella depressió que ja s'allargava massa.

A més, la insistència de l'Antoni per fer-la tornar al súper va ser interpretada per la Rosa com un afany per ajudar-la, i no parava de dir que l'únic que l'entenia era l'Antoni. Quan en Bernat li va sentir dir això, es va sulfurar. Com sabem, havia vist la Cristina i l'Antoni molt encaramelats pel carrer i veia en l'actitud de l'Antoni una prova d'egoisme i de sensibilitat. Temorós de ferir la Rosa, en Bernat es va confiar a la Victòria i li ho va contar tot.

La Victòria es va indignar molt quan va saber la història de l'Antoni amb la Cristina, i, a la primera ocasió que se li va presentar, li va cantar les quaranta al seu nebot. També ho va explicar a en Xavier, que estava molt amoïnat per la seva germana. Tots dos van decidir que si la depressió de la Rosa no millorava caldria portar-la al metge.

Quan l'Antoni, no gens disposat a deixar córrer el seu afer amb la Cristina li ho va comentar, ella va dir que una cosa que sabia tanta gent no li interessava i va començar a esquivar l'Antoni: ara el tenia només per ajudar-la en la perfumeria, i l'Antoni, que es creia tan llest, era utilitzat per ella com una titella. Potser també l'esquivava per altres motius, perquè un dia en Jaume la va veure baixar d'un cotxe en companyia d'un notari, en Surroca, que havia estat enemistat amb el seu pare. Per l'actitud de tots dos, allò era alguna cosa més que un simple passeig amb cotxe... Però això l'Antoni no ho sabia. L'únic que sabia era que li agradava moltíssim la Cristina i que la causa de la intoxicació havien estat unes garotes en mal estat: aquelles que ell havia deixat tota una tarda fora de la nevera.

En Xavier es va espantar de debò en una de les visites que li feia a la seva germana: allò era una depressió greu, aquella dona no reaccionava i, per veure si un sotrac la podia treure del seu ensopiment, li va explicar l'afer entre l'Antoni i la Cristina.

Quan la Rosa va estar sola es va prendre tot un tub d'un tranquil·litzant que tenia de quan en Ferran era en coma.

La va trobar en Martí, en tornar a casa: estava estesa a terra, inconscient, blanca com el paper i amb una respiració tan feble que semblava estar en agonia.

35

QUAN EN XAVIER, acompanyat de l'Eugeni, va arribar a auxiliar la Rosa, tots dos pensaren que es tractava d'un suïcidi. En Xavier va sentir una glopada de por: la seva germana ja no havia pogut més! I imprecava l'Antoni, en el pensament, però, sobretot, s'increpava ell mateix: «si no li hagués dit res de l'Antoni, la Rosa no hauria pres aquest determini», i, tot pensant-ho, li venien unes ganes immenses de plorar. Però no per això va deixar d'afanyar-se a demanar una ambulància, a escrutar els gestos de l'Eugeni que li prenia el pols a la Rosa, a telefonar a la tieta per demanar-li a crits, que cerqués l'Antoni «sigui on sigui aquest malparit», afegí, sense poder-se controlar. Quan el xiulet de l'ambulància se'ls emportava tots tres, tot de sobte, en Xavier recuperà l'esperança: no, la Rosa no moriria. No podia morir. Seria massa bèstia, la vida, si estronqués una dona com la seva germana. Una cosa així no podia passar.

Mentre l'atenien a l'hospital, mentre li feien un rentat d'estómac, mentre li anaven retornant la vida, en Xavier passejava amunt i avall de la sala d'espera, amb un únic i persistent pensament: «La Rosa, no. Una cosa així no pot passar. La injustícia... Sí, passa cada dia. Però a la Rosa, no. Sigui el destí, sigui Déu, sigui el que sigui, una cosa així seria massa bèstia...».

La Victòria, com és lògic, havia arribat esperitada a casa la Rosa, i poc després hi va arribar l'Antoni. La bona dona, veient el seu nebot amb aquella cara de murri i com si no hagués trencat un plat en tota la vida, no va poder contenir-se: li va dir de tot, li retregué les seves infidelitats, la seva inconsciència, totes les amargors que havia fet passar a la Rosa, acusant-lo, increpant-lo, avergonyint-lo. Ja sabem que no era dona de tenir pèls a la llengua, però allò que li havia passat a la Rosa l'havia amargada massa. I no és que l'Antoni no intentés defensar-se, d'aquell allau d'acusacions i d'insults, però de mica en mica, aquell home que, en fons, era bona persona, no podia evitar de reconèixer en el seu interior que la tieta tenia raó, s'enfonsà, i amb llàgrimes als ulls demanà a la tieta que parés, que sí, que era culpable d'això i de moltes coses més, que era un insensat, un pobre diable que no se sabia estar, quan se li presentaven temptacions, que no tenia remei... Sí: l'Antoni plorà i reconegué tot el mal que li havia fet a la Rosa. I encara més, quan la Victòria ja estava apaigavada en veure el seu penediment, li contà, sense vacil·lar i amb veu rogallosa de vergonya, que allò de la intoxicació havia estat per culpa d'ell:

—Em va encarregar que posés unes garotes a la nevera. I me'n vaig descuidar, tieta. Li juro que no va ser fet a propòsit! Li juro que jo, intencionadament, no li faria cap mal a la Rosa. Sóc un animal, tieta. No em mereixo la Rosa. No me l'he merescuda mai...

Afortunadament, en poc temps la Rosa va estar fora de perill. La depressió, però, que l'havia portada a prendre aquelles pastilles —perquè si ho havia fet intencionadament, era per depressió, i si ho havia fet involuntàriament, també, perquè les va prendre a fi de poder dormir i treure's del cap la pena que sentia—, romania, i jeia a l'hospital, gairebé immòbil, blanca i envellida, derrotada i acovardida com mai no havia estat a la vida. Quan l'Antoni la va veure en aquest estat, tot el que li havia confessat a la Victòria li va semblar poc. Va dir-se que no era ben bé un home si no feia alguna cosa. Com aquelles persones que necessiten castigar-se per deixar de patir uns terribles remordiments de consciència, es va entrevistar amb en Bernat i li va contar la història de les garotes, no amb llàgrimes als ulls com havia fet amb la tieta, però sí amb una valenta humilitat. I va afegir que, si calia que ho declarés en algun lloc, hi estava disposat.

En Bernat se'l va mirar: no s'havien agradat mai, aquells dos homes. I ara, parlant sens cartes amagades, de tu a tu, d'home a home, sense romanços, tots dos donaven la mesura que eren capaços de donar. L'Antoni, afrontant el veredicte d'en Bernat; en Bernat, condemnant l'Antoni i intentant comprendre'l. La sinceritat valia la sinceritat, així que en Bernat li va dir, amb la veu serena i aquella mirada que fan les persones quan diuen coses molt íntimes i molt autèntiques, que estava enamorat de la Rosa. I que faria el possible per conquistar-la. Per fer-la seva i separar-la de l'Antoni. Ho va dir sense hostilitat, i l'Antoni va assentir.

Sembla mentida com són de necessàries algunes persones que normalment no es fan de notar. Aquella doneta activa i afectuosa amb tothom, aquella mestressa de casa que havia après, amb penes i treballas, a ser una persona autònoma, aquella dona que entrava i sortia amatent a tothom i reclamant molt poca cosa o no-res de tots els qui estimava, mentre jeia a l'hospital era, amb una claredat diàfana, un veritable eix al voltant del qual giraven moltes vides. Al pis d'en Ferran, aquest, l'Anna i en Xavier s'abraçaven i es deien «se salvarà», i es confessaven com estimaven la Rosa, com la necessitaven. El pobre Martí no era amb ells, perquè haver trobat la mare inconscient, quasi morta, l'havia destrossat i, com feia sempre que no podia suportar una situació, es tancava en si mateix i mirava de trobar forces on agafar-se per afrontar les proves més difícils. Allà, al pis d'en Ferran, els fills i el germà de la Rosa intentaven no desesperar-se, no perdre l'esperança. I en Xavier els va contar l'afer de l'Antoni amb la Cristina i la seva pròpia inconsciència per haver-li ho dit a la Rosa quan travessava una depressió:

—Em pensava que la faria reaccionar! En tinc la culpa jo! Si li passa alguna cosa, serà per culpa meva!

Aquella mateixa tarda van saber que la Rosa estava fora de perill. I aviat la van donar d'alta. Malgrat l'alegria i l'alleujament que van sentir, a cap d'ells se'ls va escapar que la Rosa tornava a casa sana i estàlvia, però abatuda, apagada i sense ganes de viure. Si haguessin pogut, qualsevol d'ells hauria pres de dintre seu l'espurna de la vida per donar-la-hi a la Rosa...

L'Anna va pensar que la seva novel·la faria animar la mare. Estaven, els tres fills, tan acostumants a l'amor incondicional d'aquella dona! Com sol passar amb els fills, eren perfectament conscients que la felicitat de qualsevol d'ells era importantíssima per a la mare. I, és clar, no s'equivocaven.

Val a dir que l'Anna travessava, com ja sabem, una mala temporada: la por a en Marc l'estava obsessionant i en Jaume no sabia com ajudar-la. Havia fet canviar el pany, però el terror de l'Anna no minvava, i en Jaume no parava de dir-li que en Marc era a Tòquio, que no havia de tenir aprensions. Tanmateix, s'equivocava: a través d'en David va saber que en Marc feia dies que no es presentava a la feina, però que, a Tòquio, no hi havia pas anat. No és que en Jaume no s'inquietés, però trobava tan inversemblant que en Marc actués d'aquella manera! Tanmateix, se li haurien posat els pèls de punta si hagués pogut veure què passava al parc, on la Clàudia, com a cangur, feia prendre el sol a en Guillemet: en Marc vigilava la Clàudia. La noia no el coneixia de res, i no es va inquietar gens quan aquell xicot se li va acostar i se li va presentar com a «Roger Font».

—Sóc molt amic dels pares d'aquest nen. Precisament he d'anar a veure'ls. Oi que és maco?

I tot fent moixaines al nen, va tenir una breu i amistosa conversa amb la noieta. I es va guanyar la seva confiança.

Si l'Anna ho hagués sabut...

Dèiem que, tot i aquests tràngols, l'Anna cuitava per animar la seva mare i li va portar la seva novel·la. Una novel·la que duia, impresa, una dedicatòria per a la tieta Victòria: «A Victòria Fontanals, fúria, força i memòria del Poble Nou. El meu homenatge a ella i a tots els qui, com ella, al llarg del temps, han lluitat per la dignitat d'aquest petit món.» La tieta, en llegir-la, havia plorat com una criatura, i la Rosa també es va emocionar: les seves galtes pàl·lides s'encengueren breument d'alegria; la seva nena, la seva petita, era tota una novel·lista! Si ho havia encertat l'Anna! aquell llibre va ser, per a la Rosa, una injecció de salut i de vida.

Haver-li donat aquesta alegria, i el suport que li oferia en Jaume, van alleugerir moltíssim les aprensions de l'Anna: aquell mateix dia li va dir a en Jaume que ja no tenia por. Que confiava en ell. I que al seu costat estava segura, més segura que enlloc del món.

La Victòria, en Xavier, els seus fills, tots anaven teixint al voltant de la Rosa un coixí, bla i suau, d'afecte on pogués repenjar-se. I, entre tots, l'Helena:

—Treballa, Rosa. Fes-me cas: el treball t'animarà més que cap altra cosa.

Ella feia que sí. Estava menys abatuda, però els remordiments d'haver fet mal a persones innocents, persones amb qui tenia una responsbilitat, l'amargaven per més que intentés superar-ho. I esperava: esperava que l'Antoni, absolutament entendrit i afectuós amb ella, li confessés la seva relació amb la Cristina.

Ah, la Cristina! Tan bon punt va saber que aquella relació la coneixia tanta gent, es va fer enrera a una gran velocitat. I més encara quan el mateix Antoni li va dir que pensava sincerar-se amb la Rosa. A més, estava sortint amb un altre...

El cas és que en Martí havia tret unes notes excel·lents, brillants, després dels esforços que havia fet per guanyar-se aquell batxillerat artístic que desitjava tant. I, com tots, estava segur que les seves notes, a més de la funció que tenien, alegrarien la Rosa: quan va entrar a casa amb el butlletí de notes, la primera cosa que va fer va ser mostrar-l'hi a la Rosa, i, com havia passat amb la novel·la de l'Anna, a la Rosa li van brillar els ulls, el va abraçar i el va felicitar efusivament. L'Antoni, una mica encongit tots aquells dies, veia commogut l'escena entre mare i fill, i, quan van ser sols, li va dir, amb una llisa i admirativa sinceritat:

—Ets una mare excel·lent, Rosa.

Però la seva confessió no arribava. Era por, el que tenia l'Antoni? Era respecte? Eren remordiment? La Rosa amb prou feines li parlava. No compartia els seus pensaments amb ell, i es tancava tot esperant que fos ell qui, per fi, parlés. Quan ho va fer, però, va ser matusser: per una banda, va indignar la Rosa, per l'altra, la va decebre.

La va indignar perquè el que li va confessar va ser l'assumpte de les garotes. Per a la Rosa aquella era una revelació sorprenent: tan culpable com s'havia sentit, i al capdavall la culpa era de l'Antoni! I, veient-la patir com havia patit, no havia badat boca! Va esclatar d'amargor i el va reptar amb totes les forces.

—Assumiré totes les responsabilitats, per tal que la teva empresa quedi neta, Rosa. T'ho prometo. I vull que sàpigues que va ser fet sense mala intenció, que no era per fer-te tornar a casa i al súper. No: va ser un descuit... —mormolava ell.

—No caldria sinó!

La indignació de la Rosa va tenir efectes benèfics: indignar-se és, també, viure. És rebel·lar-se. És tornar a tenir ganes de lluita. Les coses de la vida: l'Antoni, sense saber-ho, l'ajudava a recuperar-se...

Però el que la va decebre i li va doldre és que l'Antoni no va esmentar, en la seva confessió, que l'havia enganyada amb la Cristina.

I això, també sense saber-ho, era tota una sentència: la Rosa no el tornaria a acceptar. No el tornaria a creure. Ara, definitivament, li havia perdut el respecte.

Per això, quan en Bernat es va presentar a visitar-la, va trobar una Rosa diferent. Ell, contentíssim, li explicava que la història de la intoxicació s'estava oblidant, que tornaven a tenir comandes i que la necessitava. Imaginava que hauria de desplegar tots els seus arguments i totes les seves dots de persuassió per desensopir la Rosa, i per a la seva sopresa, aquella Rosa encara indignada amb l'Antoni, va fer un sí amb el cap i va declarar que tornava a tenir ganes de treballar. En aquells moments, en Bernat se l'hauria menjada a petons.

—L'Antoni m'ha dit que ell ha estat el culpable de la intoxicació...

—Ja ho sé: també m'ho ha confessat a mi.

—Ah, sí? Bé. Però no m'ha dit que... A tu t'ho puc dir: s'entén amb la Cristina...

—També ho sé: jo mateix els vaig veure de bracet.

—I no m'ho havies dit?

—No. T'estimo massa per fer-te patir.

Va fer diana. La Rosa, a aquest home, sí que li tenia respecte. Un gran respecte.

Mentrestant, la Kati i en Ferran eren a Barcelona a punt per declarar en el judici. El malson s'estava acabant. En arribar aquella parella al pub es van trobar un Quim entristit i afectat pel llarg silenci de la Xaro, però content de veure'ls sans i estalvis. Venia amb ells un guàrdia de seguretat que els protegia fins al judici, anomenat Cabré, i que havia fet una bona amistat tant amb la

Kati com amb en Ferran. I en això va arribar la Júlia. Va abraçar en Ferran i el va besar fraternalment. Només que en la cara d'en Ferran hi havia una altra mena d'amor, no precisament fraternal...

La Júlia li va explicar els dubtes que tenia sobre en Guillem i sobre la proposta d'anar-se'n a Mallorca amb ell, i també li deia com se sentia a propòsit del judici:

—Al capdavall, és al meu pare a qui haureu d'inculpar. Si sabessis com em sento...

Va ser aleshores que en Ferran va saber l'intent de suïcidi de la seva mare, i, oblidant les precaucions que havien de tenir ell i la Kati, va córrer al seu costat.

La Kati es va quedar al *pub* amb en Quim i en Cabré, i van trobar que, tots tres, eren ben bé uns solitaris. En Quim, sobretot, se sentia fatal sense la Xaro, i la Kati li explicava que, per més que estimés en Ferran, aquests dies havia passat bastant d'ella:

—Ha passat més estona jugant amb en Cabré a cartes que no amb mi. I no em queixo: ho prefereixo així. Encara estaria més penjada, si m'arriba a fer cas...

I en aquell moment, es va obrir la porta del pub i hi va comparèixer la Xaro. I no sols s'hi va presentar com si tal cosa, sinó que la primera cosa que va fer va ser fer-li un fort i apassionat petó a en Quim, que no tocava de peus a terra.

La seva mare havia mort i ella no era dona d'escriure ni de telefonar: «Sóc feta així, Quim: o m'agafes com sóc o em deixes córrer», i tornava més enamorada que mai d'en Quim. Tant que, de seguida, li va proposar d'anar a un «lloc íntim» a estar junts. I com que en Manel i la Mercè eren a Eivissa, el lloc era clar quin havia de ser. Va ser allà que a la Xaro se li va escapar esmentar la citació que tenia per formalitzar la separació de l'Abel; se li va escapar perquè, sense voler, va esmentar que ho tenia fàcil a causa de la violació... Pobre Quim! Quim bot li va fer el cor!

—Això no pot ser, Xaro! No m'havies dit ni que estaves casada, i ara m'assabento per casualitat que aquell animal et va violar!

I la Xaro li va tapar les protestes amb un petó seguit d'un «t'estimo» que valia més que tot l'or del món...

Arribat el judici dels mafiosos, la Kati i en Ferran van actuar molt bé, tot i els nervis que van passar. Tanmateix, en passar en Manuel emmanillat pel seu costat, els va dir que pagarien per allò, i la Kati, que creia estar alliberada per sempre de la por, va sentir que el terra s'enfonsava als seus peus. Així que en Cabré va continuar protegint-los, sobretot fins que enxampessin l'encausat fugitiu: en Ramon Barrios.

Malgrat aquesta nova sensació de por, la Kati havia decidit deixar en Ferran per no enamorar-se'n més, i tots dos, com a vells i bons amics que eren, van pensar de celebrar un àpat al pis d'ell. A fora, llegint el diari, hi havia l'impertorbable Cabré, la presència del qual era tota una garantia. Així que en Ferran va sortir a comprar algunes coses per aquell àpat. A la porta de l'escala va veure en Cabré i el va saludar tot saltant els esglaons.

Però no era en Cabré qui s'amagava rera el diari: era en Ramon Barrios. Quan en Ferran desapareixia, en Ramon va picar al timbre, i la Kati va obrir.

Va pasar tot en pocs segons.

La Kati, en reconèixer en Ramon, va voler tancar la porta, però aquest tenia una pistola a la mà. I les bales corren més que les mans. Un sol tret i la Kati va caure a terra. I en Ramon es va fer fonedís a l'acte. Quan en Ferran va tornar, la noia era ajaguda en un bassal de sang.

Mentre l'ambulància corria esperitada per Barcelona, en Ferran es repetia: «Un altre cop, no! Un altre cop, no!». Aquell xicot havia viscut massa violència, havia passat massa proves. Se li segaven les cames, tot mirant el rostre demacrat de la Kati. Però estava viva.

A la Júlia la notícia li va arribar per pura casualitat: va sentir una conversa telefònica entre l'Helena i la Rosa, i es va estranyar del que parlaven. I és que, naturalment, l'Helena no volia que ho sabés: perquè era el seu pare qui havia tornat a matar. O intentat matar.

—I en Ferran? —va exclamar.

—En Ferran està bé.

Però no va preguntar pel seu pare.

Ell, però, sí que va pensar en ella. Fugint cap a la frontera, li va venir la Júlia al cap. Sabia que era una bogeria. Sabia que se la jugava, però no ho va poder evitar: volia tornar a veure la Júlia abans de marxar per sempre. I va tornar enrera.

La policia era a l'aguait: si no el podien interceptar a la frontera, era possible que intentés veure la seva filla. I per això vigilaven la casa.

Quan va trucar al timbre, la Júlia era sola, i quan va obrir, la cara se li transmudà de terror: és que també volia matar-la a ella?

—Júlia, no em tinguis por!

—Assassí! Ets un assassí!

—Júlia! M'estic jugant la vida per tu!

I, a la força la va encalçar, sense poder, però, tranquil·litzar-la.

—No ens veurem més, filla. Mai més! Ets l'única cosa neta de la meva vida...

I la Júlia el va fer fora.

Al carrer es van sentir unes ordres. I un tret.

La Júlia va sortir al carrer: Ramon Barrios era a terra, abatut per una bala, i tot de policies l'encerclaven. Mig histèrica, plorant desconsolada, movent-se en la terrible contradicció que significava odiar i estimar alhora, la Júlia es va ajupir i va abraçar el seu pare.

—Júlia... T'estimo —va mussitar. I va morir. En braços de la Júlia.

Absolutament embogida, la Júlia va trobar en Ferran la companyia sòlida, forta i amorosa que necessitava desesperadament.

36

Quan la Mercè i en Manel van tornar d'Eivissa venien renovats, «oxigenats», per dir-ho així. En Manel, sobretot, havia après a respectar la professió de la seva dona i estava content d'ell mateix, si més no perquè el pànic als avions havia resultat ful. Volar, dia, és molt més poc impactant que pujar a la «nòria» de Montjuïc... La Mercè, en canvi, tenia dues preocupacions: dir-li a la Xaro que deixés la casa, perquè l'habitació que ocupava havia de ser per al nadó —un nadó que ja no trigaria a ser-ho, car el seu embaràs estava molt avançat—, i, sobretot, el pensament que la seva vida com a model, quan hagués nascut la criatura, s'havia acabat:

—Només els interesso per la panxa, tieta... —li deia a la Victòria.

Altrament, tots dos estaven considerant els possibles noms que li posarien: com que no havien volgut saber el sexe que tindria, barrejaven noms masculins i femenins, això sí, amb la idea que el nom havia de començar per "M".

—Com que el seu nom i el meu comencen per "M", voldríem que el de la criatura també comencés per "M".

—Doncs si és nena, Maria! —va exclamar, expeditiva, la Victòria.

En arribar a casa, però, quasi es moren de l'ensurt de sentir veus en una cambra: eren en Quim i la Xaro, que celebraven, estimant-se, la seva retrobada. Per a en Quim va ser una situació violenta, però la Xaro no era dona d'empegueir-se per aquesta circumstància, i els va rebre amb alegria. De moment, ella continuaria a la cambra que ocupava. En néixer la criatura, ja veuríem. No és el que hauria volgut la Mercè, que volia posar-se de seguida a decorar l'habitació, però apreciava prou la Xaro per acceptar que, de moment, no tenia on anar.

El que no sabia la Mercè era que el seu embaràs encara li podia produir més beneficis: en efecte, un periodista de les anomenades «revistes del cor» li va oferir una quantitat respectable –un milió de pessetes– per l'exclusiva del naixement de la criatura. Un milió! I els ullets alegres i vitals de la Mercè es van il·luminar de cobejança. «No sé si al Manel li semblarà bé», pensava dubtosa. Com es lògic, el xicot ho va trobar monstruós, i ella es va afanyar a desplegar les seves dots de persuasió que tant bons resultats produïen en el Manel. Però va ser la Victòria qui li va dir que mercadejar amb una cosa així era una cosa infecta, i, avergonyida, la Mercè renuncià a la proposta. La conversa entre la Mercè i la Victòria es va produir arran d'un reportatge que totes dues llegien sobre la pròxima boda de la Marta Jardí.

–No la critiquicaves, aquesta dona? –li deia la Victòria–. Doncs ara tu fas com ella.

I el Manel, que va saber que la Mercè renunciava a aquella idea boja, la va abraçar absolutament content.

La Mercè ja havia sortit de comptes i, com havia fet en tot l'embaràs, menjava més del que li convenia. Contínuament anava al lavabo i podia comprovar que la sensació d'estar massa tipa no era digestiva: i és que el moment del part s'acostava. Tant, que aquell mateix dia que parlava amb la Victòria al súper, va anar al lavabo i va trencar aigües.

Mentre en Manel i l'Andreu veien astorats que la Mercè estava parint al súper mateix, la Victòria va prendre les regnes de la situació: va exigir gases, compreses, cotó i coses així, va portar la Mercè al despatxet, va avisar una ambulància i es va abocar a ajudar la Mercè. Totes les corredisses típiques d'un part, amb la diferència que la partera no semblava patir: com si la seva constitució li facilités un tràngol tan dur de passar per a d'altres dones.

–La criatura ja corona– anuncià la Victòria als dos homes, que no sabien de què els parlava ni què significava aquella expressió.

–La criatura, doncs, va néixer al súper, abans que arribés l'ambulància. Va ser un part senzill i feliç. Els joves pares, com sol passar, miraven aquella nena –perquè havia estat nena– embadalits i emocionats.

I li van posar Maria.

Una altra embarassada havia de viure també uns moments de felicitat. Ens referim a l'Helena, perquè, ultra la seva separació d'en Daniel, veia amb immens dolor l'estat en què es trobava la Júlia, rera la mort del seu pare, en circumstàncies tan dramàtiques. Que en Ferran fos la persona que li donés consol a la Júlia, era bona cosa. A l'Helena sempre li havia agradat en Ferran, i tot i que ara l'acceptava, no acabava de simpatitzar amb en Guillem.

Quan el doctor Boix ho va saber, no es va limitar a enviar la rosa que enviava cada dia, sinó que es va presentar al pis de l'Helena.

–La policia tenia la casa vigilada, i nosaltres no ho sabíem, perquè la Júlia era el punt feble d'en Ramon. Una cosa tan evident, i la va intuir millor la policia que nosaltres dues. Ho ha passat molt malament, la Júlia...

I en Daniel li va dir a l'Helena, amb unes paraules que regalimaven sinceritat, autenticitat total i tremolant-li una mica la veu, que estava boig per ella, que mai no n'estimaria cap d'altra, que això de la Júlia havia estat una fase passatgera sense cap transcendència. I que no podia viure sense ella.

L'Helena que tot aquell temps havia estat lluitant contra els seus sentiments, que estimava amb tot el cor aquell home, va saber de seguida que li estava dient la veritat. I que havia estat honrat amb ella, perquè no li havia amagat l'atracció que havia sentit per la Júlia. Va saber també que aquesta atracció havia passat a la història. I, com a dona enamorada, li va obrir els braços i li va dir que ella tampoc podia viure sense ell.

Es van reconciliar. Tots dos ploraven, d'emoció, d'alegria i d'amor. I l'Helena, aleshores, li va dir que estava embarassada.

Allò va ser per Daniel més que una alegria: va ser un esclat, de felicitat i d'un amor que, ara sí, ja no podia estroncar res ni ningú.

–Saps? La Júlia li ha dit que no a en Guillem: no se'n va a Mallorca.

–En Daniel es va quedar pensatiu. S'alegrava que la Júlia no marxés. Però, alhora, no volia que tornés a haver-hi a casa cap mena de tensió.

–Ja pensaré alguna cosa va dir. I es va fondre en una abraçada amb l'Helena.

La Clàudia era al parc amb en Guillemet. Estava trista i alegre alhora: en Martí havia aconseguit entrar al centre de batxillerat artístic, i n'estava orgullosa, però cada vegada que pensava que es veurien tan poc... Ara es veien cada dia. I en això se li va acostar aquell Roger Font que li havia dit que era amic d'en Jaume i l'Anna. Va estar molt gentil i va fer simpàtiques moixaines al petit.

–Li he portat un regalet.

Era una moto en miniatura molt bufona, i la Clàudia la va acceptar sense recança.

Quan va arribar a casa, no va pensar a explicar aquesta trobada i l'Anna va pensar que aquella moto l'havia comprada la mateixa Clàudia. Ara ella estava lliure de pors: en Jaume havia aconseguit asserenar-la.

Dies després la Cristina va tenir una conversa franca amb els dos joves. Sí, la Cristina acceptava que havia tingut una «molt bona amistat» amb l'Antoni, i que això s'havia acabat. I que ara sortia amb el notari Surroca...

–No era gaire amic del pare —deia en Jaume.

–És un home de la nostra classe —va replicar la Cristina.

–L'Anna, violenta per una conversa massa íntima, es va aixecar amb l'excusa que necessitava un xumet per al nen. Com que no en trobava cap, va començar a mirar els calaixos.

Mare i fill, que es feien confidències –la Cristina «perdonava» en Jaume per haver tornat aquells diners a l'Andreu–, van sentir de sobte un crit esglaiat de l'Anna. S'aixecaren i veieren l'Anna tremolosa, amb els ulls esbatanats i amb símptomes d'un atac d'histèria, que sostenia una cosa a les mans: en un calaix, havia trobat una foto de l'Emília.

–Ha estat aquí! És en Marc, el de les trucades, el de la foto trencada! I ha entrat aquí! És boig! És boig!

A en Jaume li va costar molt calmar la seva dona, i va haver d'admetre que la presència d'en Marc al pis era indubtable. Devia haver entrat abans que canviessin el pany de la porta. Però ara no podia fer-ho...

Però, tard o d'hora, l'Anna havia de sortir: precisament tenia un examen, i en Jaume havia de treballar. Així que van haver de deixar la Clàudia amb el petit, amb la recomanació que no obrís la porta a ningú.

Però van picar a la porta. Era en Marc. Com que la Clàudia va veure que era aquell que, segons sabia, era un amic de la casa, el va deixar entrar.

–Té un dinar, l'Anna, i m'ha demanat que li porti el nen.

«No pot ser que, tan esporuguida com està i tan preocupada, m'enviï algú pel nen: ella m'hauria telefonat advertint-mo», va pensar la Clàudia.

–No, ho sento, però el nen, si no m'ho diu l'Anna, no surt d'aquí.

Va ser molt fàcil per a en Marc: d'un sol cop, va deixar la Clàudia estabornida i va raptar el nen. La seva cara, era la cara transmutada d'un orat.

Quan va arribar l'Anna i va veure la noia a terra, va pensar el pitjor. Amb el cor colpejant-li el pit com un tambor frenètic, va cercar endebades el seu fill per tota la casa. Quan la noia es va refer, li va explicar el que havia passat: la descripció d'aquell Roger Font no deixava lloc a dubtes. Tanmateix, l'Anna no va caure en un atac d'histèria: la mortal preocupació pel nen va actuar com un dispositiu de seguretat. Tota ella va créixer, tot el seu organisme de mare va reaccionar amb tota la força que brolla de les arrels mateixes de la vida. Calia recuperar en Guillem; calia trobar en Marc. I ella ho faria.

I en aquell moment va sonar el telèfon: era en Marc que li deia que tenia el nen, i que vingués a buscar-lo.

–Ja sé que en Jaume t'ha raptat. Ara però, tots tres tornarem a ser feliços. Vine. T'espero.

Impossible raonar amb un boig. L'única cosa que va dir l'Anna va ser el crit que li sortia de les entranyes.

–No li facis mal! Faré el que tu em diguis, però no li facis mal al meu fill.

I, apressada per la urgència i per la determinació de la lluita, va escriure l'adreça que li donava en Marc. La paraula Gironella, no la va entendre bé, i va llençar a terra aquell paper per escriure'n un altre: un gest involuntari que seria la seva salvació.

En penjar el telèfon, l'Anna li va dir a la Clàudia que en tornar en Jaume li digués que agafava el cotxe perquè ella havia de marxar a recuperar el seu fill.

–Però si no en saps, de conduir, Anna! –va mormolar la noia.

Què importava ara si el cotxe li feia por o no? Quina importància tenia si feia una maniobra mal feta? L'Anna havia d'anar a Gironella: a peu, si hagués pogut ser, o arrossegant-se. Però hi havia d'anar. La reclamava el seu fill. I si havia de lluitar amb en Marc, l'Anna ho faria. Res no podia detenir-la.

Quan en Jaume va arribar, la Clàudia li va explicar els horribles fets que s'havien esdevingut. I en Jaume va reaccionar com l'Anna: amb totes les forces. I per un motiu doble: no sols corria perill el nen, sinó també l'Anna. I ara no tenia cotxe! De seguida, va telefonar a la policia per denunciar el fet, i va ser gràcies a la trucada que va veure el paper arrugat a terra. La paraula era incompleta, però s'endevinava que hi deia «Gironella» i es va encendre un llum en el seu cap: Gironella? De què li sonava tant? L'Anna li havia parlat de ...

—Aquella tieta d'en Marc! Ja està! Lola, es diu! N'estic segur! I no va trigar a trobar el telèfon d'aquella dona a l'agenda de l'Anna.

La tieta Lola era una dona equilibrada i una bellíssima persona, com ja sabíem: en sentir aquella trucada del pare d'aquell Guillem que ella coneixia, va témer que en Marc n'havia fet alguna, i es va decidir de seguida a col·laborar: sí, en Marc havia comprat una masia al terme de Gironella, una masia que havia pertangut al seu pare natural. I li va explicar fil per randa com s'hi anava.

Mentre l'Anna conduïa a tota potència, fent esses per la carretera de Manresa, en Jaume volava a casa de la seva mare a demanar-li les claus del seu cotxe, i un cop les va tenir, va enfilar la mateixa carretera. El límit de velocitat, en aquells moments, no comptava per a res.

Quan l'Anna va arribar a la masia va cridar en Marc. I en Marc va comparèixer a la porta amb la mirada extraviada.

–Marc, ja sóc aquí, com volies. On és el meu fill? És a dins?

Hi posava, l'Anna, tota la cura de què era capaç per parlar amb calma, per no excitar en Marc. El nen: això és el que comptava. Li tremolava tot el cos, però la veu li sortia tranquil·la. La por que sentia no era res al costat de la seva angoixa de mare.

–Hola, Anna. Ja estem tots tres junts. T'agrada aquesta casa? És el meu secret. El meu recer. No ho sap ningú, que tingui aquesta casa. L'he decorada per a tu. Per a tots tres.

Aquella cara! Aquella mirada! L'Anna s'estremia davant d'aquell boig.

–Fes-me mal a mi, si vols, Marc, però no li facis res al nen.

–Quan en Jaume et va obligar a viure amb ell –va replicar en Marc incapaç de seguir una conversa coherent–, vaig contruir aquest amagatall. Mira –i es va treure el clauer de casa d'en Jaume que havia agafat de la seva bossa, quan encara eren junts–: això m'ha permès estar a prop teu.

De sobte, el to d'en Marc va canviar:

–Et mereixes un càstig, Anna per tot el que has fet.

I l'Anna va començar a plorar. ¿Què havia de dir, què havia de fer per salvar el seu fill?

–M'estimes, Anna?

–Sí, t'estimo, va mentir ella sense altra preocupació que salvar el nen.

–Doncs demostra-ho.

I aleshores en Marc va començar a grapejar-la, a descordar-li la roba, a acariciar-la. L'Anna va tancar els ulls: aquell home anava a violar-la i ella el deixaria fer.

I en aquell moment va arribar en Jaume. La primera cosa, va ser treure les grapes d'aquell boig de sobre l'Anna, i quan ja anaven a abraonar-se un sobre l'altre, nítid, potent i clar, va arribar el plor d'un nen. En Marc, amb una mirada que feia por, va dir a en Jaume:

–Tria. Vols l'Anna o vols el nen? Perquè les dues coses no les tindràs.

Aquell plor, però, va arribar a les orelles de l'Anna d'una altra manera: el seu fill plorava! El seu fill reclamava! El seu fill necessitava aliment, o escalfor o el que fos, i, sense pensar-ho, va clavar un vigorós cop de colze a l'estómac d'en Marc. Quan aquest, per un reflex invencible, va vinclar el cos, en Jaume s'hi va llançar a sobre i l'Anna va córrer cap als plors.

Mentre els dos homes es barallaven, l'Anna havia recuperat la criatura i corria cap a la porta amb el preciós rescat entre els braços. Allà, però, unes mans l'aturaren: era la tieta Lola, que, enquimerada, havia acudit a la masia d'en Marc.

Aquella dona, plena de seny i de bona voluntat, havia d'acabar, amb la seva magnífica presència d'anim tot aquell malson. Perquè, si bé havien recuperat el nen, qui els deia que en Marc no tornaria a raptar-lo? O a fer alguna cosa de pitjor encara?

Va demanar, en primer lloc, al jove matrimoni, que no denunciessin en Marc, que aquest no era responsable dels seus actes. Va jurar-los que no els tornaria a molestar mai més, perquè ella s'ocuparia d'en Marc i el cuidaria sempre.

–Com a fill de la meva germana Emília, jo me'n faig càrrec. I el curaré.

I, de seguida, amanyagant com un infant en Marc, li abocà tot el seu afecte.

–Oblida l'Anna. No és la dona de la teva vida. Oblida-la, Marc. Tu ets com l'Emília, i com si fossis ella et cuidaré. Seràs un fill per a mi. Però oblida aquest amor. I deixa aquesta masia. No persegueixis més fantasmes. Jo estic aquí, amb tu. I jo t'ajudaré. A partir d'ara, tu ets el meu fill i jo la teva mare.

En Jaume i l'Anna marxaren amb el seu fill: tots dos sabien que la tieta compliria el que havia dit. I que en Marc havia desaparegut, definitivament, de les seves vides...

—Havia arribat Nadal. Aquelles vides, les dels nostres amics, que havien passat tantes proves, entraren en una fase de serenor.

L'Antoni i la Rosa, per exemple, van parlar per fi: de tot. De la Cristina també. I tots dos, civilitzadament, fins i tot amb tendresa, van convenir que la seva relació no podia continuar. Que serien amics. Molt bons amics. Que si es necessitaven es trobarien sempre. Però que no estaven fets l'un per a l'altra. I l'Antoni, doncs, se'n va anar de casa.

–I en Bernat, Rosa? Viuràs amb ell? Ell t'estima. I tu a ell?

–L'aprecio molt. Però no n'estic enamorada. Continuaré la meva relació comercial i amistosa amb ell. I en el futur, no ho sé, què passarà.

I es van abraçar, com a bons amics.

Nadal, al petit i alegre pis d'en Jaume i l'Anna, significava, primer que res, muntar un pessebre.

–On dinarem per Nadal? Amb la meva mare o amb els teus pares?

–La Cristina va molt atabalada. Anem a casa els meus pares. I serem una bona colla. Saps? He parlat amb la tieta Lola. En Marc està millor. Crec que vam fer bé no denunciant-lo. Ara és un altre, amb la Lola. I saps què m'ha dit també? Que en David es quedarà la concessió d'aquí, i en Marc quan acabi de curar-se, se n'anira a Tòquio. Per sempre.

–S'ha acabat el malson?

—Sí, s'ha acabat.

El pessebre ja estava muntat, quan va picar en Martí. Venia a portar-los una crítica del diari, sobre la novel·la de l'Anna.

–Ho has llegit? És massa! Recomanen el teu llibre com a regal de Nadal! «El barri de la novel·la de l'Anna Aiguader és el símbol de tots els barris del món.» Ets tota una tia!

Aquell dinar de Nadal seria, doncs, un dinar ple d'alegries. Que ja van començar abans de dinar: perquè l'Antoni havia fet pujar en Manel i la Mercè. Portaven la preciosa Maria. El padrí de la nena era l'Antoni, que per alguna cosa aquella preciositat havia nascut al seu súper. I l'Antoni, els va fer un discurs: els va dir que els seus tres fills ja tenien la vida encarrilada, i que aquella menuda era, d'alguna manera, també filla seva. I que volia fer els possible pel seu futur.

–Vull que tu, Manel, siguis soci meu al súper.

–Però, senyor Antoni, jo no tinc capital!

–Això ja ho solucionarem, no t'amoïnis.

La Rosa mirava amb tendresa l'Antoni: era bona persona, no hi havia dubte. No podien ser parella, però, això sí, serien amics tota la vida.

En aquells moments, la Rosa estava orgullosa d'ell.

En Manel va acceptar agraïdíssim i es va mirar la petita Maria amb redoblat orgull: a sobre de ser tan maca, portava una barra de pa sota el braç, tan petita que era.

Altrament, a la Mercè li havia caigut un nou contracte de publicitat: que ja no tingués panxam, no significava que no servís com a model, així que aquell belluguet no hauria de ser tota la vida només mestressa de casa. A més, ara que tenia els mitjans per decorar l'habitació de la Maria, tenia també la possibilitat de fer-ho, perquè la Xaro s'havia acomiadat: en Quim havia llogat un pis per a tots dos i anirien a viure junts, enormement enamorats.

El dinar va ser un dels més entranyables que recordaven. Hi eren tots, i l'Antoni va fer un bonic discurs en el qual explicava la separació definitiva d'ell i la Rosa i la situació d'amistat en què quedaven. Quan va acabar de parlar, en Xavier va agafar en Guillem i li va fer un petó, tot mirant, murri, l'Antoni:

–Que no tinc la SIDA, home!

I van cantar una nadala. La majoria, tenien llàgrimes als ulls. Després, tothom marxà, perquè tothom tenia pressa. I tots tenien el cor lleuger.

Especialment en Xavier. La seva relació amb l'Eugeni era més sòlida que mai, i en Pau els havia acceptat en tots els aspectes. Era entendridor, veure'ls passejar tots tres, en Pau al mig, i agafat de la mà de tots dos homes. Com una família. O és que no és una família una relació d'amor?

Després del dinar de Nadal, en Ferran va anar, com sempre, a treballar al *pub*. Allà va saber que en Quim se n'anava a viure amb la Xaro i els va donar la seva enhorabona més cordial. Però hi havia una altra persona que havia vingut a acomiadar-se: la Kati.

L'havien donada d'alta, i estava una mica més prima però molt més maca. A més, tenia a la cara una llum interior que l'afavoria.

–En Cabré em va venir a visitar a l'hospital moltes vegades. I saps què, tros de quòniam? Que se m'ha declarat. I que m'estima. I jo a ell. Així que, per fi, podré treure't del meu cap. Si sabessis com m'has fet patir... Saps què et dic? Que ets un pendó. I que et mereixes una bufetada com si fossis un nen. Una dona t'haria de donar una bona bufetada!

En Ferran la va abraçar i li va dir que tenia tota la raó: que era un pendó. Però que ja no ho seria més: que ja havia tastat totes les amargors possibles. I que sempre seria el seu amic.

Per acabar d'arrodonir la dosi de felicitat que tots els nostres amics es mereixen, la Clàudia va rebre un «càstig» estupend: els seus pares la canviaven d'institut, i, sense saber-ho, la posaven al mateix institut d'en Martí! Aquella parella estava de sort, i calia celebrar-ho. Una celebració que va tenir una culminació encara millor: es van trobar en Miquel, tan col·lega com ho havia estat abans, que els va donar una altra bona notícia: que ja havia tornat dels cursos d'esquí i que tots els diners que havia guanyat els havia lliurat al magrebí que en mala hora havia ajudat a agredir...

I va arribar l'hora que en Guillem havia de partir cap a Mallorca. La Júlia ja s'havia asserenat de tots els tràngols, i com a bona amiga d'en Guillem, va anar a acomiadar-lo. Va ser un comiat d'amics.

Quan tornava cap a casa, la Júlia i en Ferran es van trobar.

–Estic molt contenta, Ferran: la mare i en Daniel s'han reconciliat. I saps quina una m'ha passat? És que en Daniel és un tio collonut: m'ha posat un pis. Ara sí que podré viure independent, com sempre he volgut!

–T'estimo, Júlia.

Un breu silenci es va produir rera la declaració del noi.

–Ja no hi ha fantasmes entre nosaltres. T'he estimat sempre.

I la Júlia l'estimava a ell. També l'havia estimat sempre.

I, de sobte, una reacció inesperada: la Júlia li va clavar una forta plantofada. En Ferran va trontollar un xic i la va mirar amarat d'amor. Li acabava de donar la bufetada que la Kati li havia dit que necessitava. Una bufetada que tenia els efectes mes purificadors del món: la Júlia acabava d'esborrar totes les gelosies, les traïcions, les desconfiances. Havia acabat amb els eterns amors «provisionals» d'en Ferran.

I aleshores es van abraçar.

–Jo també t'estimo, Ferran.

* * *

La nostra història s'ha acabat. L'Andreu i la Victòria fan una plàcida passejada. Han sabut, per en Jaume, que per fi les institucions subvencionen la part que els falta per poder construir el casal d'avis, i que les obres són a punt de començar. Se senten feliços. Van agafats, repenjats l'un en l'altra. Porten el llibre de l'Anna i comenten com estimen aquell barri i com han pogut, amb penes i treballs, retornar l'antic esperit del barri vell.

Aleshores l'Andreu s'atura, mira la Victòria i diu:

–I si féssim un vol pel barri nou, Victòria? És un barri preciós, també.

I la Victòria somriu, fa que sí i prem amb suavitat el braç del seu home.